合同法

黄　彤　主编

浙江工商大学 出版社 ｜ 杭州
ZHEJIANG GONGSHANG UNIVERSITY PRESS

图书在版编目（CIP）数据

合同法 / 黄彤主编 . — 杭州 : 浙江工商大学出版
社 , 2023. 12
　　ISBN 978-7-5178-5845-4

　　Ⅰ. ①合… Ⅱ. ①黄… Ⅲ. ①合同法—中国—教材
Ⅳ. ① D923.6

中国国家版本馆 CIP 数据核字（2023）第 239901 号

合同法
HETONGFA

黄　彤 主编

责任编辑	沈敏丽
责任校对	沈黎鹏
封面设计	胡　晨
责任印制	包建辉
出版发行	浙江工商大学出版社
	（杭州市教工路 198 号　邮政编码 310012）
	（E-mail：zjgsupress@163.com）
	（网址：http://www.zjgsupress.com）
	电话：0571-88904980，88831806（传真）
排　版	杭州浙信文化传播有限公司
印　刷	杭州宏雅印刷有限公司
开　本	787 mm×1092 mm　1/16
印　张	26
字　数	568 千
版 印 次	2023 年 12 月第 1 版　2023 年 12 月第 1 次印刷
书　号	ISBN 978-7-5178-5845-4
定　价	89.00 元

本教材获浙江师范大学行知学院教材建设基金立项资助。

前言
PREFACE

　　法学是一门充满实践理性的学科，旨在通过规范将价值运用于事实，作出外有约束力、内有说服力的判断。"像法律人那样思考问题"，既是法学教育的题中应有之义，又是法学专业学生应切记的警示名句。正是基于对专业思维和职业指引的考量，在编写本教材时，编者以社会主义核心价值观为引领，侧重对现有法律规定的理解与剖析，以及法律适用和使用问题。

　　刚入学的高校本科专业学生，从高中阶段语文、数学、英语等科目的学习转向专业理论学习，缺乏专业基础理论知识。从法学专业来看，法学本科教育仅仅是法学研究的入门教育，是法律实务的基础理论保障。因此，本教材的编写以应用性为出发点，将繁多的基本理论知识予以精练概括，又向学生逐步展示获得知识的过程和学习的方法。希冀本教材能为学生学习合同法的相关知识或解决合同法相关问题提供条件；希冀本教材既能成为学生学习的资源，又能成为学生学习的工具。

　　本教材以介绍我国民事交易基本制度和规则为己任，力求完整、清晰、简洁。不仅阐明了合同法的各项基本制度以及各项制度之间的关系，而且传递了合同法适用中的新经验、新情况、新问题。在体例安排上，每章均有一则取材于中国法院网的案例，通过释明个案的司法裁判要点，为学生学习相关内容设计导入性问题。

　　教材通过导读案例和问题，让学生带着问题在具体的章节内容中探寻答案。此外，在剖析章节知识点时，编者会将历年考试真题以举例的形式融入知识点的内容说明。这种以案学法的模式，能有机结合对相关知识点的练习，加上与之匹配的章节微课和课件，进一步加深学生对知识点的理解。在编写各章节内容的时候，编者非常注重合同法的渊源，内容涵盖了与知识点有关的绝大多数的法律、法规、司法解释等，注重与现行立法的同步性，使内容更为全面。

　　本教材基本上按照《中华人民共和国民法典》合同编的体系编写而成，共二十九章。本教材的编写以应用性为主旨，凸显以下特色与创新之处：

　　1. 结合专业特色，优化知识结构。

　　在教学实践中，整合教学内容。本教材不仅可以作为法学专业学生的专业必修课程教材，也可以作为其他非法学专业学生掌握合同法基础知识的参考用书，为民事交易的加入、开展提供一定的知识支撑。教材内容精练，符合教学特点，文字简明，深入浅出。微课教学生动，章节课件提纲挈领。为适应教学改革需要，教材针对部分教学内容进行整合，适用于不同的专业和不同的课堂内容，便于教师取舍。

2. 注重条文疏议。

法律未经解释不得适用。正如德国法学家萨维尼所言，"解释法律，系法律学之开端，并为其基础，系一项科学性之工作，但又为一种艺术"，本教材尝试运用各种法律解释方法，对各章节所涉法律条文进行准确、简洁的解释。通过条文疏议探寻立法目的和法律规范，使"纸面上的法律"变为"行动中的法律"，使学生不仅"看得见法律"，而且"用得上法律"，真正体悟条文所蕴含的"活法"精髓。

3. 注重典型案例。

法的实现就是法的生命。日本民法学家我妻荣认为：法律，特别是私法，在最广泛的意义上以裁判为中心。司法裁判在法律适用活动中具有终局性的作用，因此，本教材精心选择与各章内容有关的案例进行研读和分析，关注裁判者如何分析法律事实，关注法律推理和法律适用，关注最终裁判结果，让学生掌握案例研究的基本方法和常用技巧。学习典型案例，可以对学生学习法律知识和运用法律知识起到较好的巩固作用。

4. 理论联系实际，法理解析透彻。

本教材在编写过程中以核心知识为纲，以重点法条为点，以案例为面，采取学、练、评相结合的方式提高学生的案例分析能力。一方面力图涵盖知识的重点、难点和热点，并对该类知识所涉及的现行法律、法规和司法解释等进行归纳和释疑，进一步增强实际运用的效果；另一方面在分析典型案例中探讨具有倾向性的司法观点，进一步揭示大众所能普遍接受的裁判理念、裁判方法和裁判规范。

编写本教材，虽倾尽全力，但不足之处在所难免，望广大读者予以批评指正。

编　者

2023 年 11 月

CONTENTS

第一章　合同与合同法 ·················· **001**

第一节　合同的概念和种类 ··············002

第二节　合同关系 ·····················010

第三节　合同法的概念和特点 ···········013

第四节　合同法的基本原则 ·············016

第二章　合同的订立 ···················· **023**

第一节　合同成立的概念和要件 ·········025

第二节　要约 ·························027

第三节　承诺 ·························034

第四节　特殊形式的要约和承诺 ·········038

第五节　合同成立的时间和地点 ·········043

第六节　缔约过失责任 ·················044

第三章　合同的内容和形式 ·············· **049**

第一节　合同的内容 ···················050

第二节　格式条款 ·····················055

第三节　免责条款 ·····················059

第四节　合同的形式 ···················061

第四章　合同的效力 ···················· **064**

第一节　合同生效概述 ·················065

第二节　合同的生效要件 ···············067

第三节　无效合同 …………………………………………… 070

第四节　可撤销合同 ………………………………………… 073

第五节　效力待定的合同 …………………………………… 075

第六节　未生效合同 ………………………………………… 078

第七节　合同无效和被撤销的法律后果 …………………… 080

第八节　附条件和附期限的合同 …………………………… 082

第五章　合同的履行 …………………………………… **086**

第一节　合同履行的原则 …………………………………… 087

第二节　合同漏洞的填补 …………………………………… 088

第三节　合同履行的基本规则 ……………………………… 090

第四节　双务合同履行中的抗辩权 ………………………… 095

第五节　情势变更原则 ……………………………………… 099

第六章　合同的保全 …………………………………… **104**

第一节　合同保全概述 ……………………………………… 105

第二节　债权人的代位权 …………………………………… 107

第三节　债权人的撤销权 …………………………………… 111

第七章　合同的变更和转让 …………………………… **116**

第一节　合同的变更 ………………………………………… 117

第二节　合同债权的转让 …………………………………… 120

第三节　合同债务的转移 …………………………………… 124

第四节　合同权利和义务的概括转移 ……………………… 128

第八章　合同权利和义务的终止 ……………………… **130**

第一节　合同终止概述 ……………………………………… 131

第二节　清偿 ………………………………………………… 133

第三节　合同的解除 ………………………………………… 136

第四节　抵销 ………………………………………… 142

第五节　提存 ………………………………………… 144

第六节　债务的免除和混同 ……………………………… 148

第九章　违约责任 …………………………………… **150**

第一节　违约责任的概念和特点 ……………………… 151

第二节　违约行为形态 …………………………………… 154

第三节　违约责任的形式 ………………………………… 160

第四节　定金责任 ………………………………………… 169

第十章　合同的解释和漏洞填补 ………………… **172**

第一节　合同的解释 ……………………………………… 173

第二节　合同漏洞的填补 ………………………………… 176

第十一章　买卖合同 ………………………………… **178**

第一节　买卖合同概述 …………………………………… 179

第二节　买卖合同的效力 ………………………………… 182

第三节　买卖合同中无权处分的效力 ………………… 192

第四节　买卖合同中标的物的风险负担 ……………… 193

第五节　买卖合同中的违约行为 ……………………… 197

第六节　特种买卖合同 …………………………………… 199

第十二章　供用电、水、气、热力合同 ………… **207**

第一节　供用电、水、气、热力合同概述 …………… 208

第二节　供用电合同 ……………………………………… 209

第十三章　赠与合同 ………………………………… **214**

第一节　赠与合同概述 …………………………………… 215

第二节　赠与合同的效力 ………………………………… 218

第三节　赠与合同的终止 …………………………………… 219

第十四章　借款合同 ……………………………………………… **223**
第一节　借款合同概述 …………………………………… 224
第二节　借款合同的效力 …………………………………… 226
第三节　自然人之间的借款合同 …………………………… 229

第十五章　保证合同 ……………………………………………… **232**
第一节　保证合同概述 …………………………………… 233
第二节　保证的方式 ……………………………………… 239
第三节　保证合同的效力 …………………………………… 241
第四节　保证责任 ………………………………………… 244
第五节　保证期间与保证人的诉讼时效抗辩权 …………… 247
第六节　共同保证与最高额保证 …………………………… 250

第十六章　租赁合同 ……………………………………………… **252**
第一节　租赁合同概述 …………………………………… 253
第二节　租赁合同的效力 …………………………………… 255
第三节　租赁合同的特别效力 ……………………………… 262

第十七章　融资租赁合同 ………………………………………… **265**
第一节　融资租赁合同概述 ………………………………… 266
第二节　融资租赁合同的效力 ……………………………… 269
第三节　融资租赁合同的风险负担和解除 ………………… 276
第四节　融资租赁合同的终止 ……………………………… 279

第十八章　保理合同 ……………………………………………… **281**
第一节　保理合同概述 …………………………………… 282
第二节　保理合同的效力 …………………………………… 285

第十九章　承揽合同 …………………………… **290**

第一节　承揽合同概述 …………………………… 291

第二节　承揽合同的效力 …………………………… 293

第三节　承揽合同中的风险负担和承揽合同的终止 ………… 299

第二十章　建设工程合同 …………………………… **301**

第一节　建设工程合同概述 …………………………… 302

第二节　建设工程合同的一般效力 ………………… 306

第三节　建设施工合同 …………………………… 309

第二十一章　运输合同 …………………………… **311**

第一节　运输合同概述 …………………………… 312

第二节　客运合同 …………………………… 314

第三节　货运合同 …………………………… 319

第四节　多式联运合同 …………………………… 322

第二十二章　技术合同 …………………………… **324**

第一节　技术合同概述 …………………………… 326

第二节　技术开发合同 …………………………… 331

第三节　技术转让合同与技术许可合同 ……………… 336

第四节　技术咨询合同和技术服务合同 ……………… 342

第二十三章　保管合同 …………………………… **347**

第一节　保管合同概述 …………………………… 348

第二节　保管合同的效力 …………………………… 349

第二十四章　仓储合同 …………………………… **353**

第一节　仓储合同概述 …………………………… 354

第二节　仓储合同的效力 …………………………… 356

第二十五章　委托合同 …………………………………………………… **360**
　第一节　委托合同概述 …………………………………………………… 361
　第二节　委托合同的效力 ………………………………………………… 363
　第三节　间接代理中的委托 ……………………………………………… 367
　第四节　委托合同的终止 ………………………………………………… 370

第二十六章　物业服务合同 ………………………………………… **372**
　第一节　物业服务合同概述 ……………………………………………… 373
　第二节　前期物业服务合同 ……………………………………………… 376
　第三节　物业服务合同的效力 …………………………………………… 378
　第四节　物业服务合同的终止 …………………………………………… 381

第二十七章　行纪合同 …………………………………………………… **384**
　第一节　行纪合同概述 …………………………………………………… 385
　第二节　行纪合同的效力 ………………………………………………… 387

第二十八章　中介合同 …………………………………………………… **390**
　第一节　中介合同概述 …………………………………………………… 391
　第二节　中介合同的效力 ………………………………………………… 393

第二十九章　合伙合同 …………………………………………………… **396**
　第一节　合伙合同概述 …………………………………………………… 397
　第二节　合伙合同的效力 ………………………………………………… 399
　第三节　合伙合同的终止 ………………………………………………… 403

第一章

Chapter **01**

合同与合同法

导读案例

2021年1月初，刘某良有意将位于深圳市福田区的涉案房屋对外出租，并委托案外人阿红作为租赁中间人对外招租。2021年1月3日，王某霞发送微信给阿红称其有意向承租涉案房屋并同意月租金5600元且3年不递增，随即通过阿红转付定金5600元给刘某良。2021年1月3日至2021年1月14日期间，王某霞与刘某良通过微信就签订涉案房屋租赁合同事宜进行沟通协商，最后因租期等问题未能达成一致意见而没有实际签订租赁合同。刘某良认为王某霞构成违约而主张没收定金，王某霞诉至法院，要求刘某良退还定金。

深圳市福田区人民法院生效判决认为，王某霞与刘某良之间存在就涉案房屋进行租赁的意向，王某霞在明确了租期、租金价格的基础上向刘某良支付定金，据以确定租赁机会，但双方并未确定起租期、支付租金方式和期限、物业费用承担、违约责任等房屋租赁过程中其他基本履行内容，不足以确定房屋租赁合同关系中双方的基本权利义务，且从双方之后的协商过程看，双方又对租期及对应租金价格进行了新的协商，最终由于未能就房屋租赁合同主要条款内容达成合意而导致未能签订具备可履行内容的房产租赁合同。根据《中华人民共和国民法典》第四百九十五条的规定，双方以存在房产租赁意向而收付定金的行为形成了预约合同关系。双方均未能举证证明最终未签订本约合同系因对方过错原因导致，且未再就房产租赁进行协商确定，已超过一般交易主体对于交易的合理期待期限，故双方预约合同的目的已无法实现。2021年3月22日，判决刘某良向王某霞返还定金。

1. 合同的概念和特点是什么？

2. 本约合同与预约合同的划分依据及区分的法律意义是什么？

3. 有偿合同与无偿合同区分的法律意义是什么？

4. 合同相对性的内涵为何？

5. 合同法的基本原则及其表现为何？

第一节　合同的概念和种类

一、合同的概念和特点

合同是民事领域动态财产关系重要的法律形式。在现代社会，合同关系无处不在，因此合同法在债法中占据着极其突出的地位。现今社会上各种各样的活动大都围绕合同展开。在合同法理论上，合同也被称为契约。但从 20 世纪 50 年代初期至今，除我国台湾地区之外，我国的民事立法和司法实践采用的是合同而非契约。作为法律用语的"合同"，有劳动法上的合同、行政法上的合同、民法上的合同等。鉴于合同是反映交易的法律形式，合同法中的合同指的是民法上的合同。

何为合同，如何来界定合同，大陆法系与英美法系存有不同的看法。大陆法系的学者基本上认为合同是一种合意或协议，英美法系的学者多认为合同是一种允诺。《中华人民共和国民法典》（以下简称《民法典》）第四百六十四条第一款规定："合同是民事主体之间设立、变更、终止民事法律关系的协议。"据此，我国民法理论对合同的界定基本继受了大陆法系的观点，将合同界定为以发生民法上效果为目的的一切合意，包括以发生物权变动为目的的物权合同（比如设定抵押权的合同、转移所有权的合同）、以物权以外的权利变动为目的的准物权合同（比如债权让与）、以发生债权债务为目的的债权合同等。虽然我国《民法典》合同编通则部分具有债法总论的效果，但是合同编诸多规则、制度的制定大多以债权合同为预想模式，具体条款规定的内容主要涉及的是民事主体间关于债权债务关系的协议，因此债权合同的特性非常明显。根据《民法典》第四百六十四条第一款的规定，合同具有如下法律特点。

（一）合同是当事人协商一致的协议

合同是当事人之间形成合意的产物，是当事人之间意思表示达成一致的结果。合同的成立必须有双方或多方当事人，各方当事人各自从追求自身利益角度出发作出某种意思表示，各个意思表示经过各方当事人在平等、自愿基础上的协商，最终达成一致。因此，合同是法律地位平等的民事主体协商一致的结果，是交易当事人意思表示一致的协议。

（二）合同是平等民事主体所实施的一种民事法律行为

合同是一种民事法律行为。合同以意思表示为要素，并且按意思表示的内容赋予法律效果，因此是民事法律行为，其与事实行为有很大的不同。事实行为不以意思表示为要件，不产生当事人预期的法律效果。合同是平等民事主体实施的能够引起民事权利和民事义务产生、变更、终止的民事法律行为。《民法典》总则编有关民事法律行为的一般规定，如民事法律行为的有效要件、民事法律行为的效力制度等，均可适用于合同，除非法律、法规另有规定。

（三）合同以设立、变更或终止民事权利义务关系为目的

作为一种民事法律行为，合同的目的在于设立、变更或终止民事权利义务关系。设立民事权利义务关系，指当事人通过合同的订立，形成某种民事权利义务关系。变更民事权利义务关系，指当事人之间通过订立合同使原有的民事权利义务关系发生变化。变更民事权利义务关系通常是在保持原有合同效力的前提下进行的。终止民事权利义务关系，指当事人通过合同使原有的民事权利义务关系归于消灭。合同通过设立、变更或终止民事权利义务关系，来达到当事人预期的民事法律结果。例如，某县政府为鼓励县属酒厂多创税利，县长与酒厂厂长签订合同约定：酒厂如果完成年度税收100万元的指标，第二年厂长和全厂职工都可以加两级工资。（2002年司考真题）县长与酒厂厂长签订合同不属于民事法律行为，是因为此时县政府与酒厂的法律地位不具有平等性，不属于两个平等的民事主体，所以二者之间的约定不以民事权利义务为内容，不产生民法上的后果，属于行政法律关系。

二、合同的种类

合同的种类指根据一定的标准对合同作分类。通过合同的分类研究，认清各类合同的特征、合同生效要件、各类合同具有的法律效力等，这有利于当事人顺利地订立和履行合同，以及更好地运用合同与合同法。一般而言，合同可以作如下分类。

（一）双务合同与单务合同

根据当事人双方是否存在对待给付义务，合同可以分为双务合同与单务合同。

双务合同是指当事人互负对待给付义务的合同，也就是说，一方当事人所享有的权利是另一方当事人所负担的义务的合同，例如买卖合同、租赁合同、承揽合同等。单务合同是指仅有一方负担给付义务的合同。在单务合同中，当事人并不都负担义务和享有权利，往往是一方承担义务，另一方由此享有权利，该权利的享有不以义务的负担为前提。赠与合同就是单务合同的典型代表。

在法律上区分单务合同与双务合同具有重要的法律意义。在双务合同中，当事人的权利义务是相互对应的，并且是相互依赖的。也就是说，双务合同当事人的权利义务具有牵连性，一方当事人享有的权利是另一方当事人负担的义务，当事人权利的享有以负担义务

为前提。双务合同中基于相互交换的对价关系使两个给付义务之间彼此牵连，这是单务合同所不具备的。正因如此，单务合同与双务合同的区分具有如下的法律意义。

1. 同时履行抗辩权适用的不同。

同时履行抗辩权是指合同一方当事人在另一方当事人没有为对待履行之前，有权拒绝自己履行的权利。在当事人没有特别约定或者法律有特别规定时，双务合同的履行以同时履行为原则。双务合同适用同时履行抗辩权规则，但单务合同却不适用。原因在于双务合同成立之后，当事人各方基于合同权利义务的牵连性，一方负担义务以对方负担义务为前提。只有双方均同时履行自己的义务，才能确保对方当事人权利的实现，最终达到当事人订立合同的目的。因此一方当事人在对方没有为对待履行或没有提出履行以前，有权拒绝对方当事人要求自己先为履行的请求。而在单务合同中，只有一方负担义务，不具有双务合同中权利义务的牵连性，因此当单务合同中的一方当事人要求负有义务的当事人履行义务时，除非有合理的理由，被主张义务履行的一方无权拒绝。

2. 风险负担的不同。

风险负担是指在合同关系存续期间，非因合同当事人的原因导致合同无法履行所产生的后果承受，例如因不可抗力导致合同标的物毁损、灭失所产生的后果承受。双务合同发生风险负担的，合同义务应被免除，相应的权利也随之消失。一方当事人已经履行的，接受履行的一方应将所得返还。单务合同发生风险负担的，不存在双务合同中的对价风险问题。

3. 债务不履行的后果不同。

在双务合同中，当事人一方违约时，守约方若已履行合同，可以请求违约方强制履行或承担其他违约责任，条件具备时还可以解除合同；解除合同并溯及既往时，守约方有权请求违约方返还受领的给付。单务合同中主要是一方承担义务，如果该义务方已经履行了部分义务，同时又违反了合同义务，无权要求对方对待履行或返还财产。

（二）有偿合同与无偿合同

根据当事人是否因给付而取得对价为标准，可将合同分为有偿合同与无偿合同。

有偿合同是指一方当事人通过合同的履行，从对方处获得相应对价的合同。买卖合同、租赁合同、承揽合同等都是有偿合同。有偿合同中的一方当事人要享有合同规定的权益，须向对方偿付相应的代价。实践交易中大多数的合同都是有偿的，主要是因为民事主体积极参与、发动民事交易的目的就在于尽可能地追求最大化的合法利益。如果频频参与、发动民事交易的当事人总是在履行自身负担的义务，而不能从中获得自己谋求的权益，久而久之便会丧失参与或发动民事交易的积极性。

无偿合同是指只有一方当事人作出给付，对方取得该利益时不需要付出任何对价的合同。我国《民法典》合同编中规定的赠与合同就是典型的无偿合同。借用合同也属于无偿合同，而借款合同、委托合同、保管合同等，根据合同是否约定了利息、报酬的支付，可能是有偿合同，也可能是无偿合同。无偿合同的一方当事人获得利益不需要向对方支付任何对价，是有偿交易中的例外现象。

区分有偿合同与无偿合同的法律意义主要体现在如下方面。

1. 责任的轻重不同。

在无偿合同中，义务人所负的注意义务程度较低；在有偿合同中，义务人所负的注意义务程度较高。例如保管合同，在无偿保管的情况下，保管人只要证明自己没有重大过失，便不需要对毁损灭失的保管物承担赔偿责任；在有偿保管的情况下，保管人的一般过错导致保管物毁损灭失的就得承担赔偿责任。

2. 主体资格要求不同。

订立有偿合同的当事人原则上应当为完全民事行为能力人，限制民事行为能力人非经其法定代理人同意或者代理不得订立重大的有偿合同。对于纯获利益的无偿合同，如接受赠与等，限制民事行为能力人即便未取得法定代理人的同意或缺失法定代理人的代理，也可以订立，不因民事行为能力的不适格而影响无偿合同的效力。

3. 债权人撤销权的构成要件不同。

合同保全时，债权人撤销权的构成要件因债务人的行为是否属无偿行为而有不同，在无偿行为场合，并不要求第三人具有主观恶意；在有偿行为场合，则要求第三人须具有主观恶意。

（三）有名合同与无名合同

以法律是否设有规范并赋予一个特定的名称为标准，可将合同区分为有名合同与无名合同。

"非典型合同纠纷"案例

有名合同又称为典型合同，是指法律设有规范，并赋予一定名称的合同。《民法典》合同编规定的十九种合同都属于有名合同，如买卖合同、保理合同、物业服务合同等。此外，《民法典》的其他编也规定了一些有名合同，如物权编规定的建设用地使用权出让合同、抵押合同、土地承包经营合同等。另外，《中华人民共和国保险法》《中华人民共和国旅游法》等同样也规定有一些有名合同，如保险合同、旅游合同等。对于有名合同，法律往往对其内容作出了相应的规定，设置了一些规范，但是这些规定大多为任意性规范，当事人可以通过约定来改变规定。也就是说，在有名合同中，当事人在不违反法律强制性规定的前提下，遵循约定优先于法定的规则。法律对有名合同的规定，不是对合同自由的强加干涉，仅仅是为了规范合同关系，为当事人的订约提供指导。

无名合同又称为非典型合同，是指法律尚未有特别规定，亦未赋予一定名称的合同。社会的发展，交易形态的纷繁复杂，法律自身的滞后性，等等，促使无名合同大量存在。例如雇佣合同、餐饮服务合同、企业咨询服务合同等。无名合同在现代社会经济活动中与有名合同一样扮演着重要的角色，与其相关的主要难题就在于在法律尚未有规定的情况下，如何使合同适用法律。

区分有名合同与无名合同的法律意义在于，两者适用的法律规则不同。对于有名合同而言，其应当直接适用合同法的规定或其他有关该合同的立法规定。对于无名合同，《民法典》第四百六十七条第一款规定："本法或者其他法律没有明文规定的合同，适用本编通则的规定，并可以参照适用本编或者其他法律最相类似合同的规定。"据此，无名合同法律适用的规则有三：一是直接适用《民法典》合同编通则的规定。二是参照适用《民法典》合同编或者其他法律。参照适用即准用。三是与法律中关于有名合同规定最相类似的合同规定，才能参照适用。最相类似的合同往往需要从合同的性质层面予以判断。

（四）诺成合同与实践合同

根据合同的成立是否以交付标的物为条件，可将合同分为诺成合同与实践合同。

诺成合同是指仅依当事人的意思表示一致即可认定成立的合同。因其不需要交付标的物，又有"不要物合同"的别称。此种"一诺即成"、不需要交付标的物的特点是诺成合同的主要特点。在当下社会，大多数合同为诺成合同，例如买卖合同、赠与合同、租赁合同等。

实践合同是指除当事人双方意思表示一致之外，尚需交付标的物才能成立的合同。因其成立在当事人意思表示一致的情形下还需要交付标的物，故又有"要物合同"的别称。如《民法典》第六百七十九条规定："自然人之间的借款合同，自贷款人提供借款时成立。"从民事交易实务来看，实践合同较之诺成合同属于特殊合同。实践合同需要法律对其有特别的规定。《民法典》合同编规定的定金合同、自然人之间的借款合同、保管合同均属于实践合同。

二者的区分在于：二者成立与生效的时间不同。诺成合同自双方当事人意思表示一致时起，合同成立，往往合同成立的同时合同亦生效。实践合同在当事人意思表示一致之后，还需要交付标的物，这样合同方能成立和生效。

（五）要式合同与不要式合同

根据合同的成立或生效是否以一定的形式为要件，可将合同分为要式合同与不要式合同。

要式合同是指必须依据法律规定的方式订立的合同。对于一些合同，因其重要性，法律常要求当事人采取特定的方式订立合同，比如《民法典》第六百六十八条第一款规定："借款合同应当采用书面形式，但是自然人之间借款另有约定的除外。"

不要式合同是指对合同的成立，法律没有要求采取特定方式的合同。不要式合同的形式取决于当事人的自由意思，由当事人协商确定。当事人可以采取口头形式，也可以采取书面形式或者其他形式。

要式合同与不要式合同的区别在于是否应以一定的形式作为合同成立或生效的要件。在合同交易中，以不要式合同为原则，以要式合同为例外。法律要求合同具备特定的形式要件，有其特殊的立法目的，例如要求合同办理批准、登记等手续的规定，其立法目的多是基于行政管理的考虑。但是需要注意的是，要式合同要式的不具备，并不必然导致要式合同的无效。只有当要式的规定属于法律强制性规定时，要式的不具备才会产生合同无效的结果。当要式的规定不属于法律强制性规定时，为了鼓励交易，法律往往允许当事人采取一定的措施予以补正，或者使当事人原有权利义务分配发生一定的变化，如《民法典》第七百零七条规定："租赁期限六个月以上的，应当采用书面形式。当事人未采用书面形式，无法确定租赁期限的，视为不定期租赁。"据此规定，租期为六个月以上的租赁合同，当事人没有采用书面形式又无法确定租赁期限时，法律将其认定为不定期租赁合同，合同双方当事人均享有随时解除合同的权利。

（六）主合同与从合同

根据合同之间的相互关系，可以将合同分为主合同与从合同。

主合同是指不需要依附于其他合同而能独立存在的合同。从合同是指依附于其他合同，以其他合同的存在为其存在前提的合同。主从合同的划分应以两个或两个以上彼此有密切关系的合同的存在为基础，并且这种主从关系的划分，仅具有相对性。例如在担保关系中，被担保的债权合同属于主合同，为保证主合同中主债权实现的抵押合同、质押合同等就属于从合同。从合同的特点在于其附属性，不能独立存在，必须以主合同的有效存在为前提。

主合同与从合同的划分，主要的法律意义在于明确了它们彼此之间的制约关系。从合同的效力状态深受主合同的效力状态的影响。主合同不成立，从合同就不成立；主合同变更或转让，从合同也随之发生变化；主合同被宣告无效、撤销或者终止，从合同效力跟随消灭，除非当事人另有特别约定。

（七）预约合同与本约合同

预约合同也称为预备合同，是指当事人之间达成的、约定在将来一定期限内订立合同的合意。《民法典》第四百九十五条第一款规定："当事人约定在将来一定期限内订立合同的认购书、订购书、预订书等，构成预约合同。"这是对预约合同的立法规定。当事人在将来订立的合同称为本约合同。需要注意的是，在实际生活中不是所有带有"预约""预售"字样的均是预约合同，如商品房预售合同便不是预约合同。商品房预售合同是合同当事人就将来建成的商品房达成的交易协议。其与商品房买卖合同的差别就在于商品房的状态不一，商品房预售合同中的商品房是正在建设的商品房，实务中称为"期房"；商品房买卖合同中的商品房是已经建成的商品房，实务中称为"现房"。商品房预售合同在房屋建成交付后直接办理登记手续，不需要再签订商品房买卖合同。商品房预售合同和商品房买卖合同均为买卖合同，对合同当事人有具体的权利义务规定。

预约合同与本约合同是相互独立又相互关联的两个合同，二者的主要区别在于：

第一，缔约意图不同。预约合同旨在将来订立本约合同，订立本约合同的目的在于形成具体权利义务的特定合同关系。预约合同的订立是向着本约合同的过渡。当事人订立预约合同主要是为了有足够的时间磋商，或者避免对方当事人出尔反尔，等等。通常，要认定是否存在订立本约合同的意图，应当结合当事人在预约合同中的约定、当事人的磋商过程、交易习惯等来确定。因此，当事人必须明确表达要订立本约合同的意思表示，并且当事人应当有受预约合同拘束的意思。①

第二，当事人约定的内容不同。预约合同的内容是将来要订立本约合同，如订购某件商品的预约合同，合同当事人负有订立该商品买卖合同的义务。本约合同的内容是合同的具体内容，如买卖、租赁、承揽等。

第三，违反合同的责任后果不同。在预约合同中，当事人一般不会约定违反本约的责任。在本约合同中，当事人经常会约定违约责任条款。当事人违反预约合同时，非违约方可以请求违约方订立合同，而当事人违反本约合同时，不产生请求对方当事人订立合同的违约责任，而是产生继续履行、赔偿损失等违约责任。

对预约合同的违反会产生违约责任。《民法典》第四百九十五条第二款规定："当事人一方不履行预约合同约定的订立合同义务的，对方可以请求其承担预约合同的违约责任。"依此规定，违反预约合同承担的是违约责任而不是缔约过失责任。如果合同当事人在预约合同中约定了违约责任，则根据当事人的约定确定具体的违约责任。如果合同当事人未在预约合同中约定违约责任，则应当根据具体情况予以确定，如对预约合同的解除，并请求违约方赔偿损失等。

（八）一时性合同与继续性合同

根据时间因素是否对合同给付义务的内容及范围产生影响，可以将合同区分为一时性合同与继续性合同。

一时性合同是指履行行为为一次的合同，也就是一次给付就能实现合同内容的合同，例如买卖合同、赠与合同等。继续性合同是指履行行为为多次的合同。在继续性合同中，合同内容的实现，并非一次给付就可以完成，而是需要若干次的给付，例如保管合同、借款合同等。

一时性合同与继续性合同的主要区别在于对履行及发生履行障碍场合的处理不同，主要包含以下两个方面。

1. 在合同的履行方面。

一时性合同，一次给付义务一经履行，债权关系即归于消灭。继续性合同，在合同关系存续期内，义务的履行呈持续状态，债权关系并不立即消灭，需要继续给付，直至期限届满才会引起债权关系的终止。

2. 在合同解除的效力方面。

一时性合同在被解除时能够恢复原状，即已经履行的给付可以返还给付人，因此一时性合同的解除具有溯及力。继续性合同的履行必须在一定的持续时间内完成，而不是一时或一次完成，合同被解除时受领方所享有的权益无法予以返还，例如委托合同、雇佣合同等。或者将受领方所享有的权益予以返还，会使给付方遭受损失。例如，委托合同被解除，如果要求委托人返还所享有的利益，那就意味着委托合同自成立时起就不具有效力，如此

① 陈进：《意向书的法律效力探析》，《法学论坛》2013 年第 28 卷第 1 期，第 144—153 页。

一来会使受托人已进行的代理行为全部失去法律依据，变为无权代理。这样因无权代理所进行的活动以及所牵涉的当事人都将遇到不可预计的法律后果，不利于社会经济活动的正常进行，容易导致社会秩序混乱。因此，继续性合同的解除不具有溯及力，解除所发生的效力仅仅针对将来。

（九）为订约人自己订立的合同与为第三人利益订立的合同

根据合同订立的目的是否是为订约人自己谋取利益，合同可以分为为订约人自己订立的合同与为第三人利益订立的合同。

为订约人自己订立的合同是指订约当事人订立合同是为自己设定权利和义务，使自己直接取得和享有某种利益的合同。民商事交易中，当事人总是在追求一定的利益，因此在大多数情况下，合同关系的当事人订立合同的目的在于为自身谋利，此乃交易中的常态。

为第三人利益订立的合同是指订约当事人在合同中为订约主体以外的第三人设定了权利的合同。为第三人利益订立的合同不是在为订约当事人设定权利，而是为订约主体之外的第三人设定权利，合同将对该第三人产生效力。例如，甲到乙的花店买花，并约定在情人节那天，由乙将甲定制的鲜花送给甲的女朋友丙。在该合同中，丙不是买卖合同的当事人，没有参与订约的任何阶段，但是可以依据该合同享受权利。当乙没有按照合同约定予以交付时，丙有权要求乙履行。

为第三人利益订立的合同具有如下法律特征。

1. 第三人不是合同的订约当事人。第三人不是合同的订约人，不参与合同的订立。第三人是否知晓该合同的存在，不影响为该第三人设定的权利。第三人虽然不是合同的订约主体，但是却可以依据合同享有接受债务人的履行和请求债务人履行的权利。

2. 合同只能给第三人设定权利。根据民事理论，任何人未经他人的同意，不得给他人设定义务。为第三人利益订立的合同正是对该理论的遵守。在该类合同中，为第三人设定的不是对第三人的负担，而是利益，不仅不会损及第三人的权益，反而会给第三人带来利益。因此为第三人利益订立的合同只能给第三人设定权利，而不能设定义务。需要注意的是，第三人享有的仅仅是合同为其设定的权利，不包括合同订约主体所享有的相关权利，例如合同的撤销权、合同的解除权、合同的抗辩权等。

3. 合同的订立，无须第三人的表态。为第三人利益订立的合同，在为第三人设定权利时，合同的订约主体无须事先通知第三人或是征得第三人的同意。如前所述，因给第三人设定的是权利，第三人在得知该情况后，可以表示接受，也可以表示拒绝。在第三人表示拒绝时，合同为该第三人设定的权利一般归订约主体自身享有。

在实务当中，还有一种称谓是"涉他合同"。涉他合同指的是合同的权利或者义务涉及第三人的合同，包括"为第三人利益订立的合同"和"由第三人履行的合同"两种基本类型。由第三人履行的合同包括在合同履行中由第三人履行和第三人代为履行两种情况。此时的第三人仅仅是履行一方的辅助人，而不是合同的当事人，不享有合同的权利和义务。第三人履行不当的，由其所代表的当事人承担相应的后果。

第二节　合同关系

一、合同关系的构成

合同关系作为一种民事法律关系，与其他民事法律关系一样，也是由主体、客体和内容三个要素组成的。

（一）合同关系的主体

合同关系的主体，也称为合同当事人，是缔结合同的双方或者多方民事主体。在为第三人利益订立的合同中，享有利益的虽然是第三人，但该第三人不是合同关系的主体。对合同关系的主体来说，享有权利的称为债权人，承担义务的称为债务人。合同关系的主体是相对的，仅在特定的民事主体之间产生，合同的债权人只能向本合同的债务人主张合同权利，而不能向合同关系之外的其他人主张，因其与第三人不存在合同关系的束缚。合同的债权只能对抗与其有着合同关系的特定的债务人，具有相对性和对人性。

在双务合同关系中，合同债权人与债务人是相对的，一方当事人既是债权人，又是债务人，是债权人还是债务人取决于合同履行阶段的约定。能够成为合同关系主体的是平等主体的自然人、法人、其他组织：既可以是自然人，也可以是法人或其他组织；既可以是本国人，也可以是外国人。在合同关系中，主体可以变更，如债权让与、债务承担等。

（二）合同关系的客体

合同关系的客体也可称为合同的标的，是指合同关系中权利义务所共同指向的对象。合同债权的实现依靠的不是某一项财产，而是债务人对该项财产所为的行为，即债权人通过要求债务人为一定的行为或不为一定行为来实现自身的债权。合同关系的客体是债务人的给付行为。给付行为，既可以作为，也可以不作为。合同履行中的具体物，例如房屋、汽车、商品等，是债务人给付行为的具体作用对象，实为给付的标的物，这应当与合同关系的客体或标的加以区别。

（三）合同关系的内容

合同关系的内容，即合同权利与合同义务，又称合同债权和合同债务。合同债权具体表现为一种请求权，债权人可据以请求债务人履行债务。具体又有请求力、受领力与保持力等诸多权能。在债务人不履行债务时，债权人可以通过公力救济的方式寻求帮助。合同债务，是合同债务人依合同关系所负的义务，即债务人向债权人为或不为特定的行为。合同债务可以依据合同当事人的约定而产生，也可以因为法律规定或者根据诚实信用原则而产生。

二、合同关系的相对性

合同关系是一种存在于特定当事人之间的权利义务关系，除非有特殊的规定，否则该类权利与义务仅在合同当事人之间发生效力，合同效力不涉及第三人。合同关系的此种特性，在大陆法上称为"债的相对性"。《民法典》第四百六十五条规定："依法成立的合同，受法律保护。依法成立的合同，仅对当事人具有法律约束力，但是法律另有规定的除外。"该规定确认了合同相对性原则。根据合同相对性原则，合同一方当事人只能基于合同向与其有着合同关系的另一方当事人提出请求，而不能向与其无合同关系的第三人提出合同上的请求，也不能擅自为第三人设定义务。

合同的相对性与物权的绝对性形成鲜明的区别，成为债权与物权重要的区分标准，并在此基础上形成债法与物权法的一些重要规则，如物权的公示性、债权的不公开性等。合同相对性原则主要包括如下几个方面的内容。

（一）合同主体的相对性

合同主体的相对性是指合同关系只能发生在特定的当事人之间，只有特定的主体才能基于合同向对方当事人提出请求或相关主张。例如，甲向乙借款人民币 10 万元整，借期一年。借款到期后，甲无力偿还，但甲的父亲经济实力雄厚。此时，虽甲与其父有着密切的血缘关系，但甲父不是甲、乙借款合同的当事人。乙只能向甲主张债权的实现，而不能径直向甲父主张甲的债务的清偿。由于合同关

"合同关系的相对性"
微课

系只存在于特定人之间，因而只有合同关系当事人才能相互提出请求，与合同关系当事人没有合同上权利义务关系的第三人，不能依据合同向合同当事人提出请求。合同关系的一方当事人只能向另一方当事人提出合同上的请求或诉讼，而不能向与其无合同关系的第三人提出合同上的请求或诉讼。合同关系之外的第三人不得基于他人的合同关系而向债务人提出请求，债权人也不得基于合同关系向合同关系之外的第三人提出请求。合同主体的相对性强调的是合同关系仅仅存在于合同主体之间，只有合同的一方当事人才能根据合同向对方当事人提出请求或相关主张。

（二）合同内容的相对性

合同内容的相对性是指除法律、合同另有规定的情况外，只有合同当事人才能享有合同所规定的债权，承担合同规定的债务，合同当事人以外的任何第三人都不能主张合同上的权利。在双务合同中，内容的相对性还表现为合同一方当事人的权利就是合同另一方当事人的义务，合同另一方当事人的权利就是合同一方当事人的义务，当事人间的权利义务相互对应，自身债权的实现均需依赖对方义务的履行。合同内容的相对性还能引申出如下规则：

第一，合同规定由当事人享有的权利，原则上不及于第三人；合同规定由当事人承担的义务，一般不对第三人产生约束力。例如，张某与李某订立房屋租赁合同，张某承诺李

某每日的晚餐由张某负责解决。一日李某的同窗好友赵某前来拜访李某，待至晚餐时分，张某对赵某不负有提供晚餐的义务。

第二，合同当事人无权为他人设定合同上的义务。合同权利会给主体带来利益，合同义务会给主体带来负担或使其遭受不利益。如果合同当事人为第三人设定权利，因该权利会给第三人带来利益，不会损及第三人权益，法律往往推定这种设定符合第三人的意愿，允许合同当事人为第三人设定权利。如果合同当事人为第三人设定义务，往往会给第三人带来负担或是让第三人遭受不利益，会损及第三人的权益，因此唯有经过第三人的同意，该类设定才能产生约束力。

第三，合同权利和合同义务主要对合同当事人产生约束力。合同主体具有相对性，因合同上的约定而产生的合同权利和合同义务仅仅约束合同当事人，因此合同产生的是一种对内效力。合同关系的一方当事人就合同权利或是合同义务往往只能向合同关系的另一方当事人提起，不能涉及合同关系以外的第三人。但随着交易范围的扩大及交易频率的提高，为了防止债务人一些不当的行为损及债权人的债权，法律允许债权人可就债务人和第三人的某些行为行使相关权利，以保护债权人的债权。此种状况下，合同具有对外效力。合同的保全制度就是合同对外效力的典型表现。

（三）合同责任的相对性

合同责任是指当事人不履行合同债务所应承担的法律后果，也称违约责任。债务是责任产生的基础，责任是债务人不履行自身义务时，国家强制债务人履行债务的表现。责任与债务是相互依存、不可分离的。合同内容的相对性决定了合同责任的相对性。

合同责任只能在特定当事人之间发生，合同关系之外的人不负违约责任，合同当事人也不对第三人承担违约责任。如甲公司要运送一批货物给收货人乙公司，甲公司的法定代表人丙电话联系并委托某汽车运输公司运输。汽车运输公司安排本公司的司机刘某驾驶。在运输过程中，因刘某的过失发生交通事故，致货物受损。乙公司因未能及时收到货物而发生损失。（2017年司考真题）此案中乙公司的损失应向甲公司主张。原因是与乙公司有着合同关系的是甲公司，而不是某汽车运输公司。甲公司与某汽车运输公司之间确实存在合同关系，但是该合同与甲乙之间的合同是两个相互独立的合同。根据合同责任的相对性，在甲乙合同中，甲没有按照合同约定履行义务的，合同的另一方当事人乙有权向其主张合同责任。

《民法典》第五百九十三条规定："当事人一方因第三人的原因造成违约的，应当依法向对方承担违约责任。当事人一方和第三人之间的纠纷，依照法律规定或者按照约定处理。"据此，合同责任的相对性包括以下三个方面的内容：

第一，债务人应对其履行辅助人的行为负责。债务人的履行辅助人是指根据债务人的意思辅助债务人履行债务的人，如债务人的代理人、由第三人履行中的第三人。履行辅助人往往与债务人存在某种法律关系，但与债权人之间没有合同关系，其仅对债务人向债权人履行债务起到辅助作用，并不负有合同义务，因履行辅助人的过错导致合同债务不能履行或履行不当的，不是由辅助人来承担合同责任，而是由被辅助的债务人来承担合同责任。

第二，因第三人的原因造成违约的，应由债务人承担合同责任。受限于合同主体的相对性和合同内容的相对性，只有合同当事人才有权向合同对方当事人提出履行债务的请求，或者向对方当事人承担债务不履行或履行不当的责任。没有合同关系的第三人不负有特定合同关系中所设定的义务，无义务自然无责任。

第三，债务人只能向债权人主张承担合同责任，而不应向国家或是第三人主张承担合同责任。由于合同主体的特定性，债务人不履行合同义务时，只向与其有着合同关系的债权人主张承担合同责任，而不向合同关系以外的第三人甚或是国家主张承担违约责任。如果因为债务人违约导致罚款、收缴非法所得等处罚，该处罚不是违约责任的具体表现，而是公法上行政责任或刑事责任的具体表现。

合同的相对性原则，体现了意思自治的精神，合同的权利义务关系只对自主、自愿签订合同的当事人具有约束力。可以将合同法律关系与物权法律关系、人身权法律关系进行界限的划定，以明确第三人的自由与责任。

第三节　合同法的概念和特点

一、合同法的概念和适用范围

合同法是调整平等主体之间交易关系的法律，主要规范合同的订立、合同的效力、合同的履行、合同的变更、合同的保全等一系列问题。合同法是现代民事法律制度的重要组成部分，规范平等民事主体之间利用合同进行财产流转或交易而产生的社会关系，其不是一个独立的法律部门，而是民法体系中一个重要组成部分。

市场交换是一个自由、自愿的双向选择过程，而合同正是其媒介，合同法通过对合同的一般规定和对各种合同的具体规定来规范市场经济中的交易行为，从而为市场的运转提供保障和必要的手段。合同法的本质是调整财产流转的法律规范体系，是维护交易秩序与安全的法律手段。需要注意的是，合同法虽然调整财产流转关系，但不是所有的财产流转关系均受合同法的规范，合同法只调整平等主体之间的财产流转关系。合同法所反映的是平等主体在财产流转活动中产生的权利义务关系，具体体现为财产从一个民事主体到另一个民事主体的合法转移过程。具体来说，我国合同法的适用范围如下。

（一）合同法适用于平等主体之间订立的民事权利义务关系的协议

合同法适用于平等主体之间订立的民事权利义务关系的协议，不论该民事权利义务关系的协议目的是设立民事权利义务关系，还是变更或终止民事权利义务关系，只要是平等主体的自然人、法人和其他社会组织之间订立的协议，均属于合同法的适用范畴。合同法所调整的除了法律明确确认的十九种有名合同外，还包括物权法、知识产权法、担保法等法律所确认的国有土地使用权出让合同、抵押合同、专利权转让合同等。不仅如此，存在于社会经济生活中而未被法律所确认的，由平等民事主体之间订立的民事权利义务关系的协议，也同样适用合同法，如借用合同、服务合同等。可以这样说，合同法适用于各类具有财产性质的民事合同。受到合同法调整的民事合同应具有订约主体的平等性和独立性、内容的等价有偿性、合同订立的自愿性等特点。

（二）合同法适用的民事主体的协议，既包括设立民事权利义务关系的协议，也包括变更或终止民事权利义务关系的协议

合同法适用的合同是各类民事主体基于平等、自愿等原则所订立的民事合同。民事合同的主体可以是本国人，也可以是外国人；可以是自然人，也可以是法人或非法人组织。平等主体之间订立的协议既可以当事人通过合同确定彼此间的具体权利义务关系为内容，也可以当事人通过对合同的修改或消灭合同以变更或终止彼此之间的具体权利义务关系为内容。不论是设立民事权利义务关系，还是变更或终止民事权利义务关系，均适用合同法。

需要注意的是，以下关系不适用合同法。

第一，政府依照自身职权和法律规定维护经济秩序的管理活动不适用合同法。政府对经济秩序的管理活动属于行政管理关系，适用有关政府管理的法律。例如税收、财政拨款、征购等，应适用行政法的规定。政府机关在从事相关的行政管理活动时也会采用协议、合同等形式，如综合治理协议等，但这些协议的订立不是在平等主体之间的，不出于当事人的自愿，更多的是带有行政管理的强制性，因此不属于民事合同，不适用合同法。但如果政府机关是以平等主体的特性与其他民事主体发生民事权利义务关系，其间订立的协议或是合同应适用合同法，如购买办公用品、办公大楼的建筑施工等。

第二，法人或非法人组织内部的管理关系，不适用合同法。法人或非法人组织内部的管理关系，如安全生产责任协议、员工的奖惩协议等，适用公司法、劳动合同法、劳动法等法律。

婚姻、监护、收养等有关身份关系的协议，虽不以交易为主要内容，但并非不能适用合同法。《民法典》第四百六十四条第二款规定："婚姻、收养、监护等有关身份关系的协议，适用有关该身份关系的法律规定；没有规定的，可以根据其性质参照适用本编规定。"依此规定，婚姻、收养、监护等有关身份关系的协议应当首先适用身份关系的法律规定，这是特别法优先于一般法原则的必然要求。有关身份关系的法律规定虽然就身份关系而言属于一般规范，但是婚姻、收养、监护等有关身份关系的协议，法律对其规定与合同规范相比较，属于特别规范。身份法具有特别规则的，应优先适用特别规则，如离婚财产的分割协议、婚内财产约定协议等，《民法典》婚姻家庭编中都有相应规定，这些规定应优先于合同编的规则适用。有关身份关系的规范没有规定时，需要对该协议性质予以判断。纯粹的身份关系协议，如结婚协议、收养协议等，具有鲜明的人身性质，与具有财产性质的合同有本质的区别，不适用合同法规则。基于身份关系作出的与财产有关的协议，如婚内财产约定协议、离婚财产分割协议等，兼具人身性与财产性，可以参照适用合同法规则。纯粹的财产协议，虽然与身份关系有关（如夫妻间的赠与协议、遗赠扶养协议等），但是在性质上属于财产关系，可以适用合同法规则。

参照适用合同法规则有别于可以适用合同法规则。参照适用是"准用"，"乃为法律简洁，避免复杂的规定，以明文使类推适用关于类似事项之规定"[1]。参照适用在具体操作中，应该首先穷尽现有的规则，无果之下才通过准用条款，参照适用合同法的规则。

二、合同法的特点

合同法调整的是财产流转关系，反映交易内容，适用各类符合要求的民事合同，这就使合同法区别于物权法、侵权责任法等民法其他特别法，有不同的特点，具体体现在如下几方面。

（一）合同法是反映动态财产关系的财产法

为了确保各类民事主体在市场中能平等、自愿地从事交易活动，合同法作为规范该类交易活动的主要依据，一方面要创设公平交易的条件，消除市场中的分割、垄断和不正当竞争，另一方面要顾及交易的国内外衔接。这就要求合同法在设置有关交易规则和制度时，既要赋予当事人合同自由的权利，又要对其进行适度的、必要的干预；既要制定一套全国通用的、统一的规则，又要使这套规则能够与国际交易活动的规则接轨。我国《民法典》合同编就借鉴了《联合国国际货物销售合同公约》（1980 年）等调整国际贸易的合同公约。

（二）合同法是任意法

在财产交易活动中，应让交易主体充分表达其意愿，充分尊重民事主体所作出的决定。为了能使民事主体拥有足够的交易活动空间，合同法主要通过任意性规范的设置来引导、规范民事主体的交易活动，设立极少的强制性规范。合同法虽然有很多的原则、规则、各类有名合同的权利义务设置，但是很多的规定不具有强制性，仅仅是为当事人提供一种规范，并不强行要求当事人必须遵守。合同法也尊重当事人之间的约定，只要当事人之间的约定不违反法律的强制性规定、社会的公共利益或是社会公德，法律便承认该约定的有效性，并且在法律没有规定的情况下，允许当事人创设新的合同形式、内容等。"法无明文禁止皆权利"在合同法中仍然得到肯定与重视。

（三）合同法充分体现意思自治与鼓励交易的理念

合同法是反映交易关系的法律，自然需要保证从事交易活动的民事主体享有高度的意思自治。为秉承该理念，合同法很多的规则都规定在不违反法律和公序良俗的前提下，保

---

[1] 史尚宽：《民法总论》，中国政法大学出版社 2000 年版，第 51 页。

障民事主体享有充分的合同自由，不受其他民事主体和行政机关干预。规定非基于正当事由，不得限制合同当事人自由。合同自由原则是合同法中意思自治理念的集中反映。当然，合同法不会无视现代社会经济生活的变化，会对一些特殊情形进行约束，例如对格式合同的规制、承运人的强制缔约义务等。另外，合同法应保障市场交易，促进社会经济的可持续发展，因此在注重体现当事人意思自治的同时，还应指导交易和鼓励交易。只有鼓励当事人从事更多的合法交易活动，才能促使市场交易活跃；市场活动的频繁能促进市场的发展。为此，合同法对合同的订立、合同效力的判断等都设置了较以往交易活动更为宽松的要求与条件，例如严格区分了合同的无效与可撤销，修改了效力待定合同规则，等等。

（四）合同法的价值取向贯彻兼顾原则

合同法的价值取向实行的是经济效率与社会公正、交易便捷与交易安全的相互兼顾。借助合同这一交易媒介，不同的当事人通过交易实现不同的价值追求或是共同的价值追求。也只有通过交易，才能实现资源的优化配置，实现资源的有效利用。还可以通过交易提高效率，增加社会财富。合同法的经济效率与社会公正、交易便捷与交易安全相互兼顾的价值取向可以从众多的制度规则中反映出来，例如订立合同形式、格式合同的规制等就是从交易便捷与经济效率角度出发的；缔约过失责任制度的规定、合同效力的相关规则、违约责任制度等关注的则是社会公正与交易安全。这些规则制度的实施既有利于提高效率，又有利于维护社会正义；既体现了现代化市场经济对交易便捷的要求，又体现了对交易安全和交易秩序的关注。

第四节　合同法的基本原则

合同法的基本原则贯穿合同法整个领域，指导合同法的制定、解释、执行和研究，指导合同当事人的行为，是合同司法行为的根本准则，是合同法的宗旨和价值判断的集中体现。合同法基本原则不为合同当事人确定具体的行为规范，而只是提供了抽象的行为准则；合同法基本原则也不预先规定适用的具体情境，而是一般性地适用于各种不确定的情形。

一、平等原则

平等原则即合同当事人法律地位平等原则。《民法典》第四条规定："民事主体在民事活动中的法律地位一律平等。"

市场经济中的交易以价值为标准，而不以交易者的地位为标准。无论合同主体是自然人还是法人，或是其他的社会组织，无论各个合同主体经济实力如何，只有确保其在法律上处于平等的地位，才能确保交易的自愿与等价有偿，才能促进财富的增加。合同本身是民事主体协商一致的产物，为了达成意思表示一致的协议，要求合同主体在法律地位方面是平等的，唯有如此合同当事人才能平等对话，充分协商。

合同法上的平等原则作为民事立法中主体平等原则的一种表现，具体体现在以下几个方面。

第一，合同关系中的当事人法律地位平等。虽然当事人在其他方面可能存在法律地位的高低，如在行政法律关系中，自然人、企业法人均是行政管理的相对方，处于被管理的地位，但当事人在合同法律关系中，法律地位是平等的，不存在管理、服从关系，不存在一方有特权。如某基层法院采购办公用品，与某文具商店订立买卖合同，此时虽然法院拥有司法权，但是在此项交易中二者的法律地位是平等的，基层法院不得主张特权，买卖合同的成立、生效、履行等均应遵守当事人之间的约定和合同法的相关规定。

第二，当事人平等地适用合同法，确定相互之间的民事权利义务关系。适用法律上的平等，指的是无论参加到合同关系中的当事人是何许人，都应当适用相同的法律，而不应当有差别待遇。当事人之间法律关系的确定应该平等地适用合同法，任何一方都没有超越这一法律、主张豁免或适用特别法的特权。

第三，根据平等原则的要求，在发生合同纠纷时，当事人应该使用私法上的纠纷解决方法，而不得采用强制命令的方式。

二、合同自由原则

合同自由原则，也称为合同自愿原则。《民法典》第五条规定："民事主体从事民事活动，应当遵循自愿原则，按照自己的意思设立、变更、终止民事法律关系。"合同自由原则是平等原则的逻辑结论，因为平等者之间无强制，任何民事主体都没有权利将其意志强加于他人之上，此种情形下民事主体之间的交易是自愿的。民事主体对基于自愿所为的行为，理应承担该行为的后果。合同自由原则是意思自治原则最突出的体现。

合同自由，是指合同当事人自由协商确定相互的民事权利和民事义务，不受外部的非法干预。合同自由原则的意义在于保障当事人意思自由的状态，这是当事人受自己意思表示约束的前提。不自由状态下作出的意思表示，不反映当事人的真实意思，没有理由要求当事人受该意思的约束。自愿进行交易的民事主体，会主动通过交换实现社会资源的有效配置。因此对合同自由的保障，主要应着重于对合同当事人的自由意志状态的保障，以及减少立法上和行政上对合同当事人的不必要的干预。

合同法明确确认当事人享有以下方面的自由。

第一，缔约的自由。即当事人有订立合同或不订立合同的自由。缔约自由是合同自由最基本的含义，是当事人确定合同内容自由的前提。合同当事人的缔约自由，任何单位、个人不得非法干涉，否则合同无效或可以变更、撤销。此处的非法干涉不仅包括作为民事主体的自然人、法人、其他社会组织的非法干涉，也包括拥有公权力的国家机关的非法干涉。

第二，选择合同相对人的自由。合同当事人有权选择交易对象。不同的交易对象有不同的资信状况、交易方式，因此也会导致不同的市场交易结果。合同相对人选择自由，实际上就是认可了当事人自由参与市场活动，自由进行市场竞争。

第三，确定合同内容的自由。当事人拥有决定合同具体内容的自由。这是合同自由的核心。一方面合同主体有权根据自己的意愿确定与他人订立何种类型的合同，而不受他人的非法干涉；另一方面合同当事人还可以自由创设法律没有规定的合同类型。对此，只要没有违反法律的强制性规定和社会的公共利益与社会公德，法律同样予以认可和保护。合同当事人有权协商决定合同具体条款，可自由决定订立哪些条款和不订立哪些条款，但是法律有强制性规定的除外。

第四，选择合同形式的自由。当事人既可以书面形式，也可以口头形式或者其他形式订立合同。无论当事人采取何种形式订立合同，只要不违反法律的强制性规定，都受法律保护。

第五，变更和解除合同的自由。当事人有权通过协商，在合同成立之后、尚未履行或尚未完全履行之前，就合同的内容予以修改和补充。当事人也可以事先或是在合同关系有效存续期间协商特定情况下合同的解除条件。

第六，选择承担违约方式的自由。在违约责任方面，应充分尊重合同当事人的意思，尊重合同当事人对违约补救方式的选择。合同一方当事人违约后，另一方当事人可以要求违约方继续履行、支付违约金、赔偿损失等。此外，合同法还充分尊重合同当事人在自由选择解决合同的争议方式方面的自由。当出现合同纠纷时，当事人可以调解协商解决，也可以选择仲裁或者诉讼。

合同法所确立的合同自由是一种相对的自由，而非绝对的自由。当事人的自由应依法享有，此自由只是在法律规定范围内的自由。为了保障市场的有序发展，国家有必要对市场实行宏观调控和正当干预。限制合同自由的干预措施如下。

其一，公法对合同自由的限制。为了增强弱者实现自己意思的能力，公法通过相关规定来提高弱者的市场地位，促进弱者的团结，例如鼓励消费者成立消费者协会。国家通过颁布《中华人民共和国反垄断法》《中华人民共和国反不正当竞争法》等法律来阻止市场权力的集中，以保证合同主体的选择自由。行政机关通过对某些产品或者服务的质量、价格等进行强制规定，对合同的订立进行公法上的监督。

其二，私法对合同自由的限制。在某些类型的交易关系中，实行强制要约和强制承诺。例如机动车的交强险，供水、供电等当事人应消费者的要求与其订立合同的义务等。在强制缔约的情况下，选择相对人的自由随即丧失。在一些情况下，当事人虽有缔约自由，但是选择行为相对人的自由也同样不存在，例如附有优先购买权的交易活动。同时当事人对合同内容的自由应以不违反法律强制性规定，不损害社会公共利益或社会公德为前提；对格式条款、免责条款等可能导致不公平的合同条款进行规则设置上的控制。

三、公平原则

《民法典》第六条规定："民事主体从事民事活动，应当遵循公平原则，合理确定各方的权利和义务。"公平有程序上的公平与实体上的公平。所谓程序上的公平，是指为当事人提供平等的机会，提供同样活动的可能性，至于对当事人活动的结果则不加以评价；所谓实体上的公平，是指当事人具体利益状态上的均衡。实体公平和程序公平相关理论与追求市场效率有密切关系。程序上的公平保障了起跑线上的公平，至于自由竞争的具体结果，则体现优胜劣汰、适者生存法则。这是一种将经济学的效率原则运用到法律上的产物。

但是法律上的公平毕竟不同于以追求经济效益最大化为目标的经济上的公平。合同法上的公平应以利益是否均衡作为判断标准来确定合同当事人之间的利益关系，追求公正与合理的目标。因此公平原则在本质上是立法者根据其持有的公平观念，对当事人的利益状态进行调整和规范的立法者意志。

公平原则，要求合同当事人在合同订立、合同履行、合同解释等过程中，根据公平的观念确定合同主体彼此之间的民事权利和民事义务。例如，在双务合同中，一方当事人在享有权利的同时，也要承担相应的义务，以体现当事人之间的权益均衡。又如合同存续期间情势发生变更时，当事人可以请求仲裁机构或者法院变更或是解除合同。司法实践中，法院解决合同纠纷往往也要适用公平原则认定合同的解释、当事人的风险责任、违约责任的承担等，以便对当事人的权利义务进行价值判断，公平地适用法律。

四、诚实信用原则

诚实信用原则是一项极为重要的民事基本原则。《民法典》第七条规定："民事主体从事民事活动，应当遵循诚信原则，秉持诚实，恪守承诺。"诚实信用原则要求合同各方当事人在财产流转活动中，善意行事，诚实守信，正当行使权利和履行义务，不滥用权利，不损害他人。其目的是在当事人之间的利益关系和当事人与社会的利益关系中实现平衡。

诚实信用原则作为市场活动的基本准则，是协调合同各方当事人之间的利益，保障市场活动有秩序、有规则地进行的重要法律原则。该原则在合同法领域主要体现为以下几个方面。

（一）合同订立阶段应遵循诚实信用原则

在合同订立阶段，尽管合同尚未成立，但当事人彼此间已具有订约上的联系，应根据诚实信用原则，负有忠实、诚信、保密等附随义务。任何一方都不得采用恶意谈判、欺诈等手段牟取不正当利益，并致他人损害，也不得披露和不正当地使用他人的商业秘密。订约过程中依诚实信用原则产生的附随义务，随着当事人之间联系的不断密切而发展，当事人一方不履行义务而给另一方造成信赖利益损失的，应当承担缔约过失责任。

（二）合同的履行中应遵循诚实信用原则

在合同履行过程中，当事人应当严格遵循诚实信用原则，根据合同的性质、目的及交易习惯履行通知、协助和保密等义务。遵守诚实信用原则，一方面要求当事人除了要积极履行法律规定和合同约定的义务外，还应履行依诚实信用原则所产生的各种附随义务；另一方面，在合同义务不明确或没有规定、约定的情况下，合同当事人应依据诚实信用原则履行合同义务。

（三）合同终止后应遵循诚实信用原则

在合同关系终止以后，尽管双方当事人不再有合同关系的束缚，合同主体不再承担合同义务，但是合同当事人也应根据诚实信用原则的要求，承担某些必要的附随义务，例如保密义务、忠实义务等。因一方违反此种义务给另一方造成损害的，应负损害赔偿责任。

（四）合同的解释应遵循诚实信用原则

合同当事人在订立合同时所使用的文字词句的含义可能含糊不清，从而影响到合同当事人权利和义务的确定，导致发生纠纷。此时，仲裁机构或法院应依据诚实信用原则，考虑各种因素以探求当事人的真实意思，并正确地解释合同，确定责任。需要说明的是，诚实信用原则只有在发生法律没有明文规定，或即使有规定，其内涵也不清楚的情况下才能作为填补法律漏洞的工具使用。存在明确的法律规定的时候，应该适用法律的规定。

五、公序良俗原则

《民法典》第八条规定："民事主体从事民事活动，不得违反法律，不得违背公序良俗。"公序良俗原则中的公序，即公共秩序，应由法律、行政法规的强制性规定建构而成。合同交易活动应当遵守由一切法律、行政法规的强制性规定构建而成的公共秩序。为了保障当事人订立的合同符合国家意志和社会公共利益，协调不同的当事人之间的利益冲突及当事人的个别利益与整个社会和国家利益的冲突，保护正常的交易秩序，要求合同当事人所从事的与合同的订立、履行等有关的行为必须合乎法律、行政法规，这体现了公共立法对私人自由的控制。良俗，即善良的风俗，是以道德要求为核心的。善良风俗并不强制合同当事人在合同交易活动中积极地实现特定的道德要求，只是消极地设定了合同当事人进行交易活动时不得逾越的道德底线。

公序是从国家角度定义的，良俗是从社会角度定义的。公序良俗原则包含了法官自由裁量的因素，具有极大的灵活性，其能处理现代市场经济中发生的各种新问题，在确保国家一般利益、社会道德秩序，以及协调各种利益冲突、保护弱者、维护社会正义等方面发挥极为重要的作用。[①]公序良俗原则承担着维护国家利益和社会公共利益的使命，在功能上构成了对意思自治原则的限制。

六、鼓励交易原则

合同法充分体现了意思自治和鼓励交易的理念，合同领域较多的制度规则体现了鼓励交易的理念。在很多具体的制度设计上，人们以降低当事人的交易成本、减少交易的制度

[①]　梁慧星：《民法总论（第四版）》，法律出版社 2011 年版，第 45 页。

障碍为指导思想，达到促进当事人通过合同实现交易的立法目的。正因如此，鼓励交易原则虽然没有在《民法典》的条文中明确得到规定，但却是合同法领域的一项重要的基本原则。

鼓励交易原则主要是对立法机关和司法机关的要求，即要求在立法和司法过程中，应以是否有利于促进合法、有效的交易作为重要的参考标准。立法上应尽可能地减少对当事人从事交易的不必要限制，减少法律的不必要干预，减少因为制度的规定而给当事人带来的交易成本的增加。应予指出的是，鼓励交易应当鼓励的是自愿、合法、正当的交易。具体地说，鼓励交易原则主要体现在以下几个方面。

（一）促使合同成立

在合同订立过程中，为了鼓励交易，有必要尽可能地促使合同成立。《民法典》第四百七十条规定的合同条款仅仅起到引导作用、示范作用，而不是合同的必备条款。根据传统合同法理论，任何添加、限制或更改要约的条件的答复都会导致拒绝要约的后果。然而，随着交易的发展，要求承诺与要约内容绝对一致，不利于促成许多合同的成立，从而不利于鼓励交易。《民法典》第四百八十八条规定："承诺的内容应当与要约的内容一致。受要约人对要约的内容作出实质性变更的，为新要约。有关合同标的、数量、质量、价款或者报酬、履行期限、履行地点和方式、违约责任和解决争议方法等的变更，是对要约内容的实质性变更。"

（二）减少无效合同的范围

《民法典》第一百五十三条第一款规定："违反法律、行政法规的强制性规定的民事法律行为无效。但是，该强制性规定不导致该民事法律行为无效的除外。"该规定意味着并非任何规范性文件均可导致合同无效，并且根据相关司法解释，需要违反效力性强制规定才导致合同无效。《民法典》第五百零五条规定："当事人超越经营范围订立的合同的效力，应当依照本法第一编第六章第三节和本编的有关规定确定，不得仅以超越经营范围确认合同无效。"该规定明确合同当事人订立的合同与其经营范围不匹配，并不必然导致合同无效，如果合同意思表示真实，内容合法，该合同可以是有效合同。过多地宣告合同无效，一则是过度干预，有碍交易，有碍自由；二则是会造成财产的损失和浪费，减少当事人的经济利益。为此，现行合同法尽量促成合同有效，减少无效合同情形。

（三）区分了无效合同和效力待定的合同

我国原先的合同立法将效力待定合同规定为无效合同，这显然不妥当。效力待定合同与无效合同、可撤销合同不同，其不是合同当事人违反了法律的强制性规定或是有悖公序良俗的要求，也不是意思表示不真实，这类合同并不必然导致当事人权益受损，也可能会使当事人获益，因此其效力取决于第三人的态度。第三人可能会表示承认，也可能会拒绝。承认会使合同有效，拒绝会使合同无效。效力待定合同与无效合同有极大的区别，有必要将该类合同单独列出。

（四）严格限制了违约解除的条件

在一方违约时，如果符合法律规定的条件，另一方有权解除合同。因此，存在违约行为是合同解除的重要原因。然而，这并不意味着一旦违约就导致合同的解除。《民法典》第五百六十三条对违约解除合同作出了严格的限制。只有合同当事人符合根本性违约的条件，对方当事人才能解除合同。非根本性违约不导致合同的解除。对合同法定解除权进行限制的目的就是鼓励交易。

第一章课件

合同的订立

📖 导读案例

2014 年至 2017 年，汽车公司、气体厂之间一直存在买卖合同关系。双方约定，由气体厂向汽车公司提供氧气、乙炔、氩保气等特殊气体，且双方签订书面合同约定了氩保气计量结算单位为瓶，单价为 38 元至 40 元，每瓶 40L。2017 年，汽车公司因系统问题以及工作人员失误，以瓶装单价乘以收到的公升数计算氩保气的货款并予以支付，导致汽车公司相较于合同约定的价格多支付数十倍的款项。2019 年双方续签合同时，汽车公司通过工作邮箱向气体厂发送了不可更改、加密的买卖合同版本，载明氩保气仍按瓶进行结算，瓶装单价为 31.9 元。气体厂收到合同文本后，为掩盖此前不当得利的事实并继续获取非法利益，通过另行打印合同最后一页的方式，将内容篡改为"氩保气的计量单位为公升，单价为 31.9 元（不含税）"，并在加盖印章后交由汽车公司。

汽车公司工作人员收到气体厂篡改的合同后，未对文本进行核对即轻率地将合同文本盖章并送还气体厂，导致汽车公司错误地按高于市场公允价格几十倍的价格支付氩保气价款。汽车公司诉请撤销其与气体厂签订的买卖合同，气体厂返还多支付的 370 万余元。

气体厂辩称，双方签订合同是根据一贯的交易习惯所形成的，并且气体厂也已经按照约定进行了供货，不存在超过几十倍收费的情况。

合肥高新区法院一审查明，案涉双方之间长期存在氩保气等其他特种气体的交易行为，除案涉合同外，其他合同对氩保气的计价单位均是瓶（每瓶 40L）、单价在 38 元至 40 元不等，对其他气体的计价单位同样是瓶。但案涉合同载明的氩保气计价单位却是 L（每瓶 40L）、单价为 31.9 元，而其他气体计价单位仍是瓶。在氩保气市场价格并未出现大的波动情况下，案涉合同载明的氩保气价格是双方交易习惯的 30 多倍，亦超出交易时的市场价格几十倍，甚至超出 2021 年气体厂通知调价价格的 17 倍之多，已经构成法律规定的利益失衡。

根据查明的事实，法院认为，气体厂利用了汽车公司的轻率。从内容上看，气体厂的修改系对汽车公司发出要约的实质性变更，且属于内容的重大修改。从形式上看，气体厂仅将价格表中的一处计价单位从"瓶"修改为"L"，从普通生活常识及一般经验法则来看，该修改行为具有高度隐蔽性，存在有意隐瞒修改行为的主观故意，刻意造成汽车公司疏于审核。从意思表示上看，气体厂陈述该修改系应气体厂业务经理要求而作出的，但从汽车公司通过发送限制编辑合同文本的方式来看，其在发送的同时，已经表达出该合同内容不可更改或应经汽车公司同意后作出更改的意思表示。

综合修改内容、修改形式及意思表示等因素，结合双方交易习惯、合同邮件文本的限制编辑属性等情形，法院认为，汽车公司在加盖印章时虽存在经验不足或轻率行为，但气体厂显然更背离了诚实信用原则的要求，具有利用各方面因素促成汽车公司忽视的主观恶意，进而实现双方利益显著失衡的不当目的。因此，一审判决撤销案涉双方签订的合同，气体厂返还汽车公司 370 万余元以及资金占用损失。

气体厂不服一审判决，提起上诉。

合肥中院二审认为，汽车公司支付的氩保气价格明显高于市场公允价值，气体厂据此获得的利益明显没有合理依据，双方利益严重失衡，且计价方式违背了双方的交易习惯，气体厂亦未能作出合理解释。故汽车公司主张案涉氩保气的交易显失公平，理由能够成立。

📝 问题提出

1. 合同成立需要哪些条件？
2. 要约的有效条件是什么？
3. 要约和要约邀请有何区别？
4. 要约的法律效力如何？
5. 要约的撤回与要约的撤销有何区别？
6. 承诺的有效条件是什么？
7. 如何确定合同成立的时间和地点？
8. 缔约过失责任的构成要件是什么？

第一节　合同成立的概念和要件

一、合同成立的概念

"合同"在不同的语境中有不同的含义。如果合同是一种民事法律关系，那么合同成立指的是合同因符合一定的法定要件而被法律认可的客观存在。如果合同是一种合意，那么合同成立指的是合同当事人意思表示一致，也就是合意的达成。合同成立不论从哪个角度出发，都须符合一定的要件。该要件或是法定要件，或是约定要件。合同成立不符合要件的，法律不承认合同的存在。合同成立是被法律认可的客观事实。

合同成立是合同当事人之间产生合同权利和合同义务的基础，具有重要的作用：首先，合同成立在于解决合同是否存在的问题。合同成立是合同订立过程的成功结果。合同不成立，即合同订立失败，具体合同不发生，也就不存在合同的履行、变更、终止等问题。其次，合同成立是认定合同效力的前提条件。只有成立的合同才会产生合同效力认定问题。合同没有成立的情况下，不会涉及合同效力。最后，合同的成立是区分违约责任和缔约过失责任的主要标志。合同订立过程中，因一方当事人的过失致使合同不成立即订约失败，造成他方损失的，过失方应当承担赔偿责任，但因合同关系尚不存在，这种赔偿责任只能属于缔约过失责任。只有在合同成立后，合同当事人构成对合同义务的违反，才会产生违约责任。

二、合同成立的要件

合同成立的要件是形成合同必不可少的事实因素。合同只有具备最基本的成立要件，才能作为一种法律事实而存在，否则在法律上没有任何意义。合同成立的要件可分为一般要件和特别要件。

（一）合同成立的一般要件

合同成立的一般要件，是指不同类型合同成立应具有的、必不可少的共同条件。具体有：

第一，存在双方或多方当事人。合同作为民事主体之间设立、变更、终止民事法律关系的协议，是以合同权利和合同义务为内容的，是双方或者多方当事人意思表示一致的产物。合同主体应为双方或多方民事主体。据此，合同的成立必须存在双方或多方合同当事人。只有一方合同主体，一方当事人，缺少合意，无法成立合同。需要注意的是，合同的一方当事人既可以是一人，也可以是数人。

第二，当事人须对合同的主要内容达成合意。合同成立的根本标志是当事人意思表示一致，即达成合意。当事人的合意应是对合同的主要内容，也就是合同的主要条款达成一致的意思表示。合同的主要条款，又称必备条款，是指根据合同的特性所应该具备的条款，如果这些条款不具备，合同就不成立。《民法典》第四百七十条规定："合同的内容由当事人约定，一般包括下列条款：（一）当事人的姓名或者名称和住所；（二）标的；（三）数量；（四）质量；（五）价款或者报酬；（六）履行期限、地点和方式；（七）违约责任；（八）解决争议的方法。当事人可以参照各类合同的示范文本订立合同。"该条虽然规定的是合同的一般条款，但却为合同主要条款的判断提供了参考。对合同主要条款的确认，应该以合同性质为依据。最高人民法院《关于适用〈中华人民共和国民法典〉合同编通则若干问题的解释》（以下简称《合同编通则司法解释》）第三条第一款规定："当事人对合同是否成立存在争议，人民法院能够确定当事人姓名或者名称、标的和数量的，一般应当认定合同成立。但是，法律另有规定或者当事人另有约定的除外。"据此，一般情况下能够确定当事人名称或者姓名、标的和数量的，合同成立。

（二）合同成立的特殊要件

合同成立的特殊要件，是指依照法律规定或依当事人特别约定，合同成立应特别具备的条件。例如，实践合同，按照法律规定，交付标的物时合同才成立。交付标的物成为实践合同的成立要件，但是该要件对于诺成合同的成立不适用，因此交付标的物就成为实践合同成立的特殊要件。此外，如果当事人在合同中约定必须采用特定形式合同才能成立，该特定形式就是合同成立的特殊要件。如合同当事人约定合同只有办理了公证才能成立的，公证形式就成为当事人之间合同成立的特殊要件。

三、合同的法律约束力

《民法典》第四百六十五条第一款规定："依法成立的合同，受法律保护。"根据该条规定，依法成立的合同对合同当事人具有法律约束力。合同当事人应当遵守合同约定，如果一方当事人未取得对方当事人同意，擅自变更或解除合同，使对方当事人的权益受到损害，受损害方向人民法院起诉要求维护自己的权益时应依法予以维护。需要注意的是，受法律保护的合同是依法成立的合同，与合同是否生效没有关联。依法成立且生效的合同受法律保护，依法成立未生效的合同也受法律保护。虽然合同成立与合同生效，在一般情况下具有同步性，但是合同成立后并非必然生效。例如，附条件合同，在条件成就前，合同处于成立但未生效的状态，但同样受法律保护。只是依法成立且生效的合同与依法成立尚未生效的合同，因具体状态不同，在受法律保护的程度上会存有差异。

第二节 要约

一、要约的概念与构成要件

要约，根据《民法典》第四百七十二条的规定，是希望和他人订立合同的意思表示。发出要约的人称为要约人。接受要约的人称为受要约人。要约的目的是缔结合同。要约通常都具有特定的形式和内容，一项要约要发生法律效力，必须具有特定的有效条件，不具备这些条件，要约在法律上不能成立，也不能产生法律效力。根据《民法典》第四百七十二条的规定，一项有效的要约必须具备以下要件。

（一）要约是由特定人作出的意思表示

要约的提出旨在与他人订立合同，并企望能得到相对人的肯定答复，因此要约人应该是特定人，是将来成立的合同的一方当事人。至于该特定当事人是自然人还是法人，是本人还是委托代理人，在所不问。

（二）要约必须具有缔结合同的意图

要约是一种意思表示，这种意思表示须有与受要约人订立合同的真实意图。要约的外部表现形式是要约人主动要求与受要约人订立合同，并且该意图是明确的。如果要约人表达出的意思是"准备""正在考虑""我想"等，这意味着订约意图不明确或是没有订约意图，这样文字或是语言所表达出来的意思不能形成要约。

（三）要约必须向受要约人发出

受要约人是要约人希望与之订立合同的人。要约只有向要约人希望与之缔结合同的受要约人发出才能够得到受要约人的承诺。一般而言，受要约人必须是特定的人。之所以要求受要约人也应该特定，是因为合同具有相对性。要约的目的是缔结合同，只有在相对人特定的情况下，才能形成相对的主体、相对的内容，才能确保合同的成立。受要约人不特定，说明发出订立合同提议的人还不具备真正缔结合同的意图，其所作的提议仅仅是在引起相关人的注意，而不是与他人订立合同的意思表示。反过来说，如果接受要约的人不要求特定，则会出现多人同时回应要约，这就会出现一物数卖的情形，不仅会极大地影响交易安全，而且对要约人而言也是非常不公平的。长期的交易实践也证实了对受要约人应是特定的要求设置。只有在法律规定的特殊情况下，受要约人才可以是不特定的人。

（四）要约的内容应具体确定

要约的内容具体明确，是指要约的内容全面、确定，受要约人通过要约不但能够清楚知道要约人的真实意愿，而且还能知道未来可能订立的合同的一些主要条款。要约的内容若是含糊不清，则受要约人不能了解要约的真实含义，无法理解要约人的真实意思表示，也就难以作出承诺。要约的内容越齐备和充实，越有利于受要约人迅速作出承诺。

（五）表明经受要约人承诺，要约人即受该意思表示约束

要约应表明要约人在得到承诺时即受其约束的意旨，也就是说，要约人必须向受要约人表明，要约一经受要约人同意，合同即告成立，要约人就要受到约束。要约一经到达受要约人，在法律或者要约规定的期限内，要约人不得擅自撤回或者变更其要约。一旦受要约人对要约加以承诺，要约人与受要约人之间的合同订立过程即宣告结束，随即是合同的成立，发出要约的人自然要受已经成立的合同的约束。

二、要约与要约邀请

（一）要约与要约邀请的区别

根据《民法典》第四百七十三条第一款的规定，要约邀请是希望他人向自己发出要约的表示。要约邀请是当事人订立合同的预备行为。因为要约邀请仅是对他人的邀请，不具有任何法律的约束力，所以要约邀请人不需要承担任何法律责任。例如询价、广告等。

"要约与要约邀请"微课

要约和要约邀请的区别在于：

第一，要约是当事人自己主动愿意缔结合同的意思表示，以订立合同为直接目的；而要约邀请是当事人表达某种意愿的事实行为，其目的不是缔结合同，而是邀请对方主动向自己提出订立合同的意思表示。

第二，要约中含有当事人愿意承受要约拘束的意图，要约人将自己置于一旦对方承诺，合同即成立的无可选择的地位；而要约邀请则不含有当事人愿意承受拘束的意图，邀请人希望自己处于一种可以选择是否接受对方要约的地位，其本身不具有法律意义。

第三，要约的内容必须包括未来订立或可能订立的合同的主要内容；而要约邀请不必具备此等必要条款，其根本不需要任何与合同成立的有关条款。

第四，要约在大多数情况下针对的是特定的相对人，因此要约往往采用的是对话方式、信函方式等；要约邀请往往针对的是不特定的多数人，因此要约邀请往往采用的是电视、报刊等媒介手段。

（二）法律规定的要约邀请情形

根据《民法典》第四百七十三条第一款的规定，下列行为属于要约邀请：

1. 拍卖公告。拍卖是以公开竞价的形式，将特定物品或财产权利转让给最高竞买人的买卖方式。拍卖一般分为拍卖公告、叫价、拍定三个阶段。拍卖公告作为整个拍卖活动的首发阶段，其目的不是马上开始特定物品或是财产权利的最大化转让，仅是尽可能多地、尽可能广地邀请不特定的相对人参加竞买，确保众多叫价下的最高价拍定。拍卖公告不包括合同成立的主要条件，特别是不包括价格条款。因此拍卖公告属于要约邀请。叫价，又称拍买，指竞买者向拍卖人提出价款数额的意思表示。叫价一般包含了合同成立的主要条

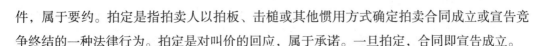

件，属于要约。拍定是指拍卖人以拍板、击槌或其他惯用方式确定拍卖合同成立或宣告竞争终结的一种法律行为。拍定是对叫价的回应，属于承诺。一旦拍定，合同即宣告成立。

2. 招标公告。招标是指当事人一方向数个相对人或不特定的人公布的订立合同的意思表示，记载该意思表示的文件就是招标公告。招标公告的目的在于邀请尽可能多的投标人按照招标内容的要求参加投标，从而使招标人能从尽可能多的投标人中寻找条件最佳者与自己订立合同。在招标中，标底是不公开的，招标公告不具备合同的主要内容，其结果也只是让他人按照招标要求投标。因此，招标公告是一种要约邀请。通过招标投标方式订立合同的，投标人向招标人发出的投标为要约，招标人的定标为承诺。

3. 招股说明书。招股说明书在申请股票发行文件中占据关键地位。招股说明书是指拟公开发行股票的人经批准公开发行股票后，依法在法定的日期和证券主管部门指定的报刊上刊登的全面、真实、准确地披露发行股票的人的信息以供投资者参考的法律文件。根据《中华人民共和国公司法》的相关规定，招股说明书应当载明发起人认购的股份数，每股的票面金额和发行价格，无记名股票的发行总数，认股人的权利、义务，等等。招股说明书通过这些记载向社会公众提供发行股票的各个方面的信息，从而吸引投资者的注意，让投资者向发行人发出购买股票的要约。招股说明书的目的是引诱不特定相对人认购股份，因此属于要约邀请的一种。

4. 债券募集办法。债券募集办法是指申请发行债券的申请人，在有关债券募集的公告中，告知相关的债券募集办法。债券募集办法首先应当经证券管理部门批准，在获得批准之后对外公布，在债券募集办法中，要向社会公众告知债券的总额、票面金额、利率、还本付息的期限和方式等事项。债券募集办法只是发出公告，邀请相对人向自己购买债券，不是相对人作出购买的意思表示后直接成立合同。因此，债券募集办法属于要约邀请，不是要约。

5. 基金招募说明书。基金招募说明书是基金管理人向投资者提供的经国家有关部门认可的介绍基金各项详细内容的法律文书。《中华人民共和国证券投资基金法》第五十三条规定："公开募集基金的基金招募说明书应当包括下列内容：（一）基金募集申请的准予注册文件名称和注册日期；（二）基金管理人、基金托管人的基本情况；（三）基金合同和基金托管协议的内容摘要；（四）基金份额的发售日期、价格、费用和期限；（五）基金份额的发售方式、发售机构及登记机构名称；（六）出具法律意见书的律师事务所和审计基金财产的会计师事务所的名称和住所；（七）基金管理人、基金托管人报酬及其他有关费用的提取、支付方式与比例；（八）风险警示内容；（九）国务院证券监督管理机构规定的其他内容。"基金管理人发布基金招募说明书，目的在于邀请投资者购买基金。有购买意愿的投资者在向基金管理人发出购买基金请求后，经基金管理人确认，合同关系才成立。因此，基金管理人发布的基金招募说明书在性质上属于要约邀请。

6. 商业广告和宣传。商业广告，根据《中华人民共和国广告法》第二条第一款的规定，是指商品经营者或者服务提供者通过一定媒介和形式直接或者间接地介绍自己所推销的商品或者服务的广告。商业广告的目的是直接或间接地介绍商品经营者或者服务提供者所推销的商品或者所提供的服务。商业广告重在对商品或者服务的介绍，因此不具备合同的主要内容，一般不会具有与出售商品或是接受服务相关的主要条款。商业广告的发布者仅是希望他人向其发出购买商品或要求提供服务的要约。商业广告发布针对的对象具有不特定性，目的在于希望尽可能多的人知道自己推销的商品或是可以提供的服务。因此，商业广告为要约邀请。但是，《民法典》第四百七十三条第二款规定："商业广告和宣传的内容符合要约条件的，构成要约。"例如，甲公司通过电视发布广告，称其有 100 辆某型号汽车，每辆价格 15 万元，广告有效期 10 天。乙公司于该则广告发布后第 5 天自带汇票去甲公司买车，但此时车已经全部售完，无货可供。此种情况下，甲公司构成违约。（2007年司考真题）原因是此题中的商业广告说明了汽车的型号、价格、数量等，具备了合同的主要条款，并且还规定了广告的有效期。此时的商业广告已不再是要约邀请，而是要约。乙公司的行为构成承诺。承诺生效合同成立，但是甲公司却无法履行合同，甲公司构成违约。

7. 寄送的价目表。价目表的寄送是将印有商品价格的文件寄送给某些人的行为。价目表上一般只记载商品的名称和价格，其目的是希望收到价目表的人接受价格并向自己发出订立合同的要约，且提出订立合同的条件。寄送价目表，是商品生产者或经营者推销商品的一种方式。价目表的寄送行为并不能确定行为人具有一经对方承诺即接受承诺约束的意思表示。因此，这只是一种要约邀请。当然，如果寄送的价目表中明确表明了行为人愿意受承诺的约束，或者从价目表中可以确定该行为具有接受承诺后果之约束的意图，则应当认定其为要约。

三、要约的法律效力

要约的法律效力是指要约所产生的法律约束力，它主要由如下几个方面的内容构成。

（一）要约生效的时间

要约生效的时间是指要约产生法律约束力的时间，即要约从什么时候开始具有法律约束力。对要约生效的时间，学术界有不同的观点，有表示主义、发信主义、了解主义和到达主义。表示主义是指要约人只要作出要约的意思表示，要约就开始生效。发信主义是指要约人发出要约之后，只要要约处于要约人控制范围之外，要约即生效。了解主义是指要约被受要约人了解后要约才发生效力。了解主义一般只适用于口头要约。到达主义是指要约必须在到达受要约人时才能产生法律效力。

我国《民法典》第四百七十四条规定："要约生效的时间适用本法第一百三十七条的规定。"《民法典》第一百三十七条对意思表示生效分类型规定了相应的生效规则，分别是：

1. 以对话方式作出的要约，相对人知道其内容时生效。以对话方式作出的要约，指的是当事人以面谈、通话等形式发出的要约。《民法典》第一百三十七条第一款规定："以对话方式作出的意思表示，相对人知道其内容时生效。"以对话方式作出的要约，要约人和受要约人受领意思表示是同步的，因此受要约人知道要约内容时，要约才能生效。据此，以对话方式作出的要约，其生效规则采用的是了解主义。

2. 以非对话方式作出的要约，到达相对人时生效。当事人如果采用邮件、传真等方式订立合同，根据《民法典》第一百三十七条第二款的规定，要约到达相对人时生效。据此，以非对话方式作出的要约，其生效规则采用的是到达主义。所谓到达，是指要约送达受要约人能够控制的地方，例如受要约人的信箱、收发室等。要约到达并不是绝对地要求必须到达受要约人本人，还可以是受要约人的代理人、受要约人指定的人等。以非对话方式作出的要约采用到达主义，是因为到达主义为我国立法和司法实践所采纳。①

3. 以数据电文形式作出的要约的生效。《民法典》第一百三十七条第二款规定："以非对话方式作出的采用数据电文形式的意思表示，相对人指定特定系统接收数据电文的，该数据电文进入该特定系统时生效；未指定特定系统的，相对人知道或者应当知道该数据电文进入其系统时生效。当事人对采用数据电文形式的意思表示的生效时间另有约定的，按照其约定。"依据该规定，以数据电文形式作出的要约，生效分为两种情况：一是相对人指定了特定的系统接收数据电文的，要约自该数据电文进入该特定系统时生效。不论收件人是否阅读，只要进入指定系统，就认为收件人收到了要约。二是相对人未指定特定的系统接收数据电文时，相对人知道或者应当知道该数据电文进入其系统时生效。当相对人有若干个接收系统时，数据电文进入其中一个接收系统，相对人很可能不知道，尤其在这个接收系统是相对人不常用的系统时。为此，法律要求生效以相对人知道或者应当知道该数据电文进入系统为条件。

（二）要约对要约人的约束力

要约对要约人的约束力，是指要约一经生效，要约人即受到要约的拘束，不得随意撤销要约或者对要约加以限制、变更和扩张。禁止要约人违反法律和要约的规定随意撤销要约或者是对要约的内容擅加变更，这是为了保护受要约人的利益，维护正常的交易安全。要约是要约人单方作出的意思表示，一般而言作出单方意思表示的人并不受到自己作出的意思表示的约束。但考虑到受要约人会基于该要约作出回应，并拒绝同时存在的其他缔约机会的可能，有必要确认要约对要约人的约束力。如果要约人预先声明不受要约的约束，则这种意思表示仅仅是要约邀请，而不是要约。当然，法律允许要约人在要约到达受要约人之前撤回要约。在符合法律规定的情况下，要约人还可以撤销要约。

（三）要约对受要约人的约束力

要约对受要约人的约束力，是指受要约人在要约发生效力时，取得依其承诺而成立合同的法律地位。要约生效之后，只有受要约人才享有对要约人作出承诺的权利。受要约人是要约人选择的，要约人确定受要约人后，受要约人才有资格对要约人作出承诺。受要约人也由此取得了作出承诺的权利，是否承诺取决于受要约人本人。受要约人不负有承诺的

---

① 石宏：《中华人民共和国民法总则条文说明、立法理由及相关规定》，北京大学出版社2017年版，第328页。

义务，收到要约后可以承诺，也可以不承诺。如果要约人在要约中规定受要约人不作出承诺的视为接受要约，该规定对受要约人不产生任何法律效力。但是需要注意的是，承诺虽然是一种权利，却与受要约人的身份紧密相连，非受要约人不享有该项权利。换句话说，受要约人所享有的承诺权利可以放弃，却不能转让。

（四）要约的存续期间

要约的存续期间指的是要约可在多长时间内发生法律效力。要约的存续期间应由要约人决定，如果要约人在要约中具体规定了存续期限，则该期限为要约的有效存续期间。如果要约人在要约中没有具体规定存续期限，则可以根据要约的具体情况来确定合理期限。

四、要约的撤回和撤销

（一）要约的撤回

要约的撤回，是指要约人在要约发出后，尚未到达受要约人之前，所作出的取消要约，使发出的要约不再具有法律效力的意思表示。《民法典》第四百七十五条规定："要约可以撤回。要约的撤回适用本法第一百四十一条的规定。"《民法典》第一百四十一条规定："行为人可以撤回意思表示。撤回意思表示的通知应当在意思表示到达相对人前或者与意思表示同时到达相对人。"依据该规定，要约的撤回应在要约发生法律效力之前。这是因为要约在到达受要约人之前或在到达受要约人之时即被撤回，受要约人尚不会对要约作出任何回应。被撤回的要约也不会影响受要约人正常的商业情势和交易活动。但是要约人撤回要约应该以通知的方式作出，例如以信函的方式发出要约后，马上又以电报的方式撤回等。撤回的通知要么比要约早到达受要约人，要么与要约同时到达受要约人。比要约早到达受要约人，要约还没有生效，受要约人还不知道要约的内容，因此，受要约人不会根据要约做相应的准备工作，也不会承诺。此时撤回要约不会损害受要约人的利益。撤回的通知与要约同时到达，此时的撤回通知效力足以抵挡要约发生的效力，受要约人不会因为信赖要约而行事，受要约人也不会因为要约的撤回而遭受什么损失。

（二）要约的撤销

要约的撤销，是指在要约发生法律效力之后，要约人想使要约丧失法律效力而作出的取消要约的意思表示。要约撤回与要约撤销的目的相同，均是取消要约，但是取消要约的时间不同。撤回要约要求是在要约没有发生法律效力之前，撤销要约要求是在要约发生法律效力之后。要约生效后能否撤销关涉对受要约人的利益保护，也关涉要约人对自己的单方意思表示的自由决定权。对此，我国《民法典》第四百七十七条规定："撤销要约的意思表示以对话方式作出的，该意思表示的内容应当在受要约人作出承诺之前为受要约人所知道；撤销要约的意思表示以非对话方式作出的，应当在受要约人作出承诺之前到达受要约人。"依据该规定，我国法律要求撤销要约的通知应当在受要约人发出承诺之前，这是因为受要约人一旦承诺，合同即告成立，就不再是要约的撤销问题了。如果要约人执意撤销要约，其实质是单方解除合同，在缺乏约定或法定合同解除权时，会产生违约问题。

要约生效后，受要约人很可能基于对该要约的信赖，为承诺开始做相应的准备。如果不对要约的撤销加以一定的限制，极可能会损害受要约人的利益。为此《民法典》第四百七十六条规定了要约不得撤销的情形：

1. 要约人以确定承诺期限或者其他形式明示要约不可撤销。如果要约人确定了承诺期限，这通常意味着，要约人表达了其在所指定的承诺期限内不会撤销要约的意思。受要约人在收到此种要约之后，会认为自己在要约所指定的承诺期限内可慢慢考虑、不必迅速作出决定，甚至受要约人本已基本决定要作出承诺，但为谨慎而暂不发出承诺通知，以用尽要约人为自己所提供的考虑时间。要约人确定了承诺期限，也意味着要约人甘愿受其自身意思表示的约束，放弃法律所赋予的要约撤销权。据此，要约人不得在由其自己确定的要约有效内撤销要约。

要约人在要约中注明"此要约不可撤销"或其他具有相同意思的语句，便属于"以其他形式明示要约不可撤销"的情形。

2. 受要约人有理由认为要约是不可撤销的，并已经为履行合同做了合理准备工作。受要约人有理由认为要约是不可撤销的，是因为要约人发出的要约在外观上有别于普通的、可任意撤销的要约，该要约足以使受要约人产生更多信赖，如要约人以其行为表达了要约不可撤销的意思。受要约人在对要约产生正当信赖之后，开始制造货物、获取原材料、订立运输合同等，属于"为履行合同做了合理准备工作"。"履行合同"不宜限定为履行合同义务，也可包括受领给付。例如，要约人意欲出租广告位，受要约人为运营广告位而与第三方签订合作协议并向第三方支付保证金。[1]

五、要约的失效

要约的失效是指要约丧失其法律效力，对要约人和受要约人均不再具有法律约束力。要约失效后，要约人不再受其要约的拘束，受要约人也丧失了作出承诺的资格或权利。根据《民法典》第四百七十八条的规定，要约失效的情形有：

第一，要约被拒绝。要约被拒绝是指受要约人拒绝了要约。对要约的拒绝既可以是在规定的时间明确表示不接受，也可以是在规定的时间不予理睬，不作答复。一旦拒绝，要约失效。

第二，要约被依法撤销。要约在受要约人未作出承诺之前被要约人撤销，要约也就丧失了法律效力。

第三，承诺期限届满，受要约人未作出承诺。凡是在要约中明确规定了承诺期限的，则承诺必须在该期限内作出，超过该期限的，则要约自动失效。要约未明确规定承诺期限的，如果要约是以对话方式作出的，承诺人一般应即时作出承诺，除非当事人另有约定。如果要约是以非对话方式作出的，承诺人应在合理期限内作出承诺，否则要约失效。

---

[1] 朱广新、谢鸿飞：《民法典评注·合同编通则1》，中国法制出版社 2020 年版，第 138 页。

第四，受约人对要约的内容作出实质性变更。根据《民法典》第四百八十八条的规定，有关合同标的、数量、质量、价款或者报酬、履行期限、履行地点和方式、违约责任和解决争议方法等的变更，是对要约内容的实质性变更。受要约人对要约的内容作出实质性变更的，为新要约，意味着受要约人不同意按照原要约的内容与要约人订立合同，原要约失效。

第三节　承诺

一、承诺的概念与构成要件

根据《民法典》第四百七十九条的规定，承诺是受要约人同意要约的意思表示。承诺意味着受要约人同意接受要约的全部条件。承诺的法律效力在于一经受要约人承诺并送达要约人，合同即告成立。承诺一旦生效，合同即告成立，因此承诺必须符合一定的条件。一项有效的承诺，必须具备以下构成要件。

"承诺的构成要件"微课

（一）承诺必须由受要约人向要约人作出

要约是向受要约人作出的，因此承诺人应为受要约人。只有受要约人才能承诺。如果要约是向某个特定的人作出的，则该特定的人是受要约人。如果要约是向特定的数人作出的，则该特定的数人是受要约人。未收到要约的第三人所作出的回应不属于承诺，因其不是要约发放的对象，所以该第三人所作出的回应对要约人而言属于第三人向其发放的要约。具体作出承诺意思表示的不以受要约人本人为限，也可以是受要约人的代理人、监护人等。

承诺是对要约的同意，因此，承诺必须向要约人作出。未向要约人作出同意的意思表示，不构成承诺。向要约人的代理人作出的承诺，视为向要约人作出。受要约人向要约人之外的人作出承诺的，属于向该人发出要约，而不是承诺，不发生承诺的法律效力。

（二）承诺的内容应当与要约的内容一致

承诺是受要约人对要约的同意，是受要约人愿意按照要约的内容与要约人订立合同的意思表示。根据《民法典》第四百八十八条的规定，承诺的内容应当与要约的内容一致。对该条规定的理解：首先，承诺应该是无条件的。因为承诺是受要约人对要约内容的同意与接受，所以承诺的内容必须与要约的内容相一致。如果在承诺之中对要约进行了扩张、限制或作了其他变更，视为拒绝原要约而发出一个新要约。其次，内容的一致，不是指绝对的一致，不是指在文字表述上的完全一致，而是指承诺的实质性内容与要约的实质性内容的一致。如果承诺的内容就有关合同标的、数量、质量、价款或者报酬、履行期限、履行地点和方式、违约责任和解决争议方法等予以了变更，就属于对要约内容作出实质性变更。此时承诺的内容与要约的内容不一致。承诺是对要约的接受，这种接受不仅具有订约的主观意愿，而且没有限制、扩张或变更要约的意思。例如，教授甲举办学术讲座时，在礼堂外的张贴栏中公告其一部新著的书名及价格，告知有意购买者在门口的签字簿上签名。学生乙未留意该公告，以为签字簿是为签到而设，遂在上面签名。（2005 年司考真题）在此题中，由于乙并未留意公告上的内容，误以为是签到簿而签名，主观上缺乏目的意思和效果意思，因此由于缺乏主观要件而不构成意思表示，故而乙的行为不属于承诺。

值得注意的是，承诺的内容对要约的内容未作出实质性变更的，并不意味着必然生效。《民法典》第四百八十九条规定："承诺对要约的内容作出非实质性变更的，除要约人及时表示反对或者要约表明承诺不得对要约的内容作出任何变更外，该承诺有效，合同的内容以承诺的内容为准。"依据该条规定，为了保护要约人的利益，最大限度体现合同当事人意思自治，通过设定两种例外情况，为要约人提供脱离合同约束的机会，进一步保障要约人真实意思的实现。

（三）承诺必须在要约规定的期限内到达要约人

要约规定的期限是对受要约人作出承诺的时间限制。《民法典》第四百八十一条规定："承诺应当在要约确定的期限内到达要约人。要约没有确定承诺期限的，承诺应当依照下列规定到达：（一）要约以对话方式作出的，应当即时作出承诺；（二）要约以非对话方式作出的，承诺应当在合理期限内到达。"依据该条规定，要约规定期限的，承诺应当在规定期限内到达要约人。例如，要约中规定请在 9 月 22 日前予以答复，那受要约人的承诺就应在 9 月 22 日前到达要约人。要约没有规定期限的，如果要约以对话方式作出，也就是要约人通过口头表达的方式向受要约人发出要约，例如面对面的交谈、电话等，受要约人若要承诺，一般应当在要约人发出要约的当时就作出承诺，除非当事人另有约定。如果要约以非对话方式作出，例如信函、电子邮件、数据电文等形式，承诺应当在合理期限内到达。所谓合理期限，通常包括三个必要的时间段：要约到达受要约人的必要时间；受要约人考虑是否接受要约所需的必要时间；承诺发出并到达要约人所需的必要时间。在决定该期限时，应考虑要约与承诺的通信方式，以及该合同对于受要约人的生活或商业意义等。

根据《民法典》第四百八十二条的规定，要约以信件或者电报作出的，承诺期限自信件载明的日期或者电报交发之日开始计算。信件未载明日期的，自投寄该信件的邮戳日期开始计算。要约以电话、传真、电子邮件等快速通信方式作出的，承诺期限自要约到达受要约人时开始计算。

（四）承诺的方式应当符合法律的要求

《民法典》第四百八十条规定："承诺应当以通知的方式作出；但是，根据交易习惯或者要约表明可以通过行为作出承诺的除外。"该条是有关承诺表示的方式规定。通知的方式指的是受要约人以口头形式或者书面形式明确告诉要约人同意要约的内容。通知是承诺的表示方式中采用最多的，其优点在于受要约人是否同意要约的内容较为明确，不太容易发生争议。

除了通知这种形式外，承诺的表示还可以通过行为作出，该行为是根据交易习惯或者要约的规定能判断受要约人作出的承诺的行为。《合同编通则司法解释》第二条规定："下列情形，不违反法律、行政法规的强制性规定且不违背公序良俗的，人民法院可以认定为民法典所称的"交易习惯"：（一）当事人之间在交易活动中的惯常做法；（二）在交易行为当地或者某一领域、某一行业通常采用并为交易对方订立合同时所知道或者应当知道的做法。对于交易习惯，由提出主张的当事人一方承担举证责任。"以行为方式作出的承诺，该行为应该是积极的行为，而不是消极的行为。例如甲向乙发出要约，表示愿意以 8 万元的价格购买乙的腕表，乙接到要约后立即将自己的腕表送到了甲的住所。乙送自己的腕表到甲住所的行为就是乙的承诺。

二、承诺的生效

关于承诺的生效，《民法典》第四百八十四条将其分为两种情况予以规定：一是以通知方式作出的承诺，生效的时间适用《民法典》第一百三十七条的规定；二是承诺不需要通知的，在根据交易习惯或者要约的要求作出承诺的行为时生效。

（一）以通知方式作出的承诺的生效

以对话方式作出的承诺，在要约人知道其内容时生效。例如，当事人面对面地订立口头买卖合同，要约人在知道承诺内容时，承诺发生效力。以对话方式作出的承诺，只有在要约人知悉对话内容时，承诺的意思表示才能生效。以对话方式作出的承诺，生效采用了了解主义。

以非对话方式作出的承诺，在到达相对人时生效。采用邮件、传真等方式作出的承诺，其生效采用的是到达主义，也就是承诺一旦进入要约人可以了解的范围就生效。

以非对话方式作出的采用数据电文形式的承诺，要约人指定特定系统接收数据电文的，承诺自该数据电文进入该特定系统时生效。不论收件人是否阅读，只要进入指定系统，就认为收件人收到了承诺。未指定特定系统的，要约人知道或者应当知道该数据电文进入其系统时生效。若要约人有若干个接收系统，数据电文进入其中一个接收系统时，要约人很可能不知道，尤其在这个接收系统是要约人不常用的系统时。为此，法律要求生效以要约人知道或者应当知道该数据电文进入系统为条件，该数据电文进入该特定系统时生效。当事人对采用数据电文形式的意思表示的生效时间另有约定的，按照其约定。

综上可知，承诺生效规则与要约生效规则相同。

（二）无须以通知方式作出的承诺的生效

承诺不需要通知的，此种承诺属于无相对人的意思表示。此时应适用《民法典》第一百三十八条有关无相对人的意思表示的生效规则，也就是无相对人的意思表示，表示完成时生效。法律另有规定的，依照其规定。承诺不需要通知的，不需要到达相对人，只要

"根据交易习惯或者要约的要求作出承诺的行为时"，即第一百三十八条所规定的"表示完成时"，承诺生效。需要注意的是，主张承诺不需要通知、在受要约人作出承诺的行为时承诺已生效的当事人，应当提出证据证明，确实存在着可以通过行为作出承诺的交易习惯，或者证明要约已表明可以通过行为作出承诺，并且，证明受要约人已经作出了符合交易习惯或者要约要求的行为。

三、承诺迟延

承诺迟延是指受要约人未在承诺期限内发出承诺。承诺在要约规定的承诺期限届满后或者在合理期限后到达要约人，便属于迟延的承诺。超出承诺期限的承诺不产生效力。承诺迟延主要有以下两种情况。

（一）承诺的通常迟延

承诺的通常迟延是指受要约人没有及时作出承诺，导致承诺超过承诺期限到达受要约人。《民法典》第四百八十六条规定："受要约人超过承诺期限发出承诺，或者在承诺期限内发出承诺，按照通常情形不能及时到达要约人的，为新要约；但是，要约人及时通知受要约人该承诺有效的除外。"依据该条规定，在承诺期限届满时，受要约人仍未作出承诺的，受要约人即失去了作出承诺的资格。不过，该条又规定，在承诺期限届满后，受要约人仍可发出承诺，此时，承诺是否有效取决于要约人是否承认其有效。该条构成对《民法典》第四百七十八条第三项有关要约失效规则的例外与缓和，目的在于尽可能促成合同成立。

迟到的承诺对于要约人而言已经不是承诺，而是一项新要约。出于对当事人自由的尊重，也为了鼓励交易，当要约人表示愿意接受并承认该迟到承诺的效力，法律没有必要强制失效。在通常迟延中，要约人可以作出选择，或及时通知承诺人表示接受该承诺，从而使合同成立；或因其逾期而拒绝承认该承诺的效力，在这种情形中，合同不成立，受要约人被视为发出一项新要约。法律之所以要求要约人及时通知承诺人，是因为在此情形中涉及对其行为的性质的认定。要约人及时作出确认的，属于接受承诺的行为；不及时作出确认的，则属于对新要约表示承诺的行为。

（二）承诺的特殊迟延

承诺的特殊迟延是指受要约人没有迟发承诺的通知，但是因为送达等原因导致承诺迟延。《民法典》第四百八十七条规定："受要约人在承诺期限内发出承诺，按照通常情形能够及时到达要约人，但是因其他原因致使承诺到达要约人时超过承诺期限的，除要约人及时通知受要约人因承诺超过期限不接受该承诺外，该承诺有效。"在承诺因意外原因而迟到的场合，对于要约人而言，承诺未在承诺期限内到达，已经不符合《民法典》第四百八十一条的规定，要约人可能因未收到承诺而放弃了订约意图，甚或转而尝试与他人订立相似的合同。但从受要约人的角度而言，受要约人会误以为承诺已经按照通常情形在承诺期限内到达要约人，从而误以为合同已经在承诺期限内成立。在此基础上，受要约人还可能对合同履行做进一步准备。因此，由于送达人员工作失误、自然灾害等原因，造成原本可以按时到达要约人的承诺被延误的，需要同时兼顾和协调要约人与受要约人的利益。所以，除非要约人及时通知受要约人不接受，否则被迟延的承诺仍然有效。

四、承诺撤回

承诺的撤回是指受要约人在承诺生效之前将其取消的行为，旨在阻止或者消灭承诺发生的法律效力。《民法典》第四百八十五条规定："承诺可以撤回。承诺的撤回适用本法第一百四十一条的规定。"依据该规定，承诺可以撤回。但是撤回承诺的通知应当在承诺通知到达要约人之前或者与承诺通知同时到达要约人。受要约人在承诺发出后反悔的，如果不允许阻却或是取消该承诺的法律效力，鉴于承诺生效合同即告成立的规定，受要约人只能根据合同途径加以解决，并且往往还需要花费一定的代价。这样的操作既增加了交易的成本，降低了经济效率，又与合同自由原则相悖。为此，法律允许受要约人在承诺送达途中截回承诺，也就是允许承诺撤回。但是承诺的撤回是有条件的，撤回承诺的通知应当在承诺通知到达要约人之前或者与承诺通知同时到达要约人。唯有如此才能保证要约人知晓受要约人撤回了承诺，要约人不会因为对承诺的信赖而遭受损失。

第四节 特殊形式的要约和承诺

一、确认书及其性质

《民法典》第四百九十一条第一款规定："当事人采用信件、数据电文等形式订立合同要求签订确认书的，签订确认书时合同成立。"依据此条规定，确认书的作用在于对以信件、数据电文等形式订立的合同，通过书面形式对该合同的内容加以确认和固定。签订确认书的前提是订立合同的形式是信件、数据电文等。当事人采用信件、数据电文等形式订立合同的优点在于便捷、高效、成本低和反馈迅速，缺点在于当事人之间的磋商内容是零碎和模糊的。确认书的签订可以使合同双方当事人最后的磋商内容系统化和明晰化，避免合同内容产生歧义，保证合同的顺畅履行，也是为了便于日后发生纠纷时权利主张有保障。确认书的签订是应合同当事人一方的要求。

确认书的法律性质，有承诺说和合同书说两种观点：承诺说认为，确认书在性质上是最终承诺，是对要约所作出的明确的、最终的承诺，在签订确认书之前，双方当事人的协议对当事人并没有真正的合同约束力；[1] 合同书说认为，确认书本身就是合同书，只是名称不同罢了。[2] 但这两种观点都认为，在签订确认书之前，当事人双方即便达成了合意，合同也是不成立的，双方之间所达成的协议只是一种订约意向书而已，对当事人并无实质约束力。

在商业实践中，如果当事人一方或者双方作出特别声明：除非签订正式文本或者确认书，否则他们不受"初步协议""意向书""备忘录"等的约束；在此声明下，合同成立时间为确认书或者正式合同文本签署之时。如果任何一方当事人均未作出特别声明，那么合同成立时间即为"初步协议""意向书"等成立之时，而非确认书签署之时。因为在此情形下，签订确认书不过是对已经达成的协议的确认而已。

二、网上发布的商品或者服务信息符合要约条件时合同的成立时间

《民法典》第四百九十一条第二款规定："当事人一方通过互联网等信息网络发布的商品或者服务信息符合要约条件的，对方选择该商品或者服务并提交订单成功时合同成立，但是当事人另有约定的除外。"依据该条规定，一方当事人可以发布的商品或者服务信息，既可以是销售商品或者提供服务的经营活动的信息，也可以是利用互联网等信息网络从事非经营性的民事活动的信息，如利用互联网零星、偶发地出售二手物品、闲置物品等，并且当事人发布商品或者服务信息的渠道只能是互联网等信息网络，否则不受《民法典》第四百九十一条第二款的调整。互联网信息网络包括互联网、移动互联网、电信网、物联网等。[3]

适用《民法典》第四百九十一条第二款，需要具备以下两个条件。

（一）当事人一方通过互联网等信息网络发布的商品或者服务信息符合要约条件

要求当事人一方通过互联网等信息网络发布的商品或者服务信息符合要约条件，是因为如果当事人所发布的信息不构成要约，那么对方当事人就没有承诺的对象，合同自然就不可能成立。而对于当事人一方所发布的信息是否符合要约的条件，应当根据《民法典》第四百七十二条的规定进行判断。当事人一方所发布的信息符合要约要求，构成要约时，因为信息是当事人一方通过互联网等信息网络发布的，此时该种要约就是通过公告发布的意思表示。根据《民法典》第一百三十九条的规定，该要约自信息发布时生效。

（二）对方选择该商品或者服务并提交订单成功

对方选择该商品或者服务并提交订单成功要件应细分为两个子要件：一是对方当事人根据要约人在信息网络上发布的信息，选择了要约人所指定的商品或者服务；二是对方当

---

[1]　王利明：《合同法研究·第一卷（第三版）》，中国人民大学出版社 2015 年版，第 297 页；江平：《中华人民共和国合同法精解》，中国政法大学出版社 1999 年版，第 27 页。

[2]　韩世远：《合同法总论（第四版）》，法律出版社 2018 年版，第 111—112 页；朱广新：《合同法总则研究（上册）》，中国人民大学出版社 2018 年版，第 172—173 页；全国人大常委会法制工作委员会：《中华人民共和国合同法释义（第 3 版）》，法律出版社 2013 年版，第 73 页。

[3]　全国人大财经委员会电子商务法起草组：《中华人民共和国电子商务法条文释义》，法律出版社 2018 年版，第 20 页。

事人提交订单成功。这两个子要件必须同时具备。对于选择了商品或者服务并提交订单成功的法律性质，一般认为应当属于《民法典》第四百八十条所规定的通过行为的承诺。对方提交订单成功，合同即成立。

三、悬赏广告

悬赏广告是社会上的普遍现象。近年来，悬赏广告的适用范围不断扩大，除了常见的寻找遗失物等民事行为之外，在其他领域也出现了形式各样的悬赏广告，如证据悬赏、行政悬赏、刑事悬赏、执行悬赏等。《民法典》第四百九十九条对悬赏广告的规定，是我国首次从法律层面对悬赏广告作出的规定。

悬赏广告是指悬赏人以公开方式声明对完成特定行为的人支付报酬的行为。其法律后果，是完成该行为的人可以请求悬赏人支付其允诺的报酬。悬赏广告的法律性质一直存在两种争议观点。

（一）单方行为说[①]

单方行为说又称为单独行为说。该说认为，悬赏广告是因广告人一方的意思表示而产生的债务，相对人无须承诺，仅以一定行为之完成为停止条件。只要相对人完成特定行为，悬赏人就应支付其声明的报酬。悬赏广告采用单方行为说，有下列理由：[②]

1. 悬赏广告报酬请求权与完成行为之人的主观认识并无直接联系，行为人不知道悬赏广告完成特定行为的，该人仍取得对悬赏人的报酬请求权，而悬赏人不得拒绝支付报酬。

2. 使无民事行为能力人、限制民事行为能力人在完成特定行为后，也可以对悬赏人享有报酬请求权。

3. 证明责任上更有利于维护相对人利益。如果将悬赏广告视为单方法律行为，那么任何人完成广告中所指定的行为都将是一种事实行为，而不是具有法律意义的承诺行为。因而不必判定是否存在有效的承诺，这有利于减轻相对人在求偿时的举证负担。[③]

4. 将悬赏广告解释为附停止条件的单方法律行为，无论是在逻辑分析方面还是在价值判断方面，均具有合理性。[④]

（二）要约说（契约说）[⑤]

要约说认为，悬赏广告是相对人向特定人或不特定人发出的悬赏意思表示的要约，相

---

① 史尚宽：《债法总论》，中国政法大学出版社 2000 年版，第 33 页；梅仲协：《民法要义》，中国政法大学出版社 1998 年版，第 93 页；王泽鉴：《悬赏广告法律性质之再检讨》，载《民法学说与判例研究》（第二册），中国政法大学出版社 1997 年版，第 57 页；王利明：《合同法研究·第一卷（第三版）》，中国人民大学出版社 2015 年版，第 246 页；李永军：《合同法（第三版）》，法律出版社 2010 年版，第 76 页。

② 王泽鉴：《债法原理》，北京大学出版社 2009 年版，第 199—200 页。

③ 王利明：《合同法研究·第一卷（第三版）》，中国人民大学出版社 2015 年版，第 247 页。

④ 李永军：《合同法（第三版）》，法律出版社 2010 年版，第 76 页。

⑤ 郑玉波：《民法债编总论（修订二版）》，中国政法大学出版社 2004 年版，第 62 页；孙森焱：《民法债编总论（上册）》，法律出版社 2006 年版，第 66 页；黄茂荣：《债法总论（第一册）》，中国政法大学出版社 2003 年版，第 242 页；崔建远：《合同法总论（上卷）》，中国人民大学出版社 2008 年版，第 105 页；韩世远：《合同法总论（第三版）》，法律出版社 2011 年版，第 82 页；朱广新：《合同法总则研究（上册）》，中国人民大学出版社 2018 年版，第 78 页。

对人完成悬赏广告指定的特定行为即为承诺，当该行为完成时，合同成立。相对人在合同成立时，即有报酬之请求权。具体来讲，有下列理由：

1. 悬赏广告系由"广告人依广告所为之意思表示"与"行为人完成指定行为"两项事实构成。[①]

2. 如采用要约说，其实只要将广告人所做之广告定性为要约，并以行为人完成广告行为之通知加上请求报酬之表示作为承诺即可。如不采用要约说，广告人将可单方面决定与广告行为相关的法律关系的形成，这显然与由私法自治原则延伸出来的契约原则不符。[②]

3. 悬赏广告在事实构成上符合要约的要素，在其他法律对其未作特别规定时，应以合同法关于合同订立的规则为基础，为法官解决悬赏广告问题构筑坚实的规范基础。[③]

单方行为说、要约说都是对悬赏广告法律性质的阐释，两种学说各有优劣，并无高下之分，且两者都有不能圆满解释的缺憾，如单方行为说不能圆满地解释悬赏广告的撤回、撤销等问题；要约说不能有效解决无民事行为能力人完成特定行为时是否享有报酬请求权等问题。悬赏广告的性质需要法律上的特别规定予以完善。

悬赏广告的法律效果是指行为人完成悬赏行为并交付结果后取得的报酬请求权。行为人主张报酬请求权的基础是悬赏广告成立合同关系。支付报酬有明确约定的，依照其约定。无约定或约定不明的，我国法律上并无明确规定，具体数额需待法官自由裁量。如果是数人完成悬赏行为，若悬赏广告中有明确约定，则从其约定，若无相关约定，则视具体情形而定。我国台湾地区规定，数人先后分别完成悬赏行为时，由最先完成该行为之人，取得报酬请求权；数人共同或同时分别完成悬赏行为时，由行为人共同取得报酬请求权。该条规定值得我们在司法实践中借鉴。

四、根据指令性任务或者国家订货任务订立合同

我国自 1992 年起开始试行国家订货制度，旨在维护全国经济和市场的稳定，保证国防军工、重点建设、防疫防灾以及国家战略储备的需要，对于国家还必须掌握的一些重要物资，将以国家订货方式逐步取代重要物资分配的指令性计划管理。[④] 为此，立法有必要对根据指令性任务或者国家订货任务订约的规则作一规定。

《民法典》第四百九十四条第一款规定："国家根据抢险救灾、疫情防控或者其他需要下达国家订货任务、指令性任务的，有关民事主体之间应当依照有关法律、行政法规规定的权利和义务订立合同。"该款规定是强制缔约义务的法定来源之一。换句话说，并不是因为国家下达的指令性任务或者国家订货任务使当事人负有强制缔约义务，而是因为本条款的规定让当事人负有强制缔约义务，但由于本条款直接赋予了国家下达的指令性任务或者

① 孙森焱：《民法债编总论（上册）》，法律出版社 2006 年版，第 65 页。
② 黄茂荣：《债法总论（第一册）》，中国政法大学出版社 2003 年版，第 242 页、第 245 页。
③ 朱广新：《合同法总则研究（上册）》，中国人民大学出版社 2018 年版，第 49 页。
④ 全国人大常委会法制工作委员会民法室：《中华人民共和国合同法实用问答》，中国商业出版社 1999 年版，第 133 页。

国家订货任务以强制当事人缔约的效力，因此国家下达的指令性任务、国家订货任务事实上成了当事人强制缔约义务的来源。强制缔约是对合同自由的限制，目的在于维护公共利益。指令性任务常常是通过指令性计划或者行政命令发布的，指令性计划是指以指令性指标下达的生产、流通、分配等领域中关系国计民生的产品和项目计划。指令性计划是一种必须执行的直接计划管理形式。指令性任务由国家计委（现为国家发展改革委）或省级计划部门以及它们授权的部门下达。行政命令主要是国家行政主管部门根据需要向有关单位下达的执行任务的决定。[①] 根据指令性任务或者国家订货任务订立合同，虽然属于强制缔约，但是仍然要经过要约和承诺的程序，只不过对于受要约人而言，必须作出承诺，不具有选择权。

五、强制要约

强制要约是指依据法律或者行政法规的规定，一方当事人必须向他方当事人作出要约的意思表示。《民法典》第四百九十四条第二款规定："依照法律、行政法规的规定负有发出要约义务的当事人，应当及时发出合理的要约。"依据该款规定，负有强制要约义务的当事人，基于对该义务的履行，必须及时向特定或不特定的相对人发出内容合理的要约，一旦相对人作出承诺，合同即成立。例如，《中华人民共和国证券法》第六十五条规定："通过证券交易所的证券交易，投资者持有或者通过协议、其他安排与他人共同持有一个上市公司已发行的有表决权股份达到百分之三十时，继续进行收购的，应当依法向该上市公司所有股东发出收购上市公司全部或者部分股份的要约。"法律作出强制要约的规定目的在于保护中小股东利益。在强制要约下，立法要求强制要约人作出的要约内容必须具有合理性，这样才能使受要约人作出承诺，合同得以成立。

六、强制承诺

强制承诺是指依照法律或者行政法规的规定，一方当事人必须就他人的要约作出承诺的意思表示，也就是对接受要约义务的强制。《民法典》第四百九十四条第三款规定："依照法律、行政法规的规定负有作出承诺义务的当事人，不得拒绝对方合理的订立合同要求。"依据本条款的规定，负有强制承诺义务的当事人，基于对该义务的履行，对于相对人的要约没有正当理由不得拒绝承诺。例如，《中华人民共和国电力法》第二十六条第一款规定："供电营业区内的供电营业机构，对本营业区内的用户有按照国家规定供电的义务；不得违反国家规定对其营业区内申请用电的单位和个人拒绝供电。"虽然受要约人依法负有承诺的义务，但并不意味着合同可以依据法律的规定直接成立。当事人仍然应当依据要约、承诺的一般程序订立合同。当要约人发出了合理订约要求时，受要约人依法负有承诺的义务，没有拒绝权。一经承诺，合同成立。当事人如果违反强制承诺义务，拒绝承诺，应当

---

① 江平：《中华人民共和国合同法精解》，中国政法大学出版社 1999 年版，第 29 页。

承担何种责任，《民法典》第四百九十四条并未作规定，而是交由与该强制缔约相关的法律、行政法规作出规定。例如，《机动车交通事故责任强制保险条例》第十条规定："投保人在投保时应当选择从事机动车交通事故责任强制保险业务的保险公司，被选择的保险公司不得拒绝或者拖延承保。国务院保险监督管理机构应当将从事机动车交通事故责任强制保险业务的保险公司向社会公示。"根据该条规定，当被选择的保险公司拒绝或者拖延承保，投保人可以向法院起诉，要求保险公司与其订立保险合同。

第五节 合同成立的时间和地点

一、合同成立的时间

合同成立的时间是由承诺生效的时间所决定的，也就是说承诺什么时候生效，合同就什么时候成立，当事人就开始受到合同关系的约束。因此，承诺生效的时间在合同法上具有重要的意义。

《民法典》第四百八十三条规定："承诺生效时合同成立，但是法律另有规定或者当事人另有约定的除外。"本条确立了判断合同成立及其时间点的基本规则。承诺生效的时间，按照《民法典》第四百八十四条判断。承诺生效时合同成立，此为合同成立的基本规则。但法律另有规定或者当事人另有约定时，即便承诺生效，合同也不成立。例如，《民法典》第四百九十条规定："当事人采用合同书形式订立合同的，自当事人均签名、盖章或者按指印时合同成立。在签名、盖章或者按指印之前，当事人一方已经履行主要义务，对方接受时，该合同成立。法律、行政法规规定或者当事人约定合同应当采用书面形式订立，当事人未采用书面形式但是一方已经履行主要义务，对方接受时，该合同成立。"

二、合同成立的地点

合同成立的地点关涉到交易习惯的适用、合同纠纷的诉讼管辖、税收的交纳等问题。《民法典》第四百九十二条规定："承诺生效的地点为合同成立的地点。采用数据电文形式订立合同的，收件人的主营业地为合同成立的地点；没有主营业地的，其住所地为合同成立的地点。当事人另有约定的，按照其约定。"依据该条规定，承诺生效的地点是合同成立的地点属于一般规则。鉴于承诺生效情形不同，承诺生效的地点其实存有两种情形：其一，以通知方式作出的承诺，无论是以对话方式还是以非对话方式进行通知，要约人所在地即为合同成立地点。其二，承诺不需要通知的，承诺行为作出地点即为合同成立地点。此时合同成立地通常就是承诺人的住所，但也不排除承诺行为地在其他地方之可能。

采用数据电文形式订立合同的成立地规则，完全借鉴了联合国国际贸易法委员会《电子商务示范法》第十五条第四款的规定，并基于这一规定确定了以数据电文形式订立的合同的成立地点。《电子商务示范法》第十五条第四款规定："除非发端人与收件人另有协议，数据电文应以发端人设有营业地的地点为其发出地点，而以收件人设有营业地的地点为其收到地点。就本款的目的而言：（a）如发端人或收件人有一个以上的营业地，应以对基础交易具有最密切关系的营业地为准，又如果并无任何基础交易，则以其主要的营业地为准；（b）如发端人或收件人没有营业地，则以其惯常居住地为准。"之所以以"主营业地"作为发出或收到地，主要是基于使合同订立等行为与行为地有实质联系，从而避免以"信息系统"作为收到地所可能造成的不稳定性。采用数据电文形式订立合同，"没有主营业地"包括两种情形：其一，商事主体有多个营业地，但无法判断哪一个是主营业地；其二，不从事经营活动的民事主体，根本就没有主营业地。在这两种情况下，包含了承诺内容的数据电文的收件人住所地就是合同的成立地。采用数据电文形式订立合同的成立地遵循约定优先原则，合同当事人对此有约定的按照约定。这充分体现了合同自由原则。

此外，《民法典》第四百九十三条规定："当事人采用合同书形式订立合同的，最后签名、盖章或者按指印的地点为合同成立的地点，但是当事人另有约定的除外。"本条规定了合同书形式的合同的成立地点。合同书形式的合同的成立地点规定，适用条件有二：一是当事人没有相反约定。基于合同自由原则，当事人完全可以在合同中对合同成立地点进行约定。在当事人对合同成立地点没有约定或者约定无效的情况下，以最后签名、盖章或者按指印的地点为合同成立的地点。二是采用合同书形式订立合同。合同书是要约承诺之外的另一种订立合同的方式。以合同书形式订立合同才需要在合同书上签名、盖章或者按指印。以合同书形式订立的合同于最后一方当事人在合同书上签名、盖章或者按指印时合同方才成立。相应地，采用合同书形式订立合同的，最后签名、盖章或者按指印的地点为合同成立的地点。

第六节　缔约过失责任

一、缔约过失责任的概念和构成条件

交易活动中，在没有合同关系的情况下，一方的过错所导致的损害，受损人无法向对方主张合同责任。若是借助于侵权责任，其间对侵权行为构成的举证难度较大，往往较难实现救济主张。缔约过失责任制度的建立旨在督促缔约当事人，在缔约谈判阶段也应该诚信，因自身的过失导致他方损失的是需要承担法律责任的。例如，甲乙两人各开一家酒店，两酒店相邻，生意都很兴隆。后甲投身其他行业欲将酒店转手给丙，丙出价 80 万元。乙听闻后担心财力雄厚的丙接手酒店后，在日后的竞争中自己会落下风。于是乙积极与甲磋商，表明自己非常想买下酒店并愿意出价 100 万元。甲见乙出价高，遂终止了与丙的磋商，转而一心一意地与乙谈判。过了几天，乙见丙已经彻底退出，便向甲表示自己无意买下该酒店。此时甲便可以向乙主张缔约过失责任。

《民法典》第五百条、第五百零一条所确立的缔约过失责任，是指在合同的订立过程中，一方因违背其依据诚实信用原则和法律规定的义务致另一方的信赖利益遭受损失，应承担损害赔偿责任。在缔约阶段，当事人因为社会接触而进入彼此影响的范围，依据诚实信用原则，应尽交易上的必要注意，以维护他人的财产和人身利益，否则既影响了人与人之间交易活动的开展，又会导致交易危险，从而危及整个交易秩序。

根据《民法典》第五百条的规定，缔约过失责任的构成要件如下。

（一）缔约上的过失发生在合同订立过程中

缔约过失责任与违约责任的基本区别就在于，违约责任是以有效合同为基础的，而缔约过失责任是以没有合同关系，或者合同关系虽然存在，却因该合同不具备或者不符合合同生效要件而被宣告无效或被撤销为基础的。缔约过失责任的适用前提是合同未成立或者是合同被宣告无效、被撤销。缔约过失责任发生在合同订立的协商阶段，当事人之间有缔约上的联系，处于要约、反要约的反复阶段，也就是实务交易中的商讨或是讨价还价阶段。如果民事主体之间没有缔约上的联系，不适用缔约过失责任，更适合通过侵权责任寻求救济。例如，赵小姐在逛商场的时候，被一个商品柜架砸到而受伤，因赵小姐与商场不具有缔约上的联系，因此只能向商场主张侵权责任。

（二）一方违背了依照诚实信用原则所负担的义务

诚实信用原则作为一项"帝王条款"，要求交易主体在从事民事活动的时候，应以善意的方式行使权利和履行义务，要诚实、守信。该要求不仅适用于合同有效存续期间，在合同关系产生前以及合同关系结束后均适用。在缔约阶段，交易主体为了订立合同有了实际上的接触与协商，使得原本没有什么关系的民事主体进入某种特殊关系中，并且因为对方的要约而产生信赖。这就要求缔约当事人依照诚实信用原则的要求，在合同订立过程中，负有一定的注意义务并且履行义务，例如协助的义务、保密的义务、通知的义务等。因这些义务是根据诚实信用原则而产生的，故被称为附随义务。缔约主体如果违背了其所负担的附随义务，影响到了缔约关系，损及缔约主体的利益，便需要承担缔约过失责任。

（三）造成缔约一方信赖利益的损失

信赖利益是指一方基于其对另一方将与其订立合同的合理信赖所产生的利益。信赖利益的损失是指因另一方的缔约过失行为而使合同不能成立或无效，导致信赖人所支付的各种费用和其他损失不能得到弥补。[①] 信赖利益应该基于合理的信赖，并且应在可以客观预见

① 王利明：《合同法新问题研究》，中国社会科学出版社 2003 年版，第 121 页。

的范围内信赖。一方当事人在与另一方当事人订立合同的过程中，基于信赖关系相信对方会真诚合作，相信对方是真心缔约，相信经过双方的自愿反复协商，合同有极大订立的可能，然而由于其中一方的过失导致合同不成立或合同无效、被撤销，造成另一方的信赖利益损失。没有信赖利益的损失，就没有赔偿责任。如果从客观事实中不能对合同的成立或生效产生合理信赖，即便支付了大量的费用，那也是缔约过程中缔约主体的自身花费，是不能作为信赖利益损失的。

（四）缔约方存有过失

缔约方违背依照诚实信用原则所负担的义务在主观上必须存有过失。无论是故意还是过失，只要在缔约阶段，缔约方违背了依照诚实信用原则而产生的附随义务，并对合同最终不能成立或被宣告无效、被撤销负有责任的，便会产生缔约过失责任。责任的大小与过失的形式没有什么关系，只要存在的过失导致另一方缔约主体信赖利益受损即可。因此，缔约过失责任的归责原则是过错责任，如果缔约双方均没有过错，那么即便合同不成立或无效、被撤销，也不会发生缔约过失责任，很可能是正常的商业风险。

（五）缔约过失行为与损失之间存有因果关系

缔约方违背依照诚实信用原则所负担的义务的过失行为与另一方缔约主体所遭受的损失必须存有因果关系，也就是缔约一方信赖利益的损失是由另一方缔约主体的缔约过失行为所导致的，而不是因为其他行为。如果过失行为与信赖利益损失之间没有因果关系，便不会有缔约过失责任。

二、缔约过失责任的类型

根据《民法典》第五百条、第五百零一条的规定，缔约过失责任主要有以下几种类型。

（一）假借订立合同，恶意进行磋商

假借订立合同，恶意进行磋商的情况指的是一方当事人并没有订立合同的真正意图，只是为了损害对方当事人的利益。其表现可能是假借谈判故意增加对方的缔约成本，或者故意让对方丧失与他人交易的时机或是机会。例如，甲公司得知乙公司正在与丙公司谈判。甲公司本来并不需要这个合同，但为了排挤乙公司，就向丙公司提出了更好的条件。乙公司退出后，甲公司借故终止了谈判，给丙公司造成了损失。（2003年司考真题）此题中甲公司的行为就属于典型的"假借订立合同，恶意进行磋商"的情形。

（二）故意隐瞒与订立合同有关的重要事实或者提供虚假情况

《最高人民法院关于适用〈中华人民共和国民法典〉总则编若干问题的解释》（以下简称《民法典总则编司法解释》）第二十一条规定："故意告知虚假情况，或者负有告知义务的人故意隐瞒真实情况，致使当事人基于错误认识作出意思表示的，人民法院可以认定为民法典第一百四十八条、第一百四十九条规定的欺诈。"依据此条规定，"故意隐瞒与订立合同有关的重要事实或者提供虚假情况"属于缔约过程中的缔约欺诈。欺诈行为中被隐瞒

的重要事实或者虚假情况，均应与合同内容密切相关，例如产品的真实属性、自身的财产状况、自身的履约能力状况、产品是否有瑕疵、提供的服务是否会有安全隐患等。正因为这些情况及事实与合同内容关系密切，是否告知会直接影响到缔约主体的缔约态度，影响到缔约主体正确意思的形成，所以在缔约时应该予以告知。未告知，未如实说明，足以影响到合同成立便构成欺诈。例如，甲欲购买乙的汽车。经协商，甲同意 3 天后签订正式的买卖合同，并先交了 1000 元的订金给乙。乙出具的收条上写明："收到甲订金 1000 元。" 3 天后，甲了解到乙故意隐瞒了该汽车证照不齐的情况，故拒绝签订合同。（2003 年司考真题）此题中，"故意隐瞒汽车证照不齐"便属于"故意隐瞒与订立合同有关的重要事实"的情形，因此构成缔约过失。

（三）泄露或不正当使用商业秘密或者其他应当保密的信息

《民法典》第五百零一条规定："当事人在订立合同过程中知悉的商业秘密或者其他应当保密的信息，无论合同是否成立，不得泄露或者不正当地使用；泄露、不正当地使用该商业秘密或者信息，造成对方损失的，应当承担赔偿责任。"其中，商业秘密，根据《中华人民共和国反不正当竞争法》第九条的规定，是指不为公众所知悉、具有商业价值并经权利人采取相应保密措施的技术信息、经营信息等商业信息。技术信息是指劳动生产、技术操作方面的经验、知识和技巧的总称。其主要包括未申请专利的保密的关键性技术，如秘密配方、技术诀窍等。经营信息是指有关筹划经营、组织计划等，关系到企业经营运作中的保密性的重要信息，如客户名单、供货渠道等。无论是技术信息还是经营信息，都直接关涉到交易主体在市场竞争中的优势地位，影响到在市场竞争中的兴衰成败。

缔约主体在订立合同过程中，基于彼此之间的信任，为了促成合同的订立，很有可能会把自身的一些技术信息或是经营信息告诉另一缔约方；或者在磋商过程中其中一方无意中知晓了对方的一些技术信息或是经营信息。不论是哪种情况，只要是知悉了，就不得将对方的商业秘密向外公开或者擅加利用为自身牟取不正当利益，否则便要承担缔约过失责任。例如，甲企业与乙企业就彩电购销协议进行洽谈，其间乙采取了保密措施的市场开发计划被甲得知。甲遂推迟与乙签约，开始有针对性地吸引乙的潜在客户，导致乙的市场份额锐减。（2002 年司考真题）此题中甲的行为就属于不正当使用商业秘密的情形，构成缔约过失。

（四）其他违背诚实信用原则的行为

除了前述的几种具体情形外，其他违背诚实信用原则的行为有恶意中断磋商、无权代理行为等情形。诚实信用原则内涵丰富。缔约中违背诚实信用原则的行为不能穷尽列举，我国通过兜底性规定，授权法院在司法实践中进行自由裁量。

三、缔约过失责任的赔偿范围

在缔约过失责任中，损失是信赖利益的损失，故应以信赖利益作为赔偿的范围。由于尚在合同的订立阶段，处于缔约期，合同没有成立，即便一方当事人实施了假借订立合同、恶意进行磋商等违背诚实信用原则的行为，另一方也无依据请求其承担违约责任。信赖利益的损失仅限于直接损失，也就是因信赖合同的成立和生效所支出的各种费用。虽然对信赖利益的具体范围缺乏明确的立法规定，但一般认为信赖利益的损失具体包括：第一，因信赖对方的要约邀请和要约有效而与对方联系、实地考察及检查标的物等所支出的各种合理费用；第二，因信赖对方将要缔约，为缔约做各种准备工作并为此所支出的各种合理费用；第三，为支出上述各种费用所失去的利息。费用的支出应该是合理的，并且不超过履行利益。

第二章课件

Chapter **03**

合同的内容和形式

导读案例

2018 年 3 月 15 日，张女士以其丈夫解某为被保险人，在被告某保险公司处投保了一份人身保险。保险条款中约定，被保险人在驾乘私家车、单位公务或商务用车期间，遭受意外伤害导致身故或身体全残的，保险金为基本保险金额的 15 倍，除此之外的情形按基本保险金额的 2 倍赔付。

保险合同的"释义"中对"私家车、单位公务或商务用车"进行了详细解释，包括要符合汽车分类国家标准，有合法有效行驶执照，不收取任何形式费用的非商业营利性用途，主要用于载运乘客及其随身行李或临时物品，驾驶员座位在内最多不超过 9 个座位，等等。

2021 年 8 月 3 日，解某驾驶自家购买的重型仓栅式货车运输快递时，发生连环碰撞事故，并致其本人当场死亡。张女士向保险公司申请理赔，保险公司以解某驾驶的货车不属于"释义"中有关"私家车"的解释为由，按基本保险金额的 2 倍给付了张女士 10 万元。张女士不服，将保险公司告上法庭。

法院经审理认为，案涉释义性条款通过专业性术语对"私家车"进行了定义，但该释义背离了一般人的通常认知和通俗理解，实质上限缩了在保险事故发生后，保险公司以此拒赔的范围，变相限制或免除了保险公司的保险责任，构成实质意义上的保险人免责条款。因此，保险公司应当依法履行提示和说明义务。庭审中，被告保险公司所举证据不能证明其在订立保险合同前，就保险合同中免除或限制保险人责任的条款，作出提示和明确的说明，故保险公司应该按照"驾乘车意外伤害身故或身体全残保险金"的赔付约定，向原告赔付 15 倍基本保险金额，即 75 万元。扣除已赔付的 10 万元，被告还应向原告赔付 65 万元。判决后，双方均未上诉。

问题提出

1. 合同一般包括哪些条款？
2. 合同的义务有哪些分类？
3. 免责条款的特点和生效条件是什么？
4. 格式条款的特点和生效条件是什么？
5. 合同有哪些形式？
6. 合同条款有哪些解释方法？

第一节　合同的内容

合同的内容，基于对合同理解的不同而有不同的含义：如将合同理解为一种法律关系，合同的内容指的就是合同权利与合同义务；如将合同理解为一种法律文书，合同的内容指的就是当事人约定的合同条款。

一、合同条款

《民法典》第四百七十条规定："合同的内容由当事人约定，一般包括下列条款：（一）当事人的姓名或者名称和住所；（二）标的；（三）数量；（四）质量；（五）价款或者报酬；（六）履行期限、地点和方式；（七）违约责任；（八）解决争议的方法。当事人可以参照各类合同的示范文本订立合同。"依据该条款，合同的内容由当事人约定，一般包括以下条款。

（一）当事人的姓名或者名称和住所

合同的订立应先确定合同主体，以便将合同权利和合同义务予以特定化。在合同中应明确合同主体的姓名或者名称与住所。姓名或者名称的明确便于合同关系的进一步展开。住所的明确有利于决定债务的履行地、诉讼管辖、送达地等。合同条款中只有当事人的姓名或者名称，没有当事人住所，并不影响合同的成立。同时，法律并不要求当事人在合同中使用经登记的、真实的姓名或名称，也不要求当事人使用姓名或名称的全称。能够发挥准确指代功能的笔名、艺名、网名、字号、姓名和名称的简称，也可以在合同中加以使用。

（二）标的

标的指的是合同权利义务共同指向的对象。合同的标的是给付行为，该给付行为具体的内容因合同性质的不同而不同，例如买卖合同、赠与合同等转移财产所有权的合同，标的是转移财产所有权的行为；承揽合同、建筑工程合同等提供工作成果的合同，标的是提供符合要求的工作成果；运输合同等是以运送行为为标的。

（三）数量

数量是衡量合同当事人权利义务大小的尺度，是以数字和计量单位来表示的尺度。数量是度量标的的基本条件，特别是在有偿合同中数量条款直接决定了合同当事人的基本权利和基本义务。数量条款不确定，合同将得不到履行。当事人在确定数量条款时，应当约定明确的计量单位和计量方法，可以规定合理的磅差和尾差。计量单位除国家明文规定的外，当事人有权选择非国家或国际标准计量单位，但应当明确具体含义。

（四）质量

质量是检验标的内在素质和外观形态优劣的标志。质量条款的不明很容易引发合同纠纷，因此当当事人未对质量条款予以约定时，允许当事人事后协商补充。合同对质量没有约定的，可按照《民法典》第五百一十条、第五百一十一条第一项的规定加以确定。

（五）价款或者报酬

价款是以物或者货币为标的物的有偿合同中取得利益的一方当事人作为取得利益的代价而应向对方支付的金钱，例如价金、租金、使用费、利息等。报酬指的是以行为为标的的有偿合同中取得利益的一方当事人作为取得利益的代价而应向对方支付的金钱，例如运费、车票、工程款、保管费等。价款或者报酬仅适用有偿合同，无偿合同不存在价款或者报酬条款。

（六）履行期限、地点和方式

履行期限是指当事人履行合同和接受履行的时间。履行期限有履行期日和履行期间两种。履行期日指的是某一特定的时间，例如某年某月某日。履行期间有始期与终期，为一段时间，例如从某年某月某日至某年某月某日。

履行地点指的是合同当事人履行合同义务或者接受履行的地方。履行地点的约定具有重大意义，是确定标的物验收地点的依据，是确定运费承担的依据，是确定风险承担和权利转移的依据。

履行方式指的是当事人履行合同义务和接受履行的方式，包括交货方式、付款方式、验收方式、结算方式等。

（七）违约责任

违约责任是当事人不履行合同义务或者履行合同义务不符合约定而应承担的民事责任。违约责任是民事责任的重要内容，对于督促当事人正确履行义务，为非违约方提供法律救济具有重要意义。

（八）解决争议的方法

解决争议的方法是指合同当事人解决合同纠纷的手段、地点。发生合同纠纷时，当事人可以选择诉讼或者仲裁，可以选择纠纷解决管辖地，可以选择适用的法律。

以上8个条款中的某些条款不是合同的必备条款，仅是一般条款，这意味着某些条款不具备，不影响合同的成立，但某些条款的缺失会导致合同的不成立。合同主体、标的及其数量条款属于合同必备条款。此外，当事人还可以参照各类合同的示范文本订立合同。示范文本指的是一定机关事先拟定的对当事人订立合同起到示范作用的合同文本。示范文本只是对当事人订立合同起到参考作用，不是格式合同，不要求当事人必须采用。

二、合同义务

合同权利和合同义务共同构成合同的内容。由于合同义务直接决定了债务人的履行内容，合同义务履行状况直接关涉债权人的权利和合同订立的目的能否实现。因此此处重在说明合同义务。

（一）法定义务与约定义务

法定义务和约定义务是根据义务的产生是源自当事人的约定还是法律的规定来区分的。约定义务是当事人在合同中经双方协商确定的义务；法定义务是法律、行政法规规定的义务。根据合同自由原则，合同本质上是由当事人协商确定的，自主决定合同权利和合同义务。只要这些约定不违反法律、行政法规的强制性规定，不损害社会公共利益，不违反社会公德，法律便认可其效力。违反前述情形或者没有约定、约定不明的，适用法律的规定。法定义务主要是两大类：

1. 法律、行政法规等为合同当事人所设立的作为和不作为的义务。

法律、行政法规等设置的义务可能是强制性义务，也可能是任意性义务。强制性义务要求当事人必须遵守，不允许当事人按照自行协议设定合同义务，只允许按照法律的规定，若当事人自行协议，会因违反法律规定而无效。即便当事人未在合同条款中加入法律、行政法规规定的强制性义务，也不影响该强制性义务的适用。任意性义务只是给合同当事人提供一种示范性或建议性的规定，并不意味着其必须成为合同的内容。合同当事人在该规定范围内可自由地为一定的意思表示，当事人可以通过彼此间的协商约定来改变甚或排除该任意性义务的适用。但是任意性义务在一定条件下同样可以成为合同的内容，例如在当事人未作特别约定的情况下，任意性义务或可成为合同条款，或成为法律填补合同漏洞的规则。通常情况下，违反强制性义务的合同往往是无效的，而违反任意性义务导致的是合同当事人的违约。

2. 依据诚实信用原则所产生的附随义务。

债务人于契约及法律所定内容之外，尚负有附随的义务。此附随义务，可分为两种：一为辅助的或非独立的附随义务，并无独立目的，唯保证主给付之义务履行。二为补充的或独立的附随义务，为达一定之附从的目的而担保债之效果完全实现。[1] 因此附随义务存有广义与狭义之分，广义的附随义务发生在合同订立、履行、变更、终止的整个过程。例如缔约过失责任，该责任就是因为违反了合同订立阶段基于诚实信用原则产生的附随义务。

---

[1] 史尚宽：《债法总论》，中国政法大学出版社 2000 年版，第 341 页。

也有学者根据合同不同阶段附随义务的不同要求，将附随义务具体分为先合同义务、合同履行中的附随义务和后合同义务，分别对应合同订立阶段、合同履行阶段以及合同终止后的阶段。狭义的附随义务仅指合同履行过程中依据诚实信用原则所产生的义务。该分类以《民法典》第五百零九条的规定为典型，该条规定："当事人应当按照约定全面履行自己的义务。当事人应当遵循诚信原则，根据合同的性质、目的和交易习惯履行通知、协助、保密等义务。当事人在履行合同过程中，应当避免浪费资源、污染环境和破坏生态。"

本书赞成广义的附随义务。由于附随义务产生的根据是诚实信用原则，而诚实信用原则内容本身就具有抽象性，因此附随义务的内容便相应地具有可变性与不确定性，一般有保护义务、照顾义务、通知义务、协助义务、保密义务、告知义务等。确立广义的附随义务，一方面有助于促进实现主给付义务，使债权人的给付利益最大化。例如面包店的出租人不能在隔壁再开面包店，从事同业竞争；面馆的经营者应对汤类的外卖饮食妥善包装等。另一方面也最大限度地维护了合同当事人的人身和财产利益，如产品的使用说明、商品上的注意事项等。

（二）主要义务与次要义务

义务的主次之分应根据合同本身的性质和当事人的约定来判断。在当事人没有特别约定的情况下，应根据合同性质来确定哪些合同义务直接影响到合同的成立以及当事人的订约目的等，这些义务就会成为合同主要义务。如果当事人有特别约定，当事人的约定便成为合同的主要义务。例如，当事人约定交付的鲈鱼每条应在一斤左右，这就成为卖方的主要义务。

据此，主要义务指的是依合同性质所固有的、合同当事人应当承担的义务。次要义务指的是依合同性质和当事人约定，并不影响合同成立和当事人订约目的的义务。

主要义务的特点：

1. 主要义务是由合同性质决定的。合同性质不同，主要义务的内容也不同，例如买卖合同中卖方的主要义务是交付货物，买方的主要义务是支付价款；赠与合同中出赠人的主要义务是交付赠与物等。一般而言，合同主要义务的缺乏，极有可能导致合同关系不成立。同时，当事人也可以在合同中约定主要义务，例如在私有房屋买卖合同中可将提供相应的办理过户登记手续的资料约定为主要义务。

2. 主要义务与缔约目的紧密结合。主要义务关系到债权人的债权能否实现，关系到当事人的订约目的能否实现。因此，主要义务与当事人的订约目的紧密相连，合同主要义务不履行，会构成债务人的根本违约。债权人可以根据自身的需求，要求债务人实际履行、赔偿损失或是解除合同等。

3. 只有对方不履行主要义务，才能行使同时履行抗辩权。在双务合同中，合同当事人的主要权利和主要义务是相互对应、互为对价的。只有合同一方当事人不履行其依据合同所负有的主要义务，另一方当事人才有权通过同时履行抗辩权的行使来拒绝自身主要义务的履行。但是如果合同一方当事人只是对合同次要义务没有履行，另一方当事人就不能通过相关抗辩权的行使来拒绝自身主要义务的履行。

次要义务的特点：

1. 次要义务在合同中约定与否不影响合同的成立。在合同中，主要义务决定合同的成立。没有次要义务，合同仍然存在，当事人可就该缺失部分进行协商补充，以便最终的履行确定。

2. 次要义务的违反与否不影响缔约目的。对次要义务的违反不会使债权人订立合同的目的丧失，例如在房屋租赁合同中承租人要求出租人的出租房屋配备热水器，出租人没有配备的，不影响房屋出租合同的订约目的。次要义务方没有履行自身义务的，不构成根本违约，对方当事人无权主张合同的解除。

3. 次要义务的履行是为保证债权人权利获得最大满足。次要义务本身不是由合同的性质所决定的，也不是合同自身固有的，而是为了配合主要义务，确保债权人权利获得最大化满足而存在的。

需要说明的是，主要义务与次要义务不同于主合同义务和从合同义务。主合同义务与从合同义务的划分是以合同主从划分为依据的，在若干个合同中能够独立存在的为主合同，不能独立存在的依附主合同存在的是从合同。主合同中的义务为主合同义务，从合同中的义务为从合同义务，各自义务中还存有主要义务与次要义务之分。因此，主合同义务与从合同义务是合同义务的另行分类。

（三）给付义务与受领义务

给付义务是指合同当事人约定，一方当事人应当为或不为一定行为的义务。应当为一定行为的为积极义务，不应当为一定行为的为消极义务。不论是积极义务还是消极义务均为给付义务，例如按期交付租金、不从事同业竞争等。给付义务是合同债务人的义务。合同具体内容不同，给付义务的具体表现就有所不同，例如交付物、转让权利、给付智力成果等。受领义务是指在债务人交付一定标的物时，债权人依据法律和合同的规定，及时接受标的物的义务。受领义务要求债权人及时受领，也就是在债务人给付以后，债权人就应当及时接受。债权人无正当理由拒绝接受的，需要承担因此产生的风险责任，债务人也可采取提存等方式来消灭其与债权人之间的合同权利义务关系。债权人的受领义务，债务人的给付义务，在这些义务履行时，对方当事人都应该予以协助。

给付义务和受领义务都是合同当事人所应当承担的义务，违反这些义务都会构成违约，但是二者还是有一定的不同的。一般而言，违反给付义务尤其是主给付义务，不仅是违约，而且是根本违约，会导致合同目的无法实现。违反受领义务在一般情况下不会构成根本违约，不会影响风险责任与权利转移。例如，《民法典》第五百七十三条规定："标的物提存后，毁损、灭失的风险由债权人承担。提存期间，标的物的孳息归债权人所有。提存费用由债权人负担。"

（四）明示义务与默示义务

明示义务指的是当事人以口头或书面等形式所约定的义务。当事人通过合同书确定的民事义务便是明示义务。除此之外，当事人也有通过口头方式约定合同义务的。默示义务是指依据合同的性质和交易习惯所确定的义务。默示义务产生的根据一是合同性质，二是交易习惯。例如旅客运输合同，很多时候除了车船票等外，没有其他的合同约定，但是，将旅客安全、按时送达目的地是旅客运输合同内含的要求，不论是否通过某种形式将其加以规定，都不影响该义务成为旅客运输合同的主要义务。交易习惯在合同法中一直是被承认的，《民法典》较多的条文均承认交易习惯。交易习惯往往是在交易行为当地或者某一领域、某一行业通常采用并为交易对方订立合同时所知道或者应当知道的做法或当事人双方经常使用的习惯做法。先付款再用餐或先用餐再付款等均是交易实务中的习惯性做法。但是交易习惯不得违反法律、行政法规的强制性规定。遇有纠纷时，对于交易习惯，由提出主张的一方当事人承担举证责任。

第二节　格式条款

一、格式条款的概念和特征

随着社会交易节奏的加快，以及交易频率的增加，合同的订立不再纯粹地遵守要约、反要约、承诺的订立过程，有些时候为了节省缔约成本，针对同样性质的合同，当事人一方会事先拟定好合同的全部条款，另一方当事人对此不加以讨论和变更，只是选择接受或拒绝，例如供电合同、移动服务合同等。此种状况下成立的合同，不存在对合同具体内容进行协商谈判的过程。这显然与合同自由原则的精神相冲突，但却符合交易的需求。为此，法律开始对其进行规范。《民法典》第四百九十六条第一款规定："格式条款是当事人为了重复使用而预先拟定，并在订立合同时未与对方协商的条款。"根据这一立法上的界定，格式条款具有如下的特征。

（一）由一方当事人预先拟定

格式条款是由一方当事人预先拟定的，在拟定之时并没有征求对方当事人的意见。这种拟定既包括一方当事人单方亲自拟定，也包括一方当事人提供和准备的拟定。当事人的拟定，既包括一方亲自拟定的情形，也包括采用第三人拟定好的格式条款。在实际生活中，为了规范交易活动，行政主管部门或者行业协会组织会制定合同示范文本。根据《合同编通则司法解释》第九条第一款的规定，合同条款符合《民法典》第四百九十六条第一款规定的情形，当事人仅以合同系依据合同示范文本制作或者双方已经明确约定合同条款不属于格式条款为由主张该条款不是格式条款的，人民法院不予支持。

（二）目的是重复使用

格式条款的拟定目的是重复使用，这种重复使用指的是适用对象的广泛性和使用时间的持久性。当事人一方将其预先拟定的格式条款适用于与其交易的所有同类交易对象，此为使用对象的广泛性。当事人一方将其预先拟定的格式条款反复多次地使用，而不仅仅是为了某次或某几次特定的交易专门拟定，此为使用时间的持久性。现今的市场经济活动中，经常存在某一个交易主体不断地与不特定的对象进行性质相同的交易，为能节省谈判成本，降低交易费用，交易主体便把反复不断的交易内容固定下来，以便在今后的交易活动中直接使用。从事经营活动的当事人一方仅以未实际重复使用为由主张其预先拟定且未与对方协商的合同条款不是格式条款的，根据《合同编通则司法解释》第九条第二款的规定，人民法院不予支持。但是，有证据证明该条款不是为了重复使用而预先拟定的除外。

（三）在订立合同时未与对方协商

通常合同的订立，需要双方当事人反复协商，但是格式条款却未经协商，于对方当事人而言，要么接受，要么拒绝。典型的有电信、供水、供电、供气、交通运输等公用企业以及银行、保险等依法具有独占地位的经营者给消费者或者其他交易对象所提供的格式条款。在这些合同关系中，相对方往往只能表示同意或拒绝，且实际上由于这些合同中所包含的服务通常对于相对人而言具有不可或缺性，因而都是接受的多。在有些合同关系中，并不要求相对方完全接受格式条款，当事人就其中的某些条款还可以进行协商。比如价款、交货的时间等。实际商谈中，这些可以协商的条款都是先留白，待商定后再填写上去的。此种情况下，相对方还享有一定的谈判权利和余地。

二、格式条款的规制制度

（一）格式条款提供者的提示或者说明义务

为了平衡谈判能力不对等的当事人在合同订立过程中的利益，避免经济上的强者利用其优势地位将合同的订立变为强加其意志于相对人，《民法典》第四百九十六条第二款规定："采用格式条款订立合同的，提供格式条款的一方应当遵循公平原则确定当事人之间的权利和义务，并采取合理的方式提示对方注意免除或者减轻其责任等与对方有重大利害关系的条款，按照对方的要求，对该条款予

"格式条款提示义务"案例

以说明。提供格式条款的一方未履行提示或者说明义务，致使对方没有注意或者理解与其有重大利害关系的条款的，对方可以主张该条款不成为合同的内容。"对格式条款提示或者说明义务是否履行，应根据《合同编通则司法解释》第十条的规定进行判断：提供格式条款的一方在合同订立时采用通常足以引起对方注意的文字、符号、字体等明显标识，提示对方注意免除或者减轻其责任、排除或者限制对方权利等与对方有重大利害关系的异常条款的，人民法院可以认定其已经履行《民法典》第四百九十六条第二款规定的提示义务。提供格式条款的一方按照对方的要求，就与对方有重大利害关系的异常条款的概念、内容

及其法律后果以书面或者口头形式向对方作出通常能够理解的解释说明的，人民法院可以认定其已经履行《民法典》第四百九十六条第二款规定的说明义务。提供格式条款的一方对其已经尽到提示义务或者说明义务承担举证责任。对于通过互联网等信息网络订立的电子合同，提供格式条款的一方仅以采取了设置勾选、弹窗等方式为由主张其已经履行提示义务或者说明义务的，人民法院不予支持，但是其举证符合前两款规定的除外。

格式条款提供者的提示或者说明义务属于法定义务，相关当事人必须遵守。如果格式条款的提供者未将该条款予以明显标注，或者文字晦涩无法理解，便是违反了法律的规定。提示或者说明义务实为弥补格式条款"预先拟定"和"未与对方协商"的不足。合同成立是自由协商并达成合意的过程，采用格式条款订立合同的过程中，欠缺自由协商环节。因此，合意显得尤为重要。只有合同相对方知晓并理解要约内容后作出承诺，才能达成合同合意。格式条款提供者的提示或者说明义务就在于能使双方当事人对合同达成合意。据此，提供格式条款的一方未履行提示或者说明义务，致使对方没有注意或者理解与其有重大利害关系的条款的，对方可以主张该条款不成为合同的内容。提供格式条款时没有履行提示或者说明义务，相当于当事人对合同没有达成合意。所发生的法律效果是该格式条款不纳入合同，而不是对此未进入合同的事项进行效力判断。导读案例就属于此种情况。

（二）格式条款的无效

《民法典》第四百九十七条规定："有下列情形之一的，该格式条款无效：（一）具有本法第一编第六章第三节和本法第五百零六条规定的无效情形；（二）提供格式条款一方不合理地免除或者减轻其责任、加重对方责任、限制对方主要权利；（三）提供格式条款一方排除对方主要权利。"具体来说，格式条款无效的情形主要有：

1. 具有《民法典》总则编第六章第三节规定的无效情形。也就是民事法律行为无效的规定均适用格式条款。只要格式条款具有民事法律行为无效情形，如恶意串通损害他人合法权益、以虚假的意思表示实施的民事法律行为等，无须具备其他附加条件，即可认定该格式条款无效。

2. 具有《民法典》第五百零六条规定的无效情形。第五百零六条是关于免责条款无效的规定。该条款适用于所有合同的免责条款，自然包括格式条款中的免责条款。提供格式条款一方也会采用免除或者限制自身责任的方式拟定有利于自己的条款，该条款就具有免责条款的本质。因此，格式条款符合《民法典》第五百零六条免责条款无效情形的，该条款无效。

3. 提供格式条款一方不合理地免除或者减轻其责任、加重对方责任、限制对方主要权利。提供格式条款一方免除或者减轻其责任、加重对方责任、限制对方主要权利，并不必然导致格式条款无效，其应该与不合理相对应。只有在不合理地免除或者减轻自身责任、加重对方责任、限制对方主要权利时，格式条款才无效。合理或不合理，以格式条款是否导致当事人权利义务严重失衡为判断标准。如果对接受格式条款一方形成显著不公平结果，则构成不合理。

4. 提供格式条款一方排除对方主要权利。排除对方主要权利，是指格式条款中含有排除接受格式条款一方按照通常情形应当享有的主要权利。接受格式条款一方主要权利的被排除使合同存在的正当性基础丧失，严重违背公平原则。"主要权利"如何识别，目前存在不同观点。有学者认为，应当根据合同的性质确定"主要权利"，合同的性质不同，当事人享有的"主要权利"不可能完全一样，认定"主要权利"不能仅看双方当事人签订的合同的主要内容，还应就合同本身的性质来考察。[①] 有学者认为，在考量某格式条款是否排除了"对方主要权利"时不仅要结合具体合同的性质、种类和目的来确认合同当事人的权益与责任为何，还要考量该格式条款所排除的对方权利，是否是对方当事人未来时空内的合理权益。[②]《民法典》对于"主要权利"的识别没有规定明确具体的标准，在司法实践中需要由法官结合个案综合考量多方因素来作出相应的价值判断。

（三）格式条款的解释

《民法典》第四百九十八条规定："对格式条款的理解发生争议的，应当按照通常理解予以解释。对格式条款有两种以上解释的，应当作出不利于提供格式条款一方的解释。格式条款和非格式条款不一致的，应当采用非格式条款。"本条规定了除按照通常理解解释格式条款外，还确定了不利于提供格式条款一方的解释规则，同时还规定了格式条款和非格式条款不一致时以非格式条款为准。这种特殊的解释规则的目的在于保障相对方的利益。

按照通常理解予以解释，是指对于格式条款，应当以可能订约者平均、合理的理解为标准进行解释。[③] 当格式条款发生争议时，应尽可能地探究合同当事人的真实意愿，超脱具体环境及特殊的意思表示，从平常的、通俗的、日常的、一般意义的角度予以解释。如果格式条款经过长期的使用，就某些条款，条款接收人的理解与条款提供者的理解不同，应该以条款接收人的理解为准。

对条款提供者作不利的解释，源自罗马法的"有疑义应为表意者不利之解释"。这种解释方法是为了避免提供格式条款的一方利用其优势地位损害另一方当事人的利益的情况发生。格式条款是由一方当事人预先设定提供的，条款的提供者会基于自己的意志制定有利于自身的条款，甚至会制定一些有歧义、意思含糊的条款以便维护自身的利益。为了保护谈判能力弱的一方，维护该方的利益，就应对条款提供者作不利的解释。

格式条款与非格式条款不一致的，采用非格式条款的解释，是因为格式条款没有经过双方当事人的协商讨论，是由一方当事人事先拟定的，是一般的普通规定的条款。非格式条款是由合同主体经过协商确定的，是特别约定。在同一合同中，特别优先于一般，特别商定的条款优先于一般的普通条款。因此格式条款与非格式条款不一致的，应采用非格式条款。

---

① 王利明：《合同法研究·第一卷（第三版）》，中国人民大学出版社 2015 年版，第 420 页。
② 马一德：《免除或限制责任格式条款的效力认定》，《法学》2014 年第 11 期，第 146—153 页。
③ 王利明、房绍坤、王轶：《合同法》，中国人民大学出版社 2002 年版，第 99 页。

第三节　免责条款

一、免责条款的概念和特点

免责条款有广义和狭义之分。广义的免责条款不仅包括完全免除当事人责任的条款，也包括限制当事人责任的条款。狭义的免责条款仅指完全免除责任的条款。本书认为免责条款是指当事人双方在合同中事先约定的、旨在限制或免除其未来责任的条款。交易活动总会产生风险，风险的不可知性，使交易当事人希望通过一定的方式将未来的风险加以控制。免责条款的运用，通过将风险在合同当事人之间进行分配，从而为一定程度上锁定风险提供了便利。

免责条款具有如下特点：

第一，免责条款是一种合同条款，它是合同的组成部分。由于免责条款事关将来民事责任的限制或是免除，直接影响到合同当事人的利益，因此只有免责条款已经构成合同的一部分，成为合同内容的有机组成，才能援引免责条款，否则不适用。

第二，免责条款是事先约定的。当事人约定免责条款是为了减轻或免除其未来发生的责任，因此只有在责任发生以前由当事人约定且生效的免责条款，才能实现当事人责任的减轻或免除。若在责任产生以后，当事人之间通过和解协议而减轻责任，这属于权利的放弃，而不是根据条款的免责。

第三，免责条款旨在免除或限制当事人未来所应负的责任。基于不同的目的，免责条款有限制责任条款和免除责任条款。限制责任条款是指将当事人的法律责任限制在某种范围内的条款。例如，在合同中规定，一旦出现损失，合同任何一方当事人的赔偿责任不超过货款的总额。免除责任条款是指合同当事人不需要承担任何民事责任。例如某些商店在其柜台上标明"货物出门，恕不退换"，就属于免除责任条款。限制责任条款与免除责任条款对当事人未来民事责任的约定不同，在严格意义上，免除责任条款的有效条件应比限制责任条款的有效条件要严格。

二、免责条款的有效条件

只要经过当事人的认可，不违反社会公共利益，法律是承认免责条款的效力的。具体来说，确认免责条款有效的要件有：

第一，必须是双方当事人真实的意思表示。合同的本质即是一种合意，合同的成立意味着双方当事人的意思表示达成一致。这个意思表示必须明确且真实。合同中所约定的全部条款都必须是双方当事人经过深思熟虑后形成的真实的意思表示，对合同的条款和内容表示接受。如果不是当事人真实的意思表示，其效力可能被撤销，也可能是无效。

第二，必须符合社会公共利益要求，不违反法律、行政法规的强制性规定。当事人订立的免责条款必须符合法律和社会公共利益的要求，不能通过自行约定的条款排除法律的强制性规范的适用。例如，在旅游合同中约定，游客在旅游期间一切人身损伤和财产损失一概与旅行社无关。该约定就严重违反了法律的规定，应归无效。同时免责条款还得符合公序良俗原则的要求。公共秩序和善良风俗体现的是全体人民的共同利益，对此利益的维护直接关系到社会的安定与秩序的建立。

第三，必须公平分配合同当事人间的风险。公平分配双方当事人之间的风险是免责条款的主要功能，也是其合理性因素之所在。现实交易中大多免责条款是在既有的价格、保险等机制的背景下合理锁定风险的措施。通过对未来民事责任的公平分配，可使交易主体较为精确地预算交易成本，一定程度上减少了消耗，从而可以实现谋取利益的最大化。通过未来风险的公平分配可以平衡条款使用人、相对人乃至第三人之间的利益关系。

必须予以说明的是，有时候免责条款与格式条款是重合的，该条款既是格式条款，也是免责条款。例如，餐厅墙上用明显字体悬挂一告示：请注意保管好自己随身携带的物品，若有失窃，本店概不负责。该店堂告示既是格式条款，又是免责条款。此时，该条款的提供者还负有以合理的方式提示注意或者说明的义务。此时的免责条款不是经过合同当事人协商，而是由一方事先拟定好的，条款提供者往往会从自身利益出发，唯恐自己承担过多的责任，想方设法地免除或者限制自己的责任，这在保险、航空、医院等行业比较常见，有部分免责条款还会涉及专业领域或行业的专业知识。因此当免责条款与格式条款重合时，该条款要同时遵守格式条款与免责条款的立法规定，必须以合理的方式提示对方当事人注意免除或者限制其责任的条款，并对这些条款予以说明。如果格式条款的提供者在订立合同时，未尽提请对方注意或者说明义务，该条款不进入合同，不成为合同的内容。

三、免责条款的无效

《民法典》第五百零六条规定："合同中的下列免责条款无效：（一）造成对方人身损害的；（二）因故意或者重大过失造成对方财产损失的。"依据该条规定，免责条款的无效情形有如下两种。

"免责条款纠纷"案例

（一）造成对方人身损害的

现今社会，以人为本位，人身利益是最重要的利益。生命权、健康权是人身权的核心权利，保护自然人的人身安全是法律最重要的任务。如果允许限制或免除一方当事人对另一方当事人人身损害的责任，那么就无异于纵容当事人利用合同这种形式合法地对另一方当事人的生命健康进行摧残，这不仅与保护公民的人身权利的法律相悖，更是与宪法原则相违背的，并且会严重危及法律秩序和社会整体利益。

侵害人身权的行为不仅应受到道德和法律的否定，更应受到法律的制裁。此种制裁在民事领域内不是以人身惩罚为原则，而是以损失赔偿、精神抚慰为手段，若允许当事人事先约定免除人身伤害的责任，则无法使被侵害人得到应有的赔偿，使行为人得到应有的惩罚，从而使法律失去其应有的效用。造成对方人身伤害的，不问当事人主观意愿如何，只要有伤害事实，即使有事先约定免责的，也一律无效。

（二）因故意或者重大过失造成对方财产损失的

该规定是以过错程度来控制免责条款效力的。因故意或重大过失造成他人财产损失既触及社会道德，又违反法律对民事主体合法财产保护的规定，自然应该遭受否定性的评价，属于国家、社会所抑制的范畴，因此不允许当事人通过事先约定加以免责。对于因一般轻微过失而造成的损害，虽同样应受到否定性评价，但因其对社会秩序、社会公共利益触及不大，影响甚微，因而允许由当事人自行协调。司法实践中对一般轻微过失的损害的态度是：受害人请求赔偿的，予以支持；受害方愿意免除侵害方责任的，予以尊重。但是因故意或重大过失所产生的责任，不能够事先约定免除。因为即便当事人之间没有合同关系，还可以通过侵权责任主张法律救济，如果允许当事人事先加以免除，等于是用合同的方式剥夺了当事人合同以外的权利。

第四节　合同的形式

一、合同的形式概述

（一）合同形式的概念

合同的形式是合同当事人达成的合意的外在表现形式，是合同内容的客观载体。合同自由原则，使合同当事人有决定合同形式的自由。法律不对合同形式作强制性的要求，尊重当事人选择合同形式的自由，同时，为了保证在某些特殊类型的合同之中双方当事人的交易安全和合同内容的确定，法律特别规定其形式要求。法律的这一做法，可以最大限度地实现交易的便捷和降低交易成本，同时将合同产生纠纷之后的举证问题加以妥善处理。当今大多数国家合同法的通常做法是在承认当事人自由选择合同形式的同时，对于涉及特殊交易关系的合同，作出特别的强制性书面形式或其他形式要求。

（二）我国《民法典》关于合同形式的规定

《民法典》第四百六十九条规定："当事人订立合同，可以采用书面形式、口头形式或者其他形式。书面形式是合同书、信件、电报、电传、传真等可以有形地表现所载内容的形式。以电子数据交换、电子邮件等方式能够有形地表现所载内容，并可以随时调取查用的数据电文，视为书面形式。"依据该条规定可知：

1. 当事人可以自由选择合同所采用的形式。在不违反法律强制性规定的前提下，当事人可以根据自己的需要选择合同的形式。据此，当事人可以自由选择合同的表现形式，如书面形式、口头形式或者其他形式。

2. 当事人可以自由约定其合同应该采取的形式。这一规定允许当事人根据自己的判断，决定合同必须采用的特殊形式。一旦当事人作出约定，该特殊形式即成为强制性的形式要求，当事人的合同必须采用这一形式，满足这一要求。例如，当事人在合同中约定：本合同自公证之日起生效。如果没有办理公证手续，该合同不发生效力。

3. 法律、行政法规规定采用书面形式的，订立该有关合同的当事人就必须采用书面形式以满足法律对其形式的强制性要求。例如，《民法典》第六百六十八条规定："借款合同应当采用书面形式，但是自然人之间借款另有约定的除外。借款合同的内容一般包括借款种类、币种、用途、数额、利率、期限和还款方式等条款。"

4. 按照当事人的约定不得改变强制性法律规定的原则，当事人不得以特殊约定改变法律对合同形式的强制性规定。因此，当事人对合同形式的约定应该限于法律没有特定形式要求的合同。

二、口头形式

口头形式是当事人以语言的方式达成协议，订立合同的形式。口头形式包括当面对话、电话联系等形式。口头形式的优点是简便易行，故在日常小额交易中经常被采用，如商店里的零售买卖。由于口头形式是最为传统，也是适用最为广泛的合同形式，所以在当事人采用口头形式订立合同时不需要特别指明。但是口头形式的不足之处在于"口说无凭"，产生纠纷时不容易举证，不利于当事人明确各自的权利义务关系。口头形式一般适用于标的数额小，可以及时清结的合同。

三、书面形式

书面形式是指当事人以书面文字等符号有形地表现合同内容的方式。随着科技的发展，无纸化的电子数据交换和电子邮件普及迅速，成为一种新的书面形式，其与传统的书面形式有很大的不同。因此法律所规定的书面形式应该是通过确定的方式有形地表现当事人合同内容的方式。采用书面形式的最大优点在于，发生合同争议时有据可查，有利于减少纠纷，即使发生了纠纷也因举证简单而易于分清责任，解决争议。

合同的书面形式主要是合同书、信件、电报、传真、电子数据交换、电子邮件等形式。

合同书是指记载合同内容的文书。合同书必须记载有合同条款，特别是合同的主要条款，并且是以文字的方式予以表达。在合同书上应该有合同当事人或其代理人、授权人的签名、盖章或是手印。合同书可以参照示范合同文本制定，也可以是在双方当事人相互协商一致的基础上确定。

信件是指合同当事人以传统的纸张为介质，就合同的内容进行往来协商的记载合同内容的信函。它经常在远途当事人之间订立合同时使用，是一种经常被采用的订立合同的书面形式。它与通过电脑及其网络手段传递的信件不同，后者被称为电子邮件。电报、电传和传真是传统的书面形式，随着互联网的深入，该类形式日渐淡出人们的生活。

电子邮件和电子数据交换，是借助先进的微电子技术，通过电磁手段来表达信息的，与传统手段有很大的不同。电子邮件又称电子信箱、电子邮政，是一种用电子手段提供信息交换的通信方式。电子邮件的传递是通过存在于多台计算机之间的互联网系统来完成的。它的介质是电磁信号，其内容可以是各种电子文本格式的文本文件、数据文件以及语音和图像文件等。电子数据交换又称"电子资料通联"，是一种在公司、企业间传输订单、发票等商业文件进行贸易的电子化手段。它利用一种国际公认的标准格式，通过计算机通信网络，将与某一项贸易活动相联系的厂商、运输公司、保险公司、银行和海关等部门的业务流程的全过程相连接，将各有关部门或者公司、企业之间的有关数据进行交换与处理，从而进行贸易。

四、其他形式

其他形式指的是当事人未以书面形式或者口头形式订立合同，但从双方从事的民事法律行为能够推定双方有订立合同意愿的表现形式。其他形式指的是推定形式。推定形式是指当事人不是通过语言、文字，而是通过行为向对方作出意思表示的方式。例如，房屋租赁合同约定的租赁期限已经届满，双方并未通过口头或者书面形式延长租赁期限，但承租人继续交付租金，出租人依然接受租金，从双方交付租金和接受租金的积极行为中就可以推断出双方有延长租赁期限的意思。

推定形式是以行为，并且是积极作为的行为为依据的。积极的作为尽管不是以口头或者书面形式表达当事人的意思，但它仍是一种积极的意思表示方式，主张权利或者接受义务的意思表示是一种明确，可以直接根据积极的作为行为来认定意思。这种推定是法律推定，来源于法律的认可。

消极的不作为行为，又称默示形式，一般不能作为合同形式，是因为当事人没有作出任何的表示，仅仅是沉默。鉴于此种状况，为防止当事人一方自行强加义务给对方当事人，损及对方当事人的权益，除非法律另有规定或者当事人另有约定，消极的不作为行为不是合同的形式。例如，《民法典》第六百三十八条第一款规定："试用买卖的买受人在试用期内可以购买标的物，也可以拒绝购买。试用期限届满，买受人对是否购买标的物未作表示的，视为购买。"只有在法律规定或者当事人约定消极的不作为能够产生某种法律效果的情况下，默示才构成意思表示的形式，产生相应的法律后果。

第三章课件

第四章

合同的效力

📖 导读案例

　　上海市民小李通过车牌额度拍卖市场，拍到了一块"沪A"牌照，但却暂时没有上牌的需求。这时J公司找到小李，提出可以出钱租下这块车牌。于是小李与J公司便签订了一份车牌出租合同，合同约定J公司租赁小李的车牌一年，租金7000元，到期返还。然而，一年租期到时，J公司却拒绝归还车牌，小李无奈，起诉至上海市奉贤区人民法院。

　　上海市奉贤区人民法院认为，小李与J公司达成的车牌出租合同为无效合同。"限牌"政策的目的在于，实现非营业性客车数量的合理、有序增长，促进节能减排，维持安全、高效的交通通行秩序。限牌城市往往通过摇号或者竞价等方式，在相对公平的机制下保障公民均享有获得车牌的可能性。车牌或者私车额度的租赁行为，将导致私车额度证明的使用人与实际车主并非同一主体，违反了《上海市非营业性客车额度拍卖管理规定》，甚至诱发"屯牌""地下车牌市场"等现象，扰乱私车额度拍卖市场秩序，有悖公序良俗。

　　因此，从树立正确的社会导向和维护社会公共秩序的角度考量，上海市奉贤区人民法院认定涉案合同为无效合同。因小李确认涉案汽车非其所有，故J公司应配合小李办理退牌手续。判决后，各方当事人均未上诉。

📝 问题提出

1. 合同成立与合同生效有何区别？

2. 无效合同的种类有哪些？

3. 可撤销合同的种类有哪些？

4. 合同被宣告无效或撤销后有何法律后果？

5. 效力待定合同有哪些情形，如何进行效力补正？

6. 附条件合同中对所附的条件有何法律要求？

第一节　合同生效概述

合同生效，是指已经成立的合同在当事人之间产生一定的法律约束力。法律约束力就是法律以其强制力迫使合同当事人必须按照合同的约定完成一定的行为。合同是民事主体合意的产物，其本身并不具有法律约束力，只有当这种合意得到了法律的肯定性评价，才会具有法律约束力。因此，合同生效以合同的存在为基础，也就是合同成立是合同生效的前提，但成立后的合同并不意味着必然产生当事人所追求的法律效果，只有符合法律规定的合同才会产生法律约束力。所以，在合同成立之后随之而来的就是合同效力判断问题，也就是合同能否生效的问题。

一、合同成立与合同生效的联系与区别

《民法典》第五百零二条第一款规定："依法成立的合同，自成立时生效，但是法律另有规定或者当事人另有约定的除外。"依据该条规定，通常情况下合同成立之时合同也随之生效。该规定将合同成立与合同生效紧密联系在一起。但合同成立与合同生效是两个不同的合同阶段，分属两个不同的概念，二者有联系的同时，亦有区别。

（一）合同成立与合同生效的联系

合同成立与合同生效的联系在于：合同成立是合同生效的前提条件，如果某一合同尚未成立，合同关系都不存在，自然谈不上合同生效的问题。只有合同成立后，才需要进一步衡量已经存在的合同关系是否符合法律规定的生效要件，能否得到法律的承认与保护。当事人订立合同的目的，就是要使已经存在的合同为法律所认可和保障，从而实现合同中所规定的权利和利益。如果合同因不符合法律规定的生效条件，被法律所否认和拒绝，合同的约定形同虚设，无任何法律约束力可言，当事人也就失去了订约的目的。所以合同成立在先，合同生效在后。合同生效以合同成立为前提。

（二）合同成立与合同生效的区别

二者的区别主要有：

1. 着眼点不同。合同成立解决的是合同是否存在的问题，着眼于合同当事人表意行为的事实构成，合同成立制度主要表现了合同当事人的意思。合同生效解决的是合同效力问题，着眼于法律对当事人意思表示的效力评价，合同生效制度主要体现国家法律对合同的

承认与保护。

2. 判断标准不同。合同成立的条件一般要求具有订约主体，订约主体就合同主要条款达成了合意。也就是合同主体经过要约与承诺，就合同的主要内容已经协商一致。而合同生效要件一般要求具有合同主体民事能力适格，意思表示真实、合同内容合法等，也就是合同的各个构成要素均要达到法律规定的要求。

3. 不成立或不生效的后果不同。合同不成立只要当事人不具有恶意，不具有主观上的过失，不需要对合同不成立承担任何责任，其仅仅是正常的交易风险。在当事人主观有过错的情况下，会构成缔约过失责任，承担赔偿责任。合同不生效，当事人除了承担返还财产、赔偿损失等民事责任外，还可能要承担行政责任乃至刑事责任。

4. 国家干预力度不同。合同是否成立关涉的是合同当事人的合意问题，属于当事人意思自治的范畴，除非当事人主动寻求法律救济，就当事人之间合同是否成立的问题国家不会主动干预。但是合同生效涉及的是法律的品评问题，关涉到国家强制力的问题，在一些特定情况下，例如内容违反了法律的强制性规定，哪怕当事人没有主动要求法律救济，国家也会主动干预，宣告该合同的无效。

（三）区分合同成立与合同生效的法律意义

区分合同成立与合同生效的法律意义在于：有助于使长期以来合同成立混同合同生效的现象得到彻底的纠正。长期以来，在我国司法实践中，由于未正确区分合同成立与合同生效，从而将大量的合同不成立的问题，作为无效合同加以处理，从而混淆了合同不成立的法律后果与合同不生效的法律后果。错误地将一些已经成立但尚未生效的合同当作无效合同对待，取消了原本不应该取消的交易，同时也剥夺了当事人在合同成立后欠缺生效要件时的补救权利。正确区分合同成立与合同生效，有助于根据不同的情形而赋予不同的法律后果和采取不同的补救措施。防止当事人的交易因此受到错误的阻碍，达到鼓励交易的目的。

二、合同的效力主要适用民法典总则编的规定

《民法典》第五百零八条规定："本编对合同的效力没有规定的，适用本法第一编第六章的有关规定。"依据此条规定，合同的效力一般主要适用民法典总则编民事法律行为效力的规定；如果合同编有特别规定，则适用合同编的特别规定。合同效力制度是合同法的重要内容。合同本身属于民事法律行为的一种类型，民事法律行为效力的基本规则在《民法典》总则编第六章中已作出规定。为了避免与总则编重复，合同编中有关合同效力的规则十分简略。合同无效、可撤销的具体类型，附条件、附期限的合同等均由总则编民事法律行为制度规定。关于未生效合同、超出经营范围订立的合同等总则编没有规定，而合同编有规定的，应当适用合同编的规定。

第二节　合同的生效要件

合同的生效要件，是指合同能够产生法律约束力并为法律所保障而必须具备的条件。已经成立的合同，必须具备一定的要件，才能产生法律约束力。合同的生效要件是判断合同是否具有法律效力的标准。合同作为一种民事法律行为，应该具备民事法律对民事法律行为生效要件的规定。《民法典》第一百四十三条规定："具备下列条件的民事法律行为有效：（一）行为人具有相应的民事行为能力；（二）意思表示真实；（三）不违反法律、行政法规的强制性规定，不违背公序良俗。"

一、订立合同的当事人应具有相应的民事行为能力

合同是以当事人的意思表示为基础，因此要求订立合同的民事主体必须具备一定的独立表达自己的意思和理解自己的行为性质及后果的能力。订立合同的当事人应该具有相应的民事权利能力和民事行为能力。合同主体有自然人、法人和非法人组织，各类合同主体因其本身属性不同，在民事权利能力和民事行为能力方面表现不同。

（一）自然人应具有相应的民事行为能力

我国《民法典》将自然人分为三类，即完全民事行为能力人、限制民事行为能力人和无民事行为能力人。

完全民事行为能力人可以独立实施民事法律行为。

限制民事行为能力人只能进行与其年龄、智力和精神状况相适应的民事活动，其他民事活动必须由其法定代理人代理，或者征得其法定代理人的同意。是否与其年龄、智力、精神状况相适应，根据《民法典总则编司法解释》第五条规定，可以从行为与本人生活相关联的程度，本人的智力、精神健康状况能否理解其行为并预见相应的后果，以及标的、数量、价款或者报酬等方面来认定。限制民事行为能力人在纯获法律上的利益而不承担法律义务的合同中，可以自主作为当事人一方而订立合同。在这些合同中，限制行为能力人只享受权利不承担义务，能获得利益，而不会遭受损失。

8周岁以下的未成年人和完全不能辨认自己行为性质的精神病人是无民事行为能力人，不能自主进行民事活动，必须由其法定代理人代理进行民事活动。

（二）法人超越经营范围一般不影响合同的效力

法人和其他组织一般都具有订立合同的能力，但法人和其他组织往往都有各自的经营范围，因此，法人和其他组织在订立合同时应考虑自身的民事行为能力。在我国长期的司法实践中曾达成过共识，那就是法人只能在其核准登记的生产经营和业务范围内活动，法

人的缔约能力也以此为限。但是随着对意思自治的尊重，本着鼓励交易的精神，对法人超越其经营范围和业务范围所从事的民事法律行为，不仅需要考虑法人本身的民事权利能力和民事行为能力，还需要考虑与之进行交易的相对人的权益。如果法人从事越权行为时相对人不知情，或者是知情但仍然愿意与之交易，且该交易不违反法律、行政法规的强制性规定，此种情况下仅仅因为超越经营范围而宣告合同无效，会使相对人遭受不公平的待遇，蒙受损失。从维护交易秩序、鼓励交易和保障经济活动的自由来看，简单地宣告超越经营范围的合同无效，显然不合适。

我国《民法典》第五百零五条规定："当事人超越经营范围订立的合同的效力，应当依照本法第一编第六章第三节和本编的有关规定确定，不得仅以超越经营范围确认合同无效。"依据该条规定，当事人超越经营范围的合同只要符合合同生效的一般要件依然具有效力。

（三）非法人组织具有订约资格

非法人组织不具有法人资格，但能够依法以自己的名义从事民事活动。非法人组织主要是指个人独资企业、合伙企业、不具有法人资格的专业服务机构等。一般认为，未领取营业执照的非法人组织，不得以自己的名义独立从事民事活动，只能以法人名义订约。对于领取营业执照的非法人组织，可以对外签订合同。非法人组织如果不能独立承担民事责任，则应当由法人承担。

二、意思表示真实

意思表示，是指行为人将其设立、变更、终止民事权利和民事义务的内在意思表达于外部的行为。意思表示需要有让其意思表示的内容具有一定法律效果的内在意思要素，还需要有将其内心效果意思表达于外部的行为。意思表示真实是指表意人的表示行为真实地反映其内心的效果意思，也即内心效果意思与外在表示行为相一致。法律只承认当事人真实的意思表示，并赋予其法律上的约束力，因此当事人意思表示真实成为合同生效的要件之一。

在大多数情况下，行为人通过表示行为表达于外部的意思与其内心真实意思是一致的，但有时也会出现行为人表达于外部的意思与其内心真实的意思不相符的情况，这就产生了意思表示不真实的情形。根据意思表示不真实产生的原因，可将其分为意思表示的不一致和意思表示的不自由。前者是指由于表意人自己的故意或者过失所造成的内心效果意思与外部表示意思之间的不一致。这种不一致没有受到外力因素的影响，而是产生于表意人自己的行为。例如，当事人内心的意思是将某物出租，但是表达于外部时却说成出借，从而导致其内心真实意思与外部表示意思不一致。后者是指表意人的外部表示意思与内心效果意思虽然一致，但这种一致并不是表意人自愿作出的，而是他人不正当干涉的结果。因此，表意人的意思不是表意人的真实意思。例如，在被胁迫的情况下，表意人作出的意思表示与其内心的意思是一致的，但是整个意思表示的效果是根本违背了表意人的意愿的，因为其是被迫作出的意思表示，而不是基于自身的完全自愿。

意思表示真实才能够得到法律的肯定与保护，法律只保护自愿的、真实的意思。如果当事人所作出的意思表示违反了法律的强行性规定和社会公共利益，则应当认定此种意思表示无效。如果仅仅是不真实的意思表示，不违反现行法律强制性规定和社会公共利益，那么原则上应将此种意思表示不真实的合同作为可撤销的合同对待，这样更有利于保护相对人的利益，维护交易的安全。

三、不违反法律、行政法规的强制性规定，不违背公序良俗

合同作为当事人自由协商订立的产物，不仅要反映当事人的意志还要受到强制性法规的合法性审查。只有订立合同目的和合同的内容符合法律的强制性规定，符合社会公共利益，合同才能够得到法律的认可和保障。

不违反法律、行政法规的强制性规定，指的是不违反具有强制效力的法律和行政法规。此种状况下当事人只能遵守法律法规的规定，不得通过任何方式加以变更甚至协商排除强制性规定，否则行为会被宣告无效。例如，甲乙之间签订一份买卖假烟的合同，因法律禁止销售假烟，甲乙之间的合同自然便是无效的，并且还会产生行政责任甚或是刑事责任。

合同除了要符合法律、行政法规的强制性规定外，还不得违背公序良俗，不得损害社会公共利益。需要指出的是，"社会公共利益"是一个不确定的概念，具有高度概括性与抽象性，在这一点上与"诚实信用"极为相似。这主要是为了尽可能避免因立法者认识能力的局限和成文法律的滞后所带来的法律漏洞，防止立法后的新情况得不到及时有效的调整。通过不得损害社会公共利益要求的设定，既能保证当事人合同自由，维护交易的正常进行，又能够实现对合同自由的必要限制与干预，防止私人自由的任意扩大，保障社会利益和人民的共同福利。只是要注意，对"社会公共利益"的内涵不得任意扩大。导读案例中车牌出租合同被确认为无效的原因就是J公司违反了公序良俗，损害了社会公共利益。

以上所述为合同的一般有效要件。当事人之间达成的合同只有具备了以上要件，才会产生正常的法律效力。在此之外，关于合同的形式是否为有效要件，存在着争论。本书认为，基于现行《民法典》的相关规定，在合同欠缺法律要求的形式时，只要能够及时补正，合同仍然有效。例如，《民法典》第四百九十条第二款规定："法律、行政法规规定或者当事人约定合同应当采用书面形式订立，当事人未采用书面形式但是一方已经履行主要义务，对方接受时，该合同成立。"依据该条款规定，合同法在合同形式问题上采取了一种较为宽松的态度。当事人违反法律对合同形式的要求时，不会必然导致合同无效。

第三节 无效合同

一、无效合同概述

无效合同是指合同虽然成立，但因欠缺法定生效要件而受到法律否定性的评价，未被赋予法律效力的合同。无效合同是相对有效合同而言的，是自始的、确定的、当然的不发生法律效力的合同。无效合同不发生法律效力指的是合同当事人订立合同的目的无法实现，当事人约定的民事权利和民事义务得不到法律的认可与保护，并不意味着无效合同不发生其他意义上的法律效力，例如缔约过失责任，或者是行政责任、刑事责任等。自始无效是从合同成立那刻开始就不具有法律效力；确定无效是当然的、无疑问的无效；当然无效的意思是合同无效不以任何人的主张和法院、仲裁机构的确认为条件。当事人之间的合同只要符合法律无效情形的规定便是无效，司法实践中法院或仲裁机构对合同无效的确认，不是对合同效力的确认，而是对合同无效情形的确认。

合同无效不同于合同不成立，二者之间的区别类似于合同成立与合同生效之间的区别，具体为：

第一，构成条件不同。合同不成立是欠缺合同的成立要件，也就是合同当事人未就合同内容达成合意。合同无效是在合同已经成立的基础上，因欠缺法定有效要件，而得不到法律的认可，无法产生法律效力。

第二，法律后果不同。合同不成立，一般被视为交易活动中正常的商业风险：任何一个订约过程，都存在着成功与失败的风险。合同成立或者不成立就是成功与失败的有力证据。谈判当事人在进行谈判活动时都已经做好了这两个方面的准备，只是在力争能够达成合意，从而最终使合同成立。只有在符合法律规定的情形时，缔约过失责任才会构成。而合同无效是在合同成立这一事实基础上的否定性法律价值判断，性质上是违法的，正因为如此，不仅会受到民事法律一系列有关无效合同的否定性规定，而且还会受到因违法触及公权力而产生的公法上的责任。

第三，国家干预力度不同。合同不成立，除非当事人主动向法院或是仲裁机构提出救济申请，法院或仲裁机构不能依照职权主动审查合同是否成立，需要尊重当事人的意愿和选择，实行的是"民不告，官不理"。无效合同因其性质上的根本违法，关涉到社会公共利益和社会福利，因此不论当事人是否主动提出，法院或仲裁机构一旦发现有可能构成合同无效情形的，有权依照职权主动予以审查，追究合同当事人的相关责任。

设立合同的无效制度一方面有利于保障私人活动领域的正常秩序，贯彻保护正当合法利益，制裁非法侵害他人利益，以及严重违反自由交易、诚实信用原则的行为；另一方面实现国家对私人合同自由的控制，体现国家意志，保护公共利益不被私人活动所侵害。

二、无效合同的种类

根据《民法典》第一编第六章的相关规定，无效合同有如下几种。

（一）无民事行为能力人订立的合同无效

无民事行为能力人的民事活动完全由其法定代理人代理，法律没有给他们留下单独活动的空间。为保护无民事行为能力人的利益，法律明确规定无民事行为能力人自己独自订立的合同无效。即便使无民事行为能力人纯获利益的合同，依旧无效。

（二）以虚假的意思表示订立的合同无效

虚假的意思表示，即虚假表示，是指表意人明知其所表示的内容与其内心的真实意思不一致而作出的意思表示。以虚假的意思表示订立的合同，合同双方均没有受其意思表示约束的意思，并且合同的经济效益并非合同当事人所积极追求的。一个缺乏真意又不会得到履行的合同实无保护的必要。

（三）恶意串通，损害他人合法权益的合同无效

恶意串通指的是合同当事人在明知或者应当知道某种行为将会损害他人合法权益的情况下而故意共同实施该行为。恶意串通既可以是明示的恶意串通，例如双方当事人事先达成协议，互通声息；也可以是作为推定的恶意串通，即由一方当事人作出串通的意思表示，对方当事人明知其意图而默示接受。串通行为不是发生在合同当事人之间，而是发生在合同一方当事人与合同关系之外人之间。例如，主债权人与主债务人相互串通，骗取保证人签订保证合同。保证合同是发生在保证人与主债权人之间的，与主债务人无关。合同当事人的这种串通会导致国家、集体或者第三人利益的受损。

（四）违反法律、行政法规的强制性规定与违背公序良俗的合同无效

因违反法律、行政法规的强制性规定而导致合同无效的，如何进行判定？根据《合同编通则司法解释》第十六条第一款、第二款的规定，合同违反法律、行政法规的强制性规定，有下列情形之一，由行为人承担行政责任或者刑事责任能够实现强制性规定的立法目的的，人民法院可以依据《民法典》第一百五十三条第一款关于"该强制性规定不导致该民事法律行为无效的除外"的规定认定该合同不因违反强制性规定无效：（1）强制性规定虽然旨在维护社会公共秩序，但是合同的实际履行对社会公共秩序造成的影响显著轻微，认定合同无效将导致案件处理结果有失公平公正；（2）强制性规定旨在维护政府的税收、土地出让金等国家利益或者其他民事主体的合法利益而非合同当事人的民事权益，认定合同有效不会影响该规范目的的实现；（3）强制性规定旨在要求当事人一方加强风险控制、内部管理等，对方无能力或者无义务审查合同是否违反强制性规定，认定合同无效将使其承担不利后果；（4）当事人一方虽然在订立合同时违反强制性规定，但是在合同订立后其已经具备补正违反强制性规定的条件却违背诚信原则不予补正；（5）法律、司法解释

规定的其他情形。法律、行政法规的强制性规定旨在规制合同订立后的履行行为，当事人以合同违反强制性规定为由请求认定合同无效的，人民法院不予支持。但是，合同履行必然导致违反强制性规定或者法律、司法解释另有规定的除外。同时根据《合同编通则司法解释》第十八条的规定，法律、行政法规的规定虽然有"应当""必须"或者"不得"等表述，但是该规定旨在限制或者赋予民事权利，行为人违反该规定将构成无权处分、无权代理、越权代表等，或者导致合同相对人、第三人因此获得撤销权、解除权等民事权利的，人民法院应当依据法律、行政法规规定的关于违反该规定的民事法律后果认定合同效力。

公序良俗的条款规定体现的是民事法律行为的妥当性要件，设定了私人自治的边界。公序良俗条款为概括条款，是沟通法律与社会的管道，是法律保持与社会同步的工具。对公序良俗原则的违反，根据《合同编通则司法解释》第十七条的规定，具体包括：（1）合同影响政治安全、经济安全、军事安全等国家安全的；（2）合同影响社会稳定、公平竞争秩序或者损害社会公共利益等违背社会公共秩序的；（3）合同背离社会公德、家庭伦理或者有损人格尊严等违背善良风俗的。人民法院在认定合同是否违背公序良俗时，应当以社会主义核心价值观为导向，综合考虑当事人的主观动机和交易目的、政府部门的监管强度、一定期限内当事人从事类似交易的频次、行为的社会后果等因素，并在裁判文书中充分说理。当事人确因生活需要进行交易，未给社会公共秩序造成重大影响，且不影响国家安全，也不违背善良风俗的，人民法院不应当认定合同无效。

三、合同的部分无效

《民法典》第一百五十六条规定："民事法律行为部分无效，不影响其他部分效力的，其他部分仍然有效。"依据该条规定，合同部分无效，不影响其他部分效力的，其他部分仍然有效。当合同内容是可分的时，无效的原因仅存在于合同内容的一部分，该部分与其他部分之间没有直接的、必然的联系时，无效只针对该部分而言，合同其余部分仍然有效。例如，自然人之间的借款合同，其中约定的利息超过银行同期贷款利率的四倍，在这种情况下，不是整个借款合同无效，也不是有关利息的约定无效，仅仅是超过法律规定限额的那部分利息约定无效而已。

第四节 可撤销合同

一、可撤销合同概述

可撤销合同，是指因意思表示存在瑕疵，欠缺合同生效要件，但当事人一方可以依照自己的意思通过行使撤销权溯及既往地消灭合同效力的合同。

可撤销合同具有如下特征：

第一，从撤销的对象看，主要是意思表示不真实的合同。我国《民法典》将因重大误解而成立的合同、因欺诈而成立的合同、因受胁迫而成立的合同等纳入可撤销的范畴，说明撤销权针对的对象主要是意思表示不真实的合同。当事人的意思表示不真实而存在瑕疵，虽未满足意思表示真实这一合同生效要件，但只涉及当事人之间的利益关系状态，未违反法律、行政法规的强制性规定，也未违背公序良俗的要求，因此不宜直接否认合同的效力。通过赋予合同当事人撤销权的方式，既尊重了当事人的自由权，又体现了法律的态度与对合同的评价。

第二，当事人权利选择的不同会导致可撤销合同的不同后果。如果权利人行使撤销权，该撤销权具有溯及既往的效果，原先成立的合同自始无效。如果权利人不行使撤销权，合同继续有效。可撤销合同既存在变成有效合同的可能性，也存在变成无效合同的可能性。可撤销合同的效力取决于当事人的意志，是一种相对无效的合同。

第三，合同效力自决。合同是否存在可撤销原因由法律规定，但是权利人是否行使撤销权由其自主决定。这也是可撤销合同与无效合同的不同之处。合同存在无效原因的，自始的、当然的、确定的无效，即便当事人不主张，法官也会根据手中的职权主动干涉。但是可撤销合同则赋予了合同一方当事人选择的自由，可以不行使撤销权从而使合同继续有效，也可以行使撤销权使合同自始归于无效。

二、可撤销合同的种类

根据《民法典》第一编第六章民事法律行为的相关规定，可撤销合同的类型有如下三类。

（一）因重大误解而成立的合同

重大误解，是指合同一方因自己的过错而对合同的主要内容发生了错误的认识所作的意思表示。误解人所表示出来的意思是错误的主观认识的产物，在认识正确的情况下，其根本不可能作出该意思表示。误解属于意思表示存在瑕疵的情形，与其他意思表示瑕疵的情形相比，其特殊之处在于，造成误解的原因是表意人自己的疏忽或过失，往往是因为其不注意、不谨慎造成的。如果意思表示瑕疵是故意或重大过失所致，表意人不享有选择自由权。例如，根本没有看合同就在合同书上签字盖章，在此种情况下，当事人主张因误解而成立的合同撤销不会被法律允许，法律不保护故意或重大过失下的当事人的权益。

《民法典总则编司法解释》第十九条规定："行为人对行为的性质、对方当事人或者标的物的品种、质量、规格、价格、数量等产生错误认识，按照通常理解如果不发生该错误认识行为人就不会作出相应意思表示的，人民法院可以认定为民法典第一百四十七条规定的重大误解。行为人能够证明自己实施民事法律行为时存在重大误解，并请求撤销该民事法律行为的，人民法院依法予以支持；但是，根据交易习惯等认定行为人无权请求撤销的除外。"依据该条款规定，重大误解主要包括有：1. 对合同性质的误解，如误以出租为出卖，误以借贷为赠与。2. 对方当事人的误解，如将甲误认为乙而与之订立合同。3. 对标的物的品种、质量、规格的误解，如把轧铝机误认为轧钢机，把临摹作品当作真迹，等等。4. 对标的物的数量、包装、履行方式、履行地点、履行期限等内容的误解。

一般来说，构成重大误解的因素必须与合同的内容有关，并且给误解人造成重大损失的，才构成重大误解。重大误解之中的当事人的意思表示与真实意思的不一致是表意人自身的原因所导致的，所以，法律在承认重大误解的当事人可以行使撤销权的同时，也保护相对人的正当利益。如果合同由于一方过错导致的重大误解而被撤销，对方当事人因此受到损失的，误解人应该承担缔约过失责任，赔偿对方当事人的损失。

（二）显失公平的合同

显失公平的合同，是指合同一方当事人利用对方处于危困状态、缺乏判断能力等情形，致使合同成立时显失公平的合同。显失公平的合同，合同权利义务的配置明显不对等。例如为了筹钱救人被迫低价转让财产。显失公平的合同往往会导致经济利益上的严重失衡，违反了公平原则。显失公平的情形存在于双务有偿合同，只有在这样的合同中才会存在对待给付，单务无偿合同因不存在对待给付，不会出现双方利益不平衡的结果。当事人之间权利义务的明显不对等，主要表现为合同一方当事人承担着更多的义务却鲜有权利，或者以较大的代价获取了极小的利益，例如仅以市场价的40%购得交易物。当事人之间这种利益的失衡已经超出了法律允许的限度，国家不得不出面干预。

（三）因欺诈或胁迫而订立的合同

欺诈与胁迫因素主要只影响合同当事人之间的利益状态。当欺诈、胁迫与当事人利益发生联系时，应将判断权赋予合同当事人自己，由其对自身利益进行判断衡量更符合意思自治原则的要求。毕竟权利的救济需要考虑的因素较多，可能寻求权利的救济所支付的成本会远远大于被救济的权利本身，例如为了讨回被骗的5元钱，花了300元的追讨成本。这对大多数有理性的人来说都是不恰当的做法，可能接受5元钱的教训比追讨损失更合理。可能一方当事人确实被欺诈、被胁迫了，但并没有导致该方当事人利益的损害，甚或该方当事人反而因此获利了。种种情况，法律无法作出划一的判断。既然如此，不如赋予当事人权利，由其加以取舍，更能符合当事人的意愿。

三、撤销权的行使

撤销权在性质上属于形成权，通过撤销权的行使会使合同的法律效力溯及既往地消灭。撤销权的享有者通常是利益受损的当事人，例如受欺诈人、受胁迫人、处于显失公平境地之人等。《民法典》第一百五十二条规定："有下列情形之一的，撤销权消灭：（一）当事人自知道或者应当知道撤销事由之日起一年内、重大误解的当事人自知道或者应当知道撤销事由之日起九十日内没有行使撤销权；（二）当事人受胁迫，自胁迫行为终止之日起一年内没有行使撤销权；（三）当事人知道撤销事由后明确表示或者以自己的行为表明放弃撤销权。当事人自民事法律行为发生之日起五年内没有行使撤销权的，撤销权消灭。"依据该条款规定，一般情况下，撤销权的行使应在自知道或应当知道撤销事由一年内，一年是除斥期，属于法定的不变期。撤销权可以抛弃，既可以通过明示的方式，也可以通过行为的推定。放弃撤销权的意思表示不得撤回，因为一旦放弃，原本可撤销的合同便绝对有效了，已不存在可以撤销的情形。

第五节　效力待定的合同

一、效力待定合同的概念

所谓效力待定合同，是指合同成立后是否发生法律效力尚不可知，有待其他行为的作出方能确定效力的合同。这类合同虽然成立了，但是欠缺合同生效的条件，因而合同效力处于不确定状态，只有经过有权追认才能补足欠缺的有效要件，使合同发生当事人预期的法律效力。效力待定合同与无效合同和可撤销合同的区别在于欠缺的生效要件的不同，效力待定合同的缺陷是合同当事人缔约能力有瑕疵，或是民事行为能力不足，或是缺乏合法正当的权利来源。而当事人缔约能力的瑕疵没法通过合同自身来补正，只能经过权利人的行为来最后确定该合同的效力。

效力待定的合同往往并不具有侵害社会公共利益的情形，不违反法律的强制性规定，与合同制度的目的未根本性地相抵触，并且在被追认前处于有效抑或无效的不确定的状态，因而需要明确该类合同的最终效力。对效力待定合同的补正，需要权利人明确表示同意该效力待定的合同有效的行为。

根据《民法典》的规定，效力待定合同一般包括限制民事行为能力人依法不能独立订立的合同、无权代理人订立的合同。

二、限制民事行为能力人依法不能独立订立的合同

根据《民法典》第一百四十五条的规定，限制民事行为能力人有权订立纯获利益的合同或者与其年龄、智力、精神健康状况相适应的合同。这些合同的订立不需要限制民事行为能力人的法定代理人追认，限制民事行为能力人可以本人订立这些合同，而且不因自身的民事行为能力受限制而致合同效力被否定。但是超出法律允许范畴的，限制民事行为能力人在订立合同时要征得其法定代理人的事先同意或由其法定代理人代理。

如果限制民事行为能力人没有得到其法定代理人事先的允许，订立了依法不能独立订立的合同，就产生了缔约资格上的瑕疵。法律规定在此种情形下，法定代理人或可以行使追认权，或可以行使拒绝权。追认权的行使会使效力待定的合同成为有效合同，拒绝权的行使会使效力待定合同成为绝对无效合同。但可能出现法定代理人不积极行使权利的情形，为了尽快结束这种权利义务关系不确定的状态，法律上规定了相对人催告制度。所谓的相对人指的是与该限制民事行为能力人订立合同的人。其可以催告法定代理人尽快作出权利的选择，是追认还是拒绝。为了确保催告制度的效果，法律还设置了催告期，为期30日。在催告之后的30日内，法定代理人是否表态取决于其自身，但是法律规定到期未作表示的，视为拒绝追认，合同即确定不发生法律效力。这30日的期限是法律规定的除斥期间，期限届满，追认权消灭。

在实际交易中，鉴于时下生活条件大为改善，信息交流充分，资源较之前极大丰富，相对人对限制民事行为能力人的判断有时很难进行，若非限制民事行为能力人主动表示，相对人容易产生善意的信赖，相信该限制民事行为能力人是有完全民事行为能力的。此种情况下，应该对相对人予以一定的保护。为了平衡保护限制民事行为能力人与维护交易安全二者的关系，法律赋予善意相对人撤销权。善意相对人的撤销应当以通知的方式作出。

值得注意的是，善意相对人的撤销权应在法定代理人行使追认权之前行使；相反，法定代理人的追认权应在善意相对人行使撤销权之前行使。理由是法定代理人对合同的追认使合同有效，有效的情况下相对人无权单方撤销有效合同。善意相对人撤销合同，合同效力自始无效，此时已经没有追认的可能。

三、无权代理人订立的合同

《民法典》第一百七十一条第一款、第二款规定："行为人没有代理权、超越代理权或者代理权终止后，仍然实施代理行为，未经被代理人追认的，对被代理人不发生效力。相对人可以催告被代理人自收到通知之日起三十日内予以追认。被代理人未作表示的，视为拒绝追认。行为人实施的行为被追认前，善意相对人有撤销的权利。撤销应当以通知的方式作出。"依据该条款规定，无权代理是指行为人没有代理权却以他人的名义进行活动的行为。无权代理有广义和狭义之分，此处所规定的是狭义无权代理，不包括表见代理。无权代理人是以名义上的被代理人的名义与相对人订立合同，因此，该合同法律上的主体是名

义上的被代理人。在此种情况下，合同不经过该被代理人追认，自然不能对其发生效力。法律之所以将该种情形的合同规定为效力待定，是因为无权代理人订立的合同不一定都违背被代理人的意志，有时候甚至是为被代理人谋利益的，若不加分析武断地宣布合同无效，在被代理人事后追认时，反而要增加缔约成本。毕竟更多的时候关涉的是被代理人以及与无权代理人为交易行为的相对人的利益。因此法律将该类合同最终的效力品评权赋予了被代理人和相对人。

被代理人可以进行追认，也可以拒绝。追认的意思表示自到达相对人时生效，合同自订立时起生效。经过追认合同有效，被代理人便成为名副其实的合同主体，受到合同的约束。一旦拒绝，合同无效，无所谓法律效力可言。相对人可向被代理人进行催告，催告期为 30 日，被代理人未作表示的，视为拒绝追认。同时为了保护善意相对人的利益，法律赋予其撤销权。撤销应以通知的方式作出。善意相对人的撤销权应在被代理人行使追认权之前行使；相反，被代理人的追认权应在善意相对人行使撤销权之前行使。理由与前述情形相同。

《民法典》第一百七十二条规定："行为人没有代理权、超越代理权或者代理权终止后，仍然实施代理行为，相对人有理由相信行为人有代理权的，代理行为有效。"此条是有关表见代理的规定。所谓表见代理是善意的相对人通过被代理人的行为足以相信代理人有代理权，基于此种信赖与无权代理人订立合同，由此造成的法律后果由被代理人承担的代理。例如，甲公司业务经理乙长期在丙餐厅签单招待客户，餐费由公司按月结清。后乙因故辞职，月底餐厅前往结账时，甲公司认为，乙当月的几次用餐都是用以招待私人朋友，因而拒付乙所签单的餐费。（2007 年司考真题）此题中甲公司无权拒绝付款，就是因为长期的业务往来，使丙对乙产生善意信赖，认为乙代表甲公司。在乙辞职后，甲公司亦未对丙进行告知，丙的善意信赖未受影响，基于此种信赖所为的行为应受到法律的保护，此时便构成表见代理。

表见代理设立的目的是保护善意相对人的信赖利益和交易的安全。表见代理具备如下构成要件：

第一，代理人并没有代理权。代理人在与相对人订立合同时是没有代理权、超越代理权或者代理权终止后的代理。在表见代理的情况下，代理人并没有得到被代理人的授权，却以被代理人的名义订立合同。

第二，客观上存在着使善意相对人相信的理由。相对人产生信赖是因为其有合理的理由，与之订立合同的代理人具有拥有代理权的权利外观，例如盖有单位公章的空白合同书、被代理人多次在相对人面前的授权表态等。

第三，相对人是善意且无过失的。相对人凭借客观上产生的合理信赖，不知道或不应该知道与之订立合同的代理人属于无权代理，并且不知代理人属于无权代理的情况并非因相对人疏忽大意或懈怠造成。

正因为大多数的表见代理是由被代理人导致的，例如没有及时收回代理权凭证、未及时告知相关人其与代理人代理关系已经结束等，使被代理人的行为与相对人的合理信赖产生了紧密的联系，故而法律有保护善意相对人的必要，有维护交易安全和交易秩序的必要，要求被代理人来承担相应的法律后果。

第六节　未生效合同

一、未生效合同的概念和特点

"未生效合同"微课

未生效合同是指法律规定了合同生效的特别条件，在该特别条件未被满足时合同的状态。未生效合同的典型形态是依据法律、行政法规的规定应当办理批准才能生效，而当事人并未办理批准手续的合同。在实践中，外商投资企业设立、变更等过程中订立的合同、期货经纪业务订立的合同、国有企业转让国有资产订立的合同等，都需要依照法律法规经相关部门的批准才能生效。在当事人未办理批准手续前，合同未生效。该类合同在《中华人民共和国合同法》（以下简称《合同法》）中一直未作规定。因此，我国《民法典》第五百零二条第二款规定："依照法律、行政法规的规定，合同应当办理批准等手续的，依照其规定。未办理批准等手续影响合同生效的，不影响合同中履行报批等义务条款以及相关条款的效力。应当办理申请批准等手续的当事人未履行义务的，对方可以请求其承担违反该义务的责任。"该条款规定弥补了原《合同法》规定的不足，增设了未生效合同的效力规定。依据该条款规定，批准手续等的办理规定来自法律、行政法规的规定。法律、行政法规规定应当办理批准等手续生效的合同，依据《中华人民共和国企业国有资产法》第五十三条的规定、《探矿权采矿权转让管理办法》第三条的规定等，主要有：探矿权、采矿权转让合同，上市公司国有股转让合同，中外合资经营的合营协议，国有土地使用权转让、抵押合同，国有企业的合并合同，等等。应当办理批准等手续生效的合同，未办理批准等手续的，该合同未生效。也就是当事人未办理批准等手续的，合同已经成立，但是不产生效力。此时合同的成立和生效是相互分离的。

《民法典》第五百零二条第二款所规定的法律、行政法规规定的"应当办理批准等手续"，确定了合同当事人的报批义务。该报批义务属于法定义务。《民法典》第五百零二条第二款规定："未办理批准等手续影响合同生效的，不影响合同中履行报批等义务条款以及相关条款的效力。应当办理申请批准等手续的当事人未履行义务的，对方可以请求其承担违反该义务的责任。"据此规定，报批义务条款具有独立性。这是因为，如果不承认合同的报批义务条款具有独立性，那么在报批之前，报批条款不生效，合同当事人要求有报批义务的合同相对人履行报批义务就丧失了请求基础，而待报批的合同又以报批为生效要件，如此之下，就会陷入逻辑困境，不利于保护有报批义务一方相对人的合法利益。从此角度而言，报批义务条款在性质上类似于合同中的清算条款和仲裁条款，意味着合同因未报批而未生效，报批义务条款仍然应被认定为有效。负有履行报批义务的合同当事人不履行报批义务，应当承担违反该义务的责任。

二、违反未生效合同的责任

在有报批义务的合同当事人办理报批手续之前，合同未生效。在作出批准之前，合同的债权人原则上不得依据未经批准的合同主张履行请求权。与此相对，债务人也不因未履行合同的义务而陷于迟延。但是，这并不等于此时的合同不产生任何法律效果。在合同未被批准前，合同当事人需要承担协作义务。合同当事人必须在其控制范围内实施一切行为以促成合同被批准，此外，不得实施任何不利于批准实现的行为。这种促成批准的义务是依据诚实信用原则产生的，当事人互负此种义务，违反此种义务将导致缔约过失责任。[①] 根据《合同编通则司法解释》第十二条的规定，合同依法成立后，负有报批义务的当事人不履行报批义务或者履行报批义务不符合合同的约定或者法律、行政法规的规定，对方请求其继续履行报批义务的，人民法院应予支持；对方主张解除合同并请求其承担违反报批义务的赔偿责任的，人民法院应予支持。人民法院判决当事人一方履行报批义务后，其仍不履行，对方主张解除合同并参照违反合同的违约责任请求其承担赔偿责任的，人民法院应予支持。合同获得批准前，当事人一方起诉请求对方履行合同约定的主要义务，经释明后拒绝变更诉讼请求的，人民法院应当判决驳回其诉讼请求，但是不影响其另行提起诉讼。负有报批义务的当事人已经办理申请批准等手续或者已经履行生效判决确定的报批义务，批准机关决定不予批准，对方请求其承担赔偿责任的，人民法院不予支持。但是，因迟延履行报批义务等可归责于当事人的原因导致合同未获批准，对方请求赔偿因此受到的损失的，人民法院应当依据《民法典》第一百五十七条的规定处理。

三、合同的变更、转让、解除等情形依法应当办理批准等手续生效的情形

《民法典》第五百零二条第三款规定："依照法律、行政法规的规定，合同的变更、转让、解除等情形应当办理批准等手续的，适用前款规定。"该条款属于新增条款，主要是考虑到原来的《合同法》中对合同的变更、转让、解除中的批准分别进行规定。例如，原《合同法》第七十七条第二款规定："法律、行政法规规定变更合同应当办理批准、登记手续的，依照其规定。"第八十七条规定："法律、行政法规规定转让权利或者转移义务应当办理批准、登记手续等，依照其规定。"第九十六条第二款规定："法律、行政法规规定解除合同应当办理批准、登记手续的，依照其规定。"在《民法典》合同编的起草中，为简化

---

① 汤文平：《德国法上的批准生效合同研究》，《清华法学》2010 年第 6 期，第 156—165 页。

原《合同法》的前述规定，合同编用本款对合同变更、转让、解除三种情形集中进行规定，以避免法律条文的冗杂。

《民法典》第五百零二条第三款规定的批准等手续与本条第二款性质相同，对于法律规定需要办理批准等手续才能生效，不办理批准就不具有合法性的合同的变更、转让、解除等在未办理批准等手续前就不应发生效力。

第七节　合同无效和被撤销的法律后果

《民法典》第一百五十五条规定："无效的或者被撤销的民事法律行为自始没有法律约束力。"依据该条规定，合同一旦被确认为无效或者被撤销，就将产生溯及力，使合同从订立之时起就不具有法律约束力，以后也不能转化为有效合同。但是，合同被确认无效或者被撤销后，虽然不能产生当事人所预期的法律效果，但并非不产生任何法律后果。

一、解决争议方法的条款继续有效

《民法典》第五百零七条规定："合同不生效、无效、被撤销或者终止的，不影响合同中有关解决争议方法的条款的效力。"依据该条规定，解决争议方法的条款具有相对独立性，不受合同无效、被撤销或者终止的影响。这是因为该条款本来在合同之中就具有特殊的性质。在当事人订立的合同正常产生效力，当事人正常履行合同义务时，该条款并不发挥作用，只有当合同无效、被撤销或者当事人发生争议时，该条款才开始发挥作用。所以，这种条款与合同其他条款相比具有一定的特殊性。但是，只有独立存在的有关争议解决方法的条款才具有相对的独立性。这种条款一般表现为解决争议的手段和解决争议的地点，例如选择诉讼手段解决争议，由合同履行地法院拥有管辖权，等等。如当事人违反《中华人民共和国民事诉讼法》中有关级别管辖和专属管辖的规定，所作的约定无效。

二、返还财产

《民法典》第一百五十七条规定："民事法律行为无效、被撤销或者确定不发生效力后，行为人因该行为取得的财产，应当予以返还；不能返还或者没有必要返还的，应当折价补偿。有过错的一方应当赔偿对方由此所受到的损失；各方都有过错的，应当各自承担相应的责任。法律另有规定的，依照其规定。"依据该条规定，合同被确认无效或者被撤销后，因合同取得的财产应当予以返还；不能返还或者没有必要返还的，应当折价补偿。返还财产指的是一方当事人在合同被确认无效或被撤销后，对其已经交付给对方的财产享有返还请求权，而已经接受对方财产交付的一方当事人负有返还对方财产的义务。这是因为合同无效或者被撤销时，合同自始无效，受领人取得给付物的法律依据自始从未存在，此时的占有为无权占有，构成不当得利，在法律上负有返还所得利益的义务，对方也享有要求返还的权利。

返还的财产是因合同取得的财产，指的是合同成立后，一方当事人在准备履行合同和实际履行合同过程中实际取得的财产。返还财产可分为单方返还与双方返还。单方返还的情形主要适用于只有一方当事人取得财产的情形；双方返还主要适用于双方均从对方处获得财产的情形。返还财产应以恢复原状为原则，也就是恢复到当事人订立合同之前的财产状态。通过返还财产使当事人恢复其对原物的占有，使当事人之间在财产利益方面完全达到合同成立之前的状态。合同成立之前的状态与当事人现有的财产状况之间的差距，就是当事人所应返还的范围。

返还的财产仅限于原物及原物产生的孳息。如果原物已不复存在，造成财产不能返还，或者财产没有必要返还时，应当折价补偿。"不能返还"包括事实上的不能返还和法律上的不能返还两种情形。事实上的不能返还主要是指标的物已经变形、毁损等，发生了质的变化。例如，木材已经做成了家具，布料已经做成了衣服等。法律上的不能返还是指法律规定因合同取得的某种财产不能返还，例如，已给付的财产已由取得财产的当事人转让给了善意第三人。"没有必要返还"是指根据实际情况的需要，返还导致经济上极不合理或是经当事人协商认为不必要采取返还原物的方式的情况。例如，当事人接受的是劳务性利益，在性质上便不能恢复原状。不能返还或没有必要返还的，采用折价补偿的方式，即国家有规定价格的，按照国家规定的价格计算；国家没有规定价格的，则以市场价格或者同类劳务的报酬标准计算。当事人在折价补偿对方时，其补偿的标准仍然是其获得利益的价值。此外，根据《合同编通则司法解释》第二十五条的规定，合同不成立、无效、被撤销或者确定不发生效力，有权请求返还价款或者报酬的当事人一方请求对方支付资金占用费的，人民法院应当在当事人请求的范围内按照中国人民银行授权全国银行间同业拆借中心公布的一年期贷款市场报价利率（LPR）计算。但是，占用资金的当事人对于合同不成立、无效、被撤销或者确定不发生效力没有过错的，应当以中国人民银行公布的同期同类存款基准利率计算。双方互负返还义务，当事人主张同时履行的，人民法院应予支持；占有标的物的一方对标的物存在使用或者依法可以使用的情形，对方请求将其应支付的资金占用费与应收取的标的物使用费相互抵销的，人民法院应予支持，但是法律另有规定的除外。

三、赔偿损失

根据《民法典》第一百五十七条的规定，有过错的一方应当赔偿对方因此所受到的损失，双方都有过错的，应当各自承担相应的责任。合同被确认无效或者被撤销以后，有过错的一方应当赔偿对方因此所受到的损失，双方都有过错的，应当各自承担相应的责任。赔偿责任的构成要件有：

第一，损失的存在。当事人因合同无效或者撤销而遭受损失，这种损失必须是实际发生的损失，包括两个方面：一是在订立合同过程当中所遭受的损失，例如恶意谈判给对方当事人造成的损失。二是在履行合同中所遭受的损失，例如乘人之危订立合同给对方当事人造成的损失。

第二，赔偿人有过错。赔偿义务人有过错，才负有赔偿损失的责任。过错的形式有多种，例如违反了法律的效力强制性规定、重大误解、乘人之危、显失公平、恶意串通等。如果一方有过错就该方赔偿，如果合同当事人均有过错，则双方均负有赔偿责任。

第三，过错与损失之间有因果关系。一方当事人或双方当事人的过错与当事人所遭受的损失具有因果关系，是过错导致了损失。如果不存在因果关系，即便一方存有过错，只要该过错不是引起损失的原因，该方就不需要负赔偿责任。例如，所购的商品因为自身使用方法不当而毁损，即便该买卖合同被撤销，也不能主张毁损商品的赔偿。因为商品的毁损与当事人的过错没有因果关系。

合同被确认无效或者被撤销以后，当事人的赔偿请求是基于对方的过错，导致自身信赖利益受损，属于缔约过失责任。因此，赔偿的范围主要限于因信赖合同将有效而支付的各种定约和履行费用，而不包括合同在有效情况下获得的利益损失，例如标的物的丧失、利润的丧失、机会的丧失等。

第八节　附条件和附期限的合同

一、附条件的合同

（一）附条件合同的概念

《民法典》第一百五十八条规定："民事法律行为可以附条件，但是根据其性质不得附条件的除外。附生效条件的民事法律行为，自条件成就时生效。附解除条件的民事法律行为，自条件成就时失效。"此条是关于附条件合同的规定。附条件的合同是指合同当事人约定把一定条件的成就与否作为合同效力是否发生或者消灭的依据的合同。例如，甲乙约定，如果甲考上大学，乙便送一台笔记本电脑给甲。在二人的约定中，甲考上大学就是一个条件，只要该条件实现，乙对甲的赠与合同就发生效力。除非法律有明确规定，例如法律规定继承权的放弃或是接受不能附条件外，其他的民事法律行为均可以由当事人设定条件。

附条件合同中的条件指的是合同当事人选定的，用来控制合同效力发生或消灭的，某种具有不确定性的将来的事实。条件仅仅是一种事实，不是一项义务，条件的实现或是不实现不涉及是否违约问题。

附条件的合同可以把当事人的订约动机反映到合同中，使其具有一定的法律意义。而一般合同关系中，当事人的订约动机根本不在考虑范围之内，法律对其不闻不问，订约动机不具有丝毫的法律意义。另外，附条件的合同能够充分尊重当事人的意愿，使合同的实施能更好地满足当事人的需求。

（二）附条件合同中的条件要求

附条件合同中的条件具有使合同生效或使合同效力消灭的功能，因此有必要对条件做些要求，具体如下：

1. 条件必须是将来的事实。能够作为附条件合同的条件，必须是当事人从事法律行为时尚未发生的事实，过去的、已经发生的事实不能作为条件。以过去的、已经发生的事实作为条件，没有任何法律意义。例如甲已经考上大学，此时乙与其约定，考上大学的话便送一台笔记本电脑，这样的约定已经没有实际意义。当事人将已知的事实作为条件的，视为未附条件。

2. 条件是不确定的事实。所谓的不确定，指的是到底能否发生不可预知，有发生的可能，也有不发生的可能。如果将确定发生的事实作为条件加以约定，实际上不是附条件而是附期限。例如，甲乙约定，天若下雨，甲会给乙买一把高级雨伞。天下雨不是一个不确定的事实，而是确定的，因此只要等到天下雨，甲乙之间的赠与合同便会生效，这是一个期限的约定。

3. 条件是由当事人约定的。作为条件的事实是由当事人自己选定的，是当事人意思表示一致的结果，而不应该是法律的规定，法律的规定更多的时候影响的是民事法律关系。如果合同以法定条件为条件，视为未附条件。

4. 条件必须合法。附条件合同的条件，应该符合法律的规定，符合社会公共道德。违反法律效力强制性规定的、有悖公序良俗的、损害社会公共利益的约定都是不法条件。例如，许以高报酬雇凶伤人等。一般情况下，附有不法条件的应当宣告整个合同无效。

5. 条件不得与合同主要内容相矛盾。在附条件合同中，条件是用以限定当事人预期的法律效果发生或不发生的，属于当事人效果意思的组成部分，当事人的意思表示的内容不能自相矛盾。例如，张三与李四约定，张三若将自己的自行车借给王五用，就将自行车卖给李四。此处借用与买卖的内容是相互矛盾的，其中一种情况成立，另一种情况必然无法实现。

（三）附条件合同的分类

理论上，一般将附条件合同做两种区分：

1. 附生效条件与解除条件的合同。

根据条件对合同所起的作用，限制合同效力发生的为生效条件，导致合同效力消灭的条件是解除条件。《民法典》第一百五十八条中规定的：附生效条件的合同，自条件成就时生效。附解除条件的合同，自条件成就时失效。生效条件又被称为停止条件、延缓条件，解除条件又被称为消灭条件。附生效条件的合同是合同生效以某种事实的发生作为条件的合同，如果这种事实发生了，合同就生效，否则不生效。附生效条件的合同，以事实的发生为条件的成就，以事实的不发生为条件的不成就。附解除条件的合同，指的是已经发生效力的合同，当条件成就时，该合同失效，合同解除，当条件不成就时，合同继续有效。

2. 附积极条件与消极条件的合同。

根据条件的成就是否会发生某种事实来划分，以某种事实发生为内容的是积极条件，以某种事实不发生为内容的是消极条件。例如，班级排名前十的约定就是积极条件，一个星期不迟到的约定就是消极条件。在附积极条件的合同中，作为条件的事实没有发生的，视为条件不成就；作为条件的事实已经发生的，视为条件成就。附消极条件的合同恰恰相反，作为条件的事实没有发生的，视为条件成就；作为条件的事实已经发生的，视为条件不成就。

（四）条件的法律拟制

《民法典》第一百五十九条规定："附条件的民事法律行为，当事人为自己的利益不正当地阻止条件成就的，视为条件已经成就；不正当地促成条件成就的，视为条件不成就。"此条就是有关附条件合同的法律拟制的规定。附条件的合同一经成立，在条件成就之前，当事人对于所约定的条件是否成就，应听其自然发展，而不能为了自己的利益，恶意地促成或者阻碍条件的成就。因而法律规定：凡因条件成就可受益的当事人，如果以不正当的行为恶意促成条件成就，应视为条件不成就；凡因条件成就对其不利的当事人，如果以不正当的行为恶意促成条件不成就，应视为条件成就。例如，甲打算卖房，问乙是否愿意购买，乙一向迷信，就跟甲说："如果明天早上 7 点你家屋顶上来了喜鹊，我就出 10 万块钱买你的房子。"甲同意。乙回家后非常后悔。第二天早上 7 点差几分时，恰有一群喜鹊停在甲家的屋顶上，乙正要将喜鹊赶走，甲的不知情的儿子拿起弹弓把喜鹊打跑了，至 7 点再无喜鹊飞来，则甲乙之间的买卖合同并未生效。（2008 年司考真题）此题中"明天早上 7 点你家屋顶上来了喜鹊"是一个生效条件，虽然乙有恶意阻碍条件成就的意图，但是却没有相应的行为，条件的未成就不能归于乙，因此视为条件不成就，所以买卖合同未生效。

二、附期限的合同

《民法典》第一百六十条规定："民事法律行为可以附期限，但是根据其性质不得附期限的除外。附生效期限的民事法律行为，自期限届至时生效。附终止期限的民事法律行为，自期限届满时失效。"此条是有关附期限合同的规定。附期限合同，是指合同当事人约定一定的期限作为合同效力发生或是终止的条件的合同。其中"期限"，指的是合同当事人选定的、用以控制合同效力发生或是终止的、将来确定发生的事实。期限应该是当事人自行选定的，不是法律的规定。法律有关时间的规定多是诉讼时效、除斥期等，影响的是利害关系人的民事权利，而不是影响合同的效力。期限虽同样以将来的事实为要求，但是其与条件的最大不同在于，期限中的将来的事实应该是确定发生的，而条件中的将来的事实是不确定发生的。期限中将来的事实的发生在时间上是明确可知的。

期限的设置可以是日历上的某个日期，也可以是一定期间，例如从某年某月某日到某年某月某日，还可以是某种肯定会发生的事实，例如人的死亡、天下雨等。根据期限对合同效力所起的作用不同，可以将合同分为附生效期限的合同与附终止期限的合同。附生效期限的合同，是指合同虽已经成立，但在期限到来之前暂不发生效力，待到期限到来时合同才发生法律效力。附生效期限的合同又被称为附延缓期限的合同、附始期的合同。在附生效期限的合同中，使合同得以生效的期限称为始期，始期关涉合同的生效。

附终止期限的合同，指的是已经发生法律效力的合同，在合同约定的期限到来时，合同效力归于消灭，合同解除。附终止期限的合同又称为附解除期限的合同。在附终止期限的合同中，使合同终止效力的期限称为终期，决定合同正在发生的效力是否结束。

此外，合同中所附的期限还可以分为确定期限与不确定期限。作为期限内容的事实能够准确确定的为确定期限，反之，为不确定期限。例如，天下雨、人死亡便是不确定期限；某月某日便是确定期限。

第四章课件

第五章

Chapter 05

合同的履行

🎙 导读案例

　　吴某在农村有一间老房，周围空气清新，鸟语花香。美中不足的是，一赶上下雨，老房子的窗户和屋顶就开始漏雨，这让吴某十分头疼，于是下定决心翻建房子。2021 年 4 月 5 日，吴某在朋友的推荐下联系到了包工头姚某，便与姚某签订委托盖房协议书，约定姚某为吴某包工包料盖平房，每平方米 1300 元。完工后，吴某支付了工程款 15 万元，姚某要求吴某支付包括化粪池费用在内的剩余工程款 38688 元。双方对部分项目的费用产生了争议，姚某遂诉至法院。

　　吴某认为，姚某曾口头承诺免费给自己安装走道门但实际未安装，应当退还相应费用；此外姚某还承诺，化粪池包含于下水工程之中，因此不应属于增项，自己无须额外付费。据此，吴某不同意姚某的诉讼请求，并提出反诉，要求姚某返还吴某多付的 1.3 万元工程款，赔偿需要整改的工程费用 3.8 万元。

　　上述案例中，关于安装走道门的问题，吴某主张姚某曾口头承诺免费为其安装，姚某对此不认可。根据法律规定，对于增项是否约定为赠送项目，发包方负有举证义务，即本案中的房主吴某。安装走道门是否属于赠送项目在合同中没有明确约定，且吴某并未提供相关证据予以证明，故法院对于赠送项目的主张不予支持。

　　根据《民法典》相关规定，合同生效后，当事人就质量、价款或者报酬、履行地点等内容没有约定或者约定不明确的，可以协议补充；不能达成补充协议的，按照合同相关条款或者交易习惯确定。关于化粪池是否属于增项的问题，由于协议书并未就化粪池项目进行约定，虽然承包方式为包工包料，但无法从中解读出姚某需要承担该施工内容，且吴某也未提交相关证据予以证明，故法院认定化粪池属于增项部分，因双方无法就化粪池的沙子、水泥费用及人工费等达成一致，法院将酌情予以确定。最终，法院判令吴某支付姚某工程款 2.8 万元，驳回姚某、吴某其他诉讼请求。

问题提出

1. 合同履行有哪些原则？各自的内涵是什么？
2. 合同漏洞的填补规则是什么？
3. 合同履行的具体规则是什么？
4. 情势变更原则的构成条件是什么？
5. 同时履行抗辩权的成立条件是什么？
6. 不安抗辩权的成立条件和效力是什么？

第一节　合同履行的原则

合同的履行是依法成立的合同所必然发生的法律效果，也是构成合同法律效力的主要内容。合同履行是债务人按照合同的约定所为的特定行为。该特定行为可以是积极的作为，也可以是消极的不作为。合同履行的目的是使债权人的债权得到实现，债权人得到给付的结果。合同的履行是债权人实现债权的给付行为与给付结果的统一，是完成合同义务的过程。合同履行的原则，是指债务人履行合同债务时应遵守的基本准则。一般而言，合同履行的原则仅指那些只适用于合同履行阶段的基本准则。但是，还需要贯彻民法和合同法的基本原则。

一、全面履行原则

全面履行原则是指当事人应依合同约定的标的、质量、数量，由适当主体在适当的期限、地点，以适当的方式，全面完成合同义务的原则。《民法典》第五百零九条第一款规定："当事人应当按照约定全面履行自己的义务。"该条就是有关全面履行原则的规定，其不仅要求全面履行合同义务，而且要求正确适当地履行合同义务。

根据全面履行原则，合同履行的各个要素，例如履行标的、履行主体、履行期限、履行地点等都应当是正确的、适当的。当事人是否适当履行了合同，是决定当事人是否承担违约责任的判断依据。

二、诚信履行原则

《民法典》第五百零九条第二款规定："当事人应当遵循诚信原则，根据合同的性质、目的和交易习惯履行通知、协助、保密等义务。"依据该条款规定，在合同履行的过程中，当事人应当遵守诚信原则，信守双方之间的约定，实事求是，善意行使权利，履行义务。关于诚信履行原则，有些履行的具体要求通过某些法律条文进行了具体规定，这些规定是对诚信履行原则的具体化。在对诚信履行原则有具体规定时，不能援用原则性规定作为判案依据，只有在没有法律规定、当事人又没有约定的情况下，方可援用诚信履行原则对当事人的履行行为进行判断。

基于诚信原则，《民法典》第五百零九条第二款明确规定了合同当事人应当根据合同目的、性质和交易习惯履行通知、协助、保密等义务，这类义务在学理上被称为附随义务。附随义务为法定义务，无须当事人约定。通知义务要求在合同履行过程中，当事人应将对合同有较大影响的事项、情况告知对方，以便对方有所准备，作出应对。协助义务是指当事人在合同履行过程中，应配合对方履行义务和行使权利，以利于双方合同目的的顺利实现。保密义务则是指在合同履行过程中，对属于对方当事人的商业秘密、个人信息等尽到善良管理人的义务，不仅不能自己非法使用，而且不得泄露给他人。事实上，不仅在合同履行中应尽到保密义务，在洽谈、缔约到合同终止后的整个过程中都应尽到该义务。

三、绿色履行原则

《民法典》第五百零九条第三款规定："当事人在履行合同过程中，应当避免浪费资源、污染环境和破坏生态。"依据该条款规定，当事人在履行合同时，应以履行合同之必要为原则，尽量减少资源的消耗，避免给环境和生态造成负担。绿色履行原则是我国《民法典》的创新，其目的在于降低资源消耗，减少环境污染，维护生态平衡，谋求可持续发展。在合同履行阶段，绿色履行原则更多体现的是倡导意义，对该原则的违反一般不会导致违约责任问题，更多的是侵权责任问题。

第二节　合同漏洞的填补

一、合同漏洞的概念

合同漏洞是指当事人在合同中对于合同条款没有约定或者约定不明的现象。基于合同自由原则，合同内容主要源自当事人的约定。当事人在合同订立时关注点的差异，使合同内容极有可能存有遗漏。合同内容出现漏洞，必然极大地影响随后的合同履行。合同漏洞多为当事人所不知，因此在合同中也未作关于填补的约定。合同漏洞的存在一般不应影响合同的成立。在当事人对合同的非必要性条款未作出规定或约定不明确的情况下，可以认定合同成立，法院可以依据合同的性质、双方交易习惯以及法律的任意性规范作出解释，从而填补合同的漏洞。

二、合同漏洞的填补

《民法典》第五百一十条规定：“合同生效后，当事人就质量、价款或者报酬、履行地点等内容没有约定或者约定不明确的，可以协议补充；不能达成补充协议的，按照合同相关条款或者交易习惯确定。”依据该条规定，进入合同履行阶段，在当事人对合同内容没有约定或者约定不明确的情况下，通过补充协议、按照合同相关条款或者交易习惯等来确定合同内容。如果按照本法条所指引的方法仍然不能确定合同内容，则需援引《民法典》第五百一十一条对合同进行补充解释。

（一）由当事人达成补充协议

合同漏洞首先是由当事人达成协议补充。将当事人达成补充协议作为首选项既是对当事人意思自治的充分尊重，也是合同自由原则的具体体现。通过当事人意思自治对合同漏洞予以填补，是最有效的合同漏洞解决方法。当事人间达成的补充协议，可以是口头的，也可以是书面的。

（二）按照合同相关条款或者交易习惯确定

在当事人无法达成补充协议时，应根据合同相关条款或交易习惯确定合同相关内容，为合同中没有约定或约定不明确的内容提供确定的依据。按照合同相关条款予以确定时，应根据该合同中与待决内容相关的合同条款对合同未明事项加以确定。相关条款也属于合同条款，是双方当事人意思表示一致的体现。根据相关条款确定合同中的未明事项，本质上属于对当事人意思表示的解释，应当遵循对当事人意思表示进行解释的原则和规则。合同内容自成体系，合同各个条款间彼此存有关联性。通过对相关条款的审查和解释，可以知晓合同订立时当事人对未明事项的意思。

按照交易习惯确定合同漏洞时，应明确在根据合同有关条款确定合同未明事项时，也可以同时参考交易习惯，此时应以合同相关条款为主要依据，交易习惯仅起到辅助作用。在根据合同相关条款无法确定未明事项，甚至根本不存在与合同未明事项相关的条款时，可以根据交易习惯加以确定。根据《合同编通则司法解释》第二条的规定，在不违反法律、行政法规的强制性规定，且不违背公序良俗的前提下，交易习惯表现为当事人之间在交易活动中的惯常做法，以及在交易行为当地或者某一领域、某一行业通常采用并为交易对方订立合同时所知道或者应当知道的做法。对于交易习惯，由提出主张的当事人一方承担举证责任。

（三）根据《民法典》第五百一十一条的规定作出解释

《民法典》第五百一十一条对当事人在质量、价款或者报酬、履行地点、履行期限、履行方式、履行费用等约定不明时的补充规则作出了规定。通过这些规则来确定合同相关内容，可以明确当事人之间的权利义务，助推当事人对合同的履行，最终达到促进交易的目的。

第三节　合同履行的基本规则

对于依法生效的合同而言，在其履行期限届满以后，债务人应当根据合同的具体内容和合同履行的基本原则实施履行行为。债务人在履行的过程中，应当遵守以下合同履行的基本规则。

一、履行主体

合同的履行主体，指的是履行合同债务和接受债务的人。在一般情况下，合同是债务人向债权人履行，债权人接受债务人的履行，因此，合同履行的主体指的是债务人和债权人。在某些情况下，合同也可以由第三人履行，只要不违反法律的规定或当事人的约定，或者符合合同的性质，第三人也可以成为合同履行的主体。

（一）由第三人接受债务人履行

1. 不真正利益第三人合同。

《民法典》第五百二十二条第一款规定："当事人约定由债务人向第三人履行债务，债务人未向第三人履行债务或者履行债务不符合约定的，应当向债权人承担违约责任。"依据该条款规定，债务人向第三人作出履行应该有明确的约定，并且向第三人作出的履行是债务人依据合同应当承担的义务。学理上将此类合同称为不真正利益第三人合同。在不真正利益第三人合同中，虽由债务人向第三人作出履行，但未打破合同相对性规则，违约责任仅发生在债权人与债务人之间，与第三人没有丝毫的关系。不真正利益第三人合同中的第三人不是合同的当事人，有别于受领辅助人。受领辅助人是由债权人指定的代债权人受领的人。不真正利益第三人合同中的第三人由合同双方当事人协商确定，并非债权人单方指定。不真正利益第三人合同中的第三人不享有合同中的请求权。该类合同中的第三人仅是接受债务人的给付，不享有合同中的请求权，无权要求债务人直接给付。基于此，第三人发现作出履行的债务人违反合同约定义务时，亦无权向债务人主张违约责任。

2. 真正利益第三人合同。

《民法典》第五百二十二条第二款规定："法律规定或者当事人约定第三人可以直接请

求债务人向其履行债务，第三人未在合理期限内明确拒绝，债务人未向第三人履行债务或者履行债务不符合约定的，第三人可以请求债务人承担违约责任；债务人对债权人的抗辩，可以向第三人主张。"此条款规定了为第三人利益订立的合同，也就是真正利益第三人合同。真正利益第三人合同是指合同当事人约定由债务人向合同当事人之外的第三人作出给付，该第三人因此取得直接请求债务人作出给付权利的合同。[①] 依据该条款的规定，第三人获得违约责任请求权应当满足两个条件：一是法律规定或合同约定第三人可以直接请求债务人向其履行债务。二是第三人未在合理期限内拒绝。该条款规定突破了合同相对性原则，在债务人违约的情形下，为第三人创设了违约责任请求权。

法律规定或合同约定第三人可以直接请求债务人向其履行债务，实为合同双方当事人为第三人设定权利。权利的设定不会侵害第三人权益，法律不允许合同当事人给第三人设定义务。但是第三人是否接受合同当事人为其设定的权利应由第三人自己决定。为此，法律赋予第三人拒绝权。第三人对拒绝权行使的态度，只要是未明确反对，就应视为第三人接受为其设定的权利。为第三人设定的权利是履行请求权。真正利益第三人合同中的第三人虽然不是合同当事人，但凭借履行请求权，第三人可以请求债务人向其履行债务，并接受债务人的给付。对应地，债务人对债权人的抗辩，可以向第三人主张。这些抗辩包括债权不成立的抗辩、产生债权的合同被撤销或被宣告无效的抗辩、合同债权已消灭的抗辩等。

（二）由第三人向债权人履行

《民法典》第五百二十三条规定："当事人约定由第三人向债权人履行债务。第三人不履行债务或者履行债务不符合约定的，债务人应当向债权人承担违约责任。"此条是有关由第三人向债权人履行的规定。由第三人向债权人履行的合同，是指合同当事人约定，由第三人履行给付义务的合同。之所以会约定由第三人履行，往往是因为债务人与第三人之间存在某种对价关系或者组织关系，也不排除是其他原因。由第三人向债权人履行的合同是由债权人与债务人签订的，合同当事人是债权人与债务人，第三人在此合同中并不具备当事人的地位。通常情况下，合同义务应该由债务人自己来完成，这是由合同目的所决定的。但如果由第三人向债权人履行不影响该目的的实现，不违反债权人意志，符合法律的要求，应该被许可。合同约定由第三人向债权人履行合同，债权人应当遵守合同约定，不能直接请求债务人履行债务。债权人对第三人的给付应当受领。在第三人不履行给付或者不按要求履行给付时，债权人仅能请求债务人承担违约责任。这是合同相对性原则所决定的。例如，甲、乙双方约定，由丙每月向甲偿还债务 500 元，期限 2 年。丙履行 5 个月后，以自己并不对甲负有债务为由拒绝履行。甲向法院起诉，要求乙、丙承担违约责任。（2004 年司考真题）在本题中，甲乙之间存有债务关系，乙应当向甲履行债务。但经双方约定，乙的债务由丙履行，从而构成了由第三人向债权人履行。因此，在丙不履行债务的情况下，

---

① 王利明：《合同法（第二版）》（上册），中国人民大学出版社 2021 年版，第 177 页。

应当由乙承担违约责任，而丙不构成违约。

（三）第三人代为履行

《民法典》第五百二十四条规定："债务人不履行债务，第三人对履行该债务具有合法利益的，第三人有权向债权人代为履行；但是，根据债务性质、按照当事人约定或者依照法律规定只能由债务人履行的除外。债权人接受第三人履行后，其对债务人的债权转让给第三人，但是债务人和第三人另有约定的除外。"依据此条规定，合同关系以外的第三人基于一定的目的而对合同债务进行的履行是

"第三人代为履行"微课

第三人代为履行。第三人代为履行与由第三人向债权人履行的合同，虽同为对第三人履行合同债务的规定，但存在不同：第一，由第三人向债权人履行的合同需要合同当事人事先在合同中作出相应的约定；而第三人代为履行不需要合同的事先约定，第三人之所以会对合同债务进行履行一般是因为其与债务履行有利害关系。当债务人不履行债务时，第三人出于维护自身利益的考虑主动代债务人履行债务。这是两者最重要的差异。第二，债权债务关系是否转移。由第三人向债权人履行的合同虽然涉及合同以外的第三人，但债权债务关系并未转移，第三人不是合同当事人；而在第三人代为履行的场合，如果债权人接受了第三人的履行，除非债权人与债务人有相反的约定，否则债权转移至第三人，第三人取得债权成为债之关系的当事人。

第三人代为履行的构成条件：

1. 债务人不履行债务。债务人不履行债务是第三人代为履行的前提性条件。债务人不履行债务不能等同于债务人违约。根据《民法典》第五百七十七条的规定，债务人不履行合同义务或者履行合同义务不符合约定构成违约。由此可知，"违约"的范围明显大于"不履行债务"的范围。

2. 第三人对债务履行有合法利益。第三人与债务履行利害关系，就会促使第三人的代为履行。如转租中次承租人代承租人支付租金，以避免因承租人不支付租金导致租赁合同的解除，使自身承租的权利遭受损害。第三人对债务履行具有的利益应该是正当的、合理的，也就是第三人对债务具有事实上或者法律上的利害关系。根据《合同编通则司法解释》第三十条第一款的规定：保证人或者提供物的担保的第三人；担保财产的受让人、用益物权人、合法占有人；担保财产上的后顺位担保权人；对债务人的财产享有合法权益且该权益将因财产被强制执行而丧失的第三人；债务人为法人或者非法人组织的，其出资人或者设立人；债务人为自然人的，其近亲属等均属于对履行债务具有合法利益的第三人。

3. 债务性质、当事人的约定或法律法规不排斥第三人代为履行。一般而言，具有专属给付性质，或者以债务人的性质、人品、技能以及其熟练程度等作为给付的条件的债务，第三人不得代为履行。合同当事人双方在签订合同时可以约定禁止或限制第三人代为履行。法律应当尊重当事人的意思自治，合同当事人之间的相反约定可以排除第三人代为履行。

有合法利益的第三人代为履行债务的，债权人不得拒绝第三人的履行。第三人履行债

务之后，可以代替债权人的地位行使其享有的债权。债务人所能对抗债权人的事由，均可对抗第三人。《合同编通则司法解释》第三十条第二款、第三款规定："第三人在其已经代为履行的范围内取得对债务人的债权，但是不得损害债权人的利益。担保人代为履行债务取得债权后，向其他担保人主张担保权利的，依据《最高人民法院关于适用〈中华人民共和国民法典〉有关担保制度的解释》第十三条、第十四条、第十八条第二款等规定处理。"

（四）当事人变化不影响合同履行

《民法典》第五百三十二条规定："合同生效后，当事人不得因姓名、名称的变更或者法定代表人、负责人、承办人的变动而不履行合同义务。"依据此条规定，在合同关系未作改变的情况下，仅是姓名、名称的变更或者法定代表人、负责人、承办人的变动，不影响合同义务的履行。合同当事人发生前述事项变更的，合同对其仍有约束力，其仍需按照合同约定全面履行合同义务。

二、履行标的

合同的标的是合同债务人必须实施的特定行为，它是合同的核心内容，也是合同当事人订立合同的目的所在。合同的标的不同，合同的类型也就不同。如果当事人不按照合同的标的履行合同，合同利益就无法实现。债务人的债务性质不同，对债的履行标的的正确性要求也就不同。

标的的质量是衡量合同标的的基本指标，因此，标的质量的履行应严格按照合同的约定。合同对标的的质量没有约定或者约定不明确的，当事人可以补充协议，协议不成的，按照合同的条款和交易习惯来确定；仍然无法确定的，按照强制性国家标准履行；没有强制性国家标准的，按照推荐性国家标准履行；没有推荐性国家标准的，按照行业标准履行；没有国家标准、行业标准的，则按照通常标准或者符合合同目的的特定标准履行。

取得标的一方当事人必须严格按照合同的约定向另一方支付该标的的价款或者报酬。价款或者报酬约定不明确的，当事人可以协议补充；协议不成的，应当按照合同的有关条款和交易习惯确定；如果还无法确定，根据《民法典》第五百一十一条第二款的规定，应当按照订立合同时履行地的市场价格履行；依法应当执行政府定价或者政府指导价的，按照规定履行。此外，《民法典》第五百一十三条规定："执行政府定价或者政府指导价的，在合同约定的交付期限内政府价格调整时，按照交付时的价格计价。逾期交付标的物的，遇价格上涨时，按照原价格执行；价格下降时，按照新价格执行。逾期提取标的物或者逾期付款的，遇价格上涨时，按照新价格执行；价格下降时，按照原价格执行。"

三、履行期限

合同履行的期限是指债务人履行合同义务和债权人接受履行行为的时间界限。作为合同的主要条款，合同的履行期限一般应当在合同中予以约定，当事人应当在该履行期限内履行债务。如果当事人不在该履行期限内履行，则可能构成迟延履行而应当承担违约责任。

履行期限不明确的，根据《民法典》第五百一十一条的规定，双方当事人可以另行协议补充，如果协议补充不成，则应当根据合同的有关条款和交易习惯来确定。如果还无法确定，则债务人可以随时履行，债权人也可以随时要求履行，但应当给对方必要的准备时间。

《民法典》第五百三十条规定："债权人可以拒绝债务人提前履行债务，但提前履行不损害债权人利益的除外。债务人提前履行债务给债权人增加的费用，由债务人负担。"这意味着早于履行期限提前履行和晚于履行期限迟延履行，一般而言均是不允许的，尤其是迟延履行。但是提前履行不损害债权人利益的可以认可。例如，合同规定甲公司应当在8月30日向乙公司交付一批货物。8月中旬，甲公司把货物运送到乙公司。（2003年司考真题）此时乙公司可以拒绝接收货物，或者接收货物并要求甲公司支付增加的费用，因为甲公司属于提前履行。

四、履行地点

履行地点是债务人履行债务、债权人受领给付的地点，履行地点直接关系到履行的费用和时间。如果合同中明确约定了履行地点，债务人就应当在该地点向债权人履行债务，债权人应当在该履行地点接受债务人的履行行为。如果合同对履行地点约定不明确，依据《民法典》第五百一十一条的规定，双方当事人可以协议补充；如果不能达成补充协议，则按照合同有关条款或者交易习惯确定。如果履行地点仍然无法确定，给付货币的，在接受货币一方所在地履行；交付不动产的，在不动产所在地履行；交付其他标的的，在履行义务一方所在地履行。

五、履行方式

履行方式是合同双方当事人约定以何种形式来履行义务。合同的履行方式主要包括运输方式、交货方式、结算方式等。履行方式由法律规定或者合同约定或者是根据合同的性质来确定，不同性质、内容的合同有不同的履行方式。根据合同履行的基本要求，在履行方式上，履行义务人必须首先按照合同约定的方式进行履行。约定不明确的，当事人可以协议补充；协议不成的，可以根据合同的有关条款和交易习惯来确定；如果仍然无法确定，则按照有利于实现合同目的的方式履行。

六、履行费用

履行费用是指债务人履行合同所支出的费用。如果合同中约定了履行费用，则当事人应当按照合同的约定负担费用。合同没有约定履行费用或者约定不明确的，双方当事人可以协议补充；不能达成补充协议的，按照合同的有关条款或者交易习惯确定；如果仍然无法确定，则由履行义务一方负担。因债权人变更住所或者其他行为而导致履行费用增加时，增加的费用由债权人承担。

第四节 双务合同履行中的抗辩权

抗辩权的功能在于阻却或是消灭请求权的效果，一般认为，双务合同履行中的抗辩权包括同时履行抗辩权、不安抗辩权以及后履行抗辩权三种类型。

一、同时履行抗辩权

（一）同时履行抗辩权的概念

同时履行抗辩权，是指在双务合同中，未规定何方先履行的，一方在他方未履行对待给付义务前，有拒绝履行自己合同义务的权利。我国《民法典》第五百二十五条规定："当事人互负债务，没有先后履行顺序的，应当同时履行。一方在对方履行之前有权拒绝其履行请求。一方在对方履行债务不符合约定时，有权拒绝其相应的履行请求。"该条所确立的权利就是同时履行抗辩权。

（二）同时履行抗辩权的构成要件

1. 当事人因同一双务合同互负债务。同时履行抗辩权只适用于双务合同，是因为双务合同具有牵连性。双方当事人根据同一合同相互负担债务，即双方当事人债务系由一个合同产生。双务合同中合同权利和合同义务互为对价，一方当事人的履行与对方当事人的对待履行互为条件，互相依存。

2. 双方债务没有先后顺序之分且均已届清偿期。双方应当同时履行，不存在履行时间上的先后问题，即不存在一方先履行、一方后履行的情况。在异时履行的情况下，负有先履行义务的一方应当先履行义务，不得要求对方同时履行。双方债务均已到期。履行期到来之前，对方请求权尚不成立，一方可以拒绝对方的履行请求，也不构成同时履行抗辩。

3. 对方未履行债务或未按约定履行债务。对方未履行债务即请求一方当事人履行债务，则被请求方可主张同时履行抗辩权，拒绝履行自己的义务。如果一方当事人已经按照合同约定履行了自己的义务，则被请求方不得主张行使同时履行抗辩权。如果合同一方当事人已作出履行了，但是属于债务的部分履行，被请求方可就未履行部分主张行使同时履行抗辩权。如果合同当事人交付的标的物的质量或债务履行的其他方面不符合合同约定，另一方当事人有权主张行使同时履行抗辩权。

4. 对方的对待给付是可能履行的。同时履行抗辩权的制度价值在于促使双务合同当事人同时履行债务。如果一方当事人所负的债务已经没有履行的可能性，则同时履行的目的已经不可能实现，这种情况下不存在同时履行抗辩权的问题。例如标的物不复存在，此时对方提出履行请求的，可以通过主张解除合同来否定请求权的存在，而不能主张同时履行抗辩权。

（三）法律效力

同时履行抗辩权属于延期抗辩权，不具有消灭请求权的效力，仅仅是使对方的请求权延期。具体为：当事人一方要求履行债务时，该请求方必须同时履行；该方没有履行的，被请求方可拒绝履行自己的义务。请求方履行了自己的债务的，同时履行抗辩权人也必须履行自己的义务。

二、不安抗辩权

（一）不安抗辩权的概念

《民法典》第五百二十七条规定："应当先履行债务的当事人，有确切证据证明对方有下列情形之一的，可以中止履行：（一）经营状况严重恶化；（二）转移财产、抽逃资金，以逃避债务；（三）丧失商业信誉；（四）有丧失或者可能丧失履行债务能力的其他情形。当事人没有确切证据中止履行的，应当承担违约责任。"此条是有关不安抗辩权的规定。

双务合同在一方当事人有先履行债务的情况下，另一方当事人无法主张行使同时履行抗辩权。但是，在合同成立后，后履行一方当事人履约能力大为减弱，先履行一方如果为先行给付，可能会使自身的合同权利难以实现，在此种状况下仍然强迫先履行一方履行自身的债务有失公平。因此，法律赋予先履行一方不安抗辩权，为后履行一方难以履行自身债务时，先履行一方的合同权利提供保护。例如，甲乙订立合同，规定甲应于2022年9月20日交货，乙应于同年10月9日付款。9月初，甲发现乙财产状况恶化，无支付货款的能力，并有确切证据，遂提出终止合同，但乙未允。在此种状况下，甲可以行使不安抗辩权，不按照合同规定交货，除非乙提供了相应的担保。

不安抗辩权，又称为先履行抗辩权，是指在双务合同中，先履行方有确切证据证明后履行方于合同成立后丧失或可能丧失履行能力时中止履行合同的权利。不安抗辩权的设立在于预防因情况变化致使一方遭受损害，公平地权衡了双方当事人的利益。

（二）不安抗辩权的适用条件

1. 因同一双务合同互负债务。

就这一适用条件而言，不安抗辩权与同时履行抗辩权完全相同，由于前文已有阐述，此处不再赘述。

2. 该合同必须属于异时履行，且先履行方的债务已届清偿期。

双务合同的履行属于异时履行时才会发生一方当事人的不安抗辩权。异时履行是指双方履行存在时间上的顺序，即一方先履行，另一方后履行。异时履行可因约定、法律规定而产生。同时，先履行方的债务已届清偿期，若尚未届清偿期，先履行方的履行义务尚未发生，该先履行方根本无须作出履行，也无须担心后履行方的履约能力问题影响到自身的权利，自无行使不安抗辩权的必要。

3. 先履行方有确切证据证明后履行方于合同成立后丧失或可能丧失履行能力。

根据《民法典》第五百二十七条的规定，后履行方丧失或可能丧失履行能力的事由有：

（1）经营状况严重恶化。后履行债务一方经营状况发生恶劣的变化，从而导致财产大量减少，引起履行债务的能力丧失或是可能丧失。

（2）转移财产、抽逃资金，以逃避债务。后履行一方为了逃避债务，将自己的财产转移到别的地方或者将自己的相关投资撤回，等等。

（3）丧失商业信誉。后履行一方的商业行为已经不再让人感到可以相信、可以信赖，失去了诚实信用的品评。

（4）有丧失或者可能丧失履行债务能力的其他情形。

对于以上情形，不安抗辩权人均负有提供证据的义务，否则不仅不得主张不安抗辩权的行使，而且还应当承担违约责任，从而有效防止不安抗辩权的滥用。

（三）法律效力

《民法典》第五百二十八条规定："当事人依据前条规定中止履行的，应当及时通知对方。对方提供适当担保的，应当恢复履行。中止履行后，对方在合理期限内未恢复履行能力且未提供适当担保的，视为以自己的行为表明不履行主要债务，中止履行的一方可以解除合同并可以请求对方承担违约责任。"据此，不安抗辩权有二次效力：

1. 第一次效力：不安抗辩情形出现后，先履行方应当及时通知对方，将中止履行的事实、理由以及恢复履行的条件及时地告知后履行一方。不安抗辩权的行使只要符合法定条件，当事人主张后即可行使，不取决于后履行一方是否同意。要求不安抗辩权人履行及时的通知义务，目的是避免后履行一方因先履行一方中止合同履行而受到损害，也便于后履行一方在得到通知后及时提供担保以消灭不安抗辩权。

先履行一方在及时通知时，还应给对方留有一个合理的期限，使其恢复履行能力或者提供适当的担保。对合理期限的确立，法律未作规定，交易实践中常常根据具体情况予以确定。合理期限的确定得兼顾双方当事人利益，不能太短使先履行方能轻易地解除合同，也不能太长使后履行方迟迟不提供担保。

合理期限内后履行方提供担保或者恢复履行能力的，先履行方应当继续履行合同。后履行方提供担保或者恢复履行能力后，先履行方不获得对待履行的危险消失，因此，应当恢复履行合同。此时，不安抗辩权具有一时抗辩权性质。

2. 第二次效力：如果合理期限届满，后履行方未提供适当担保且未恢复履行能力，则视为以自己的行为表明不履行主要债务，先履行方可以解除合同并可以请求对方承担违约责任。此为不安抗辩权的第二次效力。此时，不安抗辩权具有永久抗辩权性质，导致请求权的消灭。

（四）同时履行抗辩权与不安抗辩权的区别

同时履行抗辩权与不安抗辩权虽然均要求发生于同一双务合同中，但是仍有较大的差别：

第一，适用条件不同。不安抗辩权适用于异时履行的双务合同，同时履行抗辩权适用于同时履行的双务合同。

第二，在同时履行抗辩权中，权利人对相对人的债务已经届临清偿期，只是尚未履行；而在不安抗辩权中，权利人对相对人的债务尚未到清偿期，其只是丧失或者可能丧失清偿能力，有不能对待给付的危险。

第三，性质不同。不安抗辩权为兼有抗辩权与形成权性质的混合性权利，同时履行抗辩权为延缓性质的抗辩权。

第四，一方行使同时履行抗辩权不能成立，该当事人应当履行同时履行的义务，并不因抗辩权不成立而构成违约；先履行方行使不安抗辩权，必须承担违约责任，若不能举证，则构成违约。

三、后履行抗辩权

（一）后履行抗辩权的概念

《民法典》第五百二十六条规定："当事人互负债务，有先后履行顺序，应当先履行债务一方未履行的，后履行一方有权拒绝其履行请求。先履行一方履行债务不符合约定的，后履行一方有权拒绝其相应的履行请求。"据此，在异时履行中，后履行一方有权要求先履行一方先行履行自己的义务，如果先履行一方没有履行债务或者虽已履行但是债务的履行不符合约定，后履行一方有权拒绝先履行一方的履行请求，此抗辩权被称为后履行抗辩权。例如，甲乙之间订立一份买卖合同，约定甲应于8月5日交货，乙应于8月18日付款。8月6日，甲未交货便要求乙付款，乙对此要求予以拒绝。此时乙所行使的就是后履行抗辩权，因为甲没有先履行自己的义务。所谓后履行抗辩权，是指依照合同约定或者法律规定，负先履行义务的一方当事人届期未履行义务或者履行义务严重不符合约定条件时，后履行方得以拒绝自身债务履行的权利。

（二）后履行抗辩权的适用条件

1. 因同一双务合同互负债务。

对该条件的理解与前述同时履行抗辩权、不安抗辩权的相应条件相同，于此不赘述。

2. 必须属于异时履行。

只有双务合同的履行属于异时履行的时候才能发生一方当事人的后履行抗辩权。异时履行是指在合同订立后，合同有效期限内，依照合同的约定、法律的规定或是交易习惯，双方当事人按照先后顺序履行的履行模式。如果是同时履行，当事人可以援用同时履行抗辩权。异时履行，由于履行有先后顺序之分，前手的履行直接关系到后手的权利。

3. 先履行一方到期未履行债务或者未适当履行债务。

在合同异时履行的情况下，负有先履行义务的一方应当先履行义务。如果先履行义务方的债务已届清偿期而其不履行债务，就构成违约，后履行方有权拒绝先履行方的履行请求。如果先履行方的履行不符合合同约定，则后履行方有权拒绝先履行方相应的履行请求，即与先履行方履行债务不符合约定部分的相应部分。

（三）法律效力

与同时履行抗辩权一样，后履行抗辩权也属于延缓的抗辩权，不具有消灭对方请求权的效力，只是暂时阻止先履行方请求权的行使。如果先履行方完全履行了合同义务，则后履行抗辩权被消灭，后履行方应当恢复履行。后履行方因行使后履行抗辩权致使合同履行迟延的，该方当事人不承担迟延履行责任。

（四）后履行抗辩权与不安抗辩权的区别

第一，适用条件不同。不安抗辩权是异时履行的双务合同先履行方享有的权利；后履行抗辩权为异时履行的双务合同的后履行方享有的权利。

第二，在不安抗辩权中，权利人对相对人的债务尚未届临履行期，只是存在不能对待给付的危险；在后履行抗辩权中，权利人对相对人的债务已经届临履行期，而不为给付或者虽为给付但不符合合同约定。

第三，二者的性质不同。后履行抗辩权在性质上与同时履行抗辩权相同，其行使的目的仍在于维持既存的权利义务关系，而不是消灭合同关系，否则就应当诉诸合同解除制度。

第四，在不安抗辩权中，权利人在行使中止履行的权利时负有通知义务；在后履行抗辩权中，当负有先履行义务的一方当事人的履行有重大瑕疵时，或者只履行一部分时，另一方当事人行使抗辩权应当通知对方；当因不履行合同义务而行使抗辩权时，可以不通知对方。

第五节　情势变更原则

一、情势变更原则的概念

《民法典》第五百三十三条规定："合同成立后，合同的基础条件发生了当事人在订立合同时无法预见的、不属于商业风险的重大变化，继续履行合同对于当事人一方明显不公平的，受不利影响的当事人可以与对方重新协商；在合理期限内协商不成的，当事人可以请求人民法院或者仲裁机构变更或者解除合同。人民法院或者仲裁机构应当结合案件的实际情况，根据公平原则变更或者解除合同。"此条文规定的是情势变更原则。21世纪以来，高速发展的社会经济带来的新挑战层出不穷，如2003年的"非典"疫情、2008年的全球金融风暴、2020年初的新冠疫情等。这些都是当事人在订约时无法预料的。重大变故使合同权利和合同义务的配比严重失衡，甚至导致合同根本无法履行。此种状况下仍严格要求当事人忠于合同的约定，显然有悖公平与正义。引入情势变更原则的价值在于，当合同原有的利益平衡因社会经济的激烈动荡而导致不公正结果时，对其施以法律的救济。

情势变更中的情势，指的是合同赖以成立的客观情况，例如合同订立时的经济政策、经济体制、法律制度等。变更则指的是合同赖以成立的客观情况发生了异常或重大的变化，例如限购令或限贷令的出台。情势变更原则是在司法实践中得以确立的原则，其是指合同依法成立以后，非出于双方当事人的原因导致合同赖以成立的客观情况发生变更，仍维持合同的效力显失公平，受不利影响的一方当事人可请求法院或仲裁机构予以变更或解除合同的原则。情势变更原则赋予了法官直接干预合同关系的自由裁量权，从而使法律能够适应社会经济状况的变化，更好地协调当事人之间的利益冲突。

二、情势变更原则的适用要件

（一）具有情势变更的客观事实

合同成立后，作为合同订立时的该合同赖以成立的客观情况发生了异常变动。变动的情况不论是自然的还是人为的，永久的或是暂时的，普遍的或是局部的，剧变的或是缓变的，都可以称为变更。① 根据《合同编通则司法解释》第三十二条第一款的规定，合同成立后，因政策调整或者市场供求关系异常变动等原因导致价格发生当事人在订立合同时无法预见的、不属于商业风险的涨跌，继续履行合同对于当事人一方明显不公平的，人民法院应当认定合同的基础条件发生了《民法典》第五百三十三条第一款规定的"重大变化"。但是，合同涉及市场属性活跃、长期以来价格波动较大的大宗商品以及股票、期货等风险投资型金融产品的除外。

（二）情势变更的事实发生于合同依法成立以后、履行完毕以前

情势变更的事实只有发生在合同有效期内，才会影响到当事人的合同权利与合同义务。如果情势变更的事实在合同订立过程中就已经发生，双方当事人无视此事实，仍在原客观基础上订立合同，则不需要适用情势变更原则。这是因为订约时已发生情势变更，合同当事人仍以变化前的客观情况为基础订约，表明双方当事人甘冒风险，属于意思自治，法律对其没有必要加以保护。如果情势变更的事实在合同订立过程中就已经发生，受不利影响的当事人确实不知已发生情势变更，可依重大误解主张合同的撤销。如果在合同履行完毕以后发生情势变更，则因合同关系已消灭，对双方的利益不产生任何影响，也没有必要适用情势变更原则。

（三）情势变更是订约时当事人不可预见的

如果订约时当事人预见将来要发生情势变更，而当事人仍以现在的客观情况为基础订约，表明当事人愿意承担风险，应使当事人自负后果，不应适用情势变更原则。如果当事人应当预见将要发生情势变更而未预见，说明其主观上具有过错，也不应适用情势变更原

---

① 王利明、崔建远：《合同法新论·总则》，中国政法大学出版社1996年版，第325页。

则。最高人民法院《关于当前形势下审理民商事合同纠纷案件若干问题的指导意见》中规定："人民法院在适用情势变更原则时，应当充分注意到全球性金融危机和国内宏观经济形势变化并非完全是一个令所有市场主体猝不及防的突变过程，而是一个逐步演变的过程。在演变过程中，市场主体应当对于市场风险存在一定程度的预见和判断。人民法院应当依法把握情势变更原则的适用条件，严格审查当事人提出的'无法预见'的主张，对于涉及石油、焦炭、有色金属等市场属性活泼、长期以来价格波动较大的大宗商品标的物以及股票、期货等风险投资型金融产品标的物的合同，更要慎重适用情势变更原则。"

（四）情势变更事实的出现不可归因于双方当事人

情势变更事实的出现来自不可归责于双方当事人的事由。不可归责于双方当事人表明当事人主观上没有过错，对情势变更的发生无法预见，无法防止，也无法克服。例如，政府发布限购令，使限购令发布之后不符合政策的购买房无法办理产权的过户登记，这样导致房屋买卖合同的目的无法实现，此种情况下，当事人不能向政府请求救济，此时应该允许当事人申请情势变更对合同关系加以解除。如果由于可归责于当事人的事由发生情势变更，当事人应自负其责。

（五）因情势变更使原合同的履行显失公平

情势发生变更之后，常常会导致当事人之间的利益失衡，如果继续要求当事人按照合同的约定履行，将会对当事人产生不公平的结果。因此才需要对合同采用一定的措施加以处理。显失公平的出现必须是情势变更所导致的，而不是其他原因。如果情势变更导致的利益不是严重失衡，而是轻微失衡，则不能适用情势变更原则。只有双方当事人的利益严重失衡，履行过于艰难或必须付出高昂的代价时，才能适用情势变更原则。

三、情势变更原则的效力

根据《民法典》第五百三十三条的规定，受不利影响的当事人可以与对方重新协商合同；在合理期限内协商不成的，当事人可以请求人民法院或者仲裁机构变更或者解除合同。法律规定情势变更发生后当事人的再交涉规则，既是为了鼓励交易，也是尊重私法自治。问题在于再交涉属于权利还是义务。对此法律未予明确。学理界各执一词。本书认为，仅从《民法典》第五百三十三条文本的安排上看，当事人再交涉是诉讼或仲裁之前的强制前置程序，唯有在合理期限内协商不成的，当事人才可以请求法院或仲裁机构解除或变更合同。

合同能否变更或解除，取决于法院或仲裁机关的裁决。最高人民法院《关于当前形势下审理民商事合同纠纷案件若干问题的指导意见》中规定："在调整尺度的价值取向把握上，人民法院仍应遵循侧重于保护守约方的原则。适用情势变更原则并非简单地豁免债务人的义务而使债权人承受不利后果，而是要充分注意利益均衡，公平合理地调整双方利益关系。在诉讼过程中，人民法院要积极引导当事人重新协商，改订合同；重新协商不成的，争取调解解决。为防止情势变更原则被滥用而影响市场正常的交易秩序，人民法院决定适用情势变更原则作出判决的，应当按照最高人民法院《关于正确适用〈中华人民共和国合同法〉若干问题的解释（二）服务党和国家工作大局的通知》（法〔2009〕165号）的要求，严格履行适用情势变更的相关审核程序。"

根据《合同编通则司法解释》第三十二条第二款、第三款、第四款的规定，当事人请求变更合同的，人民法院不得解除合同；当事人一方请求变更合同，对方请求解除合同的，或者当事人一方请求解除合同，对方请求变更合同的，人民法院应当结合案件的实际情况，根据公平原则判决变更或者解除合同。人民法院依据《民法典》第五百三十三条的规定判决变更或者解除合同的，应当综合考虑合同基础条件发生重大变化的时间、当事人重新协商的情况以及因合同变更或者解除给当事人造成的损失等因素，在判项中明确合同变更或者解除的时间。当事人事先约定排除《民法典》第五百三十三条适用的，人民法院应当认定该约定无效。

四、情势变更与相关概念的区别

（一）情势变更与不可抗力的区别

情势变更与合同法上的法定免责事由之一不可抗力有相似之处，但并不相同。不可抗力是指不能预见、不能避免、不能克服的客观情况。它包括自然现象与社会现象，前者如洪水、地震、台风等自然灾害，后者如国家政策调整等政府行为以及战争、罢工、骚乱等社会异常事件。它们的主要区别体现在：

"情势变更合同纠纷"案例

第一，功能不同。不可抗力属于法定免责事由，可适用于违约责任与侵权责任。在社会生活中，一方当事人致对方损害或违约，如果是由不可抗力造成的，该当事人将免于承担民事责任。而情势变更所产生的情势变更原则，属于合同履行的原则，其功能在于指导合同的履行。根据该原则，在合同履行的过程中若发生了情势变更，当事人有权请求合同变更或解除。

第二，不可抗力导致合同不能履行或不能完全履行。而发生了情势变更以后，合同依然能够履行，只是履行显失公平，即履行过于艰难或必须付出高昂的代价，当事人之间的利益严重失衡。

第三，发生了不可抗力以后，当事人只要依法取得确切的证据，履行诸如通知、防止损失扩大等有关义务，即可免于承担违约责任。而发生了情势变更以后，当事人必须向法院或仲裁机构提出请求，只有在法院或仲裁机构作出变更或解除的裁判以后，才发生变更或解除的效果。

（二）情势变更与商业风险的区别

最高人民法院《关于当前形势下审理民商事合同纠纷案件若干问题的指导意见》中规定："商业风险属于从事商业活动的固有风险，诸如尚未达到异常变动程度的供求关系变化、价格涨跌等。情势变更是当事人在缔约时无法预见的非市场系统固有的风险。人民法院在判断某种重大客观变化是否属于情势变更时，应当注意衡量风险类型是否属于社会一般观念上的事先无法预见、风险程度是否远远超出正常人的合理预期、风险是否可以防范和控制、交易性质是否属于通常的'高风险高收益'范围等因素，并结合市场的具体情况，在个案中识别情势变更和商业风险。"

第五章课件

第六章

Chapter 06

合同的保全

📖 导读案例

原告李某（债权人）与第三人赵某（债务人）股权转让协议纠纷一案，双方经仲裁后于 2020 年 8 月 13 日达成调解协议：双方一致确认赵某拖欠李某本金 520 万元，赵某同意一个月内支付 200 万元本金，剩余 320 万元本金在 2021 年 3 月前付清。如赵某逾期支付欠款，按月息 2 分支付逾期利息。后赵某未履行上述调解书确定义务，李某遂以债务人赵某怠于主张对次债务人某建设公司和某区政府的到期债权为由，向法院提起债权人代位权诉讼，要求判令次债务人某建设公司和某区政府向原告李某代位清偿欠款 7768583 元（包括本金 520 万元及到期利息 2527200 元，后续利息按月息 2 分标准继续计算）。

法院认为，李某（债权人）与赵某（债务人）的债权已为生效的调解书所确认。本案争议焦点为赵某对次债务人某建设公司和某区政府是否享有到期债权。关于赵某对某区政府的债权，经查，两者之间系建设工程施工合同关系，经审计确定赵某已完成的工程量为 5426 万元，某区政府已经按合同约定支付上述工程款。后续未完成的工程量暂时无法确定，且债权未到期。关于赵某对某建设公司的债权，经查，某建设公司已经向赵某支付借款 3000 万元，后续借款还款期限尚未届满，故赵某对被告某建设公司亦不享有到期债权。综上，债务人赵某对次债务人某建设公司和某区政府享有的债权尚未到期，李某行使代位权之诉的条件尚不成立，李某相关代位求偿诉请，证据不足，不予支持。

问题提出

1. 合同保全有何特点?
2. 债权人的代位权有何特点?
3. 债权人的代位权的构成条件是什么?
4. 债权人的撤销权与可撤销合同中的撤销权有何不同?
5. 债权人的撤销权的构成条件是什么?

第一节　合同保全概述

一、合同保全的概念和特点

所谓合同保全,是指法律为了防止债务人财产的不当减少或不增加而给债权人的债权实现带来损害,允许债权人行使撤销权或代位权,以保护其债权。债权人债权的实现是以债务人债务的履行为条件的,债务人的全部财产是债务履行的保障,因此,债务人财产的不当变化,都会直接影响到债权人债权的实现。例如,甲公司欠乙公司货款 20 万元已有 10 个月,其资产已不足偿债。乙公司在追债过程中发现,甲公司在一年半之前作为保证人向某银行清偿了丙公司的贷款后一直没有向其追偿,同时还将自己对丁公司享有的 30% 的股权无偿转让给了丙公司。(2007 年司考真题)此种状况下,乙公司便可以自己的名义向丙公司主张债权的实现,行使代位权,从而实现合同的保全。合同保全主要有如下特点:

第一,合同保全是合同相对性规则的例外。根据合同相对性规则,合同具有主体相对、内容相对、责任相对的特点。但是在一些特殊情况下,合同效力也针对第三人发生。在合同履行中,债务人怠于行使到期债权,或者债务人与第三人实施的行为导致债务人用以保障债权实现的财产减少或是不增加,均会使债权人的债权难以实现。法律为了保护债权人的权利,允许债权人通过代位权或是撤销权的行使,否定债务人对自身财产的不当处分行为或是债务人与第三人之间不当的财产处分行为。这种对第三人发生效力的债权效果,属于合同相对性规则的例外。

第二,合同保全主要发生在合同有效成立期间。合同成立并生效后,尚未履行完毕之前,债务人应以其所有的财产来保障债权人债权的实现,学理上将此时的债务人财产称为责任财产。在合同履行阶段,债务人的责任财产发生不当变化,才会影响到债权人债权的实现。如果合同尚未生效,债务人的债务尚未届满,不存在债务人对财产的处分影响到债权人的权利的情况。如果合同已经履行完毕了,债务人对财产的处分行为更是与债权人无关。如果合同被宣告无效或是可撤销，合同自始无效，自不存在合法有效的债务和债权。

第三，合同保全的基本方法是赋予债权人代位权或撤销权。这两种措施都旨在通过防止债务人的财产不当减少或者恢复债务人的财产，从而保障债权人的权利实现。合同保全针对的是债务人不当减少财产的行为，与债务人是否违约无关，关心的是债权人的债权在实现上是否受影响。

二、合同保全与其他保障债权形式的区别

合同保全与民事诉讼中的财产保全是不同的。民事诉讼中的财产保全，是指人民法院在案件受理前或诉讼过程中，为了保证判决的执行或避免财产遭受损失，而对当事人的财产和争议的标的物采取查封、扣押、冻结等措施。民事诉讼中的财产保全是程序法所规定的措施，一般都需要由当事人提出申请。而合同的保全，只是实体法中的制度，它是通过债权人行使代位权、撤销权而实现的。

合同保全与合同担保的目的是相同的：都是保护债权的实现。但是二者之间仍有较大的差别，具体为：

第一，合同相对性规则遵守方面。合同担保是在主债权债务合同的基础上，再订立一个担保合同，因担保而产生的合同权利和合同义务是以担保合同为基础的，因此合同担保仍然遵循合同相对性规则，没有超出合同对内效力的范畴。合同保全是法律为了防止因债务人财产不当减少或是不增加而给债权人的债权造成损害，允许债权人行使撤销权或是代位权来保护自身的债权。由于债务人对财产的处分行为涉及合同关系之外的第三人，本着保护债权人债权的目的，法律允许债权人对债务人与第三人的行为施加影响来保障自身的债权。合同保全可以针对第三人，已经超出了合同对内效力的范畴，是债的对外效力的体现，属于合同相对性规则的例外。

第二，债权保障作用方面。相比于合同保全，合同担保对债权的保障作用更为明显。合同担保是在主合同成立之时随之成立的从合同，一旦主合同债务人出现违约情况，不能履行合同债务，基于从合同产生的担保手段立即发生效力，主债权人也就是担保权利人可就担保物主张优先受偿，可向保证人主张债权的实现，可就金钱主张定金罚则。合同保全由于涉及的是第三人，往往还需要考虑第三人可能享有的权利，例如善意抗辩权、有效交易的抗辩等。如此一来债权人债权的维护与合同担保相比，费周折，费成本，费精力，不如合同担保来得直接。

第三，产生依据方面。合同担保既可以基于当事人的约定产生，例如抵押、质押、保证、定金等；也可以基于法律的规定，例如留置。而合同保全只能基于法律的规定，因为其是合同相对性规则的例外，这种例外只能通过法律来制约，不能由当事人加以约定。

第四，适用的情形方面。合同担保通常是在债务人不履行债务的情况下，担保权人才能行使其担保权；合同保全是在债务人的行为导致其自身财产的不当减少或是不增加时，债权人才能行使代位权或撤销权。

第二节 债权人的代位权

一、债权人代位权的概念

《民法典》第五百三十五条第一款规定："因债务人怠于行使其债权或者与该债权有关的从权利，影响债权人的到期债权实现的，债权人可以向人民法院请求以自己的名义代位行使债务人对相对人的权利，但是该权利专属于债务人自身的除外。"该条是有关债权人代位权的规定。所谓债权人的代位权，指的是在债务人不积极行使自己的权利而危及债权人债权实现时，债权人可以向人民法院请求

"代位权诉讼"案例

以自己名义行使债务人债权的权利。例如，乙欠甲债务 10 万元到期未归还，乙无其他财产，但丙欠乙 11 万元的货款，乙一直没有催讨。此种状况下，甲可以自己的名义对丙主张代位权的行使。

赋予债权人以代位权，是因为债务人对其享有的财产权利不积极行使，势必使其财产总额应增加而不增加，就会危及债权人债权的实现。所以法律允许债权人代替行使属于债务人的权利，使债务人的财产增加，承担财产责任的能力得以增强，从而达到保障债权实现的目的。

代位权具有如下特点：

第一，代位权针对的是债务人的消极不行使权利的行为。代位权行使的目的是保持债务人的财产，增强债务人的财产责任能力。由于债务人的懈怠行为，不积极向其自身的债务人主张权利，如此一来，债务人原本应该增加的财产没有增加，承担财产责任的能力下降，就会影响到债权人权利的实现。因此，代位权是对债务人消极不行使权利的行为所采取的措施，旨在保持债务人的财产。

第二，代位权是一种法定权利。代位权是一种法律规定的权利，也是一种法定债权的权能，无论当事人是否约定，债权人都享有此种权能。代位权是法律为了保障债权而赋予债权人的权利，与债务人主观意志无关，只要代位权行使的条件具备，就会产生代位权，该权利不因当事人的约定而发生改变。因而代位权是法定权而不是约定权，是从属于债权的一种特别权利。

第三，代位权是债权人以自己的名义行使债务人的权利。代位权是债权人向债务人的债务人即次债务人提出的，而不是向债务人提出的，债权人是以自己的名义而不是以债务人的名义行使债务人权利的，因而不是代理。正因为债权人行使的权利不是自己的，而是

债务人的，所以才称为代位。正因为债权人在行使债务人权利的时候，不需要借助于债务人任何的行为，而可以直接用自己的名义，所为才有了以保障债权安全为目的的债权人的代位权。

第四，代位权的行使应向人民法院提出。《民法典》第五百三十七条严格要求债权人行使代位权必须在法院提起诉讼，请求法院保全其债权。不允许债权人通过诉讼外的请求方式来行使代位权，究其原因是防止债权人以保全债权的名义，采取不正当的手段夺取债务人的财产，从而影响社会的安定。因此，要行使代位权必须在法院提起诉讼，请求法院允许债权人行使代位权。但是需要注意的是，代位权的行使虽然必须经过诉讼的途径，但并不意味着代位权是一项诉权。代位权是由实体法所规定的由债权人享有的一项法定权利，依附于债权人的债权，不是对债务人财产进行扣押或就收取的债务人财产优先受偿，而是实现债务人的债权，以最终实现自身的债权，是一项实体权利。

二、债权人代位权的成立要件

（一）债权人对债务人的债权合法、确定，且必须已届清偿期

债权人对债务人的债权合法，指的是债权人与债务人之间必须有合法的债权债务关系，其间的合同关系受到法律的肯定性评价，受到法律的保护。如果债权人对债务人的债权不具有合法性，因其不受法律的认可与保护，自然也就无所谓代位权的存在。债权人与债务人之间的合同关系被宣告无效或被撤销，因其自始无效，债权本身便是不存在的。债权的确定，是指债务人对于债权的存在以及内容没有异议；或者虽有异议，但是已经法院或是仲裁机构的有效裁判确认。债权人对债务人的债权已届清偿期，也就是债务人负有履行债务的义务，债务人应将其所有的财产作为债务履行的保证，应通过义务的履行来实现债权人的债权。

债权人对债务人的债权合法、确定，且必须已届清偿期，只是要求债权人对债务人，而并不要求债务人对次债务人。至于对债务人与次债务人之间的债权不作要求，原因是债权人对债务人的债权是债权人行使代位权的基础，基础不达成自然就不能主张代位权的行使。因此只对债权人对债务人的债权作要求，而不对债务人对次债务人的债权作要求。

（二）债务人怠于行使其到期债权或者其从权利

债务人怠于行使其到期债权或者其从权利是指债务人不履行其对债权人的到期债务或者其从权利，又不以诉讼方式或者仲裁方式向其债务人主张其享有的具有金钱给付内容的到期债权，致使债权人的到期债权未能实现的。次债务人（债务人的债务人）不认为债务人有怠于行使其到期债权或者其从权利的，应当承担举证责任。债务人是否通过诉讼或仲裁方式以外的方式向次债务人主张权利，债权人很难举证，反倒是债务人可以随便举出事例来说明其曾向次债务人主张过债权。如此一来，难以说明债务人的懈怠，债权人的代位权很难成立。另外，还存有的可能是次债务人通过编造事由来说明债务人已经向其主张过权利，从而摆脱债权人向其主张的代位权。故而，从保护债权人角度出发，为了能使代位

权真正发挥功效，《合同编通则司法解释》第三十三条规定了懈怠行为的推定情况，那就是债务人不履行其对债权人的到期债务，又不以诉讼或者仲裁方式向相对人主张其享有的债权或者与该债权有关的从权利，致使债权人的到期债权未能实现。

（三）债务人怠于行使其到期债权或者其从权利，对债权人造成损害

在债权成立之后，如果债务人实施了减少其财产的行为，就会导致其财产总额减少，这是财产的积极减少；如果债务人不积极行使其财产权利，就会使其财产应增加而未能增加，造成事实上的财产总额的减少，这是财产的消极减少。不论是财产的积极减少还是财产的消极减少，均会影响到债权人的权利实现。代位权的设定是以增加债务人财产进而增强债务人的责任能力为目的，来保障债权人债权的实现。

如果债务人现有的财产足以清偿其对债权人的所有债务，此时债务人发生的财产的积极减少或是消极减少，都不会危及债权人债权的实现，对债权无任何的损害，债权人也没有行使代位权的必要。如果债务人现有的财产已经不足以清偿其对债权人的所有债务，此时债务人发生的财产的积极减少或是消极减少，都会危及债权人债权的实现，损害到债权，债权人便有了行使代位权的必要。因此是否对债权造成损害，就是看债务人的财产是否足以清偿债务。债务人的责任财产本身已不足以清偿全部债务，则应增加而未增加财产的行为就是对责任财产的损害，进而是对债权人债权的损害。

（四）债务人的债权非专属债务人自身债权

能够使债权人行使代位权的应该是非专属于债务人自身的权利。《合同编通则司法解释》第三十四条规定的专属于债务人自身的权利有：1.抚养费、赡养费或者扶养费请求权；2.人身损害赔偿请求权；3.劳动报酬请求权，但是超过债务人及其所扶养家属的生活必需费用的部分除外；4.请求支付基本养老保险金、失业保险金、最低生活保障金等保障当事人基本生活的权利；5.其他专属于债务人自身的权利。例如，甲欠乙债务2000元到期未还，甲无其他财产，但是丙尚欠甲赡养费3000元，甲到期未主张。此时乙不能对丙行使代位权，因为赡养费是专属于债务人的债权。

三、代位权的行使范围和费用负担

（一）代位权的行使范围

根据《民法典》第五百三十五条第二款的规定，代位权的行使范围以债权人的到期债权为限。债权人行使代位权的必要费用，由债务人负担。债权人代位行使债务人的权利所获得的价值应该与所需要保全的债权的价值相当。如果超出保全债权的范围，应分割行使债务人的权利。不能分割行使的，方可行使全部的权利。如果债权人行使债务人的一项或若干项债权就足以保全自身债权的，那就不用就债务人的其他权利或全部权利行使代位权。例如，甲欠乙货款2万元，到期未还。丙欠甲借款4万元，到期未还。此时乙只需要就自身的2万元主张代位权即可。如果甲欠乙货款4万元，到期未还。丙欠甲借款2万元，到期未还。此时乙只能就次债务人对债务人所负债务也就是2万元主张代位权。

（二）代位权的费用负担

债权人对代位权的行使，会产生相关的费用。产生的费用由债务人负担。债权人行使代位权产生的费用，也就是实现债权的费用，或者说是债务人履行债务所产生的费用。这些费用因属于债务人清偿债务过程中产生的费用，原本就应该由债务人来承担。但是考虑到债权人的代位权行使只能通过诉讼的途径，代位权诉讼中原告是债权人，被告是次债务人，债务人是第三人，由于债务人不是作为诉讼被告出现的，在代位权诉讼中，债权人胜诉的，诉讼费由次债务人负担，从实现的债权中优先支付。次债务人承担完毕诉讼费用后，最终仍然应该由债务人来承担。例如，甲欠乙货款 2 万元，到期未还。丙欠甲 4 万元，到期未还，甲未主张。乙将丙诉至法院，标的为 2 万元。诉讼中，乙举证为代位权诉讼共花费诉讼费用 2000 元，该笔费用应由丙来承担。之后甲起诉丙追讨剩下的债权数额，丙应给付甲的不是 2 万元，而应该是 1.8 万元。

四、代位权行使的效力

代位权行使的效力，涉及三方面的当事人，即债权人、债务人和次债务人。因此，代位权行使的效力具体表现在对这三方当事人所产生的效力之上。

（一）对债权人的效力

《民法典》第五百三十七条规定："人民法院认定代位权成立的，由债务人的相对人向债权人履行义务，债权人接受履行后，债权人与债务人、债务人与相对人之间相应的权利义务终止。债务人对相对人的债权或者与该债权有关的从权利被采取保全、执行措施，或者债务人破产的，依照相关法律的规定处理。"依据此条规定，代位权行使的直接效果归属于债权人。如此规定一则激励债权人积极主张自身的债权，二则防止债权人"搭便车"现象的出现。所谓的"搭便车"，指的是将代位权人行使代位权后所取得的财产完全在债权人中间平均分配，由全体债权人共享代位权诉讼的成果。将代位权行使的直接效果归属于债权人，是为了确保代位权人的公平待遇，也是为了与破产还债制度及参与分配制度相区别。但是如此规定也有其不妥之处，一是代位权的直接效果归属于债权人，实质具有了优先受偿性。但代位权毕竟是债权的一项权能，不是物权，不具有物权的优先性。债权人行使代位权不能优先受偿。二是如此做法会有损债权的平等性规则。当债务人的债权人人数较多时，后设立的债权抢先发动代位权诉讼，通过行使代位权实现自身的债权，会损及其他债权人的合法权益。

（二）对债务人的效力

对于债务人而言，次债务人向债权人履行清偿义务，而不是向自身履行清偿义务，代位权的直接效果归属于债权人，因此，债务人与债权人之间的债权债务关系因清偿而消灭。债务人与次债务人之间的债权债务关系相应消灭。如果债权人的债权范围与债务人的债权范围是相等的，随着次债务人向债权人的债务履行，债权人与债务人、债务人与次债务人之间的债权债务关系均消灭。如果债权人的债权范围小于债务人的债权范围，随着次债务人向债权人的债务履行，债权人与债务人之间的债权债务关系消灭，债务人与次债务人之间剩余的债权债务关系仍然存在，债务人可就剩余部分的债权向次债务人主张权利。如果债权人的债权范围大于债务人的债权范围，随着次债务人向债权人履行债务，债务人与次债务人之间的债权债务关系消灭，债权人与债务人之间剩余的债权债务关系，只能另觅他径解决。

（三）对次债务人的效力

对次债务人而言，代位权的行使并不影响其原有的法律地位和利益，其用来对抗债务人的抗辩权，也可用来对抗债权人。次债务人不得以其与债务人之间没有合同关系为由，拒绝参与诉讼或是以此提出抗辩。代位权请求一旦被法院认可成立，次债务人应向债权人履行债务。

第三节　债权人的撤销权

一、撤销权的概念

根据《民法典》第五百三十八条、第五百三十九条的规定，债权人的撤销权，是指债权人对于债务人实施的减少财产的行为危及债权人的债权实现时，有请求法院撤销其行为的权利。简言之，就是请求撤销债务人不当处分自身财产行为的权利。例如，甲欠乙20万元到期无力偿还，其父病故后遗有价值15万元的住房1套，甲为唯一继承人。乙得知后与甲联系，希望以房抵债。甲便对好友丙说："反正房子我继承了也要拿去抵债，不如送给你算了。"二人遂订立赠与协议。（2006年司考真题）此时乙可对甲的行为行使撤销权，以确保自身债权的实现。

债权人的撤销权是一种实体法上的权利而非诉讼法上的权利，只是其行使仍要通过诉讼的形式来进行。法律设立撤销权的目的，是通过对债务人不当处分财产行为的撤销，产生恢复原状的后果，从而增加债务人责任财产的总额，增强债务人债务清偿的能力。恢复原状是撤销权行使的必然结果，撤销权的行使只依赖于债权人的意思表示，由此，撤销权具有形成权的特点。同时，债权人的撤销权是一项债权的权能，源于法律的规定，不是与物权、债权相对应的独立的民事权利。

债权人的撤销权与可撤销合同中的撤销权是不同的，主要区别如下：

第一，二者分属于两种不同的合同制度。债权人的撤销权属于债的保全制度，可撤销合同中的撤销权属于合同效力制度。债权人的撤销权设立的目的是保障债权人债权的实现，撤销债务人不当的财产处分行为。可撤销合同中的撤销权设立的目的是贯彻意思自治原则，针对意思表示不真实的行为予以撤销，实现撤销权人的利益。

第二，权利享有的主体不同。债权人的撤销权，顾名思义，享有者应该是债权人。可撤销合同中的撤销权的享有者应该是利益受到重大影响的人，例如重大误解人、受欺诈者、被胁迫者等。

第三，撤销对象不同。债权人的撤销权，针对的对象是债务人不当处分自身财产的行为，例如放弃到期债权、以明显不合理的低价转让财产等。可撤销合同中的撤销权，针对的对象是意思表示不真实的合同，例如显失公平订立的合同、乘人之危订立的合同等。

第四，效力不同。债权人的撤销权针对债务人，或债务人与第三人之间实施的有害于债权人权利的财产处分行为。撤销权的效力不仅针对债务人本人，而且针对债务人与第三人之间的行为，因此债权人的撤销权打破了合同相对性规则，是合同对外效力的体现。可撤销合同中的撤销权针对的是意思表示不真实的行为，仍然是在合同关系内，对意思表示不真实的一方当事人的行为予以撤销，撤销的是合同主体的行为，仍然遵守合同相对性规则。

二、撤销权的成立要件

根据《民法典》第五百三十八条、第五百三十九条规定，债权人撤销权的成立，须符合客观和主观两方面的要件，且因债务人所为行为是否有偿而不同。

（一）针对债务人无偿处分财产权益行使撤销权的条件

《民法典》第五百三十八条规定："债务人以放弃其债权、放弃债权担保、无偿转让财产等方式无偿处分财产权益，或者恶意延长其到期债权的履行期限，影响债权人的债权实现的，债权人可以请求人民法院撤销债务人的行为。"依据此条规定，针对债务人无偿处分财产权益行使撤销权的条件为：

"债权人撤销权" 微课

1. 债务人实施了法律上的无偿处分财产的行为。具体包括：

（1）放弃债权。债务人明确表示免除其债务人的债务。例如，乙欠甲8万元债务到期未还，乙无其他财产，但尚有丙的欠款8万元，已经到期。一日，乙向丙发出通知，免除丙的债务。此时甲便可行使撤销权，撤销乙的免除债务的行为。债务人放弃的债权不论是否到期，均导致自身责任财产的减少，影响债权的实现，给债权人造成损害。

（2）放弃债权担保。债权担保有利于保障债权的实现，在债务人无法履行债务时，债权人有权请求担保人承担担保责任，从而使其债权得以实现。如果债务人放弃了其债权的担保，将使其债权的担保人不再承担担保责任，从而影响到其债权的实现，导致债务人责任财产不足。

（3）无偿转让财产。主要是指将财产赠与他人。需要注意的是，此时的赠与应该是已经实际发生，赠与人已经将赠与物交付给受赠人。如果仅仅是存有赠与合同，还没有为实际的赠与物的交付，债权人还不能够行使撤销权。

（4）恶意延长其到期债权的履行期限。债务人恶意延长到期债权的履行期限，会导致债务人无法获得其应当获得的给付，从而影响到债权人债权的实现。

2. 债务人处分财产的行为已经发生法律效力。债权人之所以要行使撤销权，是因为债务人处分财产的行为已经生效，财产已经发生了转移，债务人的责任财产已经减少或应增加而未增加，债务人的履行能力已经减弱。对债权人而言实有撤销的必要。如果债务人处分财产的行为没有发生效力，财产尚未发生变化，债务人的责任财产和履行能力尚未有任何不利于债权人的变化，债权人自无行使撤销权的必要。如果债务人处分财产的行为无效或是可撤销，无须债权人行使保全手段，合同自始无效。

3. 债务人的行为危及债权实现。债务人积极减少财产，如无偿转让财产，消极减少财产，如放弃到期债权，都会使债务人的责任财产减少而危及债权实现。当然，无论是积极减少财产还是消极减少财产，如果减少后的责任财产均足以清偿债务，其行为对债权人的债权也不会有害。因此，有害债权的行为介定是以债务人现有的财产无力清偿债务或无法清偿全部债务为准，即债务人处于无资力或弱资力状态。例如，乙欠甲 10 万元，到期未还。一日，乙将其价值 15 万元的私家车赠与丙，尚有银行存款 12 万元。此时，甲不能行使撤销权。原因是虽然债务人乙有财产处分行为，但是该处分行为并没有导致债务人偿债能力减弱，剩下的银行存款仍足以保障债权的实现，没有危及债权。

（二）针对债务人有偿处分财产权益行使撤销权的条件

《民法典》第五百三十九条规定："债务人以明显不合理的低价转让财产、以明显不合理的高价受让他人财产或者为他人的债务提供担保，影响债权人的债权实现，债务人的相对人知道或者应当知道该情形的，债权人可以请求人民法院撤销债务人的行为。"依据此条规定，针对债务人有偿处分财产权益行使撤销权的条件包括：

1. 债务人实施了不合理的有偿处分财产权益的行为。

（1）以明显不合理的低价转让财产。《合同编通则司法解释》第四十二条规定："对于民法典第五百三十九条规定的'明显不合理'的低价或者高价，人民法院应当按照交易当地一般经营者的判断，并参考交易时交易地的市场交易价或者物价部门指导价予以认定。转让价格未达到交易时交易地的市场交易价或者指导价百分之七十的，一般可以认定为'明显不合理的低价'；受让价格高于交易时交易地的市场交易价或者指导价百分之三十的，一般可以认定为'明显不合理的高价'。债务人与相对人存在亲属关系、关联关系的，不受前款规定的百分之七十、百分之三十的限制。"《合同编通则司法解释》第四十三条规定："债务人以明显不合理的价格，实施互易财产、以物抵债、出租或者承租财产、知识产权许可使用等行为，影响债权人的债权实现，债务人的相对人知道或者应当知道该情形，债权人请求撤销债务人的行为的，人民法院应当依据民法典第五百三十九条的规定予以支持。"

（2）以明显不合理的高价受让他人财产。同样适用《合同编通则司法解释》第四十二条、第四十三条的规定。

（3）为他人的债务提供担保。债务人为他人提供担保，将有可能导致其承担担保责任，减少责任财产，从而影响债权人债权的实现。

2. 影响债权人债权的实现。债务人有偿处分财产的行为影响到债权人债权的实现，债权人才需要通过撤销债务人不当的处分行为，以恢复债务人的责任财产，保障债权人债权的实现。

3. 相对人具有恶意。根据《民法典》第五百三十九条的规定，债务人的相对人知道或者应当知道债务人处分财产的行为将会影响到债权人债权实现时，债权人才能主张撤销。此时，相对人具有恶意，自无保护的必要。对相对人的恶意，债权人负有举证责任。

三、撤销权的行使

（一）债权人撤销权的行使方式

撤销权的行使须以债权人自己的名义，通过诉讼的方式在债权人债权的范围内进行。一方面，如果以债务人的名义而不以债权人自己的名义行使撤销权，则与债务人自己行使无区别，而且易与代理相混淆，违反了撤销权的债权保全目的，因而撤销权只能以债权人自己的名义来行使。另一方面，因为撤销权行使的结果可能导致债务人与第三人之间的行为被撤销，对第三人具有重大的利害关系，撤销与否应由法院审查之后才能确定，因而撤销权的行使须通过诉讼的方式进行。

在以诉讼方式行使撤销权的过程中，根据《合同编通则司法解释》第四十四条第一款的规定，债权人依据《民法典》第五百三十八条、第五百三十九条的规定提起撤销权诉讼的，应当以债务人和债务人的相对人为共同被告，由债务人或者相对人的住所地人民法院管辖，但是依法应当适用专属管辖规定的除外。

撤销权的行使范围以债权人的债权为限，债权人因行使撤销权而得到的财产价值与债权人的债权价值相当。不论有多少债权人就同一债务人主张行使撤销权，一般情况下各个债权人只能就自身的债权行使撤销权。但是根据《合同编通则司法解释》第四十五条第一款的规定，被撤销行为的标的可分，当事人主张在受影响的债权范围内撤销债务人的行为的，人民法院应予支持，被撤销行为的标的不可分，债权人主张将债务人的行为全部撤销的，人民法院应予支持。

（二）债权人撤销权行使的效力

《民法典》第五百四十二条规定："债务人影响债权人的债权实现的行为被撤销的，自始没有法律约束力。"依据此条规定，撤销权行使的效力是绝对无效，对债权人、债务人、第三人而言，撤销权行使的后果具体为：

1. 对债务人的效力。被撤销的债务人的行为自始无效，放弃的债权视为从未放弃，无偿或有偿转让的财产视为未转让。不仅如此，还会产生无效行为的后果，也就是对返还财产的接收、接受赔偿的损失等。

2. 对第三人的效力。债权视为继续存在的，第三人负有向债务人履行债务的义务，以增加债务人的责任财产，增强债务人的履行能力。第三人已受领债务人财产的，负有返还不当得利的义务，不能返还的财产应折价赔偿；已支付的代价可要求债务人返还。

3. 对债权人的效力。行使撤销权的债权人应将行使所得财产加入债务人的责任财产中，作为一般债权人的共同担保，而无优先受偿的权利。实践中，法院审理撤销权案件，程序上没有发出公告要求债务人的其他债权人申报债权的规定，行使撤销权的债权人也不可能知道债务人的其他债权人。为保障撤销权人的利益，法院往往在认定撤销权成立的同时，将通过行使撤销权所获得的财产用以清偿对债权人的债务。

（三）债权人撤销权行使的法律限制

法律一方面赋予债权人一定的撤销权，以保护其债权不受侵害，另一方面又对债权人行使权利进行时间上的限制。根据《民法典》第五百四十一条的规定，在债权人知道或者应当知道撤销事由的情形下，债权人撤销权行使的时间期限为一年。自债权人知道或应当知道撤销事由存在之日起计算。在债权人不知道或不应知道撤销事由存在的情形下，债权人撤销权行使的时间期限为 5 年。自债务人实施行为之日起计算。如果债权人未能在法律规定的时间内行使撤销权，该撤销权消灭，债权人无权就债务人侵害其债权的行为请求法律的救济。

第六章课件

第七章

合同的变更和转让

🏛 导读案例

飞跃律师事务所为航远公司提供法律服务，后航远公司未足额支付律师费。为保障债务履行，航远公司另安排其控股的两家公司签署了"债务加入协议"。因 3 家公司均未履行支付义务，飞跃律所诉至法院，要求三被告共同支付尚欠的律师费 267 万元。人民法院经审理，判决航远公司向飞跃律所支付律师费 267 万元，另两家公司对前述债务不能清偿部分的 1/2 承担还款责任。

飞跃律所诉称，其律所长期为航远公司提供法律服务，但航远公司因经营困难未足额支付律师费。2022 年 1 月，航远公司向飞跃律所出具确认函，确认其欠付飞跃律所律师费共计 267 万元，并承诺于两个月内支付完毕。后航远公司安排其控股的鑫达公司与天铭公司同飞跃律所签订"债务加入协议"，约定鑫达公司、天铭公司与航远公司共同向飞跃律所承担上述律师费的支付义务。后上述 3 家公司均未依约履行支付义务，故飞跃律所诉至法院，要求 3 家公司共同向其支付律师费 267 万元。

航远公司、鑫达公司与天铭公司共同辩称，对上述律师费的欠款数额予以认可，鑫达公司与天铭公司就上述债务加入事宜仅作出过相应的董事会决议，无法作出股东会决议。

法院经审理后认为，首先，根据确认函的约定，航远公司应向飞跃律所支付律师费 267 万元，现其未依约支付该款项，构成违约。飞跃律所要求航远公司支付该笔款项，应予以支持。

其次，鑫达公司与天铭公司系加入其股东航远公司的债务，故就此应经过该公司的股东会决议，而非董事会决议。鑫达公司与天铭公司未就该事宜作出股东会决议，且本案亦不属于无须机关决议的例外情况，故"债务加入协议"中相应债务加入的约定无效。因飞跃律所在签订"债务加入协议"时，未尽到审查鑫达公司与天铭公司股东会决议的审慎义务，鑫达公司与天铭公司在签订该协议时，亦未对其公章予以妥善管理，故飞跃律所与鑫达公司、天铭公司对上述债务加入条款无效均有过错，鑫达公司、天铭公司应当参照担保无效的规定承担责任，即其承担的赔偿责任不应超过债务人不能清偿部分的1/2。

法院最终判决航远公司向飞跃律所支付律师费267万元，鑫达公司、天铭公司对前述债务不能清偿部分的1/2承担还款责任。宣判后，双方当事人均未上诉，该判决现已生效。

问题提出

1. 合同变更需具备什么条件？
2. 合同债权的转让须具备什么条件？
3. 合同债权转让会产生怎样的效力？
4. 合同债务转移需要具备什么条件？
5. 合同债务转移会产生怎样的效力？
6. 债务的加入与合同债务转移的区别是什么？

第一节　合同的变更

一、合同变更的概念和特征

一般而言，合同的变更有广义与狭义之分。广义的合同变更，是指合同内容的变更和合同主体的变更。合同内容的变更，指的是合同主体不变的情况下，合同的内容发生变动。合同主体的变更，指的是在不改变合同内容的情况下变动合同的债权人或债务人。在合同主体变更的情形下，无论是更换债权人，还是改变债务人，都发生了合同债权义务的转移，即合同债权债务被转移给新的债权人或债务人。因此，合同主体的变更实际上是合同债权债务的转让。合同主体的变更将作为合同的转让专门加以探讨。

狭义的合同变更仅指合同内容的变更，指的是合同在成立之后，尚未履行或尚未完全履行以前，当事人不变而仅变动合同内容的情况。《民法典》第五百四十三条规定："当事人协商一致，可以变更合同。"依据此条规定，合同变更是在合同主体没有变化的情况下进行的，指的是狭义的合同变更，也就是在合同主体保持不变的情况下，当事人就合同内容达成修改或是补充的协议。合同变更主要具有以下特征：

第一，合同的变更既可以基于当事人的约定，也可以根据法律的规定。《民法典》第五百四十三条规定："当事人协商一致，可以变更合同。"据此规定，有关合同的任何变化都需要双方当事人协商一致，在原合同基础上达成新的协议。任何一方未经对方同意，无正当理由擅自变更合同内容的，不仅不会对对方当事人产生法律约束力，而且会构成违约。合同的变更必须经过合同当事人的协商，在未达成一致意见之前，原合同关系继续有效。

合同的变更除了当事人的约定外，还可根据法律的规定。合同履行阶段构成情势变更的，法院或是仲裁机构可对原合同进行变更。此时的变更同样是在保持合同主体不变的情况下，就原合同内容予以修改和补充。法定变更情况下，当事人须向法院或是仲裁机构提出变更申请，不得不经诉讼或仲裁单方行使变更权。

第二，合同内容的变更仅仅是合同内容的部分变化，而不是合同内容的全部变更，只是在原合同的基础上就部分内容作些修改或是补充。例如，履行期限的改变、交货地点的改变、增加标的数量、修改标的价款等。合同变更如果是对整个合同内容作出变更，实际上是原合同的消灭，新合同的产生。需要注意的是，如果合同内容的变更涉及的是合同标的的变更，就不属于合同变更的范畴。因为标的是合同债权义务所共同指向的对象，标的发生变更，合同债权义务也就随之发生变更，影响到原合同关系的存续。所以合同变更不涉及合同标的的变化，合同标的的发生变化，在理论上称为合同的更新，指的是合同主体协议变更原合同的标的，从而使变更后的合同与变更前的合同在内容上失去同一性与连续性，导致原合同关系消灭，新合同关系发生。

合同变更与合同更新的区别在于：首先，合同构成要素变化不同。合同变更指的是标的之外的要素变更，合同的更新则仅为标的要素的变更。其次，发生的法律后果不同。合同变更是在原合同基础上为之，变更前后的合同仍保持同一性和连续性，原合同关系继续存在。合同更新则是合同内容的实质性变化，发生原合同关系消灭和新合同关系产生的效果。再次，合同变更可能是当事人双方协议的产物，也可能是司法裁判的结果，但合同更新只能是当事人双方协商一致的产物。最后，合同的更新已使合同关系失去同一性，因此，附着于原合同的利益和瑕疵归于消灭；而合同的变更并未使合同关系失去同一性，附着于原合同的利益与瑕疵继续存在。

第三，合同的变更，主要使合同内容发生变化。合同主体在变更合同以后，需要增加新的内容或是改变合同的某些内容。合同变更以后，不能完全按照之前的合同内容履行，而应按照变更后的权利义务关系来履行。合同变更之后，变更之外的合同内容继续有效，当事人应按照变更后的合同的内容履行义务，任何一方违反变更后的合同都将构成违约。在变更范围内，原债权债务关系消灭。

二、合同变更的条件

合同变更只有具备以下要件才能产生变更合同的效果：

（一）原已存在有效的合同关系

合同变更建立在原来有效存在的合同关系的基础上，无原合同关系就无变更的对象。

当事人之间通过协商改变原合同内容。因此，当事人之间原存有有效的合同关系。不存有原合同关系，不可能发生变更。合同被确认无效或者被撤销，不能发生变更。

（二）须有合同内容的变化

合同变更仅为合同内容的变化，因此合同内容发生变化是合同变更不可或缺的条件。合同内容变更指的是合同标的要素之外的合同内容的变更。根据《民法典》第五百四十四条的规定，当事人对合同变更的内容约定不明确的，推定为未变更。当事人约定不明确，是指当事人对合同变更的内容约定含糊，让人难以判断约定的新内容与原合同内容有何区别。合同的变更会改变当事人之间的权利义务关系，直接关系到当事人的切身利益，为避免日后发生争议，合同变更本身应当是明确的。

（三）合同的变更须依当事人的协议

当事人协商一致变更原合同是合同自由原则的体现，因此，当事人的合意是引起合同关系变更的重要法律事实。合同当事人在原合同关系的基础上，通过对合同内容的修正或是补充来完成合同变更，这种变更实际上是以合意变更合同的程序，应遵循关于合同订立的要约承诺规则。这里所谓的要约，应为变更原合同的要约，须包含变更原合同内容这一要点，而承诺则指对该要约的完全接受。

因法定情况的出现而由法院或仲裁机构裁决的合同变更，可称为合同的司法变更。这种变更涉及司法权力对合同当事人意思自治的干预，因而只有在法律有明文规定或当事人有此请求时，法院方可为之。

此外，《民法典》第五百零二条第三款规定："依照法律、行政法规的规定，合同的变更、转让、解除等情形应当办理批准等手续的，适用前款规定。"依据此条款规定，合同变更若有法定程序和方式要求，应遵循法定程序和方式。

三、合同变更的效力

合同一经变更，即产生以下法律效力：

第一，合同变更部分取代被变更的部分，但原合同未变更部分仍继续有效。因此，在合同变更后，当事人应按照变更后的合同内容进行履行，否则将构成违约。

第二，合同变更原则上仅向将来发生效力，对已履行的部分没有溯及力，已经履行的债务不因合同的变更失去其法律根据。因此，除当事人另有约定外，任何一方不得因合同的变更而要求对方返还已为的给付。

第三，合同变更，合同仍保持其同一性，不对合同当事人的基本权利义务产生影响，附着于原合同的利益和瑕疵继续存在，原合同有对价关系的也仍保有同时履行抗辩权。

需要注意的是，合同变更对原合同担保所产生的影响。合同变更，原合同关系得以维持，担保关系并不必然维持。原因在于合同的变更有可能会增加债务人的负担。如保证担保。《民法典》第六百九十五条规定："债权人和债务人未经保证人书面同意，协商变更主债权债务合同内容，减轻债务的，保证人仍对变更后的债务承担保证责任；加重债务的，保证人对加重的部分不承担保证责任。债权人和债务人变更主债权债务合同的履行期限，未经保证人书面同意的，保证期间不受影响。"

第二节　合同债权的转让

一、合同债权转让的概念和特征

根据《民法典》第五百四十五条的规定，债权人可以将债权的全部或者部分转让给第三人。合同债权转让，是指在不改变合同内容的基础上，债权人通过与第三人订立合同，将自身享有的债权全部或是部分转让给第三人的行为。其中的债权人称为让与人，第三人称作受让人。合同债权转让，也称为债权让与，具有如下特征：

第一，合同债权的转让是在不改变合同内容的基础上，合同债权的主体发生变化。合同债权转让的当事人是债权人和第三人，债务人不是也不可能是合同债权转让的当事人。债权人将其在合同关系中的权利全部或是部分转让给第三人，合同的内容不被触及，继续有效。

第二，合同转让的对象是合同债权。债权是一种财产权，能给权利人带来利益，因此可以成为转让的标的。债权的转让与物权的转让在性质上是不同的。例如，甲乙之间订立买卖合同，甲先给付货物，乙尚未付款 30 万元。甲与丙达成协议，将甲对乙的债权让与丙。此时成立的就是债权让与，也就是合同债权的转让。甲乙之间达成建设用地使用权转让合同，虽然也是权利的转让，但是转让的不是合同债权，而是用益物权，因此不属于合同债权的转让。债权的转让一般适用合同法的调整，物权的转让既受合同法的调整，又受物权法的调整。

第三，合同债权的转让可以是全部的，也可以是部分的。债权人将自己在合同关系中的债权转让给第三人，可以是全部的合同债权，也可以是部分的合同债权。转让全部的合同债权时，第三人取代债权人的地位，成为新的合同关系当事人；转让部分合同债权时，第三人加入合同关系中，与债权人一起成为合同关系的当事人，与债权人共享债权。合同债权人的改变，并不改变合同债权的内容，亦即须保持合同内容的同一性。

二、合同债权转让的条件

（一）须有有效的债权存在

债权的有效存在，是债权让与的基本前提。将不存在或已消灭的合同债权让与他人的，属让与合同的自始履行不能，受让人因此受到的损害，应由让与人承担赔偿责任。有效存在的合同债权，是指该债权真实存在且未消灭，但这并不要求它一定能得到实现。因此，让与人仅对让与的债权负有保证其确实存在的义务，而并无义务保证其债务人限时清偿债务。

诉讼时效已经届满的债权，债权本身仍然是确实存在的，债务人仍有可能履行债务，且债务人履行以后也不得以不当得利为由请求返还，因此诉讼时效已经届满的债权可以成为合同债权转让的标的。有效的债权存在，只要求债权的存在是确实的，是受到法律保护与肯定的。

（二）让与人和受让人须就合同债权的转让达成合意

合同债权的转让，必须由让与人与受让人订立权利转让合同，债权让与属于合同行为，应该具备合同生效的条件。要特别注意的是，作为权利的处分行为，合同债权的转让要求让与人对该债权具有处分权。除无记名债权外，债权的让与不适用善意取得制度。

（三）被让与的合同债权应具有可让与性

在绝大多数的情况下，合同债权是可以转让的。但合同债权毕竟是特定人之间自由创设的权利，它有时建立在当事人相互信赖或特定利益的基础之上，其可转让性往往受到此种债权之性质的限制；另外，法律基于落实社会政策和保护社会公共秩序的考虑，又不得不禁止一些合同债权的可转让性。所以，并非一切合同债权均可作为让与的标的。根据我国《民法典》第五百四十五条的规定，下列合同债权不得转让：

1. 根据债权性质不得转让。这种债权指的是根据合同性质只能在特定当事人之间发生才能实现合同目的的权利，如果转让给第三人，将会使合同的内容发生变更。该类债权常见的有三种：（1）根据个人信任关系，必须由特定人受领的债权，例如雇佣、委托等关系产生的债权。（2）以特定的债权人为基础发生的合同债权，例如以某个特定演员的演出活动为基础订立的演出合同产生的债权。（3）从权利，例如因担保而产生的权利，从权利不得与主权利相分离而单独转让。

2. 按照当事人的约定不得转让。根据合同自由原则，当事人在订立合同时或者订立合同后约定禁止任何一方转让合同债权，只要此约定不违反法律的禁止性规定和社会公共道德，就具有法律效力。任何一方违反此约定而转让合同债权，将构成违约行为。禁止合同债权转让的约定，可以是禁止转让给某一个人，也可以是禁止转让给一切不特定的人；可以是在合同有效期限内不得转让，也可以是在某个时期不得转让。此外，受合同相对性规则的约束，当事人关于债权不得让与的约定，仅在当事人之间具有效力，对第三人一般不具有效力，条件构成的情况下，第三人可主张善意取得。

3. 依照法律规定不得转让。法律规定禁止转让的债权，常见的有三种：（1）以特定身份为基础的债权，例如抚养费请求权、赡养费请求权等。（2）公法上的债权，例如抚恤金债权、退休金债权、劳动保险金债权等。（3）因人身权受到侵害而产生的损害赔偿请求权，例如因身体健康、名誉受侵害而产生的赔偿金债权、抚慰金债权等。

（四）须通知债务人

合同债权转让不具有公示性，且只在债权人与第三人之间进行，如果不告知债务人合同债权已经发生转让，债务人基于合同相对性的要求，仍然会向原债权人履行合同债务，如此一来，合同债权转让的目的就实现不了。为此，《民法典》第五百四十六条规定："债权人转让债权，未通知债务人的，该转让对债务人不发生效力。债权转让的通知不得撤销，但经受让人同意的除外。"债权作为一种财产权利可以自由流转，债务人不会因为债权人变换而处于不利地位，因此债权自由转让不需要债务人同意。但是为了避免债务人错误地向非债权人清偿而承受损失，法律规定以让与通知作为对债务人的生效要件，只要得到原债权人的通知，即使向债权的非归属方清偿亦为有效。

通知的意思表示具体采用什么方式，法律未作限制，口头形式、书面形式均可。原则上应以书面形式订立合同，合同债权转让应当采用书面形式。法律、行政法规有特别规定的，应当遵照其规定。例如，我国票据法规定汇票债权转让的，以背书方式进行。合同债权转让的通知到达债务人时发生效力，债务人接收到通知后，不再向原债权人履行合同债务，应以受让人为债权人，向受让人为合同清偿。合同债权的通知一旦发生效力，债权人不得撤销，但是受让人同意的除外。这种情况实际是受让人变为让与人，将其受让的合同债权再转让给原合同债权人。

需要注意的是，合同债权的转让，债务人在接到债权转让通知前已经向让与人履行的，根据《合同编通则司法解释》第四十八条的规定，受让人请求债务人履行的，人民法院不予支持；债务人接到债权转让通知后仍然向让与人履行，受让人请求债务人履行的，人民法院应予支持。让与人未通知债务人，受让人直接起诉债务人请求履行债务，人民法院经审理确认债权转让事实的，应当认定债权转让自起诉状副本送达时对债务人发生效力。债务人主张因未通知而给其增加的费用或者造成的损失从认定的债权数额中扣除的，人民法院依法予以支持。让与人将同一债权转让给两个以上受让人，根据《民法典合同编通则司法解释》第五十条的规定，债务人以已经向最先通知的受让人履行为由主张其不再履行债务的，人民法院应予支持。债务人明知接受履行的受让人不是最先通知的受让人，最先通知的受让人请求债务人继续履行债务或者依据债权转让协议请求让与人承担违约责任的，人民法院应予支持；最先通知的受让人请求接受履行的受让人返还其接受的财产的，人民法院不予支持，但是接受履行的受让人明知该债权在其受让前已经转让给其他受让人的除外。最先通知的受让人，是指最先到达债务人的转让通知中载明的受让人。当事人之间对通知到达时间有争议的，人民法院应当结合通知的方式等因素综合判断，而不能仅根据债务人认可的通知时间或者通知记载的时间予以认定。当事人采用邮寄、通讯电子系统等方式发出通知的，人民法院应当以邮戳时间或者通讯电子系统记载的时间等作为认定通知到达时间的依据。

三、合同债权转让的法律效力

合同债权转让有效成立后，即在让与人和受让人之间产生法律效力，并在已为让与通知后，对债务人也产生一定法律效果。其中，在让与人和受让人之间的效力，称为合同债权转让的对内效力；对债务人的效力，则称为合同债权转让的对外效力。

（一）合同债权转让的对内效力

1. 合同债权由让与人转让给受让人。合同债权转让如果是全部转让的，受让人便作为新的债权人成为合同债权的主体，转让人脱离合同关系，由受让人取代其地位。如果是部分转让，受让人加入现有的合同关系中，与转让人一起成为合同债权的主体。

2. 非专属于债权人的从权利随同主权利一起转移。《民法典》第五百四十七条第一款规定："债权人转让债权的，受让人取得与债权有关的从权利，但是该从权利专属于债权人自身的除外。"此条款中的从权利，指的是以主权利的存在为前提的权利。常见的从权利除了担保权外，还有利息债权、违约金债权、损害赔偿请求权等等。从权利依附于主权利，主权利转移时，从权利一般也随之转移。债权人转让权利的，受让人取得与债权有关的从权利，正是基于主从权利关系而要求的。合同主权利发生转移，从属于主权利的从权利也随主权利转移给受让人。但从权利随之转移只是一般原则，专属于让与人自身的从权利并不随之转移。

3. 让与人的权利瑕疵担保责任。由于债权让与本身即为一种合同，因而在有偿让与时，在瑕疵担保问题上应适用买卖合同的有关规定。也就是说，在有偿让与债权时，让与人应保证所转让的债权没有瑕疵，亦即不受第三人的追索，但受让人明知权利有瑕疵或当事人限制或免除权利瑕疵担保责任的除外。

4. 因债权让与而增加的费用，应当由让与人负担。《民法典》第五百五十条规定："因债权转让增加的履行费用，由让与人负担。"依据此条规定，为了避免债务人在债权转让中遭受损失，因债权人转让债权增加的履行费用，应由让与人承担。

（二）合同债权转让的对外效力

1. 债务人不得再向转让人即原债权人履行债务。合同债权发生转移后，债务人应当将受让人作为债权人履行债务，其对让与人即原债权人的履行不能构成债的清偿，合同债务不能免除，仍须向受让人即新债权人履行债务。让与人如果受领债务人的给付，则属不当得利，债务人可以要求返还。

2. 债务人应向受让人即新债权人做出履行的义务。合同债权不论是全部转让，还是部分转让，受让人均取得了债权人的地位，成为新债权人，享有和原债权人同样的权利。债务人向原债权人履行合同债务的债被免除。

3. 凡债务人可对抗原债权人的一切抗辩，均可用以对抗受让人。根据《民法典》第五百四十八条规定，债务人接到债权转让通知后，债务人对让与人的抗辩，可以向受让人主张。为了保护债务人不因合同债权转让而处于不利地位，法律规定债务人可以对抗原债权人的抗辩权，亦可对抗新债权人，即受让人的抗辩权，例如行使同时履行抗辩权、债权无效抗辩权，进行时效完成的抗辩，等等。

4. 债务人的抵销权。《民法典》第五百四十九条规定："有下列情形之一的，债务人可以向受让人主张抵销：（一）债务人接到债权转让通知时，债务人对让与人享有债权，且债务人的债权先于转让的债权到期或者同时到期；（二）债务人的债权与转让的债权是基于同一合同产生。"依据此条规定，为保护债权转让中债务人的利益，如果债务人在债权实际转移之前已经对让与人（原债权人）享有债权，而且该债权先于转让债权或者同时到期，债务人本来可以通过行使抵销权实现其债权，但债权转移后，债务人无法向出让人主张抵销，其不仅要向受让人履行债务，而且不能向原债权人主张权利，债务人便会失去转让前其所享有的抵销权。为了保护债务人的利益不因债权转让而受损，法律赋予了债务人对受让人的抵销权。

第三节　合同债务的转移

一、合同债务转移的概念

合同债务的转移，又称为债务承担，是指不改变合同的内容，债权人或债务人通过与第三人订立转让合同债务的协议，将债务全部或部分地转移给第三人承担。合同债务转移可因法律的直接规定而发生，也可因法律行为而发生，因而合同债务转移一般指的是依照当事人之间的协议将债务人的债务转移于第三人承担。

"合同债务转移的概念"
微课

合同债务转移包括两种情形：第一种情形是指原债务人的债务全部转移于第三人，由该第三人代替原债务人的地位，而原债务人脱离债务关系。此为免责的债务承担。第二种情形是指第三人加入债务关系，原债务人并不脱离债务关系，而是与第三人一起对同一内容的债务负连带责任。此为并存的债务承担。根据《民法典》第五百五十一条的规定，合同债务转移包括了全部或部分的债务转移，也就是既有免责的债务承担，又有并存的债务承担。

合同债务转移与第三人代为履行较为相似，但两者的制度不同，彼此之间的区别主要表现为：

第一，在合同债务转移中，债务人与第三人达成债务转移的协议，要取得债权人的同意，否则不发生合同债务的转移。在第三人代为履行中，第三人并没有与债权人或债务人达成债务转移的协议。

第二，在合同债务转移中，债务人已经成为合同关系的当事人，如果义务是全部转移的，债务人退出合同关系，由第三人代替债务人取得合同主体的地位。如果义务是部分转移的，第三人与债务人一起成为合同关系的当事人。第三人代为履行中，第三人是因为于履行债务具有合法利益才介入合同履行的。

第三，在合同债务转移中，第三人已经成为合同关系的当事人，因此，若其未能按照合同约定履行债务，债权人可以直接请求其履行义务和承担违约责任。第三人代为履行中，债权人接受第三人履行后，其对债务人的债权转让给第三人。

二、合同债务转移的条件

合同债务的转移只有符合一定条件，才能产生效力。根据我国法律的规定，合同债务转移须具备如下条件。

（一）须有有效的合同债务存在

就本来不存在的债务订立合同债务转移合同，不发生合同债务转移的效力。当事人已转的合同债务只能是有效存在的债务。将来可能发生的债务虽然在理论上可由第三人承担，但仅在该债务有效成立后，合同债务才会发生转移。例如，附停止条件的合同债务，在合同债务有效发生时，转移协议才能生效。此外，合同债务转移的标的应当是合法债务，不法债务不能成为合同债务转移的标的。

（二）转移的合同债务应具有可转移性

不具有可转移性的债务，不能成为合同债务转移合同的标的。不得转移的债务主要包括：

第一，法律规定不得转移的债务。例如，因扶养请求权而发生的债务，仅可由第三人代为履行（履行承担），而不得将合同债务转移给第三人。

第二，性质上不可转移的债务，除非经债权人同意，否则不得转移。这种债务是指与特定债务人的人身具有密切联系的债务，它或者以特定债务人的特殊技能为基础，或者以特别的人身信任关系为基础，需要债务人亲自履行，因此不得转移。例如，以某著名演员的表演为标的的债务，以及委托合同中受托人的义务。

第三，债权人和债务人特别约定不得转移的债务，原则上不得转移。但这种特别约定也可因债权人同意债务人转移债务而失其效力，此时债务人转移债务的行为和债权人同意转移的行为，可视为他们取消该约定的行为。

第四，合同中的不作为义务，只能由特定合同关系当事人承担，而不能转移至他人。

（三）须存在合同债务转移的协议

合同债务转移，须由当事人达成转移的协议。该合同债务转移协议的订立有两种情况，既可以通过债权人与第三人订立，也可以通过债务人与第三人订立。债务人与第三人之间订立合同债务转移协议的，欲发生债务转移效果的，尚需债权人的同意。债权人与第三人之间订立合同债务转移协议的，可认为债权人已经同意由该第三人履行债务，因此债权人与第三人之间订立的转让协议，一旦成立即生效。

（四）须经债权人的同意

根据合同法的规定，合同债务的转移不同于合同债权的转让，必须经债权人同意。由于合同关系通常建立在债权人对债务人的履行能力有所信任的基础之上，如果未经债权人同意而将债务转移于第三人，该第三人是否有足够资力和信用履行债务，往往不能确定，债权人的利益也就难以得到保障。为了保护债权人的利益不受债务人和第三人之间的合同债务转移的影响，我国《民法典》第五百五十一条规定："债务人将债务的全部或者部分转移给第三人的，应当经债权人同意。债务人或者第三人可以催告债权人在合理期限内予以同意，债权人未作表示的，视为不同意。"合同债务的转移须经债权人的同意。如果未征得债权人同意，合同债务的转移对债权人不发生效力。债权人的同意可以采取口头形式或书面形式。如果债权人没有明确表态，但是已经将第三人作为其债务人向该第三人主张债务履行，可以推定债权人已经对合同债务的转移表示同意。

此外，《民法典》第五百零二条第三款规定："依照法律、行政法规的规定，合同的变更、转让、解除等情形应当办理批准等手续的，适用前款规定。"依据此条款规定，合同转让若有法定程序和方式要求，应遵循相应的法定程序和方式。

三、合同债务转移的效力

第一，合同债务全部转移的，债务人脱离债务关系，第三人成为新的债务人，取代原债务人而成为合同关系的当事人，新债务人直接向债权人承担债务。如果新债务人不履行或是履行不当，债权人只能向新债务人而不能向原债务人请求债务的履行或是要求其承担违约责任。合同债务部分转移的，第三人加入原合同关系，与债务人一起成为合同关系的主体，与债务人一起向债权人承担债务的履行。第三人与债务人各自的具体债务份额按照合同债务转移协议的约定处理。约定有份额的，按照彼此的份额向债权人承担相应的责任。份额难以确定的，视为份额相同。连带责任仅在法律有规定或者当事人有约定时才适用。

第二，合同债务转移后，新债务人可以主张原债务人对债权人的抗辩。根据《民法典》第五百五十三条的规定，债务人转移债务的，新债务人可以主张原债务人对债权人的抗辩；原债务人对债权人享有债权的，新债务人不得向债权人主张抵销。合同债务的转移使债务以转移时的状态转移给新债务人，因此，为了不让新债务人的利益受到损害，基于原债务而产生的抗辩权对于新债务人应继续有效。例如，债务具有无效原因，新债务人可就此向债权人主张无效。但专属于合同当事人的解除权和撤销权，只能由原债务人行使，新债务人不得享有。值得一提的是，合同债务的转移具有无因性，没有特别约定，新债务人不能基于原因行为的事由对抗债权人，只能基于所承担的债务本身所具有的抗辩事由向债权人行使抗辩权。

第三，非专属于原债务人的从义务转移于新债务人。《民法典》第五百五十四条规定："债务人转移债务的，新债务人应当承担与主债务有关的从债务，但是该从债务专属于原债务人自身的除外。"依据此条规定，当主债务转移时，从债务一般也要随之转移，因为从债务不能脱离主债务而独立存在。合同债务发生转移后，当事人如果没有约定从债务由谁来承担，则根据从跟主规则，从债务也由新债务人承担。如果经债权人同意，主从债务可以分开，主债务由新债务人承担，从债务由原债务人承担。但是专属于原债务人自身的从债务不能跟随主债务的转移而转移。此外，担保的从债务必须经担保人同意方能生效。例如保证期间，债权人许可债务人转让债务的，应当取得保证人的书面同意。

四、债务加入

《民法典》第五百五十二条规定："第三人与债务人约定加入债务并通知债权人，或者第三人向债权人表示愿意加入债务，债权人未在合理期限内明确拒绝的，债权人可以请求第三人在其愿意承担的债务范围内和债务人承担连带债务。"依据此条规定，第三人与债务人约定或者第三人向债权人表示愿意加入债务的，原债务人和第三人共同向债权人承担债务。此为债务加入。债务加入，原债务

"债务加入"案例

人并没有脱离债的关系。根据原债务人是否脱离债务关系，债务承担可分为免责债务承担和并存债务承担两种类型：如果第三人负担债务并且债务人从原债务关系中脱离，即为免责的债务承担，即便承担人不能履行债务或者陷入破产状态，原债务关系也不再恢复；如果原债务人没有从原债务关系中解脱而是与第三人共同承担，就构成并存的债务承担。由于债务人的偿还能力和可信赖程度对债权实现影响重大，所以在免责的债务承担中债权人承担了更大的风险，需要将其同意作为生效要件。《民法典》第五百五十一条规定的是免责的债务承担，也就是合同债务转移。《民法典》第五百五十二条规定的是并存债务承担，也就是债务加入。

（一）第三人与债务人约定的债务加入

第三人与债务人约定债务承担，使第三人受到债权债务关系的拘束，负有向债权人履行债务的义务。债务人通过自己和第三人向债权人履行债务。对于债权人而言，关注的是债权的最终实现，增加新的债务履行人，对其有百利而无一害。从此角度而言，第三人和债务人约定的债务加入具有真正利益第三人合同的性质。因此，第三人与债务人约定的债务加入不需要征得债权人的同意。虽然第三人与债务人约定的债务加入对债权人而言属于利益的设定，但是债权人对此具有选择权，只有债权人不表示拒绝时，才表明债权人对该利益的接受。因此，第三人与债务人约定的债务加入，尽管不需要征得债权人的同意，却要求债权人对此不表示拒绝，也就是债权人没有在合理期限内拒绝。

（二）第三人向债权人表示愿意加入债务

第三人向债权人表示愿意加入债务，构成单方允诺，也就是债务加入可以通过单方法律行为完成，只要第三人向债权人表达出承担债务的意图，债权人接受第三人的允诺，不需要进行明确同意的意思表示，只要不拒绝即可发生第三人加入债务的效果。第三人单方

允诺加入债务，既不会损害到债权人的利益也不会改变原债务人的地位。

在债务加入中，第三人承担债务的范围是全部债务还是部分债务，有明确约定的按照约定，没有明确约定的应该是就全部债务与债务人一起向债权人承担债务。为此，债权人可以请求第三人在其愿意承担的债务范围内和债务人承担连带债务。随着第三人加入债务，第三人与债务人间形成连带债务。第三人对债务人的追偿，根据《合同编通则司法解释》第五十一条的规定，约定了追偿权，第三人履行债务后主张向债务人追偿的，人民法院应予支持，没有约定追偿权，第三人依照《民法典》关于不当得利等的规定，在其已经向债权人履行债务的范围内请求债务人向其履行的，人民法院应予支持，但是第三人知道或者应当知道加入债务会损害债务人利益的除外。

第四节　合同权利和义务的概括转移

一、合同权利和义务概括转移的概念

《民法典》第五百五十五条规定："当事人一方经对方同意，可以将自己在合同中的权利和义务一并转让给第三人。"此条是有关合同权利和义务概括转移的规定。所谓合同权利和义务的概括转移，是指合同当事人一方将其权利和义务一并转移给第三人，由该第三人概括地接受这些权利和义务。

合同权利和义务的概括转移，可为全部合同权利和义务的概括转移，也可为部分合同权利和义务的概括转移。部分权利和义务概括转移时，出让人和承受人应确定各自享有的权利和承担的义务的份额及性质，如无约定或约定不明，则视为份额相等。

合同权利和义务的概括转移，使第三人取得合同主体的法律地位，成为债的关系的当事人。一般而言，合同权利和义务的概括转移包括遵循当事人的合意而发生的合同承受，以及根据法律规定而发生的财产继承、企业的合并和分立。

二、合同权利和义务概括转移的类型

（一）合同承受

合同承受，是指合同的当事人一方和第三人订立合同，经他方当事人同意后，将其合同当事人地位转让给该第三人。《民法典》第五百五十六条规定："合同的权利和义务一并转让的，适用债权转让、债务转移的有关规定。"合同权利和义务的概括转移，既有合同债权的转让，又有合同债务的转移，因此合同债权转让和合同债务转移的相关法律规定，同样适用于合同权利和义务的概括转移。

一般而言，合同承受的法律要件包括：

1. 合同承受须经合同当事人一方和第三人合意，并取得对方当事人的同意。这是因为概括承受包含了债务的转移，所以，未经合同另一方当事人的同意，转让无效。

2. 被转让的合同应为双务合同。单务合同中不存在概括的权利和义务，所以只能发生特定承受，即债权让与或合同债务转移，不能产生概括承受。只有双务合同，存有对待给付，当事人互负义务，互享权利，才会产生合同权利和义务的概括转移。

3. 依照法律、行政法规必须采取特定形式的合同，合同转让时应遵循法律的规定。

（二）法人或其他组织的合并与分立

《民法典》第六十七条规定："法人合并的，其权利和义务由合并后的法人享有和承担。法人分立的，其权利和义务由分立后的法人享有连带债权，承担连带债务，但是债权人和债务人另有约定的除外。"依据此条规定，法人的合并和分立能引发合同权利和义务的概括转移。

法人合并与分立不同于法人破产，为了避免相对人和合并、分立的企业的利益受到损害，保护交易安全，根据主体的承继性原则，法人合并或分立之前的债权、债务应由合并或分立后的法人承担。法人合并或分立后，原法人的债权、债务的概括转移，属于法定转移，因而不需取得相对人的同意，依合并或分立后法人的通知或者公告发生效力。通知的方式可以是单独通知，也可以是公告通知。公告通知的，应当保证在一般情形下能为相对人所知悉。

法人分立后，其权利义务由分立后的法人承担，这种承担有两种情况：一种情况是约定承担，就是债权人与债务人约定债权债务由哪个法人承担，既可以约定由分立后的某一个法人承担，也可以约定由分立后的所有法人承担。另一种情况是法定承担，就是债权人与债务人没有约定或是约定不明的情况下，根据法律的规定，由分立后的法人对合同权利和义务承担连带关系。

三、合同权利和义务概括转移的效力

合同债权和义务概括转移是债权债务的一并转移，因而根据《民法典》第五百五十六条的规定，其效力适用关于合同债权转让、合同债务转移的一般规定。但债权债务的概括转移并非债权让与和合同债务转移的简单相加。在债权让与或合同债务转移的场合，由于第三人作为债权的受让人或债务的承担人并非原合同的当事人，与原债权人或原债务人的利益不可分离的权利，并不随之转移于受让人或承担人。但在债权债务概括转移的场合，由于承受人完全取代了原当事人的法律地位，合同内容也就原封不动地转移于新当事人，所以，和债权让与、合同债务转移不同，依附于原当事人的一切权利和义务，如解除权、撤销权等，都将转移于承受人。

第七章课件

第八章

合同权利和义务的终止

导读案例

　　某中介公司为余某、罗某提供买卖房屋的中介服务，在此期间，余某未向某中介公司出示该房屋的不动产权证的原件或复印件。2020年11月30日，罗某与余某在某中介公司达成买卖房产的意向后，罗某向余某支付购房定金2万元，余某收到定金2万元后向罗某出具一份收条（定金），载明"余某出售坐落于某小区的房屋（产权证面积：98m²）"；收条（定金）内容中的手写部分包括"产权证面积98m²"系由某中介公司的工作人员填写。事后，罗某得知该房产的真实产权面积仅91.47m²，与某中介公司先前告知其的产权面积98m²，面积误差过大，不符合罗某购房意愿，故罗某要求余某解除定金协议并退还已支付的定金，但余某拒不返还定金2万元，罗某遂诉至法院。

　　法院审理认为，罗某、余某在自愿、平等的基础上签订的买卖房屋定金协议，不违反法律、行政法规的强制性规定，合法有效，双方应当依约全面履行。罗某依约向余某支付定金2万元，作为购买房产的担保，事后因该房产的产权证上面积91.47m²与定金收条中的产权面积98m²误差较大，双方协商不成，导致该房产无法交易成功，定金协议的目的无法实现，故罗某要求解除与余某定金协议的诉讼请求，法院予以支持。合同解除后，余某应返还罗某定金2万元及支付资金占用期间的利息，支付罗某自2020年11月30日起至款项付清之日止以2万元为基数按全国银行间同业拆借中心公布的一年期贷款市场报价利率计算的资金占用利息。某中介公司是从事房屋中介服务的专业中介机构，依法诚信交易是中介机构立足房屋交易市场的底线，告知和核实待交易房屋产权等信息是中介方的首要义务。某中介公司在该房产交易前，始终未核实清楚产权的实际面积，未尽审查告知义务，其疏忽大意是导致合同不能履行的原因之一，其应对罗某的损失承担一定程度的损害赔偿责任，故某中介公司应在余某返还定金 2 万元及支付资金占用利息不能的范围内承担 50% 的过错赔偿责任。

问题提出

1. 合同终止的原因与效力为何？
2. 清偿抵充的成立条件是什么？
3. 合同解除有哪些种类？
4. 抵销成立的条件和效力为何？
5. 提存的成立条件和效力为何？
6. 何为债的免除？
7. 产生债的混同的原因是什么？

第一节　合同终止概述

一、合同终止的概念和原因

合同的终止，又称合同的消灭，是指合同当事人之间的权利和义务于客观上不复存在。

合同关系可基于一定的法律事实而产生、变更，同时也可基于一定的法律事实而终止。我国《民法典》第五百五十七条规定："有下列情形之一的，债权债务终止：（一）债务已经履行；（二）债务相互抵销；（三）债务人依法将标的物提存；（四）债权人免除债务；（五）债权债务同归于一人；（六）法律规定或者当事人约定终止的其他情形。合同解除的，该合同的权利义务关系终止。"依据此条规定，合同终止的原因基本上可以分为以下几类：

第一，因合同目的实现而消灭。

合同目的的实现指的是债权人的债权得以实现，债权人的利益得到了满足。当事人订立合同的目的是获取某种利益，而利益的取得必须通过债权的实现才能完成。债权一旦实现，意味着债务人全面地、适当地履行了自己的义务。由此义务履行完毕，权利得以实现，合同关系消灭，权利义务终止。例如，清偿、提存等都是使合同目的得以实现的原因。

第二，因当事人的意思而终止。

合同当事人之间的权利义务关系，可以因为当事人的意思而终止。当事人的意思，可以是当事人一方的意思表示，例如债务的免除、抵销等；也可以是当事人双方的意思表示，例如合同的协议解除等。

第三，因法律的规定而终止。

合同虽然是当事人意思自治、协议一致的产物，但是并不排斥法律的适当干预。当法律直接规定了合同终止的原因时，合同的权利和义务也会归于消灭。例如，合同的法定解除、当事人的死亡或丧失行为能力、法人终止等，都属于此种情形。

二、合同终止的效力

合同终止的效力表现为：

第一，合同当事人之间的权利义务消灭，债权人不再享有债权，债务人也不再负担债务。

第二，合同之债消灭后，依附于主权利义务关系的从权利和从义务，如担保权、违约金债权、利息债权等，一并消灭。

"协助履行义务纠纷"案例

第三，负债字据的返还。负债字据为合同权利义务的证明。合同权利义务关系终止后，债权人自应将负债字据返还给债务人；债权人如因字据灭失而不能返还，则应向债务人出具债务消灭的字据。

第四，合同当事人之间发生后合同义务。《民法典》第五百五十八条规定："债权债务终止后，当事人应当遵循诚信等原则，根据交易习惯履行通知、协助、保密、旧物回收等义务。"依据此条规定，在合同关系消灭后，合同当事人负有通知、协助、保密等后合同义务。后合同义务是依据诚实信用原则和交易习惯而产生的，发生在合同权利义务关系终止之后，其目的是维护给付效果或者妥善处理合同终止的事宜。

第五，依附于主权利义务关系的从权利义务关系一并消灭。《民法典》第五百五十九条规定："债权债务终止时，债权的从权利同时消灭，但是法律另有规定或者当事人另有约定的除外。"从权利依附于主权利，从权利以主权利的存在作为前提。从权利与主权利的命运相同，主权利消灭的，从权利也随之消灭。一般来说，债权债务消灭时，其从属权利消灭的情况可以分为两类：第一类是债权债务消灭时，债的担保随之消灭。例如保证、抵押、质押等。第二类是债权债务消灭，其他的从属权利消灭。例如利息债权、违约金债权等。

第六，合同终止不影响合同中结算和清理条款的效力。该效力是源于《民法典》第五百零七条的规定。结算和清理条款往往是与合同终止密切相关，是为了合同终止而约定的，因此不能因合同终止而失去效力。

第二节　清偿

一、清偿的概念

清偿，在《民法典》中称为"债务已经履行"，是指债务人按照合同约定向债权人履行义务，实现债权目的的行为。清偿是能达到债权消灭效果的给付行为。

当事人订立合同的目的，就是通过合同义务的履行，实现合同权利，从而获得目标利益。只有债务人履行了债务，债权人的权利才能得到实现。通过债务人的履行满足债权实现的合同目的，最终满足债权而使合同终止，合同关系消灭。清偿是合同消灭最正常、最常见的原因。

二、清偿的基本要求

（一）清偿的主体

1. 清偿人。

清偿人是清偿债务的人。清偿人包括债务人、债务人的代理人以及第三人。

债务人负有清偿的义务，必须清偿，否则构成违约。债务人履行清偿义务时，除非法律规定、当事人约定或是合同性质决定必须由债务人本人亲自实施，可以由债务人的代理人进行清偿，也可以由第三人代为清偿。需要注意的是，第三人代为清偿时应该注意其与合同债务转移的区别，二者的区别在合同债务转移章节已经详细说明，此处不再赘述。

债务人的代理人或第三人履行清偿义务后，清偿的效果归属于债权人，如果代理人或第三人履行不适当或者没有履行，不是由代理人或第三人承担违约责任，而是由债务人本人承担违约责任。

2. 清偿受领人。

清偿受领人也就是受领清偿利益的人，一般是债权人，除此之外，债权人的代理人、债权人的破产管理人、代位权人等也可成为清偿受领人。

清偿若是向第三人所为，应该注意区分由第三人接受债务人履行与合同债权转让的区别：首先，合同债权转让中受让人成为合同关系的当事人；由第三人接受债务人履行中的第三人并没有成为合同关系的主体，仅仅是接受债务履行的人。其次，合同债权转让中因受让人已成为合同主体，受让人接受债务的履行是为了自己的利益；由第三人接受债务人履行中，第三人接受债务的履行不是为了自己，而是为了债权人。最后，合同债权转让中债务人履行不当或是没有履行，受让人有权追究其违约责任；由第三人接受债务人履行中，债务人履行不当或是没有履行，第三人无权追究债务人的违约责任，只能由债权人来主张。

（二）清偿的标的

清偿的标的，亦即履行标的、给付内容。依诚实信用和全面履行原则，债权人应按照合同约定的标的履行，完全清偿自己的债务，不得为部分清偿。但是在有些情况下，债务人可以部分清偿和代物清偿。

1. 部分清偿。

《民法典》第五百三十一条规定："债权人可以拒绝债务人部分履行债务，但是部分履行不损害债权人利益的除外。债务人部分履行债务给债权人增加的费用，由债务人负担。"依据此条规定，债务人可以为部分清偿情况有二：一是双方当事人的同意；二是不损害债权人的利益。

2. 代物清偿。

代物清偿是指以他种给付代替原定给付，债权人受领该给付而使合同关系消灭。

代物清偿须具备以下要件：（1）须有债权债务的存在，而标的如何，在所不问。（2）须以他种给付代替原定给付，例如以马代牛、以金钱代替劳务。在代物清偿中，有时原定给付和他种给付在价值上并不相同，应允许当事人在达成代物清偿合意时，对原定给付和代替给付价值差额的处理予以约定。如无约定的，则视为原定给付和他种给付在价值上无区别。（3）须当事人之间就代物清偿达成合意。这里的所谓当事人，是指清偿人（包括代为清偿的第三人）和清偿受领人（包括其他有受领权的人）。（4）须清偿人现实受领他种给付。如果受领权人未受领债务人的给付，自然不能发生代物清偿。

代物清偿成立时，即发生合同关系消灭的效力。

（三）清偿期、清偿地、清偿费用

债务人清偿债务应于当事人约定的履行地点、履行期限内为之；当事人没有约定的，按照法律规定的补缺性规定为之；清偿费用，依照法律规定或是当事人的约定处理。法律没有规定，当事人也没有约定的，按照合同有关条款或交易习惯确定。据此仍不能确定的，清偿费用由债务人承担。

三、清偿抵充

（一）清偿抵充的概念

清偿抵充，是指债务人对同一债权人负担数宗同种类债务，而债务人的履行不足清偿全部债务时，确定该履行抵充其中某宗或某几宗债务。在债务人对同一债权人所负的数宗债务中，可能有附利息的，也有不附利息的；有附条件的，也有未附条件的；有设定担保的，也有未设定担保的；等等。如果债务人的履行不足以消灭所有的债务，那么究竟使哪宗债务消灭，对债权人和债务人就有不同的利害后果。《民法典》第五百六十条规定："债务人对同一债权人负担的数项债务种类相同，债务人的给付不足以清偿全部债务的，除当事人另有约定外，由债务人在清偿时指定其履行的债务。债务人未作指定的，应当优先履行已经到期的债务；数项债务均到期的，优先履行对债权人缺乏担保或者担保最少的债务；均无担保或者担保相等的，优先履行债务人负担较重的债务；负担相同的，按照债务到期的先后顺序履行；到期时间相同的，按照债务比例履行。"依据此条规定，设定了债的清偿抵充顺序规则。此规则的适用以债务人对同一债权人负担的数宗同种类债务，债务人的履行不足以清偿全部债务为前提条件。

（二）清偿抵充的成立条件

清偿抵充的构成要件有：

1. 必须是债务人对同一债权人负担数宗债务。如果对债权人仅仅负有一宗债务，即使债务人的给付不能为全部清偿，也属于部分清偿，不发生清偿抵充问题。债务人对同一债权人负担数宗债务，不问是自始存在于当事人之间，还是嗣后由他人处承担而来；也无须考虑该数宗债务是否均已届清偿期。

2. 数宗债务种类相同。各宗债务种类不同的，可依所为给付的种类确定其清偿的是何宗债务，不能发生清偿抵充问题。例如，同一债权人向债务人先后订购 100 本笔记本和 50 个计算器，债务人交付 100 本笔记本，便不发生抵充问题。就某项债务的给付，清偿人提出的给付超出规定的数额，当事人同意以多余部分代替其他项债务清偿的，属于代物清偿。只有在债务人负担的数宗债务种类相同的情况下，才能发生清偿抵充。例如，甲先后向乙借款 1 万元、3 万元、5 万元和 10 万元。之后，甲向乙还款 8 万元。此时便会发生清偿抵充。

3. 必须是债务人的给付不足以清偿全部债务。虽然有数项同种类给付的债务，但是清偿人提出的给付不足以清偿全部的债务，前述的例子，总共欠款 19 万元，债务人给付 8 万元，不足以清偿全部债务，有清偿抵充的必要。

（三）清偿抵充的确定方法

1. 约定抵充。债务人对同一债权人负担的数宗债务种类相同，债务人的给付不足以清偿全部债务的，当事人有权对清偿进行约定。这是合同自由原则的充分体现。约定抵充可以在清偿前约定，也可以在清偿时约定。

2. 指定抵充。在当事人对清偿抵充顺序没有约定时，通过当事人一方意思表示确定债务人的清偿应该抵充的债务。根据《民法典》第五百六十条的规定，指定抵充的主体仅为债务人。只要债务人在清偿债务时指定了清偿某宗债务，且无须经债权人同意，就能产生该宗债务完整地或部分地获得清偿的法律效果。指定抵充权是形成权。债务人的指定抵充权，在权利行使时，不得损害债权人利益。《民法典》第五百六十一条规定："债务人在履行主债务外还应当支付利息和实现债权的有关费用，其给付不足以清偿全部债务的，除当事人另有约定外，应当按照下列顺序履行：（一）实现债权的有关费用；（二）利息；（三）主债务。"此条规定就是对债务人指定抵充权的限制。

3. 法定抵充。不存在约定抵充和指定抵充的情况下，应依据法律规定的顺序和方法，对债务进行抵充。根据《民法典》第五百六十条第二款的规定，法定抵充的顺序为：（1）抵充已到期的债务。（2）几项债务均到期的，优先抵充对债权人缺乏担保或者担保最少的债务。（3）均无担保或者担保相等的，优先抵充债务人负担较重的债务。（4）负担相同的，按照债务到期的先后顺序抵充。（5）到期时间相同的，按比例抵充。

第三节　合同的解除

一、合同解除的概念和特点

合同解除是指在合同依法成立后，尚未全部履行完毕之前，因当事人一方的意思表示，或者双方的协议，或者法律的规定，使基于合同而发生的债权债务关系归于消灭的行为。合同解除具有如下特点：

第一，合同的解除以当事人之间存有有效合同为基础。当事人之间自始就不存在合同关系的，不存在合同解除问题。当事人之间存在的合同关系被宣告无效或是被撤销的，也不发生合同解除问题。合同关系已经消灭的，更是与合同解除无关。只有在当事人之间存有合法有效的合同关系时，才会涉及合同效力提前结束的合同解除问题。

第二，合同的解除必须具备一定的条件。合同依法成立后，便具有法律约束力，任何一方不得擅自解除合同，提前终止合同的效力。只有出现了合同解除事由，才允许合同效力的提前结束。合同解除事由可以是法定的，也可以是约定的。

第三，合同解除是一种消灭合同关系的法律行为。当具备了合同解除的条件时，当事人可以解除合同，但是当事人解除合同必须实施一定的解除行为。这种解除行为是一种法律行为。如果仅有合同解除的条件，没有当事人解除合同的行为，合同不能自动解除。

合同解除不同于合同撤销，二者的区别主要是两个方面：一是合同撤销一般适用于意思表示有瑕疵的合同，而合同解除适用于合法有效的合同。二是合同撤销的事由均是由法律规定的，而合同解除的事由可以是法律的规定，也可以是当事人的约定。

二、合同解除的种类

根据《民法典》第五百六十二条、第五百六十三条的规定，合同解除有协议解除、约定解除和法定解除。

（一）协议解除

协议解除，是指在合同依法成立后尚未全部履行完毕之前，当事人通过协商将合同解除的行为。《民法典》第五百六十二条第一款规定："当事人协商一致，可以解除合同。"

依据此条款规定，协议解除的特点在于：合同当事人通过订立一个新合同来解除原合同。当事人通过协商一致达成一个统一解除原合同的协议。协议解除没有约定解除权，该解除行为也不是解除权的行使，而是遵循合同自由原则，基于合同当事人的合意，使原债权债务关系得以消灭。协议解除一般于当事人协商一致时生效，也可以由当事人协商确定合同解除的时间。

（二）约定解除

《民法典》第五百六十二条第二款规定："当事人可以约定一方解除合同的事由。解除合同的事由发生时，解除权人可以解除合同。"此为约定解除。所谓约定解除，是指当事人在合同中为一方或各方约定的解除权产生条件具备，由取得解除权的当事人行使解除权，从而解除合同的行为。简言之，是当事人约定为一方或各方保留解除权的解除。约定的解除权可以保留给当事人一方，也可以保留给当事人各方。保留解除权，可以在当事人订立合同时约定，也可以在以后另行订立约定解除权的合同。合同当事人约定的解除权产生条件，遵循合同自由原则，只要不违反法律或者行政法规的强制性规定，只要不损害国家利益或者社会公共利益，都可生效。约定解除属于单方解除。

协议解除与约定解除，虽然都是以合同形式将原订的合同解除，但它们是两种不同的方式，其区别在于：

第一，约定解除属于事先约定的解除，在发生解除需要之前就已经在合同中约定好了解除权行使的条件；而协议解除属于事后解除，在发生解除需要时须经当事人的协商来加以确定。

第二，约定解除，不一定真正导致合同关系的消灭，只有在解除权行使条件成就时，合同才会因解除权的行使而终止；协议解除则是当事人协商决定的合同解除，必定导致合同关系的终止。

第三，约定解除往往是约定在违约情况下的解除；而协议解除并不一定以违约为前提，即便合同当事人都严格遵守合同规定，仍然可以通过双方协商来解除合同。

第四，约定解除属于单方解除，行使解除权的往往是合同一方当事人；协议解除需要合同当事人的协商一致，因此属于双方解除，是双方共同行使解除权的结果。

（三）法定解除

法定解除，是指当法律直接规定的解除权产生条件具备时，解除权人行使解除权解除合同的行为。在实践中，存在合同一方当事人由于主客观原因不履行或不能完全履行自己的合同义务，此时设置法定解除制度，主要是为了保护合同权利人的利益，让权利人借助法定解除权来摆脱自己负担的合同义务，结束合同关系。根据《民法典》第五百六十三条第一款的规定，合同法定解除的情形有：

"合同法定解除的情形"
微课

1. 因不可抗力致使不能实现合同目的。

根据《民法典》第一百八十条的规定，不可抗力指的是不能预见、不能避免、不能克服的客观情况。不可抗力事件的发生，会对合同履行产生不同程度的影响，可能导致合同部分不能履行，可能导致合同全部不能履行；可能导致合同暂时不能履行，可能导致合同永久不能履行；等等。若欲以不可抗力主张合同解除，须得证明不可抗力的发生导致的是合同目的的无法实现。合同目的是合同当事人订立合同时所想要发生的或是想要得到的结果，是一种经济利益。合同目的不能实现，当事人想要的结果无法取得，合同自没有继续存在的必要。例如，洪水暴发，作为买卖标的物的房屋被冲塌，合同目的实现不了，房屋买卖合同便没有存在的必要。由于不可抗力并不是合同当事人的过失所造成的，因此合同的任何一方当事人都有权行使解除权。

2. 在履行期限届满前，当事人一方明确表示或者以自己的行为表明不履行主要债务。

该种情形在合同法理论上被称为预期违约。当事人在履行期限到来之前，明确表示不履行合同的，称为明示预期违约；当事人在履行期限届满前，以自己的行为表示不履行合同的，称为默示预期违约。在合同的履行期限届满之前，当事人还没有履行合同的义务，一般不产生违约问题。但是，在履行期限届满前，当事人一方明确表示或者以自己的行为表明不履行主要债务，合同目的将不能实现。在这种情况下，如果要求另一方当事人在履行期限届满后才能主张救济，将会对其造成损害，不利于对当事人的利益保护。所以，在预期违约的情况下，法律允许当事人解除合同。

3. 当事人一方迟延履行主要债务，经催告后在合理期限内仍未履行。

迟延履行，指的是当事人在合同规定的履行期限届满后没有履行合同。主要债务指的是合同规定的具有重要地位的、决定合同性质的合同义务。主要债务不履行将导致合同根本没有履行、合同目的根本无法实现。当事人迟延履行主要债务，并不必然导致合同的解除，从鼓励交易目的出发，法律要求债权人进行催告，也就是债权人应向债务人发出请求履行的通知，并给债务人留有合理的期限，以便债务人有必要的准备履行债务的时间。当事人一方迟延履行主要债务，经催告后在合理期限内仍未履行，表明债务人根本就没有履行合同的打算，或者根本不具备合同履行的能力。因此，应当允许债权人解除合同。

4. 当事人一方迟延履行债务或者有其他违约行为致使不能实现合同目的。

在合同履行中，除了当事人一方迟延履行合同会导致合同目的无法实现外，其他违约行为，例如履行不能、履行不当等，也会导致合同目的的无法实现。此外，对于具体合同来说，其中的构成要素对合同影响不同，一些时效性强的合同，履行期限便成为至关重要的因素。例如节日的供应销售，未在合同约定的履行期限内履行，嗣后的履行，对于需方而言已经不具有任何的利益，无法实现合同的目的，这就构成了合同解除的需要。

5. 法律规定的其他情形。

《民法典》通过列举的方式规定了合同法定解除的条件，但并没有穷尽所有的能适用法定解除的情况，通过该项规定对于其他的法定解除情形予以概括。例如，双务合同中的不安抗辩，当产生二次效力时，便能产生合同解除的后果。

《民法典》第五百六十三条第二款规定："以持续履行的债务为内容的不定期合同，当事人可以随时解除合同，但是应当在合理期限之前通知对方。"依据此条款规定，在不定期合同中存有随时解除权。不定期合同本身缺乏对合同履行期限的约定，但又需要持续履行，赋予合同当事人解除权，以助其尽早摆脱合同约束。

此外，《合同编通则司法解释》第五十二条第二款规定："有下列情形之一的，除当事人一方另有意思表示外，人民法院可以认定合同解除：（一）当事人一方主张行使法律规定或者合同约定的解除权，经审理认为不符合解除权行使条件但是对方同意解除；（二）双方当事人均不符合解除权行使的条件但是均主张解除合同。"

三、合同解除的程序

合同解除的方式不同，合同解除的程序也就不同，总体上，合同解除程序有以下两种。

（一）协议解除的程序

协议解除的程序，是当事人各方经过协商同意，将合同关系终止的程序。合同的解除取决于当事人各方意思表示一致，而不是基于当事人一方的意思表示，也不需要有解除权，完全是以一个新的合同解除原合同。因此，协议解除合同的程序必须遵循合同订立的程序，即经过要约和承诺两个阶段。这里的要约，是解除合同的要约，其内容是要消灭既存的合同关系，甚至包括已经履行的部分是否返还、责任如何分担等问题。这里的承诺，是解除合同的承诺，是完全同意解除要约的意思表示。协议解除合同按照法律规定需办理批准、登记等手续的，办完这些手续的日期为合同解除的日期。不需要办理批准、登记等手续的，双方当事人协商一致之时就是合同解除发生效力之时，也可以由双方当事人商定解除生效的日期。

（二）行使解除权的程序

行使解除权终止合同关系，必须以当事人享有解除权为前提。行使解除权的程序适用于法定解除和约定解除。

《民法典》第五百六十五条规定："当事人一方依法主张解除合同的，应当通知对方。合同自通知到达对方时解除；通知载明债务人在一定期限内不履行债务则合同自动解除，债务人在该期限内未履行债务的，合同自通知载明的期限届满时解除。对方对解除合同有异议的，任何一方当事人均可以请求人民法院或者仲裁机构确认解除行为的效力。当事人一方未通知对方，直接以提起诉讼或者申请仲裁的方式依法主张解除合同，人民法院或者仲裁机构确认该主张的，合同自起诉状副本或者仲裁申请书副本送达对方时解除。"依据此条规定，行使解除权解除合同，应该以通知的方式作出。通知是一方当事人向另一方当事人发出的解除合同的意思表示。通知原则上应采用书面形式。通知到达对方，指的是解除合同的通知送达到了对方当事人，具体送达的要求与要约、承诺的送达要求相同。通知一旦送达到对方当事人就发生合同解除的效果，合同关系消灭，合同权利和合同义务终止。

如果通知有催告解除的内容，也就是债权人在解除通知中附上自动解除的宽限期，债务人在该期限内未履行债务的，合同自通知载明的期限届满时解除。法律如此规定的目的在于给债权人以更多的选择，也是为了促进合同当事人更好地合作，给债务人更多补救违约的机会，落实鼓励交易原则。

为了规范解除权的行使，也是为了防止债权人对合同解除权的滥用，法律规定合同当事人对解除合同有异议的，可请求人民法院或者仲裁机构确认解除行为的效力。

合同当事人行使合同解除权不以通知解除为必要，可直接诉讼解除，也就是享有合同解除权的一方没有通过行使解除权的方式解除合同，而是以诉讼或者仲裁的方式向人民法院或者仲裁机构主张合同的解除。一旦法院或仲裁机构确认当事人行使解除权得当，合同解除的时间是以起诉状副本或者仲裁申请书副本送达对方的时间为准的。

四、解除权的行使期限

当事人对解除权的行使应该在确定的期限内或是合理的期限内。《民法典》第五百六十四条规定："法律规定或者当事人约定解除权行使期限，期限届满当事人不行使的，该权利消灭。法律没有规定或者当事人没有约定解除权行使期限，自解除权人知道或者应当知道解除事由之日起一年内不行使，或者经对方催告后在合理期限内不行使的，该权利消灭。"依据此条规定，法律或者当事人对解除权行使期限有规定或者有约定时，期限届满当事人不行使的，解除权消灭。此种情形下，对解除权人无须进行催告，只要该期限届满，解除权就绝对地消灭，合同将继续有效存在。法律没有规定或者当事人没有约定解除权时，解除权存续期为一年，一年时间届满，解除权消灭。如果对方有催告，在催告后的合理期限内解除权人须及时行使解除权，否则解除权消灭。在合理期限的认定方面，应当充分考虑当事人订立合同的背景目的、交易性质、标的物种类价值、交易履行情况、交易习惯等因素，并将诚信原则贯穿其中进行衡量，从而形成合理的判断。[①]

五、合同解除的效力

合同解除的效力，是指合同被解除后所发生的法律效果。根据《民法典》的相关规定，关于合同解除的效力，主要涉及以下两个问题。

（一）合同解除的溯及力问题

合同解除的法律后果是由合同解除的效力决定的。合同解除具有使现存的合同权利和合同义务归于消灭的效力。对于合同解除前的合同权利和合同义务应如何处理，这就是合同解除是否具有溯及力的问题。合同解除的溯及力，是指解除使合同关系溯及既往地终止，合同如同自始未成立。

合同解除是否具有溯及力，《民法典》对此作了较为灵活的规定，该法第五百六十六条第一款规定："合同解除后，尚未履行的，终止履行；已经履行的，根据履行情况和合同

---

① 高丰美、丁广宇：《合同解除权行使"合理期限"之司法认定——基于36份裁判文书的分析》，《法律适用》2019年第22期，第87—100页。

性质，当事人可以请求恢复原状或者采取其他补救措施，并有权请求赔偿损失。"据此，合同解除是否有溯及力，取决于两个方面：

一是当事人是否请求。正如合同法所规定的，当事人可以要求恢复原状。言下之意，当事人是否恢复原状由其自身决定。如果当事人要求恢复原状，就是要求将合同的状态恢复到合同订立之前，合同关系自始未存在过。恢复原状是合同解除具有溯及力的表现。例如，甲乙之间订立了一份充电宝买卖合同，约定甲应该向乙交付充电宝100只。后甲交付了50只充电宝后，不再交货。经乙多次催讨，甲仍未交货。乙解除合同，要求甲返还已支付的价款1500元。此处乙要求恢复原状，合同的解除就具有溯及力。

二是履行情况和合同性质。也就是说，根据履行情况和合同性质，来看是否能够恢复到订立合同之前的状态。如果根据履行情况和合同性质能够恢复原状，当事人可以要求恢复原状。如果根据履行情况和合同性质不可能恢复原状，则当事人不能要求恢复原状。一般而言，继续性合同解除后，不能恢复原状，不具有溯及力。例如雇佣合同、长期供货合同等。非继续性合同作为解除的标的，为解除具有溯及力提供了一种可能性，但是还需要合同当事人的表态，视其是否要求恢复原状。在前述充电宝的例子中，如果乙解除合同，只要求返还多支付的50个充电宝的价款，那合同的解除就不具有溯及力。

（二）合同解除与损害赔偿

根据《民法典》第五百六十六条第一款的规定，合同解除后，当事人有权请求赔偿损失。由此可知，合同解除与损害赔偿可以并用。合同解除前，合同合法有效，当事人一方违反合同规定的，就应该根据法律的规定承担债务不履行的责任。这种责任客观存在，无论当事人是否解除合同都不受影响。合同一方当事人的违约，因存在有合同约定的或者法律规定的免责事由，或者虽然符合违约责任的构成条件，但当事人的违约并未给债权人造成损害的，法定解除不与损害赔偿并存。合同一方当事人的违约，符合违约责任的构成条件，且其违约行为给债权人造成损害的，法定解除和损害赔偿并存，违约方应赔偿因违约给对方造成的全部损害。

此外，根据《民法典》第五百六十六条第二款和第三款的规定，合同因违约解除的，解除权人可以请求违约方承担违约责任，但是当事人另有约定的除外。主合同解除后，担保人对债务人应当承担的民事责任仍应当承担担保责任，但是担保合同另有约定的除外。

第四节 抵销

一、抵销的概念和种类

抵销，是指二人互负给付债务时，各以其债权充当债务的清偿，而使其债务和对方的债务在对等额内相互消灭。在抵销中，主张抵销的债务人的债权称为主动债权；被抵销的债权称为被动债权。例如，甲欠乙货款 10 万元，乙欠甲 10 万元，均已到期，甲便可向乙主张抵销。其中甲的债权为主动债权，乙的债权为被动债权。一旦抵销，甲乙均不负有向对方履行还款的义务。

抵销有广义和狭义之分，广义的抵销包括法定抵销与合意抵销两种，狭义的抵销仅指法定抵销。我国《民法典》第五百六十八条对法定抵销作了规定，第五百六十九条对合意抵销作了规定。可见，合同法中的抵销指的是广义抵销。

抵销一方面可免去双方交互给付的麻烦，节省履行费用，降低交易成本；另一方面可确保债权的效力，以免先清偿的债务人有蒙受损害的危险。因此，抵销成为合同消灭的原因之一。

二、法定抵销

（一）法定抵销的构成条件

法定抵销，是指按照法律的规定，在二人互负同种类债务，且债务均已届清偿期时，依当事人一方的意思表示而成立的抵销。在法定抵销中，依当事人一方的意思表示即可产生抵销效力的权利，称为抵销权，它在性质上属于形成权。

根据《民法典》第五百六十八条的规定，法定抵销的构成要件为：

1. 必须是双方当事人互负债务、互享债权。

抵销是以在对等额内使双方债权消灭为目的，因而以双方互负债务、互享债权为必要前提。只有债务而无债权或者只有债权而无债务，均不发生抵销问题。因此，当事人双方存在的两个债权债务关系，均须为合法有效。其中任何一个债权债务关系为不法的，例如赌债，就不能主张抵销。如果有合同不成立或无效的情形，因债权不能有效存在，所以无法抵销。附解除条件的债权在条件成就前为有效债权，可用以抵销，并且其条件成就没有溯及力，故在行使抵销权后条件成就的，抵销仍为有效；附停止条件的债权，在条件成就前，因其尚未存在，故不得以之抵销。超过诉讼时效期间的债权，不能作为主动债权而主张抵销，但可以作为被动债权予以抵销。需要说明一点的是，当事人互负债务、互享债权不是基于一个合同关系而发生的，至少应该有两个合同关系。在同一双务合同中不涉及抵销，涉及的是抗辩权问题。

2. 须双方债务的给付为同一种类。

双方债务的给付为同一种类，指的是标的物的种类和品质相同。标的物的种类是根据物的性质或者特点进行分类的。例如金钱、种类物便是最常见的种类相同的物。品质，指的是标的物的质量、规格、性能等方面的综合评定。标的物的种类和品质相同，当事人才具有相同的经济目的，采用抵销的方法来消灭双方对等额度内的互负债务，才能使合同当事人的合同目的得以实现。

3. 必须双方的债务均届清偿期。

抵销实际上就是相互清偿，如果双方债务未届清偿期而允许抵销的话，无异于强求对方提前履行。而根据合同履行规则，在合同履行期限未满之前，债务人不负有履行义务。要求当事人提前履行还可能会损害债务人的期限利益。但是，履行期限尚未届满一方主动提出抵销的，可视为债务人对期限利益的抛弃，因而即使债务人未届清偿期，也可与已届清偿期的债务抵销。

此外，当两项债务中有一项债务没有规定履行期限的，根据合同履行规则，未规定履行期限的视为随时，既是随时，自然可以抵销。两项债务均未规定履行期限的，因为随时，所以可以抵销。

4. 必须双方的债务均属可抵销的债务。

抵销是合同消灭的原因，只有允许抵销的债务，才能适用抵销。一般而言，以下债务不能抵销：

第一，根据合同性质不得抵销的债务。某些合同债务由其性质决定，非清偿不能达到合同目的，因此，此类债务必须相互清偿，不得抵销。例如不作为债务、提供劳务的债务等。

第二，法律规定不得抵销的债务。主要包括有禁止强制执行的债务，例如被执行人及其所负担家属的生活必需费用不得强制执行；有故意实施侵权行为引起的债务，例如伤残补助金、精神抚慰金等。债务人不得主张抵销，如果允许债务人抵销，就意味着其可任意侵害债权人的人身和财产权利。

第三，当事人约定不能抵销的债务。遵循合同自由原则，只要不违反法律的强制性规定，符合社会公共利益和社会公德，当事人约定债务不能抵销，按其约定。

（二）法定抵销权的行使方法和效力

《民法典》第五百六十八条第二款规定："当事人主张抵销的，应当通知对方。通知自到达对方时生效。抵销不得附条件或者附期限。"可见，抵销应当采用通知的形式。通知的形式法律未作规定，可以是书面，也可以是口头。

法定抵销权在性质上属于形成权，因而只要有一方当事人的意思表示即可发生效力，无须对方的同意。除法律另有规定外，当事人不得撤回抵销。抵销的效力主要表现为：

1. 双方的债权债务在对等额度内消灭。一旦抵销，双方债务额相同时，其互负债务均归消灭。一方的债务额大于另一方的债务额时，前者仅消灭一部分债务额，后者债务额全部消灭，债务人在余额部分仍然负有履行义务。抵销期间就抵销顺序发生争议的，《合同编通则司法解释》第五十六条规定："行使抵销权的一方负担的数项债务种类相同，但是享有的债权不足以抵销全部债务，当事人因抵销的顺序发生争议的，人民法院可以参照民法典第五百六十条的规定处理。行使抵销权的一方享有的债权不足以抵销其负担的包括主债务、利息、实现债权的有关费用在内的全部债务，当事人因抵销的顺序发生争议的，人民法院可以参照民法典第五百六十一条的规定处理。"

2. 抵销的意思表示溯及至抵销之时。抵销的意思表示具有溯及力，即溯及可为抵销时，发生消灭合同的效力。双方的债务在抵销权发生之时消灭。双方债务清偿期限不一致的，以主动抵销的一方发生抵销权的时间为抵销时间。抵销权的溯及力包括：（1）自可为抵销之时起，消灭的债务不再发生支付利息的债务。（2）自可为抵销之时起，不再发生迟延履行责任。（3）自可为抵销之时起，债务人发生的损害赔偿及违约金责任免除。

3. 抵销不得附条件或是期限。抵销附条件或是期限，会使抵销效力不确定，有违抵销设立的目的，有碍抵销制度功能的发挥。

三、合意抵销

合意抵销，是根据当事人之间的合意消灭相互所负债务的法律行为。《民法典》第五百六十九条规定："当事人互负债务，标的物种类、品质不相同的，经协商一致，也可以抵销。"据此条规定，合意抵销与法定抵销在构成要件上唯一的不同是：合意抵销不要求标的物的种类、品质相同。只有在标的物的种类、品质不相同时，当事人才有必要经过协商将两项债务予以抵销，在相等额度内消灭债务。达成抵销合意的合同称为抵销合同。

合意抵销与法定抵销的效力基本相同，但因合意抵销更多地体现当事人的意思自治，因此，根据合同自由原则，合意抵销的发生条件及效力，可由当事人双方自由商定。当事人可以协议排除法定抵销要件、效力以及其他限制条件的适用。法定抵销中对抵销意思表示不得附条件或期限的限制，当事人也可排除其适用。

第五节　提存

一、提存的概念

提存，指的是债务人将无法清偿的标的物交由提存机关保存，从而消灭合同关系的行为。提存制度设立的目的，主要在于保护债务人的利益。因为债务的履行往往需要债权人的协助，而在债权人无正当理由拒绝受领或不能受领时，债权人虽然构成受领迟延，但债务人的债务并未因此而消灭，债务人仍应履行合同，这对债务人显然不利。通过提存，能将无辜的债务人从债务的约束中解脱出来。

二、提存的条件

根据《民法典》第五百七十条的规定，提存须具备如下条件。

（一）提存主体合格

提存的主体，又称提存的当事人，包括提存人、提存受领人、提存机关。我国合同法对提存人未作规定，一般情况下，提存人就是债务人。但是，根据《提存公证规则》的有关规定，提存人是对提存受领人负有清偿义务的人，包括债务人本人及其合法代理人、作为合同履行人的第三人。由于提存是一种民事法律行为，所以需要提存人在提存时具有行为能力，并且其所为的提存意思表示真实、自愿。否则，提存不发生效力。提存受领人，是指提存之债的债权人。同时，受领清偿的第三人也可以为提存受领人。我国目前还没有专门的提存机关。根据《提存公证规则》的规定，提存机关是标的物所在地的公证处。如果有关法律法规中有明确规定，银行等组织体也可以成为提存机关。

（二）提存的合同之债有效且已届履行期

提存的合同之债就是提存人与债权人之间基于合同而发生的债权债务关系。提存引发的是合同关系的终止，因而意欲被终止的合同应该具有有效性。没有合同关系，或者合同关系不受法律的保护，都不会产生提存。

提存的合同之债有效是债务人提存的前提。债务人的债务已经到了履行期，债务人负有履行合同的义务，而该义务受到债权人不当阻扰不得履行时，才会产生提存的需要。如果债务人的债务尚未到履行期就提存，会对债权人产生不利，因为提存之后，标的物的风险以及提存费用都是由债权人承担的。

（三）提存原因合法

有下列情形之一，难以履行债务的，债务人可以将标的物提存：

1. 债权人无正当理由拒绝受领。这主要指债权人客观上能够受领却拒绝受领，或因可归责于自己的事由不受领。债权人无正当理由拒绝受领，构成债权人受领迟延。如果债权人拒绝受领是因为债务人的履行不适当，例如交付的标的物有瑕疵、数量不符等，此种情况下债权人拒绝受领构成瑕疵履行抗辩，实属正当。由于债务人的履行需要债权人的协助，债权人拒不协助，债务人已经无法向债权人清偿，因此，构成提存的合法原因。

2. 债权人下落不明。此种情形是指债权人的住所地、居住地不固定或者不被外人知晓，以至于债务人想履行债务却因为不知道履行地点或者无债权人的必要协助而无法履行。债权人下落不明有债权人不能确定、债权人地址不详、债权人失踪后未确定财产代管人等情况。

3. 债权人死亡未确定继承人或者丧失民事行为能力未确定监护人。在债权人死亡的情况下，债权人的财产由其继承人继承，债务人应当向债权人的继承人履行债务。但是，债权人死亡尚未确定继承人的，债务人意欲履行的对象不明，债务无法履行。债权人丧失民事行为能力的，需要确定法定代理人，通过债权人的法定代理人来受领债务人的履行。法定代理人尚未确定的，同样会导致债务人无法履行债务。因此，债权人死亡未确定继承人或者丧失民事行为能力未确定监护人的情况下，债务人可以通过提存来消灭其与债权人之间的合同关系。

4. 法律规定的其他情形。通过该规定，目的是使其他法律、行政法规的提存原因成为适用的依据。例如，抵押人转让抵押物所得的价款，应向抵押权人提前清偿所担保的债权或向与抵押权人约定的第三人提存，这一规定就属于法律规定可以提存的其他情形。

（四）提存客体适当

提存的标的，是债务人依合同约定应当交付的标的物。提存物应和合同标的相符。提存标的和合同标的不符，或在提存时难以判明两者是否相符的，提存部门应告知提存人，如提存受领人因此拒绝受领提存物，则不能产生提存的效力。

提存的标的物，以适于提存为限。根据《提存公证规则》第七条的规定，适于提存的标的物有：（1）货币、有价证券、票据、提单、权利证书；（2）贵重物品；（3）担保物（金）或其替代物；（4）其他适于提存的标的物。标的物不适于提存或提存费用过高的，例如易燃易爆的危险品，需人照料或需有特殊设备的禽兽、鱼肉蔬菜等新鲜且易变质的食品等，根据《民法典》第五百七十一条的规定，债务人依法可以拍卖或变卖标的物，提存所得的价款。提存成立的，视为债务人在其提存范围内已经履行债务。

三、提存的效力

因提存涉及三方当事人，提存效力在提存人、提存受领人和提存部门之间存在三方面的关系，分述如下。

（一）在提存人和债权人之间的效力

根据《民法典》第五百七十三条和第五百七十四条的规定，提存在提存人和债权人之间的效力主要有：

第一，自提存之日起，债权人和债务人之间的合同关系终止，债权人不得再向债务人请求履行合同，此为提存的主要法律效力。

第二，标的物提存后，债务人应及时通知债权人或债权人的继承人、监护人，但债权人下落不明的除外。由于提存不是直接向债权人作出，因而债务人负有通知的义务。债务人履行通知义务，一来可以向债权人说明债务人已经履行了合同债务，与债权人之间的债权债务关系已经消灭；二来可以催促债权人及时到提存机关领取提存物。合同法仅规定了债务人应当及时通知，但并没有对何谓及时通知予以明确规定。《提存公证规则》第十八条规定："提存人应将提存事实及时通知提存受领人。以清偿为目的的提存或提存人通知有困难的，公证处应自提存之日起七日内，以书面形式通知提存受领人，告知其领取提存物的时间、期限、地点、方法。提存受领人不清或下落不明、地址不详无法送达通知的，公证处应自提存之日起六十日内，以公告方式通知。公告应刊登在国家或债权人在国内住所地的法制报刊上，公告应在一个月内在同一报刊刊登三次。"

第三，标的物提存后，债权人就成为提存物的所有人，提存物上所附着的利益以及意外灭失的风险应由债权人承担。《民法典》第五百七十三条规定："标的物提存后，毁损、灭失的风险由债权人承担。提存期间，标的物的孳息归债权人所有。提存费用由债权人负担。"

（二）在提存人和提存机关之间的效力

提存人按照法定条件申请提存并由提存部门审查接受后，提存机关负有保管的义务，根据《提存公证规则》的规定，提存部门应采取适当的方法妥善保管提存物；对不宜保存的，提存受领人到期不领取，或对超过保管期限的提存物，提存部门可以拍卖，保存其价款。

提存物交付提存后，原则上提存人不得取回提存物，但根据《提存公证规则》第二十六条的规定，有两种情况除外：一是提存人凭法院生效的判决、裁定或提存之债已经履行的公证证明，可以取回提存物。二是提存受领人以书面形式向提存部门表示抛弃提存受领权的，提存人可取回提存物。提存人取回提存物的，视为未提存。因此，提存物的孳息归提存人所有，由此产生的费用由提存人承担。提存人未支付提存费用前，提存部门有权留置价值相当的提存物。

（三）在债权人和提存机关之间的效力

《民法典》第五百七十四条规定："债权人可以随时领取提存物。但是，债权人对债务人负有到期债务的，在债权人未履行债务或者提供担保之前，提存部门根据债务人的要求应当拒绝其领取提存物。债权人领取提存物的权利，自提存之日起五年内不行使而消灭，提存物扣除提存费用后归国家所有。但是，债权人未履行对债务人的到期债务，或者债权人向提存部门书面表示放弃领取提存物权利的，债务人负担提存费用后有权取回提存物。"据此规定，债权人有随时领取提存物的权利，但是债权人对债务人负有到期债务的，在债权人未履行债务或者提供担保之前，提存部门有权拒绝债权人领取提存物的请求。债权人领取提存物的权利，自提存之日起 5 年内不行使而消灭，提存部门在扣除提存费用后，将提存物或相应价值上交国家所有。

提存机关未按法定或当事人约定的条件交付提存物，给当事人造成损失的，提存部门负有连带赔偿责任；提存部门及其工作人员挪用提存物的，除应承担相应责任外，对直接责任人员要追究行政责任或刑事责任。

第六节　债务的免除和混同

一、债务免除

（一）债务免除的概念和性质

《民法典》第五百七十五条规定："债权人免除债务人部分或者全部债务的，债权债务部分或者全部终止，但是债务人在合理期限内拒绝的除外。"此条即是债务免除的规定。债务免除，简称为免除，是指债权人以消灭债务人的债务为目的而抛弃债权的意思表示。债务免除一旦成立，债务人便不再负有向债权人履行债务的义务，债权人的债权也不复存在。一般情况下，债务免除取决于债权人，不需要债务人的表态，债务免除为单方法律行为。

债务免除除了为单方法律行为外，还具有以下性质：

1. 免除为无因行为。免除仅依债权人作出免除债务的意思表示就发生效力，其原因如何，法律并不过问，亦不作要求，属于一种无因行为。免除的原因或动机，可能形形色色，也可能古古怪怪，但是不论何种状况，均不影响免除的效力。

2. 免除为无偿行为。债务人因免除而取得利益时，无须为此支付对价。债权人免除债务人债务后，并没有因此而获得利益。所以债务免除属于无偿行为。

3. 免除为不要式行为。免除的意思表示无须特定方式，只要是法律允许的行为表现方式均可。法律对此也未作特别的规定。因而债务免除属于不要式行为。

（二）债务免除的成立条件

债务免除虽属单方民事法律行为，但是仍应具备法律行为成立的一般条件，具体为：

1. 免除的意思表示只能向债务人作出。免除为有相对人的单方行为，因而须向债务人或其代理人为之。如果债权人向第三人表示要免除债务人的债务，债的关系并不消灭。如果当事人有订立免除协议，则免除协议自达成协议时起生效。

2. 债权人得有处分能力。债权人免除债务人全部或是部分的债务，就等同于放弃自己全部或是部分的债权。债权的放弃属于对自身财产权益的处分，债权人必须具有处分能力。债权人处分能力不适格的，债务不能发生当然的免除效果。

3. 免除不得损害第三人利益。债权人免除债务人的债务，虽然是债权人对自身权利的处分，但是该处分行为不得损害第三人的利益，如果存在损害第三人利益的情形，该免除行为会被撤销。例如，合同保全制度中的债权人的撤销权。其中债务人放弃到期债权就能引发撤销权的行使。

（三）债务免除的效力

免除发生债务绝对消灭的效果。全部免除债务的，合同关系全部终止；免除部分债务的，合同关系仅在该部分的范围内终止。因合同关系终止的结果，从债务如利息债务、保证债务等，也归于消灭。但免除从债务的，主债务并不消灭。

二、混同

（一）混同的概念与原因

《民法典》第五百七十六条规定："债权和债务同归于一人的，债权债务终止，但是损害第三人利益的除外。"此条为混同的规定。混同，指的是债权和债务同归一人，致使合同关系归于消灭的事实。

混同为债权和债务归属于同一人的事实，属于法律事件。所以，混同的成立仅以债权债务同归于一人的事实为要件，无须任何人的意思表示。混同成立的原因有二：一是债权债务的概括承受，也就是合同关系的当事人概括承受他方的权利和义务。例如，企业法人的合并，法人合并以后，合并前的债权债务便由合并后的法人承受。合并前的法人至少有两个，合并以后的法人只有一个，合并之后，债权人债务人均为一人，合同关系消灭。二是特定承受。即债权人承受债务人对自己的债务，或债务人受让债权人对自己的债权。

（二）混同的效力

混同的效力，在于绝对地消灭债权债务关系以及由合同关系所产生的从债权和从债务。但《民法典》第五百七十六条强调"损害第三人利益的除外"。一般而言，涉及第三人利益，指的是作为债权债务的标的上设有他人的权利。例如，债权上设定有抵押权，即债权作为他人抵押权的标的，在此种情况下，即使债权债务发生混同，为保护抵押权人的利益，债权也不因此而消灭。

第八章课件

第九章

违约责任

📖 导读案例

2021 年 6 月 1 日，被告周某与原告某文化发展公司签订独家合作协议，约定双方合作期限从 2021 年 6 月 1 日至 2024 年 5 月 31 日止，被告自开播之日起，一年内不得无故停播，消极直播。原告是被告全部互联网演艺事业的唯一合作方，同时对被告的直播时长、直播平台、直播分成等各项内容，进行了明确约定，另对双方的权利义务、收益分配、违约责任等事项，作了详细约定。

协议签订后，被告从事直播工作，短时间内积累了不少人气，并从中获得了一定的收益和佣金分成。被告开播三个月后，因暑假结束，返校后学业繁重，无法达到直播时长后暂停直播。原告认为其擅自停播的行为已经构成违约，多次与被告沟通协商无果，诉至法院。

该文化发展公司诉称，周某擅自停播致使合作协议目的无法实现，已经构成根本违约，公司依法有权解除独家合作协议，并要求周某承担违约责任。周某直播三个月，按照每个月获益金额乘以合作协议期限 36 个月，考虑各方因素，要求其支付违约金 10 万元。

被告周某辩称，自己曾多次向公司提出直播时长的问题，均被驳回，他们告知若是违约，将要面临巨额的赔偿金，但开学后因学业繁重，实在播不了了。

从 2021 年 6 月至 9 月，自己严格按照合同约定进行直播，公司并未支付保底工资，并以各种理由搪塞推托，所承诺的推流、包装也没有做到，而自己后期停播，也并未给公司造成资源、经济等实质性损失，公司主张违约金 10 万元毫无根据。

法院审理后认为，关于合同是否解除。本案中，被告虽系在校大学生，但系完全民事行为能力人，双方签订的独家合作协议内容不违反法律和行政法规的规定，依法应认定合法有效。

双方在合作协议履行过程中发生争议沟通未果，后被告因学业无法按照协议约定时长进行直播，合同目的无法实现，且双方均愿意解除合同，故本院认定案涉独家合作协议自原告起诉之日起解除。

关于被告是否应承担违约责任。原告在签订独家合作协议时，缺乏对被告学习时间的考虑，合同约定义务严重影响被告在校期间学习。被告系在校学生社会经验不足，对于签订合同及合同义务认识存在不足，暑期结束后，在保证完成课业的前提下无法按照约定继续履行合同，虽有悖合同之约定，但其将完成学业的重要性摆在赚取直播收益之前，符合社会一般价值理念。

根据双方独家合作协议约定，在月收益低于5000元、直播时长达到125个小时，原告将支付被告每月5000元保底收益。在8月、9月的直播时长均超过125个小时的情况下，原告并未支付对应的1万元，故原告也存在违反合同约定的情形。

被告虽在2021年10月未进行直播，但之前均按照合同约定完成直播时长，在被告坚持学业优先的情况下，原告坚持要求其按照约定进行直播，则必然影响被告接受正常教育，且原告因被告违约所遭受的损失亦未提供相应证据予以证明。故对原告主张的违约金不予支持。

❓ 问题提出

1. 违约责任有何特点？
2. 违约行为有哪些种类？
3. 违约责任有哪些具体形态？各有何要求？
4. 违约责任与侵权责任如何竞合？

第一节　违约责任的概念和特点

一、违约责任的概念

违约责任，又称违反合同的民事责任，是指合同当事人不履行合同义务或者履行合同义务不符合约定时所承担的法律后果。违约意味着合同当事人对合同规定的违反，是对双方当事人合意的破坏。违约会使正常的交易中断，给守约方造成损失。违约责任便是对违约者的制裁和守约者的保护。违约责任的强制性，能使基于双方当事人合意而产生的合同权利和合同义务具有法律约束力，确保合同义务的履行，合同债权的实现。合同若失去了责任制度的保障，则很难被遵守，合同目的难以实现。《民法典》第五百七十七条规定："当事人一方不履行合同义务或者履行合同义务不符合约定的，应当承担继续履行、采取补救措施或者赔偿损失等违约责任。"本条在构成要件上对何为违约及其法律后果作出了明确规定。

二、违约责任的特点

违约责任是民事责任的一种，在具有民事责任的独立性、财产性、平等性等一般特点时，还具有自身的特点，具体如下。

（一）违约责任的产生以当事人不履行合同债务为前提

违约责任的产生以合同有效存在为基础，以当事人不履行合同债务为前提。违约责任与合同债务密不可分，合同债务是产生违约责任的前提，无义务便无责任，违约责任是当事人不履行或不适当履行合同债务的结果。如果合同不成立或合同被宣告无效、被撤销，合同关系自始不存在，无合同债务，自然便不会产生违约责任。

违约责任是国家强制债务人履行债务和承担法律责任的表现。一旦债务人无正当理由不履行合同债务或不适当履行合同债务，此债务便转化为由国家强制力保障实施的法律责任，该责任的承担与实现不再取决于债务人的意志，不论违约者意愿如何，均得承担该责任。

债务人不履行债务或者不适当履行债务均可引发违约责任。在这一点上，其与缔约过失责任具有明显的不同。缔约过失责任是缔约人因其过失违反先合同义务致使对方财产权益遭受损害，依法应承担的民事责任。这一责任的发生以合同尚未有效成立为前提。

（二）违约责任具有相对性

由于合同关系只存在于特定的当事人之间，违约责任作为对债务不履行行为的补救措施，其主要功能在于填补守约当事人的损失，因此一般也只发生在债权人和债务人之间。合同关系之外的第三人一般不负担违约责任，而合同当事人一般也不对第三人承担违约责任。违约责任的相对性是"合同相对性"或"债的相对性"规则的体现。

除了债务人对自己违反合同义务的行为承担责任外，违约责任的相对性还表现在两个方面：一是债务人为其履行辅助人的行为向债权人负责。债务人应为其履行辅助人辅助履行债务的行为负责。履行辅助人是根据债务人意思事实上辅助债务人履行债务的人，一般包括两类：债务人之代理人以及代理人以外辅助债务人履行债务的人，如履行承担中的第三人。由于履行辅助是根据债务人的意思而为的行为，其目的是帮助债务人履行债务，非为自己履行债务或从事其他性质的行为。因而债务人对其行为应予负责。二是债务人就第三人的行为向债权人负责。因第三人的行为造成债务人不能履行债务时，债务人仍然要向债权人承担违约责任，债务人承担违约责任后有权向第三人追偿。

（三）违约责任主要具有补偿性

违约责任的补偿性，是指违约责任旨在填补或弥补受害人因违约方的行为所受的损失。在一方违约从而使他方遭受损失的情况下，通过使违约方支付赔偿金、违约金或其他方式使受害人的损失得以赔偿。其中，损害赔偿是违约责任最主要的形式。违约责任的补偿性表现在一方赔偿应相当于对方所受的损失；在多种责任形式并存时，应与违约行为所致的后果大致相当。一个合法有效的合同，其权利义务分配是均衡的，一方若是违反了合同规定，原本的平衡关系就会遭受破坏，当事人之间权利义务失衡，此时法律有必要通过确定违约责任的方式要求违约方对受害人所遭受的损失予以填补，从而将失衡的利益关系恢复到原先的平衡状态。

当然，违约责任还具有强制性。法律责任的本质决定了法律责任具有强制性，违约责任作为法律责任也不例外，其强制性表现为违约时，法律强使违约方支付违约金或承担其他责任形式如实际履行合同义务，不以违约方意志为转移。

（四）违约责任是一种财产责任

财产责任是指具有经济内容的责任，或者说对其内容可以用货币来衡量的责任。违约责任是一种财产责任，其原因在于合同关系为财产关系。合同债务主要是以金钱给付为内容的债务，有些行为债务或是劳务债务最终也可以转化为以金钱给付为内容的债务。合同关系、债务的财产性决定了违约责任的财产性。根据合同法的有关规定，违约责任的形式有赔偿损失、支付违约金、强制履行等，这些责任形式均属于财产责任范畴。

值得一提的是，虽然理论界通常认为，违约行为一般不引起非财产上的损害，但是在某些合同关系中，违约不仅会造成当事人财产上的损失，同时也可能会引发其精神上的损害。例如旅游合同，该类合同含有精神愉悦的要求与目的，旅行社的违约可能会导致当事人的精神利益受损。但是精神利益受损有别于精神损害，一般而言不能主张精神损害赔偿。

（五）违约责任可以由当事人约定

违约责任可以由当事人在法律规定的范围内事先作出约定。《民法典》第五百八十五条第一款规定："当事人可以约定一方违约时应当根据违约情况向对方支付一定数额的违约金，也可以约定因违约产生的损失赔偿额的计算方法。"不仅如此，合同当事人还可以通过设定免责条款来限制或是免除其将来可能产生的违约责任。

对违约责任的约定，是合同自由原则的体现，允许当事人就违约责任事先予以约定，既确立了违约责任的计算方法或标准，又有利于当事人对未来可能承担的风险进行预计与有效控制，同时又有利于合同纠纷的及时解决。当然，违约责任可由当事人进行约定，并不意味着违约责任强制性的减弱，当当事人的约定有失公正合理时，法律会对该约定进行干预，使其符合法律的规定。

第二节　违约行为形态

《民法典》第五百七十七条规定："当事人一方不履行合同义务或者履行合同义务不符合约定的，应当承担继续履行、采取补救措施或者赔偿损失等违约责任。"依据此条规定，违约责任的承担只要是当事人一方不履行合同义务或者履行合同义务不符合约定即可，不考虑其是否具有主观过错。这意味着只要当事人一方违反了合同义务就需要承担违约责任。此为无过错归责原则。由此，无过错归责原则成为违约责任的一般归责原则。鉴于合同交易类型纷繁复杂，合同法在一般规则原则之外，针对特定类型的合同会确立不同的归责原则。如《民法典》第六百六十二条第二款规定："赠与人故意不告知瑕疵或者保证无瑕疵，造成受赠人损失的，应当承担赔偿责任。"依据此条款的规定，赠与合同中赠与人的违约责任的归责原则是过错责任原则。总体而言，我国合同法有关违约责任的归责原则是以无过错责任原则为主，过错责任原则为例外。鉴于无过错责任原则为违约责任的主要归责原则，因而违约责任的构成只需有违约行为即可。所以对违约行为的研究关系着违约责任的是否承担，至关重要。

一、违约行为的概念和特征

违约行为是合同当事人不履行或者不适当履行合同义务的行为。违约行为的发生以合同关系的有效存在为前提。违约行为是构成违约责任的唯一条件，无违约行为即无违约责任。任何违反合同义务的行为均构成违约行为，不论该义务是法定的、约定的，还是根据诚实信用原则所产生的。只要是对合同义务的违反，均为违约。

违约行为是一种民事违法行为。与其他民事违法行为相比，它具有以下几个方面的特征：

第一，违约行为的主体是合同当事人。违约行为的主体具有特定性，这是由合同相对性规则所决定的。合同产生在特定的当事人之间，只有合同主体才有权向对方当事人提出履行合同义务的请求，只有合同主体才有权要求对方当事人承担合同某种义务。即便是第三人的介入，也不影响合同主体之间违约责任的承担。

第二，违约行为是以有效的合同关系的存在为前提的。没有有效的合同关系，就没有合同义务，也就不存在当事人一方不履行合同义务或履行合同义务不符合约定的问题。所以，只有有效的合同关系的存在，才有违约行为的存在和可能。

第三，违约行为违反了合同义务。合同义务主要基于当事人的约定而产生，具有任意性，对该约定义务的违反构成违约行为。此外，法律为了维护公共秩序和交易安全，也会为合同当事人设置一些必须履行的义务，此为法定义务。对法定义务的违反同样构成违约。同时，应诚实信用原则的要求，将根据诚实信用原则所产生的义务称为附随义务，例如注意义务、告知义务、照顾义务、忠实义务、说明义务等。对附随义务的违反，也会构成违约行为。可见，违约行为是在不同程度上导致了对合同义务的违反。

第四，违约行为在后果上导致了对合同债权的侵害。与合同义务相对应的是合同债权，对合同义务的违反必然导致对合同债权的侵害。债权是一种相对权，它的实现有赖于债务人切实、积极地履行合同义务，而违约行为导致债权人的债权无法实现或无法完全实现。因而违约行为侵害的是债权，是一种相对权。在这一点上违约行为不同于侵权行为，侵权行为是对绝对权的侵害。

需要注意的是，违约行为并不等同于损害。违约行为仅仅是对合同义务的不遵守，这种不遵守并不必然地产生损害。例如，卖方没有按照合同约定交付货物，结果该类货物在市面上的价格每日剧降，此时卖方的违约行为便不会给买方造成损害。所以违约行为的衡量标准是合同义务是否履行，而损害是赔偿损失的前提。

违约行为形态，是根据违约行为违反合同义务的性质和特点，对违约行为所作的分类。依照我国《民法典》有关"违约责任"章节的规定，依据违约行为是在履行期限前发生，还是在履行期限后发生，将违约行为形态分为预期违约与实际违约。

二、预期违约

《民法典》第五百七十八条规定："当事人一方明确表示或者以自己的行为表明不履行合同义务的，对方可以在履行期限届满前请求其承担违约责任。"此条是有关预期违约的规定。预期违约是英美法系从判例中发展而来的制度。它与实际违约的主要区别在于，两者违约的时间不同，预期违约是在履行期届满前的违约，而实际违约则是在履行期届满时或届满后的违约。预期违约，是指在履行期限到来之前，合同一方当事人无正当理由地表示，其在履行期限到来后不会履行合同义务的行为。根据预期违约表示的方式不同，可分为明示预期违约与默示预期违约。

（一）明示预期违约

明示预期违约，又称为明示毁约，是指在合同有效成立后至合同约定的履行期届满前，一方当事人明确肯定地向另一方当事人明示其将不按约定履行合同义务。明示预期违约的构成，必须具备以下要件：

第一，必须发生在合同有效成立后至合同约定的履行期届满前这段时间内。预期违约与实际违约的最大区别就是违约行为发生的时间不同。在履行期限之前的违约才可能构成预期违约，在履行期限之后的违约构成的是实际违约。预期违约作为一种违约行为形态，其本质仍然是对合同义务的违反，因而须有合法有效的合同关系。由前述可知，预期违约须发生在合同有效成立后至合同约定的履行期届满前这段时间内。

第二，当事人明确、肯定地作出将不履行合同义务的意思表示。也就是说，当事人毁约的意图是十分明确的，不附有任何条件。例如，明确告知对方将不会交货、不会付款等。这种明确的毁约，是通过口头或是书面形式表达出来的，不会产生任何的歧义，表示毁约的意思不会含混不清。这种明确的毁约是否需要加以催告予以进一步确定，合同法中未作要求，只要求合同当事人对毁约方的毁约意图有证据证明即可。

第三，当事人表示不履行的合同义务必须是合同主要义务。正是由于一方当事人表示其在履行期到来之后，将不履行合同的主要义务，从而会使另一方当事人订约的目的不能实现，或严重损害另一方的期待利益。因此，明示毁约方应负违约责任。如果行为人只是表示其将不履行合同的次要义务，不影响合同权利人债权的实现，则不构成明示毁约。当事人不履行的合同义务根本影响到了债权人债权的实现，以至于合同目的实现不了，合同当事人无法通过合同的履行获得预期的利益，此为合同主要义务的不履行。

第四，不履行须无正当事由。只有当事人不履行合同义务无正当事由，才构成明示毁约。例如，因债权人违约而使债务人享有解除合同的权利；因合同具有无效因素而被确认无效；合同根本未成立；债务人享有抗辩权以及因发生不可抗力而使合同不能履行等均能构成债务人不履行合同义务的正当理由。在具有正当理由的情形下，债务人的不履行不构成明示毁约。

在明示毁约的情况下，另一方可以根本不考虑对方所作出的毁约要求，而单方面坚持合同的效力，等到履行期到来后要求毁约方继续履行合同或承担违约责任；也可以根据《民法典》第五百七十八条的规定立即提出请求，要求对方在履行期到来前承担违约责任。

（二）默示预期违约

默示预期违约，又称为默示毁约，是指在履行期到来之前，一方当事人以自己的行为表明其将在履行期限到来之后不履行合同义务，另一方当事人有足够的证据证明一方将不履行合同，对方当事人又不愿意提供必要的履行担保。例如在履行期限届临前，负有交货义务的一方将作为合同标的的货物以高价转售给第三方，该行为就构成默示预期违约。默示毁约与明示毁约的主要区别是用以毁约的表示方式不同。明示毁约采用的是口头或是书面等意思表示非常确定的方法，而默示毁约采用的是行为这种意思表示方法，这种方法具有不确定性，需要通过证据加以证明。

默示预期违约的构成，必须具备以下要件：

第一，债权人有确切的证据证明债务人在履行期到来时将不履行或不能履行合同义务。虽然与明示毁约不同，债务人未明确表示在履行期届满时不履行合同义务，但根据债务人的行为和财产状况等客观情况来判断，在履行期到来时，该债务人将不履行或不能履行合同义务，这同样使债权人面临着一种因债权不获清偿而受损的危险。

第二，债务人被要求提供履行担保，而其在合理的期间内不能提供充分的担保。债权人虽然有证据证明债务人可能于清偿期届满时不履行义务，但这毕竟是一种猜测，猜测不能代替债务人自身的语言和行为表示。因此，只有在债权人要求债务人提供担保而债务人又拒绝提供或不能提供担保时，才能确信其行为构成违约。

在默示毁约的情况下，非违约方既可以在履行期到来以后要求毁约方实际履行或承担违约责任，也可以不必等待履行期限的到来而直接要求毁约方实际履行或承担违约责任。

三、实际违约

履行期限到来后，合同当事人不履行或是不适当履行合同义务的，均会构成实际违约。实际违约行为具有如下几种类型。

（一）不履行

债务人不履行，指的是合同当事人不能履行或者拒绝履行合同义务。不能履行合同义务，是指债务人由于标的的不复存在而无法履行合同债务。标的的不存在可能是在合同订立时就已经发生，也可能是在合同有效成立后才发生。理论上将标的在合同订立时就不存在的情形称为自始不能，将合同有效成立后标的不复存在的情形称为嗣后不能。由于合同成立需要合同主体、标的及当事人的意思表示三大要素，其中标的不存在，当事人意思表示没有对象，合同权利义务没有载体，合同关系自不能成立。因而，自始不能导致的是合同的不成立，而不是合同债务人的实际违约。毕竟违约的是否构成是以合同有效存在为前提的。嗣后不能，合同债务人无法按照合同约定履行债务，构成实际违约。所以债务人的履行不能只有嗣后不能才会构成实际违约。

拒绝履行又称为毁约，是指债务人能够履行其债务而在履行期届满时对债权人表示不履行债务。拒绝履行以债务履行可能为基础，是债务人能为履行而不履行。债务人以明示方式或行为表明其虽有履行能力，但是不会履行，也不愿意履行。例如，甲欠乙借款 5 万元，甲有 20 万元的银行存款，借款到期后，甲明确对乙说明其不会还款。此便构成拒绝履行。债务人拒绝履行债务是出于故意，也就是债务人明知自己有到期的债务需要履行，但是无正当理由拒绝履行。债务人拒绝履行的正当理由指的是用以对抗债权人请求的抗辩权，例如同时履行抗辩权、不安抗辩权、先诉抗辩权以及时效完成、期限届满之抗辩权等。

（二）迟延履行

迟延履行又称为逾期履行，指的是合同当事人的履行违反了履行期限的规定。迟延履行在广义上包括债务人的履行迟延和债权人的受领迟延。狭义的履行迟延仅指债务人的履行迟延。我国合同法采用的是广义说，也就是迟延履行指的是债务人履行迟延和债权人受领迟延两种情况。

债务人履行迟延，是指债务人能够履行，但在履行期届满时却没有按时履行债务。债务的履行可以分为定有履行期限的债务和未定有履行期限的债务。定有履行期限的债务，其履行期限是明确的，例如某年某月某日，或是某几日、某段时间等。定有履行期限的债务，到期未履行的便构成履行迟延。未定有履行期限的债务，债权人和债务人均可随时要求履行，但应给对方留有必要的准备时间。该准备时间届满，债务人仍然未履行的，构成履行迟延。

债务人的履行迟延一般具有如下构成要件：第一，存在有效的债务，并且债务的履行是可能的。第二，债务人能够履行。如债务已不可能履行，则属于履行不能而不构成迟延履行。第三，债务已届履行期。即债务履行期限已届满。债务的履行期限对于迟延履行的认定有重要意义。合同明确约定有履行期限的，债务人在履行期届满时未履行债务的，构成履行迟延。第四，债务人无正当理由未履行债务。债务人迟延履行，应当承担迟延履行的违约责任，但如果债务人行使各种抗辩权或债权人未协助等均为不履行债务有正当理由，此时债务人的不履行不能构成迟延履行。

债权人受领迟延，是指债权人对于债务人之履行应当且能够受领而不受领。受领迟延的构成，必须包括以下要件：第一，债务已届履行期。合同定有履行期的，在履行期届满之前，债务人原则上不得提前履行，如提前履行，债权人有权拒绝，而不导致受领迟延，但履行期届满债务人提出履行，债权人拒绝的，则为受领迟延；未定有履行期的，债务人提出履行应确定一个合理的期限，未提出合理期限而向债权人履行的，债权人可拒绝受领，不构成受领迟延；合理期限届满，债务人履行，债权人拒绝受领的，构成受领迟延。第二，债务人已提出履行或实际履行。提出履行如通知债权人前往领取标的物，实际履行如债务人已经将标的物送至债权人处，使债权人处于可受领状态。如果债务人未使标的物处于可受领状态，则债权人无受领的可能，从而不构成受领迟延。第三，债权人不为受领。债权人不为受领表现为无任何正当理由拒绝接受债务人的给付。

（三）不完全履行

不完全履行又称为不完全给付或不适当履行，是指当事人虽以适当的履行的意思进行了履行，但履行的内容不符合法律的规定或者合同的约定，即不符合债务的本旨。不完全履行主要有三种情形：一为瑕疵履行；一为加害履行；一为部分履行。

瑕疵履行，又称为瑕疵给付，是指债务人交付的标的物或者提供的服务不符合质量标准，或者产品在规格、包装方面不符合标准，或者不具备应当具备的使用性能。瑕疵履行的后果是减少或者丧失该履行本身的价值或者效用，其所侵害的是债权人对于正确履行所能获得的利益，即债权人的履行利益。履行利益是在债务人严格依照合同约定履行时，债权人从中可得到的利益。如果债务人未依合同规定履行，债权人依合同本来可得到的利益未得到，会给债权人造成损失，此种损失就是履行利益受损失。

《民法典》第五百八十二条规定："履行不符合约定的，应当按照当事人的约定承担违约责任。违约责任没有约定或者约定不明确，依据本法第五百一十条的规定仍不能确定的，受损害方根据标的的性质以及损失的大小，可以合理选择请求对方承担修理、重作、更换、退货、减少价款或者报酬等违约责任。"本条规定了瑕疵履行情形下的违约责任，以解决当事人一方履行债务不符合约定时，对方可以采取哪些违约救济措施保护自己利益的问题。其中根据标的物的性质以及损失的大小，指的是在决定有瑕疵的标的物是进行修理、更换、重作还是减价、退货时，应当根据标的物的性质和损失的大小来确定。修理、更换、重作是对标的物的补正，如果补正对债权人实现合同目的没有影响，不会给债权人带来什么损失，债权人可采用补正的方式。如果不经对标的物的补正标的物仍可以使用，债权人也同意使用标的物，其有权要求减少价款或者报酬。如果标的物补正或者减少价款等对债权人已经没有任何意义，也就是合同目的实现不了的，债权人有权要求退货。

加害履行，又称为加害给付，是指债务人交付的标的物，因存在危及人身、财产安全的不合理危险，从而造成标的物以外的债权人财产利益和人身利益受损。该种损害是债权人履行利益以外的其他利益的损失。例如，交付不合格的药品导致服用人死亡，偷工减料的豆腐渣工程倒塌导致多人死伤，等等。履行利益以外的其他利益，又称为固有利益或维护利益，是指债权人享有的不受债务人和其他人侵害的现存财产利益与人身利益，或者称为履行标的物以外的财产利益和人身利益。加害给付对固有利益的侵害，同时侵犯了债权人的绝对权和相对权，而这两种权利分别受到合同法与侵权法的保护，因而加害给付的行为同时构成违约行为与侵权行为，受害人既可以要求违约责任，也可以要求侵权责任，从而出现了责任的竞合。受害人可以任选一项请求权，以寻求法律的救济。

部分履行，是指合同虽然得到履行，但是履行的数量不符合合同规定的要求，或者说履行数量上存有不足。在部分履行的情况下，非违约方有权要求违约方按照合同规定的数量条款继续履行。例如，合同约定甲方应该向乙方交付货物100件，到了合同履行期，甲方只向乙方交付货物30件，此种状况下，乙方有权要求甲方交付剩下的70件货物。非违约方也有权要求违约方承担其他的违约责任，例如支付违约金、赔偿损失等。在一般情况下，部分履行，债务人可以补足剩余部分履行的，债权人无必要解除合同。若债权人确已不存在履行的需要，虽是部分不履行但已经导致合同目的不能实现，债权人亦有权解除合同。

（四）其他违约行为

根据适当履行原则，债务人应该按照合同的规定全面、适当地履行合同债务。因此除了在标的、质量、数量、期限上的履行应该符合合同规定和法律规定外，在履行地点、履行方式等方面也应如此。履行地点、履行方式的不适当，也会构成违约。例如本应一次履行却分次履行，本应选择最近运输路线却选择了较远路线履行等。

四、免责事由

在合同履行过程中，因出现了法定或是约定的免责条件而导致合同不履行的，债务人将被免除合同债务的履行义务。其中法定或是约定的免责条件就是免责事由，也就是依据法律规定或当事人约定，当事人对其不履行合同的行为不承担违约责任的条件。

约定的免责事由就是免责条款。法定的免责事由，根据《民法典》第五百九十条第一款的规定，为不可抗力。该条款规定："当事人一方因不可抗力不能履行合同的，根据不可抗力的影响，部分或者全部免除责任，但是法律另有规定的除外。因不可抗力不能履行合同的，应当及时通知对方，以减轻可能给对方造成的损失，并应当在合理期限内提供证明。"具体而言，属于不可抗力的情况有：第一，自然灾害，即天灾的事实，例如洪水、台风、海啸、地震等。第二，某些政府行为。在当事人订立合同以后，因政府颁发新法律和行政法规导致合同不能履行的情形。第三，社会异常事件，例如罢工、疾病的大范围传播等。根据合同法的规定，不可抗力导致合同全部不能履行的，就免除债务人全部的责任；如果仅仅是导致合同部分不能履行，就只能免除债务人部分的责任。当然法律、行政法规规定不可抗力不能免除当事人的违约责任的，按该规定处理。

实际生活中，合同当事人会在法律规定的基础上对不可抗力作明确的约定，只要当事人对不可抗力所作的约定与法律对不可抗力所作的规定不冲突，该约定应该是有效的。当事人的这一约定可以较为清楚地说明在不同环境中不可抗力对合同的作用和影响，补充法律对不可抗力规定的抽象，有利于合同纠纷的解决，避免合同当事人滥用不可抗力的免责权。

此外，根据一些有名合同的相关条款规定，债权人的过错、货物自身的合理损耗也能成为特定情况下的法定免责事由。例如，《民法典》第八百三十二条规定："承运人对运输过程中货物的毁损、灭失承担赔偿责任。但是，承运人证明货物的毁损、灭失是因不可抗力、货物本身的自然性质或者合理损耗以及托运人、收货人的过错造成的，不承担赔偿责任。"

第三节　违约责任的形式

违约责任的形式就是违约方当事人承担违约责任的具体方式，根据《民法典》的有关规定，违约责任主要包括以下几种形式。

一、实际履行

（一）实际履行的概念与特征

实际履行又称为强制实际履行、依约履行、继续履行，是合同一方当事人不履行合同债务或履行合同债务不符合约定时，另一方当事人有权要求其依据合同的规定继续履行。如果当事人拒不履行，可以强制履行。由法院运用国家强制力，达到迫使债务人履行债务的效果，以实现保护民事权利的目的。实际履行，就债务而言，是不履行债务的效果；就债权而言，是对债权的救济。只是对债权的救济需要通过法院行使司法审判权来实现。实际履行具有以下特征：

第一，实际履行是一种违约后补救方法。实际履行是一种可供选择的违约救济方法。在违约出现后，只要实际履行尚属可能，非违约方便可选择行使之。与支付违约金、赔偿金等违约责任方法相比，实际履行更强调违约方按合同约定标的物履行义务，而不仅仅强调弥补受害方的损失，从而更有利于实现非违约方的订约目的。

第二，是否请求实际履行是当事人的权利。在一方违约后，非违约方既可以请求解除合同并要求赔偿损失，也可以要求债务人继续履行；若当事人未提出请求，则不得强迫违约方继续履行，法院不得主动援引这一责任形式。

第三，实际履行可以与支付违约金、支付赔偿金、定金责任并存，但不得与解除合同并存。因为解除合同使合同关系不复存在，债务人不再负有履行合同的义务，其与实际履行是相对立的补救方法。

（二）实际履行的适用条件

实际履行作为一种违约责任形式，其适用条件为：

1. 须存在违约行为。

实际履行为合同义务不履行的后果，是只有合同一方当事人不履行合同或者不适当履行合同时才会产生的一种违约责任形式。实际履行以存在当事人不履行合同义务或履行不适当行为即违约行为为前提。若当事人已依约履行合同，则对方不得请求实际履行，亦无实际履行的必要。

2. 非违约方须在法律规定的期限内提出继续履行的请求。

我国合同法从保护债权人的利益出发，将是否请求实际履行的选择权交给非违约方当事人，由非违约方当事人根据自身的利益来决定是否采取实际履行的方式。如果非违约方不提出此种请求，则不得适用实际履行的责任形式。在许多情况下，当事人订立合同的目的主要不是在违约后寻求金钱赔偿，而是实现合同的订约目的。实际履行如果具有现实需要，则有请求实际履行的必要。如果采用实际履行在经济上不合理，或确实不利于维护非违约方的利益，则可以采用其他的违约责任形式，而不必非得请求实际履行。

3. 实际履行必须是客观可行的。

在金钱债务中，当事人一方不支付价款或是报酬的，另一方有权要求其实际履行。《民法典》第五百七十九条规定："当事人一方未支付价款、报酬、租金、利息，或者不履行其他金钱债务的，对方可以请求其支付。"以给付货币形式履行的金钱债务，因为金钱是一般等价物，无其他替代履行方法，守约方要求违约方实际履行金钱债务的，违约方不得以任何理由拒绝。

在非金钱债务中，债务的履行涉及金钱以外的物、行为、智力成果、劳务等，不是所有的债务均适合实际履行。例如，基于人身信赖关系所产生的合同、提供个人服务的合同等便不能实际履行，否则将会对对方的人身自由构成侵害。《民法典》第五百八十条第一款规定："当事人一方不履行非金钱债务或者履行非金钱债务不符合约定的，对方可以请求履行，但是有下列情形之一的除外：（一）法律上或者事实上不能履行；（二）债务的标的不适于强制履行或者履行费用过高；（三）债权人在合理期限内未请求履行。"依据此条款规定，非金钱债务的债权人有权向违约方主张继续履行合同。但该继续履行请求权受到限制，具体情况包括：

第一，法律上或者事实上不能继续履行。根据法律的规定，违约方不需要实际履行，但是得支付违约金、赔偿损失等。例如，在债务人破产时，如果强制其履行与某个债权人所订立的合同，实际上就是赋予了该债权人某种优先权，使其优先于违约方当事人的其他债权人而受偿，这显然是不符合破产法的规定的。

事实上不能履行，是指履行标的的客观不能或永久不能，如果债务人采取一定的行为或作出一定的努力仍可以履行合同，或者合同只是部分不能履行或暂时不能履行，则表明合同仍然可以实际履行。在非金钱债务的实际履行中，违约方确实没有能力继续履行合同，即使强迫其继续履行已是不可能实现。实际履行的目的在于促使违约方履行合同规定的义务，实现债权人的权利。一旦该目的不复存在，自无继续下去的必要。

第二，债务的标的不适于强制履行或者履行费用过高。债务的标的不适于强制履行指的是依据合同性质以及合同所确立的标的，不适合强制履行。此时债务人的履行行为不具有可替代性、无法由第三人替代履行。如著名演员的表演行为、专家提供咨询意见的行为、知名教授的授课行为等。

履行费用过高是指履行债务的代价或费用与债权人由履行获得的利益严重不成比例。在此情形下，债务人事实上是可以履行债务的，只不过相比于债权人由履行获得的利益，债务人履行债务付出的代价过大，有悖公平原则。

第三，债权人在合理期限内未请求履行。债务人应承担何种形式的违约责任由债权人选择的违约救济权而定。如果债权人不及时作出选择，而想根据市场行情变化适时调整行为，此种投机性选择将使债务人处于难以决定后续行动的不确定之中。因此，为保护债务人的交易安全，防止债权人利用违约实施投机行为，法律要求债权人在合理期限内请求履行，否则其继续履行请求权将被排除。①

二、第三人替代履行

《民法典》第五百八十一条规定："当事人一方不履行债务或者履行债务不符合约定，根据债的性质不得强制履行的，对方可以请求其负担由第三人替代履行的费用。"依据本条，当事人一方不履行债务或者履行债务不符合约定，根据债的性质不得强制履行的，对方可以作出替代交易，由第三人替代债务人履行本来应由债务人履行的债务；对于因第三人替代履行而支出的费用，债权人可以请

"第三人替代履行"微课

求违约方负担。本条虽以"债务的性质不得强制履行"为前提条件，但却允许债权人经由第三人替代履行达到实际履行的效果。具体的构成要件为：

第一，当事人一方不履行作为债务或者履行作为债务不符合约定。不履行或履行不符合约定，既可以指履行期限届满不履行债务的情形（实际违约），又可以指履行期限届至或届满之前明确表示或以自己的行为表明不履行债务的情形（预期违约）。

---

① 朱广新、谢鸿飞：《民法典评注·合同编通则2》，中国法制出版社2020年版，第342页。

第二，根据债务的性质不得强制履行。不能强制履行的债务主要包括委托合同、技术开发合同、演出合同等具有人身专属性的合同所产生的义务。这些合同义务不能强制执行主要是基于对人格的尊重和人身自由保护的需要。

第三，给付可以由第三人替代履行。债权人可以与第三人约定由第三人代替履行债务，因此在法律上和事实上不能履行的债务不能由第三人代替履行。

第三人替代履行会涉及费用问题，对此问题法律未作明确规定。一般认为该费用应该具有合理性。

三、损害赔偿

（一）损害赔偿的概念和特征

损害赔偿，又称赔偿损失、违约损害赔偿，是指违约方不履行合同而给他方造成损失时，为了弥补受害人的损失而向受害人支付一定数额的金钱。一般而言，违约损害赔偿具有以下特征：

第一，损害赔偿是因债务人不履行合同债务所产生的责任。债务人的违约，使债权人遭受损失，当事人之间的原合同债务转化为损害赔偿的债务关系。违约损害赔偿基于有效合同而发生，如果合同关系不存在，或者合同关系自始无效，不适用违约损害赔偿，更适合用缔约过失责任。

第二，损害赔偿原则上仅具有补偿性而不具有惩罚性。损害赔偿的主要目的在于弥补或者填补债权人因违约行为所遭受的损失，因此具有补偿性。损害赔偿的这一特性是符合等价交换的交易原则的，因为任何民事主体一旦造成他人财产损害，都必须以等量的财产予以补偿，损害与补偿之间具有等价性。惩罚性损害赔偿是要求加害人支付给受害人超过其财产损害范围的一种金钱赔偿。得到惩罚性损害赔偿后，受害人的损失不仅得到了弥补，而且还会因此而多得财产。若此种损害赔偿被过多地使用，则既打破了等价交换的交易原则，又会给当事人带来极大的不确定风险。所以，《民法典》对惩罚性损害赔偿予以了严格的规定，如无法律明确规定的，不得适用惩罚性损害赔偿。

第三，损害赔偿具有一定程度的任意性。当事人在订约时可以在合同中预先约定一方当事人在违约时应向对方当事人支付一定数额的金钱，也可以约定损害赔偿额的计算方法。同时，当事人还可以在法律规定的范围内事先约定免责条款，以限制或者免除未来可能要承担的包括损害赔偿责任在内的违约责任。这都使得损害赔偿责任具有一定程度的任意性。

第四，损害赔偿以赔偿当事人实际遭受的全部损失为原则。损害赔偿责任的这一特征就是完全赔偿原则。《民法典》第五百八十四条规定："当事人一方不履行合同义务或者履行合同义务不符合约定，造成对方损失的，损失赔偿额应当相当于因违约所造成的损失，包括合同履行后可以获得的利益；但是，不得超过违约一方订立合同时预见到或者应当预见到的因违约可能造成的损失。"

（二）损害赔偿的种类

损害赔偿根据赔偿产生的依据，可分为法定损害赔偿与约定损害赔偿。

《民法典》第五百八十五条第一款规定"当事人可以约定一方违约时应当根据违约情况向对方支付一定数额的违约金，也可以约定因违约产生的损失赔偿额的计算方法。"此便是约定损害赔偿的有关规定。约定损害赔偿，是合同当事人在订立合同时，预先约定一方在违约时向对方支付一定金钱或是约定损害赔偿的计算方法。约定损害赔偿便于合同当事人明确合同未来承担责任的范围，能够促使当事人履行合同，鼓励交易，并且在发生纠纷时，能够大大减轻合同当事人的举证责任，有利于法院对损害赔偿额度进行确定。例如，甲乙之间签订一份承揽合同，双方在合同中约定，任何一方违约，均应支付给另一方5万元的赔偿金。合同履行过程中，乙违约，甲只要证明乙的违约行为即可，不需要证明自己的损失有5万元，就可以要求乙支付约定损害赔偿金5万元。当然，如果当事人仅仅约定的是损害的计算方法，非违约方还得证明实际损害的存在。

法定损害赔偿的规定体现在《民法典》第五百八十四条，该条规定："当事人一方不履行合同义务或者履行合同义务不符合约定，造成对方损失的，损失赔偿额应当相当于因违约所造成的损失，包括合同履行后可以获得的利益；但是，不得超过违约一方订立合同时预见到或者应当预见到的因违约可能造成的损失。"据此，法定损害赔偿以填补非违约方损失为要旨，由实际损失和可得利益损失两部分构成。

（三）完全赔偿原则

完全赔偿原则，是指违约方应赔偿受害人因其违约行为所遭受的全部损失。《民法典》第五百八十四条中的规定采用的就是完全赔偿原则。完全赔偿包括实际损失的赔偿和可得利益的赔偿。实际损失指的是现有财产的灭失、损坏和费用的支出，是一种现实的财产损失。例如，甲乙之间订立100吨大白菜买卖合同，约定如有违约，应支付1000元违约金。乙又与丙订立了100吨的大白菜买卖合同。因丙违约，导致乙与甲之间的买卖合同无法履行，乙因此向甲支付违约金1000元。此1000元属于实际损失。

可得利益损失，是指合同履行后可以获得的利益。一般来说，可得利益具有以下特点：

第一，未来性。可得利益是一种未来利益而非现实利益，在违约行为发生时并没有为合同当事人所实际享有，而是必须通过合同实际履行才能实现的。

第二，期待性。可得利益是合同当事人订立合同时期望通过合同的履行所获得利益，是当事人订立合同时能够合理预见的利益，而可得利益的损失也是当事人所能够预见到的损失。

第三，具有一定的现实性。合同如果如期履行，可得利益就会被当事人所得到，此便是可得利益的一定现实性。可得利益的损失虽然不是实际的财产损失，但是它是可以得到的利益的损失，如果没有违约行为发生，合同当事人能够实际得到财产利益。

可得利益损失与实际损失不同，实际损失是现实的利益损失，包括现有财产的减损灭失、费用支出，如买方拒不付款使卖方蒙受货物损失，卖方不交付货物使买方蒙受货物损失。可得利益是非现实利益损失，是未来期待利益的损失。实际损失与可得利益损失相比较，更为确定。对实际损失法律规定一般应予赔偿；对可得利益的损失，因其在一定程度上具有不确定性，对其的赔偿在立法上通常有一定的限制。例如，甲乙之间订立 1000 斤大白菜买卖合同，每斤 0.2 元，约定乙应该在 11 月 20 日向甲交付大白菜，如有违约，应支付 100 元违约金。后乙又与丙以每斤 0.22 元的价格订立了 1000 斤的大白菜买卖合同，约定丙应该在 11 月 5 日向乙交付大白菜。乙和丙订立合同时，乙向丙告知过其与甲之间的合同。后丙告知乙无法交付大白菜。由于丙不能交付，乙不能履行与甲之间的大白菜买卖合同，向甲支付违约金 100 元。则对乙来说，100 元属于实际损失，两份合同的差价（0.22 − 0.2）×1000 = 20（元），属于可得利益。20 元的可得利益，丙在订立合同时是可以预见的。

（四）赔偿损失的限制

1. 损害的可预见性规则。

所谓损害的可预见性规则，是指违约方承担赔偿责任的范围不得超过其订立合同时预见或应当预见的损失的规则。根据《民法典》第五百八十四条的规定，损害赔偿不得超过违反合同一方订立合同时预见或者应当预见到的因违反合同可能造成的损失。据此，只有在违约所造成的损害是违约方在订约时可以预见的情况下，才能认为损害结果与违约行为之间具有因果关系，违约方才应当对这些损害负赔偿责任。如果损害不可预见，则违约方不应赔偿。可预见性规则旨在防止合同当事人漫天要价，正确确定交易风险和责任。只有在已发生的损失是违约方能够合理预见时，才表明该损失与违约行为之间存在因果关系，并且违约方比一般人更能了解非违约方的情况，也会在违约时尽可能减少可能再遭受的损失。此外，采用可预见性规则有利于订约当事人对其未来的风险和责任作出预测，便于计算合同费用和利润，并能够正常地从事交易活动。如果未来的风险过大，则当事人就难以从事交易活动。所以，可预见性规则将违约当事人的责任限制在可预见的范围之内，这对于促进交易活动的开展，保障交易活动的正常进行，具有重要意义。

2. 过失相抵规则。

过失相抵规则，是指受害人对损失的发生、扩大有过错的，可以减轻、免除违约方赔偿责任的规则。我国《民法典》第五百九十一条第一款规定：“当事人一方违约后，对方应当采取适当措施防止损失的扩大；没有采取适当措施致使损失扩大的，不得就扩大的损失请求赔偿。”据此，非违约方有减损义务，也就是在一方当事人违约并造成损害后，另一方应及时采取合理的措施以防止损失的扩大，否则无权就扩大部分的损害要求赔偿。合同债权人对自己的债权及利益有维护照顾的义务，债权人未尽此义务，会使权利遭受损失或者丧失，但不会发生损害赔偿的问题。损失的发生虽然是由债务人的违约行为所致，但是债权人对自己的权利或者事务应照顾维护，因懈怠而导致的损失，不能归责于债务人，而应由债权人自己负担。因而就扩大的损失，债权人无权要求违约方赔偿。当然，当事人因防止损失扩大而支出的合理费用，由违约方承担。

《民法典》第五百九十二条规定："当事人都违反合同的，应当各自承担相应的责任。当事人一方违约造成对方损失，对方对损失的发生有过错的，可以减少相应的损失赔偿。"依据此条规定，双方违约是各自违反各自的义务，只能各自主张自己的救济。一方违约时，当债权人要求债务人承担损失赔偿责任的，债务人可以根据债权人对损失发生的过错主张缩减损失赔偿额。

三、支付违约金

（一）违约金的概念和特征

违约金，是指合同当事人通过预先协商确定的，在违约发生后作出的独立于履行行为之外的给付。即合同当事人可事先在合同中约定一方如果违约应向另一方支付一定数额的违约金。《民法典》第五百八十五条第一款规定："当事人可以约定一方违约时应当根据违约情况向对方支付一定数额的违约金，也可以约定因违约产生的损失赔偿额的计算方法。"此条款是有关违约金的规定。当事人之间通过约定违约金赋予债权人施压手段；债务人为了避免支付违约金，会致力于依约履行合同，因此违约金有预防违约的功能。约定违约金还会给债权人带来的另一项利益是，在债务人出现约定的违约情况，债权人主张违约金请求权时，不需要对损失以及损失额度进行证明，只需要证明有违约行为即可。违约金具有如下特点：

第一，违约金是由当事人协商确定的。当事人约定违约金的权利是合同自由原则的体现。允许当事人自由约定违约金对充分发挥合同当事人的自主性，鼓励当事人广泛从事交易活动具有十分重要的意义。在合同订立过程中，当事人订立合同的条件各不相同，合同在之后的履行中风险具有不可知性，为了能够有效地控制风险，确保债权人对自身利益的维护，法律允许并尊重合同当事人自由约定违约代价。一般而言，违约金以合同有效存在为必要条件，当合同不成立、无效或被撤销时，约定的违约金条款也不能发生效力。合同消灭，约定的违约金责任也消灭。

第二，违约金的数额是预先确定的。违约金作为预先确定的赔偿数额，在违约后对损失予以补偿，免去举证责任，也避免计算损失的困难，相对简单明确。违约金预先确定数额，事先向合同当事人指明违约后所应承担的责任范围，能有力地督促合同当事人履行合同。违约金的预先确定不是确定违约金的计算方法，而是确定违约金的具体数额，这点与约定损害赔偿不同。数额的确定，可以把风险和责任限制在预先确定的范围内，有利于确定合同未来利益。

第三，违约金是一种违约后生效的责任方式。违约金在合同订立时并不生效，只是在一方违约后才能产生法律效力。由于违约金的设立旨在督促当事人履行债务，其在一定程度上具有担保作用。违约金的适用对违约行为具有一定的制裁作用，这表明违约金是一种违约后的责任形式。

（二）违约金的国家干预

当事人约定违约金是其享有合同自由的体现，但是这种自由不是绝对的，而是受到限制的。我国《民法典》第五百八十五条第二款规定："约定的违约金低于造成的损失的，人民法院或者仲裁机构可以根据当事人的请求予以增加；约定的违约金过分高于造成的损失的，人民法院或者仲裁机构可以根据当事人的请求予以适当减少。"在实际生活中，合同当事人为了防止合同主体违约给自身的利

"违约金调整"案例

益带来损害，也为了保证合同能够得到履行，往往会约定高数额的违约金。而这高数额的违约金可能与非违约方的实际损失不符，远远超过非违约方的实际损失，这显然与违约责任的填补功能相违背。也可能由于对未来风险估计不足，合同当事人约定的违约金的数额远远低于非违约方实际遭受的损失。不论哪种情况均有失公平。违约金过低，难以起到制裁违约行为和补偿非违约方损失的作用；违约金过高，会在一定程度上鼓励当事人依靠这一方式获取收益，法律就会成为当事人牟取非法利益的工具。因而，法律允许法院或仲裁机构对当事人约定的违约金加以调整。

具体调整，《合同编通则司法解释》第六十五条规定："当事人主张约定的违约金过分高于违约造成的损失，请求予以适当减少的，人民法院应当以民法典第五百八十四条规定的损失为基础，兼顾合同主体、交易类型、合同的履行情况、当事人的过错程度、履约背景等因素，遵循公平原则和诚信原则进行衡量，并作出裁判。约定的违约金超过造成损失的百分之三十的，人民法院一般可以认定为过分高于造成的损失。恶意违约的当事人一方请求减少违约金的，人民法院一般不予支持。"

《合同编通则司法解释》第六十六条规定："当事人一方请求对方支付违约金，对方以合同不成立、无效、被撤销、确定不发生效力、不构成违约或者非违约方不存在损失等为由抗辩，未主张调整过高的违约金的，人民法院应当就若不支持该抗辩，当事人是否请求调整违约金进行释明。第一审人民法院认为抗辩成立且未予释明，第二审人民法院认为应当判决支付违约金的，可以直接释明，并根据当事人的请求，在当事人就是否应当调整违约金充分举证、质证、辩论后，依法判决适当减少违约金。被告因客观原因在第一审程序中未到庭参加诉讼，但是在第二审程序中到庭参加诉讼并请求减少违约金的，第二审人民法院可以在当事人就是否应当调整违约金充分举证、质证、辩论后，依法判决适当减少违约金。"

（三）违约金和其他责任形式的关系

1. 违约金与损害赔偿。

违约金是一种违约的补救方式，违约金的数额可由当事人在订立合同时约定，因此当事人对违约后承担责任的范围可以预先确定。但是当事人在约定违约金时，难以预料违约可能造成的实际损失。当事人对违约金数额的约定与违约后的实际损失不匹配，特别是事先约定的违约金数额低于违约后的实际损失时，违约金能否与损害赔偿并用？对此问题，

《民法典》并未予以规定。

违约金与损害赔偿均是以补偿性为基本功能，违约金本质上属于约定的损害赔偿。当事人在主张违约救济时，法律应尽可能地提供更多的选择补偿救济的方式。当违约金低于违约后的实际损失时，虽有法律规定的违约金司法调整规则，但是该调整一则需要当事人提出请求；二则当事人负有举证责任，以说明违约金的数额比起实际遭受的损失要低；三则法官具有自由裁量权。此时，非违约方不通过调整违约金数额的方式，而是主张违约金与损害赔偿的并用来对自身所遭受的实际损失予以填补，并不违背违约责任的救济目的。学理界一般认为，违约金不足以弥补实际损失的，应当允许受害人请求违约损害赔偿。司法实践中，对于违约金数额调整之后再另行主张损害赔偿持否定态度。本书认为，违约金与损害赔偿各有各的功能，基于当事人权益救济最大化规则，不能用违约金完全取代损害赔偿。特别是当违约金数额低于实际损失时，应该允许违约金与损害赔偿并用。

2. 违约金与实际履行。

根据《民法典》第五百八十五条第三款的规定，当事人就迟延履行约定违约金的，违约方支付违约金后，还应当履行债务。由此可知，违约金的支付与实际履行是可以并用的。违约金责任是为了担保债务的履行而存在的，其主要目的是督促债务人履行债务并制裁违约行为。但是违约金的支付并没有使非违约方获得基于订立合同所预期的利益，即便在客观上能够补偿非违约方损失，但是并没有使非违约方实现合同目的，尤其是在合同履行对非违约方至关重要的情形下。例如，甲极喜欢乙的小提琴，几经交涉，乙终于同意割爱。合同订立之后，乙反悔不愿给付小提琴。此时乙就是支付了违约金，也未能实现甲订立合同的目的，甲无法获得合同履行后的利益。因此，违约金的支付应独立于实际履行之外，由非违约方决定违约金和实际履行的具体适用。

3. 违约金与解除合同。

合同解除后非违约方是否能够要求支付违约金，我国合同法对此未作明文规定。最高人民法院《关于当前形势下审理民商事合同纠纷案件若干问题的指导意见》规定："为减轻当事人诉累，妥当解决违约金纠纷，违约方以合同不成立、合同未生效、合同无效或者不构成违约进行免责抗辩而未提出违约金调整请求的，人民法院可以就当事人是否需要主张违约金过高问题进行释明。人民法院要正确确定举证责任，违约方对于违约金约定过高的主张承担举证责任，非违约方主张违约金约定合理的，亦应提供相应的证据。合同解除后，当事人主张违约金条款继续有效的，人民法院可以根据合同法第九十八条的规定进行处理。"根据最高人民法院的司法观点，违约金类似于合同的结算和清理条款，具有相对独立性。因此，合同解除后，违约金条款仍能够继续适用。

第四节 定金责任

一、定金的概念

定金是指合同双方当事人约定为担保合同的履行，由一方预先向对方给付一定数量的货币。学界将定金区别为：成约定金、解约定金、立约定金、违约定金。根据《合同编通则司法解释》第六十七条第二款、第三款、第四款的规定："当事人约定以交付定金作为订立合同的担保，一方拒绝订立合同或者在磋商订立合同时违背诚信原则导致未能订立合同，对方主张适用民法典第五百八十七条规定的定金罚则的，人民法院应予支持。当事人约定以交付定金作为合同成立或者生效条件，应当交付定金的一方未交付定金，但是合同主要义务已经履行完毕并为对方所接受的，人民法院应当认定合同在对方接受履行时已经成立或者生效。当事人约定定金性质为解约定金，交付定金的一方主张以丧失定金为代价解除合同的，或者收受定金的一方主张以双倍返还定金为代价解除合同的，人民法院应予支持。"依据此条款规定，司法实践肯定了学界对定金的分类。

我国《民法典》仅对违约定金进行了规定。《民法典》第五百八十六条第一款规定："当事人可以约定一方向对方给付定金作为债权的担保。定金合同自实际交付定金时成立。"依据此条款规定，定金是当事人预先交付的，既可用于担保合同债权的实现，又可用于制裁合同当事人违约。根据《合同编通则司法解释》第六十七条第一款的规定："当事人交付留置金、担保金、保证金、订约金、押金或者订金等，但是没有约定定金性质，一方主张适用民法典第五百八十七条规定的定金罚则的，人民法院不予支持。当事人约定了定金性质，但是未约定定金类型或者约定不明，一方主张为违约定金的，人民法院应予支持。"据此可知，在当事人未作特别约定的情况下，定金均为违约定金。

违约定金具有从属性，即定金是否有效依赖于主合同债务的有效存在。此外，还需要当事人之间存在有效的定金合同。法律对定金合同的形式要件未作任何规定，但要求以定金实际交付为有效成立要件，定金合同是实践性合同、"要物式"合同。在违约定金中要物性有其积极功能：通过事实交付的"仪式"，当事人能对定金的法律后果有更直观的感受，从而防止当事人冲动缔约，确保当事人作出慎重的意思表示。[1]基于定金合同实践性的特点，当事人仅仅达成定金约定的，定金合同并没有有效成立，不能产生约束力。只有当事人交付了定金，定金合同才成立并生效。

---

[1] 李贝：《定金功能多样性与定金制度的立法选择》，《法商研究》2019年第36卷第4期，第171—181页。

　　定金通常是金钱，当事人也可以约定其他可替代物。定金的功能是保证债务履行，在违约时赔偿损失，无论是金钱还是其他有价值的物品，都可以达到担保履行和赔偿的目的，但是其他可替代物作为定金客体是无法双倍返还的。鉴于此，实践中定金客体以金钱为常态。

二、定金数额

　　《民法典》第五百八十六条第二款规定："定金的数额由当事人约定；但是，不得超过主合同标的额的百分之二十，超过部分不产生定金的效力。实际交付的定金数额多于或者少于约定数额的，视为变更约定的定金数额。"依据此条款规定，定金数额由当事人在定金合同中具体约定。为了防止当事人之间任意约定过高的定金，甚至出现定金额度超过主合同标的额度的约定，法律对定金额度进行了限制，避免当事人的约定偏离定金功能，将定金条款变成赌博条款，从中牟取不正当利益。20% 界限就是对当事人约定的限制。当事人之间约定的定金超过合同标的 20% 的，不会导致定金合同的无效，而是超出合同标的额 20% 部分不产生定金效力。

　　可能发生的情况是，约定定金金额与当事人实际交付金额不同，比如约定定金为 5 万元（在合同标的 20% 范围内），但是当事人一次性交付了 7 万元，或者约定定金为 5 万元，但当事人一次性交付 3 万元。定金合同是实践性合同，合同成立以定金的实际交付为要件。当当事人实际交付的定金数额与约定的定金数额不一致时，意味着当事人通过行为对约定数额予以变更。因此，合同当事人如果对实际交付的定金数额有异议应拒绝接受，以使定金合同不成立。

三、定金罚则

　　《民法典》第五百八十七条规定："债务人履行债务的，定金应当抵作价款或者收回。给付定金的一方不履行债务或者履行债务不符合约定，致使不能实现合同目的的，无权请求返还定金；收受定金的一方不履行债务或者履行债务不符合约定，致使不能实现合同目的的，应当双倍返还定金。"依据此条规定，定金功能具有双方性。对交付定金人和收取定金当事人均具有效力，均具有保证功能和赔偿功能。收取定金人违约的，除了要将收取的定金返还给交付定金人，还要给付相同额度补偿，也就是双倍返还定金。交付定金人违约的，丧失交付的定金。债务人按约定履行合同后，定金的任务完成，有两种方式处理定金：或者将定金返还给交付定金当事人，或者与交付定金方应当给付的价款抵销。定金罚则的适用仅对违约行为。定金与非违约方的损害没有任何关联。

　　定金罚则的适用，根据《民法典》第五百八十七条的规定，是当事人一方的根本违约行为。也就是当事人一方的拒绝履行、迟延履行导致合同目的的不能实现、瑕疵履行导致合同目的的不能实现、加害履行等违约行为。合同当事人双方均构成根本违约，或者一方当事人构成根本违约，另一方当事人构成轻微违约，能否适用定金罚则，以及部分履行的情况下能否适用定金罚则，《民法典》未作规定。《合同编通则司法解释》第六十八条规定：“双方当事人均具有致使不能实现合同目的的违约行为，其中一方请求适用定金罚则的，人民法院不予支持。当事人一方仅有轻微违约，对方具有致使不能实现合同目的的违约行为，轻微违约方主张适用定金罚则，对方以轻微违约方也构成违约为由抗辩的，人民法院对该抗辩不予支持。当事人一方已经部分履行合同，对方接受并主张按照未履行部分所占比例适用定金罚则的，人民法院应予支持。对方主张按照合同整体适用定金罚则的，人民法院不予支持，但是部分未履行致使不能实现合同目的的除外。因不可抗力致使合同不能履行，非违约方主张适用定金罚则的，人民法院不予支持。”

四、定金责任与其他责任形式

（一）定金与违约金

根据《民法典》第五百八十七条的规定，定金罚则适用于一方当事人的根本违约场合。定金罚则的适用只与违约行为相关，在这一点上与违约金相同。但是，定金需要提前交付，这给当事人，特别是交付定金的当事人带来的压力比违约金的压力更明显。同时，违约金司法调整结果可能会使违约金的数额超出实际损失，据此违约金具有补偿和惩罚双重功能。定金罚则虽有“罚”之名，却无“罚”之实。定金额度的受限，使定金成为最低损失赔偿。定金与违约金既有相同，也有不同。但将定金与违约金并用，会给违约方造成较大的经济负担，非违约方会因此而得到远超过自身实际损害的赔偿，有悖公平原则。因此，《民法典》第五百八十八条第一款规定：“当事人既约定违约金，又约定定金的，一方违约时，对方可以选择适用违约金或者定金条款。”依据此条规定，违约金规则和定金规则之间不具有相互排斥性，确定不得同时适用违约金和定金，目的在于避免当事人主张过高赔偿。

（二）定金与损害赔偿

当事人对定金的适用有三种可能性：定金额度与实际损失持平；定金远超过实际损失；定金不足以填补实际损失。发生后两种情况时，法律对定金未作出如同违约金司法调整的规定。由于法律对定金数额额度 20% 的限制，定金适用远超实际损失的情况鲜少发生。因此，当定金适用不足以填补实际损失时，法律应予以酌定调整。《民法典》第五百八十八条第二款规定：“定金不足以弥补一方违约造成的损失的，对方可以请求赔偿超过定金数额的损失。”依据此条款规定，定金作为最低损害赔偿数额的预定，具有填补损害的功能。在约定的定金不足以赔偿守约方损失时，守约方可以要求适用定金并要求赔偿超出定金的实际损失，但要求的总额不能超过实际损失额。

第九章课件

第十章

Chapter **10**

合同的解释和漏洞填补

🔗 导读案例

2021年7月，章某在线上订购台式机电脑游戏独立显卡16台，支付货款5.9万余元。收到货物后，章某发现显卡螺丝扣用过、商品不是全新等问题，后双方就问题解决方案未达成一致意见，章某诉至法院。人民法院对这起信息网络买卖合同纠纷案作出一审判决，被告穆某三倍赔偿原告章某损失17.8万余元。

法院经审理查明，被告穆某在淘宝上经营网店，出售显卡等商品。2021年7月，原告章某欲购买案涉显卡，通过淘宝询问穆某店铺客服，随后在线上订购台式机电脑游戏独立显卡16台，加上运费合计支付5.9万余元。收到货物后，章某发现螺丝扣被用过、商品不是全新等问题，章某即与穆某电话沟通，双方就问题解决方案未达成一致意见，穆某又委托第三人与章某沟通解决方案未妥。故章某诉至法院。

法院审理后认为，原告章某通过网络购买商品，并实际支付货款，与被告穆某之间形成信息网络买卖合同法律关系，合法有效的合同受法律保护。本案的争议焦点为是否构成欺诈。首先，根据《中华人民共和国消费者权益保护法》第二十条的规定，经营者向消费者提供有关商品或者服务的质量、性能、用途、有效期限等信息，应当真实、全面，不得作虚假或者引人误解的宣传。经营者对消费者就其提供的商品或者服务的质量和使用方法等问题提出的询问，应当作出真实、明确的答复。本案中，被告穆某作为经营者，在出售商品的网页中标注商品类型为全新，商品详情中描述成色为全新，又描述"工包如新"，前后出现矛盾。即便被告穆某辩称的"成色全新"为系统的选择，但在商品描述不一致的情况下，穆某作为经营者应当在网页中对"如新"作出重点提示和说明，但其并未作出，从而引起消费者认识错误。在商品售出前，店铺客服仅告知工包如新，并未明确告知商品"如新"或"拆机产品"。被告穆某虽提交其他网店出售同类商品的页面欲证实"成色全新"为系统选项，但其他店铺出售的页面中均以明显字体标注商品"成色99新"或者"正品拆机"等字样。综上，法院认定被告穆某隐瞒真实信息，使原告章某作出错误认识，穆某的行为构成欺诈。根据《中华人民共和国消费者权益保护法》第五十五条的规定："经营者提供商品或者服务有欺诈行为的，应当按照消费者的要求增加赔偿其受到的损失，增加赔偿的金额为消费者购买商品的价款或者接受服务的费用的三倍；增加赔偿的金额不足五百元的，为五百元。"原告章某诉请被告穆某三倍赔偿损失17.8万余元，于法有据，法院予以支持。庭审中，原告章某同意不再退货，可按照购买价格支付货款，系对自身权利的处分，对被告亦不产生不利影响，法院予以认可。

综上，依据我国民法典、消费者权益保护法、民事诉讼法之相关法律规定，法院判决被告支付原告赔偿款17.8万余元。一审判决后，被告提出上诉。日前，济南市中级人民法院经审理依法判决驳回上诉，维持原判。

问题提出

1. 合同解释的目的是什么？
2. 合同解释的方法有哪些？
3. 合同解释与合同漏洞填补是何关系？

第一节　合同的解释

一、合同解释的概念

合同成立后，由于当事人自身能力以及语言文字本身固有的模糊性、多义性，往往导致不同的人对合同的条款会有不同的理解，从而导致纠纷的产生。因此需要对合同的内容和含义加以说明，这就是合同解释。合同解释是指依据一定的事实，遵循有关的原则，对合同的内容和含义所作出的说明。缔约当事人对合同的某个条款和用语可能会产生不同的理解与认识。通过合同解释补充和完善合

"合同解释的概念" 微课

同的内容，确定合同当事人的权利和义务，合理解决合同纠纷。当事人的真实意思必须通过语言、文字、行为等一定的外在表现形式体现出来，而这些外在表现形式，常常因表意人的表达能力或表达方式的不同而出现差异，产生与表意人的内心真实意思表示不一致的

争议。需要对当事人的真实意思表示进行解释，才能确定合同条款，确定合同内容。在学理上，合同解释有狭义与广义之分，前者指的是对合同中当事人表示行为的含义进行阐明，后者指的是对合同内容进行补充与修正。我国《民法典》第四百六十六条规定的相关内容属于狭义的合同解释。

二、合同解释的方法

《民法典》第四百六十六条规定："当事人对合同条款的理解有争议的，应当依据本法第一百四十二条第一款的规定，确定争议条款的含义。合同文本采用两种以上文字订立并约定具有同等效力的，对各文本使用的词句推定具有相同含义。各文本使用的词句不一致的，应当根据合同的相关条款、性质、目的以及诚信原则等予以解释。"依据此条规定，当事人对合同条款发生争议或合同文本词句不一致时的解释，应通过明确合同解释的标准与方法来消除合同条款或词句中的歧义。

（一）依据《民法典》第一百四十二条第一款解释合同

《民法典》第一百四十二条第一款规定："有相对人的意思表示的解释，应当按照所使用的词句，结合相关条款、行为的性质和目的、习惯以及诚信原则，确定意思表示的含义。"依据此条款规定，有相对人的意思表示的解释遵循两个规则：一是按照所使用的词句进行解释；一是结合相关条款、行为的性质和目的、习惯以及诚信原则进行解释。

"按照所使用的词句"，指的是合同的文义解释。合同中的用语不明，含混不清；合同的某些用语产生多种不同的理解等，语言文字本身固有的模糊性、多义性，再加上当事人自身的能力，会导致不同的当事人对合同的文义产生不同的理解。通过对合同的文义解释，确定当事人意思，是合同解释的起点。文义解释，指的是通过对合同所使用的文字词句含义进行解释来确定当事人的真实意思。

但是仅拘泥于合同语句，难以完全解决对合同条款的争议，明确合同条款的内容，还需要结合相关条款、行为的性质和目的、习惯以及诚信原则进行解释。具体的解释方法有：

1. 整体解释。整体解释，是指对合同各个条款作相互解释，以确定各个条款在整个合同当中所具有的正确的意思。合同是一个整体，孤立地看一个合同条款难免有断章取义之嫌，难明其义。因此有必要将该条款放置在合同的整体之中，从一个确定的背景出发给予其正确的解释。例如，2003 年甲向乙借款 3000 元，借据中有"借期一年，明年十月十五前还款"字样，落款时间为"癸未年九月二十日"。后来二人就还款期限问题发生争执，法院查明"癸未年九月二十日"即公元 2003 年 10 月 15 日，故认定还款期限为 2004 年 10 月 15 日。（2005 年司考真题）法院对还款期限的确定，采用的就是文义解释和整体解释这两种解释方法。

2. 目的解释。目的解释，指的是解释合同条款时，如果合同所使用的文字或某条款可以作两种以上解释，应采取最适于合同目的的解释。当事人总是为了实现某一目的才订立合同的，虽然这个目的在合同条款中并没有明确写明，但是从合同以及当事人订立合同时的具体情况以及合同履行情况中，一般都能分析出当事人的订约目的。

3. 习惯解释。习惯解释，指的是按照当事人的交易习惯来解释合同条款。不论是在交易行为当地或者某一领域、某一行业通常采用并为交易对方订立合同时所知道或者应当知道的做法，还是当事人双方经常使用的习惯做法，在反复多次使用之后，合同当事人便会对这些习惯性做法产生依赖和信赖，除非另有特别的不同约定，合同当事人总会按照之前形成的习惯性做法继续下去。因此习惯在一定条件下可以用来确定合同当事人的内心意思。

4. 诚信解释。诚信解释，指的是按照合同法的诚实信用原则对合同条款加以解释。诚实信用原则本身就是一个极为抽象概括的原则，它与道德上的诚实、善意、公平等要求联系紧密，在合同的不同阶段，诚实信用原则有不同的要求和不同的表现。诚实信用原则就是因为其自身的内涵、外延的模糊，赋予法官以极大的自由裁量权。法官通过自由裁量以便使案件的裁决结果达到利益均衡的要求。

（二）采用两种以上文字订立的合同的解释

当事人采用两种以上文字订立合同，并约定具有同等效力的，推定各文本使用的语句具有相同含义。在具体适用中需要注意：1. 在满足"两种以上文字""约定同等效力"的情形下，如果其中一份合同的语句并无歧义，而其他文本中适用的语句具有多重含义，应以符合无歧义文本的理解为准。2. 如果当事人虽然采用两种以上文字订立合同，但明确约定何种文本具有解释上的优先性，则应依照当事人约定。3. 如果当事人采用两种以上文字订立合同，但并未明确约定各文本之间的效力，应区分情形进行认定：（1）如果针对同一事项，各文本所使用语句的含义是明确、独立的，各文本签订时间有先后顺序，原则上以最后文本之语句内容为准。（2）如果各文本所使用语句含义并不明确，或虽然明确但系同一时间签订，则应根据合同的性质、目的以及诚信原则等予以解释，进一步明确合同内容。

各文本使用的词句不一致的，应当根据合同的性质、目的以及诚信原则等予以解释。根据合同的性质进行解释，主要是根据合同的类型进行解释。如买卖合同、租赁合同、赠与合同等。根据合同类型判断词句的真正含义，以最大化地符合当事人的意思表示。根据合同的目的进行解释指的是在文本出现不一致的情况下，结合合同目的确定合同词句的真实含义。合同目的是当事人从事合同交易的根本所在，通过探究目的来明确合同语句的含义，以确定当事人的意思表示。诚信原则并非独立的合同解释方法，而是各种合同解释方法中均应考虑的基本原则。除此之外，整体解释、历史解释、习惯解释等解释方法均可采用。

第二节　合同漏洞的填补

一、合同漏洞填补的概念

合同漏洞指的是当事人在合同中就某些民事权利和民事义务没有作约定或虽作了约定但是约定不明。合同条款是双方当事人协商一致的产物，为了便于实现订约目的，便于合同的履行，当事人对合同条款的约定应该是具体而明确的。但是有些时候会存在当事人认识上的错误、疏忽大意、相关知识的缺乏等情况，导致在合同订立的过程中，欠缺某些合同非必备条款，或者约定的某些合同非必备条款内容不明确，从而使合同履行无法顺畅进行。由于合同漏洞是发生在合同非必备条款上，因为合同必备条款的存在，不影响合同的成立。若仅仅是因为合同非必备条款的缺失或是约定不明而否认合同成立，这于理于法都难以行得通。因此实有必要对该合同漏洞进行填补，以确保合同履行的顺畅进行，维护交易安全，提高交易效率。

二、合同漏洞的填补规则

合同漏洞的填补针对的是合同条款约定不明确或者没有约定的情形，其适用条件与合同解释相类似。当合同内容出现不清晰、不明确时，是合同漏洞填补在先，还是合同解释为先？具体来说，是《民法典》第四百六十六条、第五百一十条、第五百一十一条具体使用规则的问题。《民法典》第五百一十条、第五百一十一条是在法律对合同条款约定不明确或者没有约定的情况下，对所设置的内容进行明确的方法和程序，属于法律的特殊规定。《民法典》第四百六十六条的规定属于法律一般规定，这从合同编的立法体例中也可得知。《民法典》第四百六十六条在合同编通则的一般规定中，《民法典》第五百一十条、第五百一十一条在合同编通则的合同履行中。二者是一般与特殊的关系。基于特别规定优先适用于一般规定的法理，在法律对合同条款约定不明确或者没有约定的情况下，应先适用《民法典》第五百一十条、第五百一十一条，无果的情况下再适用《民法典》第四百六十六条。

根据《民法典》第五百一十条的规定，合同生效后，当事人就质量、价款或者报酬、履行地点等内容没有约定或者约定不明确的，可以协议补充；不能达成补充协议的，按照合同相关条款或者交易习惯确定。出现合同漏洞时，应先由合同当事人通过协商订立补充协议，该份补充协议应是对原合同内容的补充，是原合同的组成部分。如果当事人无法通过协商订立补充协议，可以结合合同其他方面的内容来确定，或者是按照人们在同样交易中通常采用的合同内容来确定。

如果按照合同有关条款或者交易习惯仍然无法确定，《民法典》第五百一十一条规定："当事人就有关合同内容约定不明确，依据前条规定仍不能确定的，适用下列规定：（一）质量要求不明确的，按照强制性国家标准履行；没有强制性国家标准的，按照推荐性国家标准履行；没有推荐性国家标准的，按照行业标准履行；没有国家标准、行业标准的，按照通常标准或者符合合同目的的特定标准履行。（二）价款或者报酬不明确的，按照订立合同时履行地的市场价格履行；依法应当执行政府定价或者政府指导价的，依照规定履行。（三）履行地点不明确，给付货币的，在接受货币一方所在地履行；交付不动产的，在不动产所在地履行；其他标的，在履行义务一方所在地履行。（四）履行期限不明确的，债务人可以随时履行，债权人也可以随时请求履行，但是应当给对方必要的准备时间。（五）履行方式不明确的，按照有利于实现合同目的的方式履行。（六）履行费用的负担不明确的，由履行义务一方负担；因债权人原因增加的履行费用，由债权人负担。"

法律关于合同漏洞填补的规定是专门为合同漏洞的填补而设，具有极强的针对性，相比较而言，合同解释在使用范围上具有极强的广泛性，除了用于合同漏洞的填补，还可以对合同的成立、合同的生效等问题进行判断。合同漏洞的填补规则由合同当事人具体商议，但是合同解释是由法官进行认定和操作的。

第十章课件

第十一章

Chapter **11**

买卖合同

📖 **导读案例**

2021 年 2 月，原告葛某向被告吴某购买《梦幻西游》（电脑版）网络游戏角色"召唤兽"及所含装备，并签订买卖合同。合同约定：吴某在收到款项后应及时将游戏角色上架"藏宝阁"，并确保交易安全；若有一方不履行合同，或有损另一方利益，则违约方应赔偿合同金额的 2 倍。合同签订后，葛某按约支付了购买款，但吴某拒不交付游戏角色及装备，亦不愿按约赔偿，葛某遂诉至法院要求吴某按约赔偿。

法院经审理认为，葛某向吴某所购买的游戏角色属于网络虚拟财产，其以数据形式存在于特定的电子虚拟空间中，游戏用户通过一定的抽象劳动对角色进行升级、添加装备等，并通过转让、交易等方式产生了经济收益，案涉交易应当受到法律的保护。葛某与吴某因购买网络虚拟财产形成的买卖合同关系，系双方真实意思表示，合法有效，双方应按约全面履行合同义务。合同签订后，葛某支付购买款 14000 元，但吴某未按约交付，构成违约。最终，法院判决吴某返还葛某网络虚拟财产购买价款 14000 元，并承担违约责任。

❓ 问题提出

1. 买卖合同的特点是什么？

2. 买卖合同双方当事人的义务有哪些？

3. 买卖合同的瑕疵担保责任是什么？

4. 买卖合同标的物所有权转移的规则是什么？

5. 买卖合同的风险负担是如何处理的？

6. 分期付款买卖与所有权保留的区别是什么？

7. 分期付款买卖合同的效力为何？

8. 凭样品买卖与试用买卖的区别是什么？

9. 试用买卖的效力为何？

第一节　买卖合同概述

买卖是动态财产关系中最常见、最基本的交易方式，买卖合同是商品交换最基本、最重要、最有代表性的法律形式。合同法对买卖合同所设置的法律规则，成为动态财产流转中交易形式的基本规则。

一、买卖合同的概念和特征

《民法典》第五百九十五条规定："买卖合同是出卖人转移标的物的所有权于买受人，买受人支付价款的合同。"依据此条规定，买卖合同是财产所有权有偿转让的合同，即出卖人移转财产所有权于买受人，买受人支付价款的合同。其中依照约定交付标的物并转移标的物所有权的一方称为出卖人，支付价款的一方称为买受人。买卖合同是市场经济条件下实现商品权利让渡的典型手段。它对促进商品流通、发展市场经济、提高经济效益、满足民事主体的生活与生产需要发挥着重要作用。我国《民法典》将其置于诸典型合同之首，充分表明了买卖合同的重要性与基础性。买卖合同的主要特点如下。

（一）买卖合同是一方当事人转移标的物的所有权，另一方当事人支付价款的合同

出卖人负有转移标的物所有权于买受人的义务，作为此义务的对价，买受人得向出卖人支付价款。买卖合同设立的目的便是通过对价的支付取得对方当事人标的物的所有权。因此转移标的物的所有权和支付价款成为买卖合同当事人的主要合同义务。这两项主要合同义务既使买卖合同有别于其他以转移财产所有权为目的的合同，例如赠与合同、互易合同，又使买卖合同有别于以转移财产使用权为目的的合同，例如租赁合同。

（二）买卖合同是双务合同

买卖合同的双方当事人在享有合同权利的同时，都负担相应的合同义务。出卖人负有转移标的物所有权的义务，同时也享有主张价款的权利。买受人负有支付价款的义务，同时也享有主张标的物所有权的权利。在同一份合同中存在有两组及以上彼此相对应的权利义务关系，符合双务合同的特征，属于典型的双务合同。

（三）买卖合同是有偿合同

买受人对标的物的取得得支付相应的价款，对所取得的权益得付出一定的代价，因此

买卖合同属于典型的有偿合同。《民法典》第六百四十六条规定："法律对其他有偿合同有规定的，依照其规定；没有规定的，参照适用买卖合同的有关规定。"依据此条规定，在有偿合同中，买卖合同具有范式地位。在其他有偿合同法律规范存有漏洞时，买卖合同的规定可以被参照适用。

（四）买卖合同是诺成合同

除法律另有规定或当事人另有约定外，买卖合同自双方当事人意思表示一致之时起成立，并不以一方当事人标的物的交付或一定行为的进行作为合同的成立要件。因此，买卖合同为诺成合同。

（五）买卖合同是不要式合同

买卖合同中，标的物的价值与价金需要当事人自行协商确定，若非当事人意思表示存有瑕疵，法律一般不作干涉。一般情况下，法律和行政法规不对买卖合同的成立作出特别规定，只要双方当事人意思表示一致，买卖合同便成立。因此，买卖合同是不要式合同，买卖合同的订立可以采取头口或者书面形式。但是对于一些特殊的买卖，法律通常会要求采用书面形式。如《中华人民共和国海商法》第九条第二款规定："船舶所有权的转让，应当签订书面合同。"《中华人民共和国城市房地产管理法》第四十一条规定："房地产转让，应当签订书面转让合同，合同中应当载明土地使用权取得的方式。"

二、买卖合同的通常条款

《民法典》第五百九十六条规定："买卖合同的内容一般包括标的物的名称、数量、质量、价款、履行期限、履行地点和方式、包装方式、检验标准和方法、结算方式、合同使用的文字及其效力等条款。"此条是有关买卖合同通常条款的规定，属于任意性规定，为买卖合同当事人提供参考，目的在于发挥提示或引导买卖双方当事人在买卖缔约过程中正确订约。

（一）标的物的名称

标的是买卖合同双方当事人权利义务指向的对象。买卖合同不规定标的，就会失去目的，失去意义。因此，标的是买卖合同的必备条款。标的条款必须清楚地写明标的物的名称。缺少标的物名称会使合同不具有实质性内容。标的物在买卖合同订立时是否必须已经现实存在，法律对此不作要求。随着社会交易形式的多样化，当事人就将来之物的交易订立买卖合同已成为常态。因此买卖合同的标的物范围十分宽泛，可以是现有的物，也可以是将来的物。

（二）数量

标的物的数量是确定买卖合同标的物的具体条件之一。标的物的数量要确切，应选择双方共同接受的计量单位。一般应采用通用的计量单位，也可以采用行业或者交易习惯认可的计量单位。要确定双方认可的计量方法。同时应允许规定合理的磅差或尾差。标的物的数量同样属于买卖合同成立应当具备的必要条款。

（三）质量

标的物的质量是确定买卖合同标的物的具体条件。买卖合同中标的物的质量主要由当事人约定。标的物的质量一般包括两个方面的要求：一是标的物的品种和规格，通常指标的物的型号、批号、尺码、级别等；二是标的物的内在品质，通常指标的物的构成、含量比例、性能、功效等等。标的物质量条款的缺失，并不影响买卖合同的成立。当事人没有约定质量条款或者约定不明确的，可以依照《民法典》第五百一十条以及第五百一十一条第一款的规定予以填补。

（四）价款

价款是买受人取得标的物所应支付的代价，买卖合同应当对价款的数额作出明确的约定。在民商事交易中还会产生运费、保险费、装卸费、报关费等一系列费用，这些费用不属于价款本身。价款指的是标的物本身的费用。运费等费用属于履行合同所产生的费用，该费用的承担有约定的按照约定，没有约定或是约定不明的，按照《民法典》第五百一十一条第六项的规定，由履行义务一方承担。当事人在买卖合同中对价款没有约定或是约定不清的，依照《民法典》第五百一十条和第五百一十一条第二项和第五项的规定予以填补。

（五）履行期限、地点和方式

履行期限直接关系到买卖合同义务完成的时间，涉及当事人的期限利益，也是确定违约与否的因素之一。履行期限可以规定为即时履行，也可以规定为定时履行，还可以规定为一定期限内履行。如果是分期履行，还应写明每期的准确时间。

履行地点是确定验收地点的依据，是确定运输费用由谁负担、风险由谁承受的依据；有时是确定标的物所有权是否转移、何时转移的依据；还是确定诉讼管辖的依据之一；对于涉外买卖合同纠纷，它是确定法律适用的一项依据。因而它十分重要，应在合同中写明。

履行方式，例如是一次交付还是分批交付，是交付实物还是交付提取标的物的单证，是铁路运输还是空运、水运等，同样事关当事人的物质利益。因此，应在合同中写明。

履行期限、履行地点和履行方式属于指导性条款，当事人未约定或约定不明的，可以依照《民法典》第五百一十条、第五百一十一条第一款、第六百零三条的规定予以填补。

（六）包装方式

包装方式一般涉及包装材料和包装流程，具体应采用何种标准应视买卖合同的具体标的物而定。惯常要求包装方式应当按照国家标准或专业标准执行。没有这些标准的，可按承运、托运双方商定并在合同中写明的标准进行包装。有特殊要求或采用包装代用品的，应征得运输部门的同意，并在合同中明确规定。对该项条款未作约定的，不影响买卖合同的成立。《民法典》第六百一十九条规定："出卖人应当按照约定的包装方式交付标的物。对包装方式没有约定或者约定不明确，依据本法第五百一十条的规定仍不能确定的，应当按照通用的方式包装；没有通用方式的，应当采取足以保护标的物且有利于节约资源、保护生态环境的包装方式。"此条规定指出标的物包装方式必须符合合同要求，并为符合合同要求设定了一套标准。该套标准先是约定优先原则，接着是填补原则，然后是通用原则，最后是保护标的物原则和绿色原则。

（七）检验标准和方法

检验标准和方法是指标的物在交付时采用何种标准和方法进行验收。检验标准包括国家标准、行业标准、当事人约定的标准等。检验方法是依据检验标准采用相应的方法对标的物进行查验和接受。《民法典》第六百二十条至第六百二十三条对检验标准、检验方法、检验期限等作出了明确的规定。

（八）结算方式

结算方式指的是买卖合同当事人在合同中就价款等清算所作出的约定。买卖合同的结算方式应遵守中国人民银行结算办法的规定，除法律或者行政法规另有规定的以外，必须用人民币计算和支付。同时，除国家允许使用现金履行义务的以外，必须通过银行转账或者票据结算。对该项条款未作约定的，不影响买卖合同的成立。

（九）合同使用的文字及其效力

涉外买卖合同、跨民族买卖合同等买卖合同中会涉及不同文字与语言，为确保合同内容不发生歧义，避免文字理解上的偏差，从而影响到买卖合同的履行，双方当事人应就合同所使用的文字作出明确约定。当事人应当使用约定的文字订立合同。当事人未约定合同使用的文字及其效力条款或者约定不明确的，依照《民法典》第四百六十六条的规定予以填补。

买卖合同的通常条款仅是建议性、指导性，不具有强制性，在于引导当事人订立买卖合同。买卖合同当事人完全可以根据自身的意愿，依据具体情形约定买卖合同的各项条款。

第二节　买卖合同的效力

买卖合同的效力是指在买卖合同双方当事人间产生的权利与义务。由于买卖合同是典型的双务有偿合同，买受人的权利便是出卖人的义务，因此本节主要通过买卖双方的义务来说明买卖合同的效力。

一、出卖人的合同义务

（一）交付标的物或者交付标的物的单证

交付是指占有的移转，是出卖人所承担的主给付义务。交付可以是将标的物直接交给买受人，也可以是依约定交给买受人的代理人或指定的第三人。

1. 出卖人按照约定的期限交付标的物。

出卖人应当按照约定的期限交付标的物。《民法典》第六百零一条规定："出卖人应当按照约定的时间交付标的物。约定交付期限的，出卖人可以在该交付期限内的任何时间交付。"依据此条规定，如果合同约定了交付时间点，出卖人应严格按照约定的时间点交付标的物，买受人也必须在约定的时间点受领给付。如买卖合同约定 9 月 28 日当天交货，该约定就属于约定了交付时间的情形。如果合同约定了交付期限，出卖人可以在该期限内的任何时间履行交付义务，买受人不得拒绝受领。如买卖合同约定出卖人在 3 个月内交货，则出卖人可在时间段的任何一天交货。

买卖合同未对标的物的交付期限作出约定或者约定不明的，根据《民法典》第六百零二条的规定，"适用本法第五百一十条、第五百一十一条第四项的规定"。即当事人应在事后就标的物交付期限事项达成补充协议，不能达成补充协议的，根据合同有关条款或者交易习惯予以确定。如果还是不能确定交付期限，则出卖人可以随时履行标的物交付义务，买受人也可以随时请求出卖人履行标的物交付义务，但是均需要给对方留有必要的准备时间。

2. 出卖人应在约定的地点交付标的物。

出卖人应当按照约定的地点交付标的物。当事人没有约定交付地点或者约定不明确的，应遵守《民法典》第六百零三条第二款的规定："依据本法第五百一十条的规定仍不能确定的，适用下列规定：（一）标的物需要运输的，出卖人应当将标的物交付给第一承运人以运交给买受人；（二）标的物不需要运输，出卖人和买受人订立合同时知道标的物在某一地点的，出卖人应当在该地点交付标的物；不知道标的物在某一地点的，应当在出卖人订立合同时的营业地交付标的物。"总体而言，出卖人在约定地点交付标的物应遵循以下规则：

首先是当事人约定规则，如买卖双方约定在出卖人所在地交付、在货物存放地交付等。其次是达成补充协议后按照补充协议履行。再次是在不能达成补充协议的情形下，按照合同相关条款或者交易习惯确定，如根据双方当事人以前同类交易的交付地点来确定交付地点。最后是法律的规定。以标的物是否需要运输进行不同交付地点的设置。标的物需要运输的，不论是采用铁路、公路、海上、航空运输还是其他运输，也不论是单一运输还是多式联运，只要出卖人将标的物交付给第一承运人，出卖人就已按照合同的约定完成了交付。需要注意的是，"标的物需要运输"，根据《最高人民法院关于审理买卖合同纠纷案件适用法律问题的解释》（以下简称《买卖合同司法解释》）第八条的规定，是指标的物由出卖人负责办理托运，承运人系独立于买卖合同当事人之外的运输业者的情形。标的物不需要运输时，出卖人和买受人在订立合同时知道标的物在某一地点的，则交付地点为双方所知道的标的物所在地，如存放标的物的仓库。出卖人和买受人在订立合同时不知道标的物所在地点的，则交付地点为出卖人订立合同时的营业地；若出卖人没有营业地，则宜以出卖人的居住地作为交付地点。

3. 出卖人交付标的物的方式必须符合法律规定和合同约定。

交付通常是现实交付，即直接占有的转移，也就是出卖人将对标的物的占有实际移转给买受人，由买受人直接占有该标的物。完成现实交付必须具备两个条件：一是对标的物的实际控制发生移转，即由交付的一方移转给另一方，由另一方实际控制。二是必须具有转移占有的合意。如果交付一方将标的物置于受让人控制的范围内，但未作通知，受让人未接受交付，主观上也无占有的意思，就不能构成交付。例如，甲将自己收藏的一幅名画卖给乙，乙当场付款，约定5天后取画。丙听说后，表示愿出比乙高的价格购买此画，甲当即决定卖给丙，约定第二天交货。乙得知此事，诱使甲8岁的儿子从家中取出此画给自己。该画在由乙占有期间，被丁盗走。此时该名画的所有权属于甲，因为对乙而言缺乏转移占有的合意。对丁而言构成侵权。所以虽然名画在占有上发生了变化，但是均未改变所有权的归属，仍应归甲所有。（2008年司考真题）当然，在一些特殊情况下，根据原有的交易习惯也能构成交付，例如邮递员将信件投放在收信人的信箱内。

除了现实交付外，为了交易上的便利，还有观念交付。所谓观念交付是指法律允许当事人通过特别的约定，不现实交付标的物，而采用一种变通的交付方法，来代替实际交付。观念交付，主要有简易交付、指示交付和占有改定。简易交付是指标的物在合同订立之前已经依法被买受人占有的，出卖人无须再行实际交付，合同生效的时间为交付的时间。例如，某宾馆为了8月8日的开业庆典，于8月7日向电视台租借一台摄像机。庆典之日，工作人员不慎摔坏了摄像机，宾馆决定按原价买下，以抵偿电视台的损失，遂于8月9日通过电话向电视台负责人表明此意，对方表示同意。8月15日，宾馆依约向电视台支付了价款。（2004年司考真题）则摄像机的所有权在8月9日双方达成合意之时便发生所有权转移。

指示交付是指标的物由第三人占有时，出卖人将其对第三人的返还请求权让与买受人，以代替交付。例如，甲将其出租的电视机卖给乙，由于租赁期未满，暂时无法收回电视机，甲可以把电视机的返还请求权让与乙，以代替电视机的实际交付。

占有改定是指买卖双方特别约定，标的物仍由出卖人继续占有，但是在买卖合意成立时视为交付，买受人取得间接占有。例如，甲将其所有的一套参考文献卖给乙，但是甲还想留这套书籍用一段时间，这时甲可以与乙再订立一份租赁或借用协议，由甲继续占有、使用该套书籍，乙对该套书籍进行间接占有，以此来代替现实交付，乙取得该套书籍的所有权。也有人将占有改定称为继续占有。

不论是现实交付，还是观念交付，均由当事人自行协商约定。此外还有一些法律规定的特殊交付方式。《买卖合同司法解释》第二条规定："标的物为无需以有形载体交付的电子信息产品，当事人对交付方式约定不明确，且依照民法典第五百一十条的规定仍不能确定的，买受人收到约定的电子信息产品或者权利凭证即为交付。"

4. "一物多卖"中出卖人的交付义务。

实际交易中，出卖人为了谋求最大化利益，就同一物订立多个买卖合同，当买卖合同均有效的情况下，出卖人交付标的物的义务会出现问题。出卖人就同一普通动产订立多重买卖合同，在买卖合同均有效的情况下，买受人均要求实际履行合同的，根据《买卖合同司法解释》第六条的规定，应当按照以下情形分别处理：（1）先行受领交付的买受人请求确认所有权已经转移的，人民法院应予支持；（2）均未受领交付，先行支付价款的买受人请求出卖人履行交付标的物等合同义务的，人民法院应予支持；（3）均未受领交付，也未支付价款，依法成立在先合同的买受人请求出卖人履行交付标的物等合同义务的，人民法院应予支持。

根据《买卖合同司法解释》第七条的规定，出卖人就同一船舶、航空器、机动车等特殊动产订立多重买卖合同，在买卖合同均有效的情况下，买受人均要求实际履行合同的，应当按照以下情形分别处理：（1）先行受领交付的买受人请求出卖人履行办理所有权转移登记手续等合同义务的，人民法院应予支持；（2）均未受领交付，先行办理所有权转移登记手续的买受人请求出卖人履行交付标的物等合同义务的，人民法院应予支持；（3）均未受领交付，也未办理所有权转移登记手续，依法成立在先合同的买受人请求出卖人履行交付标的物和办理所有权转移登记手续等合同义务的，人民法院应予支持；（4）出卖人将标的物交付给买受人之一，又为其他买受人办理所有权转移登记，已受领交付的买受人请求将标的物所有权登记在自己名下的，人民法院应予支持。

（二）转移标的物的所有权

取得标的物的所有权是买受人的主要交易目的。转移标的物的所有权，是在交付标的物基础上实现的。标的物所有权的转移时间应视标的物具体的性质而定。常态下将买卖合同分为动产买卖合同和不动产买卖合同。

1. 动产所有权的转移。

《民法典》第二百二十四条规定："动产物权的设立和转让，自交付时发生效力，但是法律另有规定的除外。"依据此条规定，动产所有权自动产交付时发生转移是动产所有权转移的一般规则。但是动产所有权转移法律可有另外规定，当事人也可以另行约定。法律另有规定，如《民法典》第二百二十五条规定："船舶、航空器和机动车等的物权的设立、变更、转让和消灭，未经登记，不得对抗善意第三人。"依据此条规定，作为动产的船舶、航空器、机动车等所有权转移虽自交付时发生，但是未经登记，不得对抗善意的第三人。从此角度而言，此时买受人所取得标的物的所有权效力不具有完整性。《民法典》第六百四十一条规定的所有权保留，也属于法律另有规定的情形。对买卖合同标的物的转移附上条件或者附上期限，属于合同当事人另有约定的情形。

2. 不动产所有权的转移。

《民法典》第二百零九条规定："不动产物权的设立、变更、转让和消灭，经依法登记，发生效力；未经登记，不发生效力，但法律另有规定的除外。"依据此条规定，不动产所有权的转移以登记为一般规则。出卖人仅交付不动产并不导致不动产所有权发生转移，还须办理登记手续，方能完成不动产所有权的转移。

此外，根据《民法典》第六百条的规定，出卖具有知识产权的标的物的，除法律另有规定或者当事人另有约定外，该标的物的知识产权不属于买受人。作为知识产权载体的标的物买卖与知识产权的买卖不同，出卖人转让知识产权载体的标的物所有权，并不意味着转让该标的物上承载的知识产权。两个交易主体之间要有偿转让知识产权，须订立知识产权有偿转让合同。知识产权有偿转让合同由知识产权法律法规加以调整，不适用买卖合同的相关规定。

（三）物的瑕疵担保义务

物的瑕疵担保义务指的是质量担保义务，要求出卖人保证出卖的标的物符合法律和合同规定的质量要求。买受人购买标的物，不仅需要取得标的物的所有权，还需要标的物的质量符合要求，如此才能保证买卖合同订约目的的实现。《民法典》第六百一十五条规定："出卖人应当按照约定的质量要求交付标的物。出卖人提供有关标的物质量说明的，交付的标的物应当符合该说明的质量要求。"此

"房屋买卖合同"案例

条确定了出卖人提供符合质量要求的标的物的义务。标的物质量不符合要求构成"履行不符合约定"的违约行为。《民法典》第六百一十五条主要继受了《联合国国际货物销售合同公约》第三十五条第一款的规定。标的物符合质量要求是指标的物在品质、种类、规格上符合合同要求。此处的质量应指标的物的品质，如房屋面积、标的物材质等。当事人对标的物的质量要求没有约定或者约定不明确，依据《民法典》第五百一十条和第六百一十六条的规定确定；不能确定的，适用《民法典》第五百一十一条的规定。

出卖人交付的标的物不符合质量要求的，买受人可以依据《民法典》第五百八十二条至第五百八十四条的规定向出卖人主张违约责任。标的物不符合质量要求的法律后果是出卖人承担违约责任。违约责任既可以是修理、重作、更换、退货、减价、代替给付等，也可以是损害赔偿、给付违约金等。出卖人的这种违约责任是宽泛意义上的违约责任，本质上是违反合同义务的法律后果。

《民法典》第六百一十八条规定："当事人约定减轻或者免除出卖人对标的物瑕疵承担的责任，因出卖人故意或者重大过失不告知买受人标的物瑕疵的，出卖人无权主张减轻或者免除责任。"依据此条规定，买卖双方约定瑕疵担保义务时，出卖人因故意或者重大过失不告知买受人标的物瑕疵的，不得主张适用免责条款。买卖合同中，双方当事人在合同中对标的物质量不仅未作约定，而且合同中又约定出卖人不承担保证标的物质量。该种情况较常发生在拍卖中。为了控制经营风险，拍卖人通常作出对拍卖标的物品质不负责担保的声明。根据《民法典》第六百一十八条的规定，买受人主张标的物不符合质量要求时，出卖人有权直接援引当事人之间有关减轻或者免除出卖人责任的约定进行抗辩。在这种情况下，买受人若能证明出卖人因故意或者重大过失未告知标的物瑕疵，出卖人便不得援引其与买受人间约定的免责条款，进而对自身违反物的瑕疵担保义务承担违约责任。

（四）权利瑕疵担保义务

买卖合同订立的目的在于通过对价取得标的物的所有权，如果出卖人转移的所有权具有瑕疵，最终导致买受人无法取得所有权，将会使买受人订立合同的目的落空。因此《民法典》第六百一十二条规定："出卖人就交付的标的物，负有保证第三人对该标的物不享有任何权利的义务，但是法律另有规定的除外。"依据此条规定，出卖人对交付的标的物负有权利瑕疵担保义务。权利瑕疵担保，是指出卖人应担保买受人取得权利，保证第三人对该标的物不享有任何权利。如果出卖人违反此种担保义务，则应承担权利瑕疵担保责任，也就是违约责任。在买卖合同中，出卖人应保证将标的物的所有权能全部转让给买受人，标的物上没有任何权利负担。如果买卖标的物上存在权利瑕疵，该权利瑕疵包括第三人享有所有权、他物权及其他可对抗买受人的权利，如准物权、租赁权、知识产权等。出卖人负有保证第三人对交付标的物不享有任何权利的义务，不仅是要保证交付的标的物上不存在任何权利负担，也就是不存在第三人享有的所有权、他物权等，而且还要保证交付的标的物上不存在任何权利争议，如标的物存在出卖人所有还是第三人所有的争议。

出卖人的权利瑕疵担保义务在法律有规定的情况下被排除。《民法典》第六百一十三条规定："买受人订立合同时知道或者应当知道第三人对买卖的标的物享有权利的，出卖人不承担前条规定的义务。"依据此条规定，买受人订立合同时知道或者应当知道第三人对买卖的标的物享有权利的，出卖人权利瑕疵担保义务被免除。买受人在订立合同时就知道或者应当知道标的物上存在权利瑕疵，仍然订立买卖合同的，意味着买受人自愿承受第三人对标的物享有权利的风险。既然是买受人自愿选择了风险自担，法律便没有对其提供特别保护的必要。需要注意的是，应慎重把握对买受人知道或者应当知道的判定。"知道"是指买受人明知；"应当知道"是指买受人若尽合理注意义务，就能知道标的物上存在其他权利，仅因买受人自身的过失而致客观上不知标的物的权利瑕疵。[1]并且买受人知道或者应当知道的状态应是在合同订立时发生的，如果是在合同订立后才知晓，则不免除出卖人的权利瑕疵担保义务。

买卖合同订立后，如果买受人知晓标的物上存有权利负担，应该如何救济呢？《民法典》第六百一十四条规定："买受人有确切证据证明第三人对标的物享有权利的，可以中止支付相应的价款，但是出卖人提供适当担保的除外。"依据此条规定，买受人有确切证据证明第三人对标的物享有权利，享有中止支付价款权。当第三人对标的物享有权利有可能使买受人丧失对标的物的全部或部分权利时，如果买受人不享有一定的救济手段，可能会遭受较大的损失，因而民法赋予买受人中止支付相应价款的权利。买卖合同中，如果第三人对标的物主张权利，已向法院起诉或者第三人对标的物主张权利已经通知买受人，会引发买受人极大的不安。第三人对标的物权利的主张极可能导致买受人对标的物的全部或部分权利的丧失。此种情况下赋予买受人中止支付价款权，对买受人予以适时的法律救济，符

---

① 金可可、贺馨宇：《我国买卖合同权利瑕疵担保制度研究》，《江苏行政学院学报》，2016 年第 6 期，第 118—125 页。

合公平原则。

为了平衡买卖双方当事人的利益，法律赋予了出卖人阻止买受人行使中止支付价款权的权利，也就是出卖人提供了适当的担保。出卖人提供了适当的担保，该担保足以保障买受人的权利，也就能消除买受人的不安，此时，买受人自然不再享有中止支付价款权。出卖人提供适当担保，既可以是因为买受人行使中止支付价款权，也可以是因为买受人要求所为。所谓适当的担保，指的是出卖人依照第三人对标的物享有权利的范围，按照合同约定的价款的比例而提供担保。担保的方式可以是人的担保，也可以是物的担保。

（五）出卖人交付提取标的物单证以外的有关单证和资料的义务

《民法典》第五百九十九条规定："出卖人应当按照约定或者交易习惯向买受人交付提取标的物单证以外的有关单证和资料。"提取标的物单证以外的有关单证和资料，主要应当包括保险单、保修单、普通发票、增值税专用发票、产品合格证、质量保证书、质量鉴定书、品质检验证书、产品进出口检疫书、原产地证明书、使用说明书、装箱单等。交付与标的物有关的单证和资料义务的目的在于，使买方更有效地享有在标的物上的利益，实现其债权的最大满足。发票、证明书、检疫书等单证和资料与买受人办理所有权登记、海关报关、索赔求偿、维修等息息相关，直接影响买受人缔约目的的实现，非常重要，特别是在国际贸易中，这些单证和资料显得尤为重要。出卖人交付提取标的物单证以外的有关单证和资料的义务在性质上不是主给付义务，属于从给付义务，一般而言，出卖人违反该义务不构成根本违约。但是出卖人的这一从给付义务可以独立诉请履行，买受人在出卖人不履行该义务时，可提起独立之诉，请求出卖人交付与标的物有关的单证和资料。[①]

（六）出卖人回收义务

《民法典》第六百二十五条规定："依照法律、行政法规的规定或者按照当事人的约定，标的物在有效使用年限届满后应予回收的，出卖人负有自行或者委托第三人对标的物予以回收的义务。"此条规定属于《民法典》对出卖人新增的规定。此条规定是对《民法典》总则编中绿色原则的进一步落实与体现，避免有毒有害物质造成对环境的污染和生态的破坏，促使废物的循环利用。出卖人回收义务产生的依据，一是法律、行政法规的规定，二是当事人的约定。值得思考的问题是出卖人的回收义务是基于法律、行政法规的规定而产生时，请求权的主体是否必为买受人？基于法律、行政法规的规定而产生的买受人回收义务，可能是公法上的义务，也可能是私法上的义务。

此外出卖人还应遵循诚实信用原则，根据合同的性质、目的负担通知、协助、保密等附随义务。

---

① 最高人民法院经济审判庭编著：《合同法释解与适用（上册）》，新华出版社1999年版，第689页。

二、买受人的义务

（一）支付价款的义务

支付价款是买受人的主要义务。在合同履行过程中，买受人支付价款义务会涉及以下几方面的事项。

1. 价款的数额。

买受人应当按照约定的数额支付价款。对价款没有约定或约定不明确的，可以协议补充；不能达成补充协议的，按照合同有关条款或者交易习惯确定。如仍不能确定，按照订立合同时履行地的市场价格履行；依法应当执行政府定价或者政府指导价的，在合同约定的交付期限内政府价格调整时，按照交付时的价格计价。逾期交付标的物的，遇价格上涨时，按照原价格执行；价格下降时，按照新价格执行。逾期提取标的物或者逾期付款的，遇价格上涨时，按照新价格执行；价格下降时，按照原价格执行。

2. 价款的支付方式。

《民法典》第六百二十六条规定："买受人应当按照约定的数额和支付方式支付价款。对价款的数额和支付方式没有约定或者约定不明确的，适用本法第五百一十条、第五百一十一条第二项和第五项的规定。"依据此条规定，买受人支付价款的方式有约定的按照约定。没有约定或者约定不明的，可以协议补充；不能达成补充协议的，按照合同有关条款或者交易习惯确定。如仍不能确定，以最有利于出卖人的支付方式履行价款支付义务。

3. 价款的支付时间。

根据《民法典》第六百二十八条的规定，买受人应当按照约定的时间支付价款。对支付时间没有约定或者约定不明确的，可以协议补充；不能达成补充协议的，按照合同有关条款或者交易习惯确定。如仍不能确定，买受人应当在收到标的物或者提取标的物单证的同时支付价款。

4. 价款的支付地点。

《民法典》第六百二十七条规定："买受人应当按照约定的地点支付价款。对支付地点没有约定或者约定不明确，依据本法第五百一十条的规定仍不能确定的，买受人应当在出卖人的营业地支付；但是，约定支付价款以交付标的物或者交付提取标的物单证为条件的，在交付标的物或者交付提取标的物单证的所在地支付。"依据此条规定，买受人应当按照约定的地点支付价款。对支付地点没有约定或者约定不明确的，可以协议补充；不能达成补充协议的，按照合同有关条款或者交易习惯确定；仍不能确定的，买受人应当在出卖人的营业地支付，但约定支付价款以交付标的物或者交付提取标的物的单证为条件的，在交付标的物或者提取标的物单证的所在地支付。价款支付义务是典型的金钱之债。传统上，金钱之债是以现金支付为预设规范对象。现如今随着科技的发展，支付手段便捷而多样，如银行转账、电子支付。新型制度手段使物理上的支付地点不复存在。遵循有利于债权人原则，以出卖人的营业地为价款支付地，更为符合现代支付手段的要求。

（二）及时检验并通知的义务

1. 及时检验的义务。

《民法典》第六百二十条规定："买受人收到标的物时应当在约定的检验期限内检验。没有约定检验期限的，应当及时检验。"依据此条规定，买受人负有及时检验的义务。法律上确立买受人及时检验义务，有利于及时发现标的物的瑕疵，确定标的物是否符合合同约定的质量，便于及时采取补救措施，避免损失的扩大。买卖合同中，约定有检验期限的，买受人应当在约定的期限内检验；没有约定检验期限的，买受人应该及时检验。及时检验，也就是要求买受人在一个合理的期限内进行检验。对于合理期限的确定，可以根据标的物的质量、交付的地点、买受人的检验能力等方面进行综合考量。

《民法典》第六百二十二条第一款规定："当事人约定的检验期限过短，根据标的物的性质和交易习惯，买受人在检验期限内难以完成全面检验的，该期限仅视为买受人对标的物的外观瑕疵提出异议的期限。"本条款解决了当事人约定的检验期限过短的问题。标的物瑕疵状况不同，需要的检验时间也不相同。外观瑕疵指的是存在于标的物表面的品质属性，往往通过肉眼或者简单的检查就能够被发现。隐蔽瑕疵是存在于标的物内部的品质不足，更多的时候是需要借助特殊检测手段才能被检测发现。对外观瑕疵的检验所需时间较短，对隐蔽瑕疵的检验所需时间较长。当事人约定的检验期限不足以完成对隐蔽瑕疵检验的，可按照《民法典》第六百二十二条第一款的规定，判定为当事人约定的检验期限过短，仅视为对外观瑕疵的检验期限约定。

《民法典》第六百二十二条第二款规定："约定的检验期限或者质量保证期短于法律、行政法规规定期限的，应当以法律、行政法规规定的期限为准。"《中华人民共和国食品安全法》《中华人民共和国药品管理法》《中华人民共和国建筑法》等均有保质期、有效期、保修期等的相关规定。这些法定检验期限或者质量保证期限均是为了保障消费者、使用者的相关权益。因此当事人约定的检验期限或者质量保证期限短于法定时，以法定的检验期限或者质量保证期限为准。

2. 通知的义务。

根据《民法典》第六百二十一条的规定，买受人负有通知的义务。通知的义务是指买受人在检验之后发现标的物的数量、质量等不符合约定时，应及时通知出卖人。当事人约定检验期限的，买受人应当在检验期限内将标的物的数量或者质量不符合约定的情形通知出卖人。买受人怠于通知的，视为标的物的数量或者质量符合约定。当事人没有约定检验期限的，买受人应当在发现或者应当发现标的物的数量或者质量不符合约定的合理期限内通知出卖人。买受人在合理期限内未通知或者自收到标的物之日起二年内未通知出卖人的，视为标的物的数量或者质量符合约定；但是，对标的物有质量保证期的，适用质量保证期，不适用二年的规定。

需要注意的是，检验期限与通知时间是两个不同的概念。检验期限指的是通过观察、技术检测、使用等途径和方法发现标的物瑕疵所需要的时间。通知时间是指在发现标的物瑕疵之后，进行报告、咨询、评估、草拟文件等活动所需要的时间。依据《民法典》第六百二十一条的规定，当事人约定检验期限的，买受人应当在检验期限内将标的物的数量或者质量不符合约定的情形通知出卖人。由此可知，约定有检验期限的，买受人在该期限内需要先后完成检验义务和通知义务。通知义务不发生在检验期限届满之后，而是与检验义务一并计算在检验期限内。

在当事人没有约定检验期限的情况下，如何确定"合理期限"？《买卖合同司法解释》第十二条规定，应当综合当事人之间的交易性质、交易目的、交易方式、交易习惯、标的物的种类、数量、性质、安装和使用情况、瑕疵的性质、买受人应尽的合理注意义务、检验方法和难易程度、买受人或者检验人所处的具体环境、自身技能以及其他合理因素，依据诚实信用原则进行判断。

当事人无法确定合理期限，或者为期限的是否合理发生争议时，适用"自收到标的物之日起二年内"的规定。《买卖合同司法解释》第十二条第二款规定："民法典第六百二十一条第二款规定的'二年'是最长的合理期限。该期限为不变期间，不适用诉讼时效中止、中断或者延长的规定。"但是，标的物有质量保证期的，适用质量保证期。质量保证期有食品保质期、药品有效期、建筑工程保修期、以家用汽车等消费品为主要对象的"三包"有效期等，类型众多。《买卖合同司法解释》第十三条规定："买受人在合理期限内提出异议，出卖人以买受人已经支付价款、确认欠款数额、使用标的物等为由，主张买受人放弃异议的，人民法院不予支持，但当事人另有约定的除外。"

《民法典》第六百二十一条第三款规定："出卖人知道或者应当知道提供的标的物不符合约定的，买受人不受前两款规定的通知时间的限制。"这款规定是关于通知义务免除的规定。在出卖人知道或者应当知道标的物不符合约定时，出卖人不需要经由买受人的通知来保护其利益，买受人的通知便不再需要。

（三）受领标的物的义务

买受人有依照合同约定或者交易惯例受领标的物的义务。当然，买受人受领标的物以出卖人交付标的物符合合同约定为条件。如果出卖人交付的标的物不符合合同约定，买受人有权拒绝接受。买受人受领指的是买受人接受并取得标的物的占有。出卖人在提出交付标的物请求后，买受人不及时受领，出卖人的义务将无法履行。如此一来就增加了出卖人的负担。此外，买卖合同是双务合同，需要买卖双方的协作，保障买卖交易的正常进行。买受人不履行受领标的物义务，会导致出卖人无法履行交付标的物的义务。买受人受领标的物迟延，给出卖人造成损失的，应承担赔偿责任。

此外买受人还应遵循诚实信用原则，根据合同的性质、目的负担通知、协助、保密等附随义务。

第三节　买卖合同中无权处分的效力

一、无权处分的概念

　　无权处分是指当事人不享有对标的物的处分权而处分他人财产。在大多数的买卖合同中，出卖人对标的物享有处分权或者所有权。但是一旦形成借用、租赁等民事法律关系，就有可能出现借用人、承租人未经授权，将标的物转让给他人的情况，由此发生无权处分行为。无权处分行为既关涉买卖合同的效力问题，又关涉标的物的所有权转移问题。

"买卖合同中无权处分的效力"微课

　　自 1999 年《中华人民共和国合同法》（以下简称《合同法》）颁布以来，无权处分行为的效力一直备受争议。《合同法》第五十一条规定："无处分权的人处分他人财产，经权利人追认或者无处分权的人订立合同后取得处分权的，该合同有效。"第一百三十二条第一款规定："出卖的标的物，应当属于出卖人所有或者出卖人有权处分。"对这些条款，学者产生了不同的理解，由此形成了无权处分效力的三种学说：合同效力待定说、合同有效说和合同无效说。随后最高人民法院就此专门作出解释，规定当事人一方以出卖人在缔约时对标的物没有所有权或者处分权为由主张合同无效的，人民法院不予支持。出卖人因未取得所有权或者处分权致使标的物所有权不能转移，买受人要求出卖人承担违约责任或者要求解除合同并主张损害赔偿的，人民法院应予支持。就此否认了出卖人对标的物享有处分权是买卖合同的有效要件。最高人民法院认为，出卖人在缔约时对标的物没有所有权或者处分权的，买卖合同效力不受影响，但若因出卖人未取得所有权或者处分权致使标的物所有权不能转移，出卖人应承担违约责任。该条解释并没有限制其适用范围。

　　《民法典》第五百九十七条第一款规定："因出卖人未取得处分权致使标的物所有权不能转移的，买受人可以解除合同并请求出卖人承担违约责任。"此条款规定基本延续了最高人民法院司法解释的精神，也就是说，出卖人与买受人订约时无处分权的，不影响该买卖合同的效力，若出卖人未取得处分权致使标的物所有权不能转移，出卖人应承担违约责任。

二、无权处分的效力

　　根据《民法典》第五百九十七条第一款的规定，在无权处分的情况下，买卖合同仍然是有效的。此种状况下，出卖人无法按照约定转移标的物的所有权，该行为构成根本违约，买受人可以以此为由主张合同解除并请求出卖人承担违约责任。

在无权处分的情形下，买卖合同有效，买受人是否因此取得标的物的所有权？该问题的解决应遵循物权善意取得构成要件的规定。如果符合善意取得的构成要件，买受人取得标的物的所有权。所有权发生转移，真正的权利人无法追及。如果不符合善意取得的构成要件，真正权利人可以行使物权请求权。

需要注意的是，《民法典》第五百九十七条第二款规定："法律、行政法规禁止或者限制转让的标的物，依照其规定。"依据此条款规定，当法律、行政法规对某些标的物的转让加以禁止或者限制的，买卖双方当事人理应遵守这些规定。如《中华人民共和国拍卖法》第七条规定："法律、行政法规禁止买卖的物品或者财产权利，不得作为拍卖标的。"法律、行政法规禁止转让的标的物为禁止流通物，不得作为买卖标的物，如伪造的货币、毒品、淫秽物品等。以禁止流通物作为买卖标的物的，该买卖合同因违反法律、行政法规的强制性规定而无效。法律、行政法规限制转让的标的物为限制流通物，只能在限定的领域内流通，如枪支、弹药等。我国对枪支的买卖实行特别许可制度，未经许可，任何单位和个人不得买卖。以限制流通物作为买卖标的物的，该买卖合同的效力原则上也因违反法律、行政法规的强制性规定而受影响。

第四节　买卖合同中标的物的风险负担

一、标的物风险负担的一般规则

现代民商事交易，从缔约到交付要历经众多的环节，合同双方当事人各自义务的履行大多数是不同步的，此种情况下，货物毁损灭失所造成的损失由何方当事人承受以及如何承受须待解决。此为买卖合同中标的物的风险负担。买卖合同中标的物的风险指的是买卖合同的标的物由于不可归责于买卖合同双方当事人的事由毁损、灭失所造成的损失。风险负担是指损失的承担。

我国《民法典》第六百零四条规定："标的物毁损、灭失的风险，在标的物交付之前由出卖人承担，交付之后由买受人承担，但是法律另有规定或者当事人另有约定的除外。"此条确立了买卖合同中风险负担的一般规则，即以"交付"作为分配买卖合同中标的物毁损、灭失风险的一般规则。买卖合同作为双务合同，买卖双方当事人互享权利，互负义务。买受人获得标的物的所有权是以支付相应的价款为对价。出卖人以转移标的物的所有权作为获得价款的条件。买卖合同双方当事人的对价关系建立在互惠基础上。因此，标的物交付前的风险负担归于出卖人，标的物交付之后的风险负担归于买受人，符合公平原则。买卖合同中，其中一方当事人对标的物具有事实上的管领力时，才有可能对在该物上所发生的一切不测事件进行必要的防范，以免发生损害。以决定标的物管领变动的交付作为确定买卖标的物风险转移的时点，有助于风险的防范。

交付包括现实交付、简易交付、占有改定与指示交付等多种形态。交付行为可使买受人对标的物实现直接占有或者间接占有。因此不同形态交付下的风险负担应具体分析。现实交付是交付的典型形态，是将物从一个人的控制之下转移到另一个人的控制之下，从而发生占有的实际转移，其作为交付主义风险转移规则中的标准不存在疑问。简易交付，一般认为，买卖合同订立时即为完成交付，因此，风险也同时转移给买受人。买卖合同订立的时间是交付的时间，也是标的物风险负担转移的时点。对占有改定与指示交付所产生的风险负担，我国学界有不同的观点。有学者主张，交付主义之下的"交付"不应包含指示交付和占有改定。因为在此情况下买受人并没有实际控制标的物也无法直接享有利用物所产生的利益，由其承担风险对其是不公平的。[①] 有学者主张，占有改定与现实交付时立即租回的情形并无本质区别，既然后者的风险自现实交付时转移，就没有理由否认前者的风险自占有改定时转移。[②] 还有的学者认为，衡诸《合同法》关于危险负担之转移所采交付主义的基本论点，必须斟酌双方是否有以指示交付或占有改定替代现实交付的合意，以及买受人是否因该合意而依指示交付或占有改定开始享有买卖标的物的利益而定。前者在指明出卖人不得擅自片面地以指示交付或占有改定替代现实交付，履行其所负的交付买卖标的物的义务，后者则在贯彻"利益之所在，危险之所在"与管领说的危险归属观。[③]

根据《民法典》第六百零四条的规定，交付仅指转移占有，所有权是否转移在所不问。因此动产买卖和不动产买卖均适用交付转移风险的规则。《最高人民法院关于审理商品房买卖合同纠纷案件适用法律若干问题的解释》（以下简称《商品房买卖合同司法解释》）第八条规定："对房屋的转移占有，视为房屋的交付使用，但当事人另有约定的除外。房屋毁损、灭失的风险，在交付使用前由出卖人承担，交付使用后由买受人承担；买受人接到出卖人的书面交房通知，无正当理由拒绝接收的，房屋毁损、灭失的风险自书面交房通知确定的交付使用之日起由买受人承担，但法律另有规定或者当事人另有约定的除外。"此外，《买卖合同司法解释》第十一条规定："当事人对风险负担没有约定，标的物为种类物，出卖人未以装运单据、加盖标记、通知买受人等可识别的方式清楚地将标的物特定于买卖合同，买受人主张不负担标的物毁损、灭失的风险的，人民法院应予支持。"《民法典》第六百零九条规定："出卖人按照约定未交付有关标的物的单证和资料的，不影响标的物毁损、灭失风险的转移。"

《民法典》第六百零四条所确立的交付主义规则属于非强制性规定，法律允许当事人对标的物的风险负担进行约定，以充分尊重合同当事人的意思自治。《民法典》合同编有关

---

① 王利明：《合同法研究·第三卷（第二版）》，中国人民大学出版社 2015 年版，第 95 页。

② 吴香香：《〈合同法〉第 142 条（交付移转风险）评注》，《法学家》2019 年第 3 期，第 168—189 页、第 196 页。

③ 黄茂荣：《买卖法》，中国政法大学出版社 2002 年版，第 443 页。

标的物风险负担的规定只起到弥补当事人意思表示不备的作用。如果买卖合同双方当事人对标的物风险负担的约定与《民法典》第六百零四条的规定相冲突，如出卖人与买受人约定"在买受人未履行完毕价款支付义务前，标的物的风险一直由出卖人承担"，该约定与《民法典》第六百零四条的规定相冲突，鉴于该规定属于非强制性规定，应按照当事人的约定。

二、在途标的物买卖的风险负担

《民法典》第六百零六条规定："出卖人出卖交由承运人运输的在途标的物，除当事人另有约定外，毁损、灭失的风险自合同成立时起由买受人承担。"本条明确了路货买卖中标的物风险负担规则。路货买卖，又称为在途货物的买卖或途中物的买卖，是指货物已在运输途中，出卖人寻找买受人，出卖在途货物的买卖。此种形式的买卖在海上运输贸易中较为普遍，常常是出卖人将合同标的物装上开往某一地点的轮船，便开始寻找买主，签订买卖合同。路货买卖，在合同订立时，货物已经处于运输状态，对于买卖双方当事人而言，任何一方都难以判断货物毁损、灭失的风险发生。《民法典》第六百零六条确定了合同成立的时间是风险负担的转移时间，也就是路货买卖合同成立时，在途标的物的风险负担就由出卖人处转移到买受人处。但是，根据《买卖合同司法解释》第十条的规定，出卖人出卖交由承运人运输的在途标的物，在合同成立时知道或者应当知道标的物已经毁损、灭失却未告知买受人，买受人主张出卖人负担标的物毁损、灭失的风险的，人民法院应予以支持。

三、标的物需要运输的风险负担

《民法典》第六百零七条规定："出卖人按照约定将标的物运送至买受人指定地点并交付给承运人后，标的物毁损、灭失的风险由买受人承担。当事人没有约定交付地点或者约定不明确，依据本法第六百零三条第二款第一项的规定标的物需要运输的，出卖人将标的物交付给第一承运人后，标的物毁损、灭失的风险由买受人承担。"依据此条规定，非路货买卖的交易中，买卖标的物需要运输的，按照出卖人有无义务在特定地点交付标的物，分别设置了标的物在运输过程中毁损灭失的风险负担规则。出卖人按照约定将标的物运送至买受人指定地点并交付给承运人后，标的物毁损、灭失的风险由买受人承担。当事人没有约定或者约定不明的，按照《民法典》第六百零三条的相关规定，标的物需要运输的，出卖人应当将标的物交付给第一承运人以运交给买受人，出卖人将标的物交付给第一承运人后，由买受人承担标的物毁损、灭失的风险。此时的第一承运人实际上处于买受人的受领辅助人的地位，其接受标的物就等同于买受人接受标的物，视为出卖人对买受人的交付完成。《民法典》第六百零七条规定的是"第一承运人"，其指在运输过程中，从出卖人处取得标的物，第一个开始运输标的物的人。在买卖合同中，标的物需要运输的，承运人可能仅有一个，也可能有多个。在涉及多个承运人的情况下，法律规定出卖人将标的物交付给第一承运人就被认定已完成交付,标的物毁损灭失的风险自出卖人将标的物交付给该第一承运人时起转移给买受人。至于第一承运人是否将该标的物交付给第二承运人、交付给第二承运人时是否构成交付迟延等,均不影响风险的转移。

四、违约情况下的风险负担

在买卖合同中,风险负担与违约责任密不可分。在合同当事人违约的情况下,风险负担规则将会被改变。

(一)因买受人原因造成标的物不能及时交付下的风险负担

《民法典》第六百零五条规定:"因买受人的原因致使标的物未按照约定的期限交付的,买受人应当自违反约定时起承担标的物毁损、灭失的风险。"本条旨在明确因买受人的原因致使标的物未按照约定的期限交付,标的物毁损、灭失应由谁来承担风险问题。买卖合同风险负担的一般规则是交付主义,也就是只在出卖人将标的物交付给买受人时,标的物毁损、灭失的风险才转移给买受人。当出卖人交付迟延,在迟延期间标的物毁损、灭失的,因标的物尚未交付仍在出卖人处,理应由出卖人承担风险。但如果标的物不能如期交付是由于买受人的原因所致,仍然以交付为风险负担规则,对出卖人而言有失公平。"买受人的原因",主要有以下情形:

第一,合同约定应由买受人自提货物,买受人未在约定期限内提取标的物,使出卖人不能及时向买受人交付标的物。

第二,合同约定由出卖人送货,出卖人通知买受人收货,因买受人未做好收货准备,致该标的物不能及时交付。

第三,出卖人代办托运,承运人通知买受人收货,因买受人未做好收货准备,致该标的物不能及时交付。

法律规定因买受人的原因致使标的物未按照约定的期限交付的,买受人应当自违反约定时起承担标的物毁损、灭失的风险。此时,虽然出卖人未向买受人履行标的物交付义务,但是因为买受人的原因,因此对于出卖人而言,其已经完成了其所需要履行的义务,应将标的物毁损、灭失的风险转移到买受人身上。

(二)买受人受领迟延的风险负担

《民法典》第六百零八条规定:"出卖人按照约定或者依据本法第六百零三条第二款第二项的规定将标的物置于交付地点,买受人违反约定没有收取的,标的物毁损、灭失的风险自违反约定时起由买受人承担。"依据此条规定,买受人受领迟延,即买受人不履行收取标的物义务的,标的物毁损、灭失的风险由买受人负担。在买卖合同中,买受人负有及时受领标的物的义务。买受人违反该义务,则应承担受领迟延的违约责任。当出卖人根据买卖合同约定将标的物置于交付地点,出卖人即已完成交付;或者虽然买卖合同中没有约定交付地点或约定不明确,而标的物不需要运输,出卖人已将标的物置于交付地点,出卖人即已完成交付。出卖人完成交付,买受人无正当理由未能及时受领,买受人构成受领迟延。

买受人的受领迟延不以买受人存有过错为条件，买受人只要是无正当理由不及时受领，均构成受领迟延。在受领迟延期间，标的物毁损、灭失的，自应由买受人承担风险。

（三）出卖人违约下的风险负担

在买卖合同中，出卖人违反标的物瑕疵担保义务致使合同目的不能实现，买受人享有拒绝收货或者解除合同的权利。在此期间，如果标的物毁损、灭失，风险应如何承担？《民法典》第六百一十条规定："因标的物不符合质量要求，致使不能实现合同目的的，买受人可以拒绝接受标的物或者解除合同。买受人拒绝接受标的物或者解除合同的，标的物毁损、灭失的风险由出卖人承担。"依据此条规定，出卖人交付的标的物不符合质量要求，致使不能实现合同目的的，产生两个层面的法律效果：一是买受人享有拒绝接受标的物或者解除合同的权利，二是买受人拒绝接受标的物或者解除合同时，标的物毁损、灭失的风险由出卖人承担。本条适用时，强调标的物质量瑕疵致使不能实现合同目的。"不能实现合同目的"是一个弹性标准，需要根据个案情况加以判断。由于合同目的不能实现，买受人才拒绝接受出卖人的给付或者主张解除合同。此时发生标的物毁损、灭失，应由出卖人承担。如果出卖人交付标的物不符合质量要求而买受人未拒收或不解除合同，视为买受人同意出卖人按标的物的现状作出履行，出卖人履行无瑕疵，发生标的物毁损、灭失风险的，按照买卖合同风险负担一般规则处理，由买受人承担风险。

第五节　买卖合同中的违约行为

一、多交货物

买卖合同中，出卖人未按照合同约定的数量履行，交付的货物数量超出了合同约定的数量，法律赋予买受人救济权。《民法典》第六百二十九条规定："出卖人多交标的物的，买受人可以接收或者拒绝接收多交的部分。买受人接收多交部分的，按照约定的价格支付价款；买受人拒绝接收多交部分的，应当及时通知出卖人。"依据此条规定，出卖人多交标的物的，买受人选择接收，视为双方对买卖合同标的物数量条款的变更，出卖人享有多交标的物的价金请求权。如果买受人选择拒绝接收，负有及时通知出卖人的义务。买受人拒绝接收出卖人多交的标的物，在及时通知出卖人后，出卖人尚未取回之前，买受人对多交标的物的占有可以形成保管合同。《买卖合同司法解释》第三条规定："根据民法典第六百二十九条的规定，买受人拒绝接收多交部分标的物的，可以代为保管多交部分标的物。买受人主张出卖人负担代为保管期间的合理费用的，人民法院应予支持。买受人主张出卖人承担代为保管期间非因买受人故意或者重大过失造成的损失的，人民法院应予支持。"

二、分批履行中的违约

买卖合同，存有长期交易的情形，此为继续性合同。长期买卖合同中，双方当事人约定在确定或不确定的期限内，一方向他方继续提供一定数量货物，他方分期支付价金。由于此类继续性合同存有特殊性，其间某部分履行不符合约定时，对整个长期买卖合同产生的影响不同。为此，《民法典》第六百三十三条规定："出卖人分批交付标的物的，出卖人对其中一批标的物不交付或者交付不符合约定，致使该批标的物不能实现合同目的的，买受人可以就该批标的物解除。出卖人不交付其中一批标的物或者交付不符合约定，致使之后其他各批标的物的交付不能实现合同目的的，买受人可以就该批以及之后其他各批标的物解除。买受人如果就其中一批标的物解除，该批标的物与其他各批标的物相互依存的，可以就已经交付和未交付的各批标的物解除。"依据此条规定，长期买卖合同出现的情况有三种：

一是出卖人分批交付标的物，其中有一批货物不交付或者交付不符合合同约定，导致该批货物不能实现合同目的的。由于该批货物的履行利益不能实现不涉及整个合同的履行利益，因此只需就该批货物的履行作出相应的规定即可。法律赋予买受人就该批货物享有合同解除权。该批货物的合同解除后，尚未履行的终止履行；已经履行的，根据履行情况和给付性质，买受人可以请求返还相应价款，并有权请求赔偿损失。

二是出卖人不交付其中一批标的物或者交付不符合约定，致使之后其他各批标的物的交付不能实现合同目的的。出卖人的这一违约行为使买受人不可合理期待出卖人会全面履行剩余批次的交付，从而不能实现之后各批交付的合同目的。为此，买受人可就该批以及之后其他各批标的物加以解除。解除权行使后，尚未履行的终止履行；已经履行的，根据履行情况和给付性质，买受人可以退还出卖人已经交付的标的物，拒收剩余批次标的物。

三是买受人如果将其中一批标的物解除，该批标的物与其他各批标的物相互依存的。买受人针对出卖人分批交货中的不适当履行行为，可就其中一批标的物主张该批次货物的解除，这类解除属于法定解除。解除的理由是该批标的物之给付障碍导致该批货物交付目的不能实现。但是，如果该批标的物与其他各批标的物相互依存，也就是该批标的物的给付障碍可能导致整个合同目的无法实现，那么此种情形就严重损害了买受人的履行利益，如大型成套设备的买卖，分成几批交付。各批均是构成一个物的组成部分而形成相互依存的关系。此时其中一个批次的给付障碍就会导致整个合同目的不能实现。法律规定此种情况下买受人有权解除合同。

三、瑕疵履行

出卖人的瑕疵履行是指出卖人交付的标的物不符合合同约定的质量要约。《民法典》第六百一十条规定："因标的物不符合质量要求，致使不能实现合同目的的，买受人可以拒绝接受标的物或者解除合同。买受人拒绝接受标的物或者解除合同的，标的物毁损、灭失的风险由出卖人承担。"依据此条规定，买受人主张救济，必须满足"标的物不符合质量要求，致使不能实现合同目的"的条件。"标的物不符合质量要求"，指的是在合同约定了质量要求时，标的物不符合该约定的质量要求，或者在出卖人提供了有关标的物质量说明时，标的物不符合该说明的质量要求。如果合同中没有约定质量要求和质量说明，按照合同相关条款或者交易习惯确定是否符合质量要求。仍然无法确定的，根据《民法典》第五百一十一条的规定来确定是否符合质量要求。"不能实现合同目的"是一个弹性标准，需要根据个案情况加以判断。符合该条件，买受人可以寻求救济，具体的救济措施是拒绝接受标的物或者解除合同。

《民法典》第六百三十一条规定："因标的物的主物不符合约定而解除合同的，解除合同的效力及于从物。因标的物的从物不符合约定被解除的，解除的效力不及于主物。"依据此条规定，涉及主物与从物买卖合同解除时，基于主物与从物之间的关系，合同解除也遵循从物随主物的原则，主物买卖合同解除，从物买卖合同随之解除；从物买卖合同解除，不影响主物买卖合同的效力。考虑到从物对主物起到辅助作用，离开了主物，从物便无法发挥作用。因此，主物买卖合同解除时，从物辅助主物的功能将无法实现，从物买卖合同的目的也就不能实现，实无存在的必要，应该予以解除。从物买卖合同解除时，主物仍然能独自发挥作用，主物买卖合同的目的实现不因此而受到影响，因此从物买卖合同解除时，主物买卖合同不受其影响。

《民法典》第六百三十二条规定："标的物为数物，其中一物不符合约定的，买受人可以就该物解除。但是，该物与他物分离使标的物的价值显受损害的，买受人可以就数物解除合同。"依据此条规定，买卖合同中，交易的标的物有数个，但数物没有主从关系时，其中一物不符合约定的，买受人仅就不符合约定的物解除合同。如果该不符合约定之物与他物分离，将使合同标的物的价值显受损害，买受人有权就全部的数物解除合同。一个买卖合同项下有若干个标的物，如就一枚戒指、一条项链、一副耳环订立一个买卖合同，若干个标的物彼此之间不是主物与从物的关系，而是彼此独立的物。各个标的物的履行是可以分开履行的，此时其中一个标的物的履行障碍只影响到该物自身的履行利益，只就该物的履行障碍赋予买受人救济权即可。但是瑕疵之物与其他物一旦分离，数物价值总和远远低于数物作为整体的价值总和时，法律赋予买受人合同全部解除权。

第六节　特种买卖合同

在《民法典》中，特种买卖合同包括分期付款买卖合同、样品买卖合同、试用买卖合同、招标投标买卖合同和拍卖合同等。

一、所有权保留

《民法典》第六百四十一条规定："当事人可以在买卖合同中约定买受人未履行支付价款或者其他义务的，标的物的所有权属于出卖人。出卖人对标的物保留的所有权，未经登记，不得对抗善意第三人。"此条确定了所有权保留制度。

（一）所有权保留的概念和成立

所有权保留是指在买卖合同中，买受人虽先占有、使用标的物，但在全部价款支付完毕前，出卖人对于标的物仍然保留所有权。所有权保留买卖的典型特征是，出卖人虽然交付了标的物，但标的物所有权的转移有赖于特定条件——价金的完全支付。据此可知，所有权保留制度的目的在于保障价金请求权。一般情况下，所有权保留制度仅适用于动产买卖。不动产所有权变动需要办理登记手续，即便当事人交付了标的物，只要没有办理标的物的登记手续，标的物的所有权就没有发生转移；相反，办理了标的物的登记手续，所有权便发生转移。这一变动买卖合同当事人不能通过约定加以排除。司法实践明确规定所有权保留制度仅适用于动产买卖。《买卖合同司法解释》第二十五条规定："买卖合同当事人主张民法典第六百四十一条关于标的物所有权保留的规定适用于不动产的，人民法院不予支持。"

所有权保留是一种非典型担保。所有权保留不同于质押，在所有权保留中享受担保利益的一方是不占有标的物的，而在质押中享受担保利益的一方需要实施直接占有。对于买受人而言，通过所有权保留，可以在不需要一次性支付完毕全部价款时，对标的物进行占有、使用、收益。从此意义上说，所有权保留具有一定的融资功能，有利于促进物尽其用，鼓励交易。出卖人虽然交付了标的物，但是仍然保留了标的物的所有权，从此意义上说，所有权保留具有担保功能。

根据《民法典》第六百四十一条第二款的规定，出卖人对标的物保留的所有权，未经登记，不得对抗善意第三人。所有权保留源于买卖合同双方当事人的约定，受合同相对性原则的约束，当事人的这一合意不具有公示性。内部约定不得对抗外部关系的第三人。为防止买受人再次处分标的物，影响到出卖人保留下来的所有权，须将买卖合同当事人所有权保留的约定予以公示，让外部关系的第三人知晓这一特殊约定。为此，法律规定，所有权保留只有经过登记才能产生对抗第三人的效力；不登记的只能对抗恶意的第三人。

（二）出卖人的取回权

出卖人的取回权是指当事人约定出卖人保留合同标的物的所有权，在标的物所有权转移前，买受人出现了法律规定的情形，造成出卖人损害的，除当事人另有约定外，出卖人有权取回标的物。《民法典》第六百四十二条第一款规定："当事人约定出卖人保留合同标的物的所有权，在标的物所有权转移前，买受人有下列情形之一，造成出卖人损害的，除当事人另有约定外，出卖人有权取回标的物：（一）未按照约定支付价款，经催告后在合理期限内仍未支付；（二）未按照约定完成特定条件；（三）将标的物出卖、出质或者作出其他不当处分。"依据此条款的规定，买受人实施了损害出卖人的行为，造成了出卖人价金请求权实现障碍，允许出卖人取回标的物，以保障其价金债权的实现。出卖人取回权主要针对三种情形：

一是未按照约定支付价款，经催告后在合理期限内仍未支付。未按照约定支付价款如何判断？一般性合同对此有约定的，按照约定，没有约定，就涉及对程度轻重的把握。《买卖合同司法解释》第二十六条第一款规定："买受人已经支付标的物总价款的百分之七十五以上，出卖人主张取回标的物的，人民法院不予支持。"据此，买受人已经支付价款达到总价款的四分之三以上的，出卖人不享有取回权。

二是未按照约定完成特定条件。此处特定的条件主要是指合同当事人约定的除价款支付之外的条件。如买卖合同双方当事人约定，买受人在取得对标的物的占有后可以转让标的物，但是需要将对第三人的请求权转让给出卖人。如果买受人没有将该请求权转让给出卖人，第三人也未取得标的物的所有权，则出卖人有权取回标的物。

三是将标的物出卖、出质或者作出其他不当处分。《买卖合同司法解释》第二十六条第二款规定："在民法典第六百四十二条第一款第三项情形下，第三人依据民法典第三百一十一条的规定已经善意取得标的物所有权或者其他物权，出卖人主张取回标的物的，人民法院不予支持。"据此规定，当买受人对标的物作出不当处分，第三人构成善意取得时，出卖人不享有取回权。因此，出卖人享有取回权以第三人不构成善意取得为界限。

出卖人取回权的行使并不导致合同解除的发生，但导致买受人对标的物占有的丧失。对出卖人取回权的行使方式，《民法典》第六百四十二条第二款规定："出卖人可以与买受人协商取回标的物；协商不成的，可以参照适用担保物权的实现程序。"《最高人民法院关于适用〈中华人民共和国民法典〉有关担保制度的解释》（以下简称《担保司法解释》）第六十四条规定："在所有权保留买卖中，出卖人依法有权取回标的物，但是与买受人协商不成，当事人请求参照民事诉讼法'实现担保物权案件'的有关规定，拍卖、变卖标的物的，人民法院应予准许。出卖人请求取回标的物，符合民法典第六百四十二条规定的，人民法院应予支持；买受人以抗辩或者反诉的方式主张拍卖、变卖标的物，并在扣除买受人未支付的价款以及必要费用后返还剩余款项的，人民法院应当一并处理。"

（三）买受人的回赎权和出卖人的再卖权

《民法典》第六百四十三条规定："出卖人依据前条第一款的规定取回标的物后，买受人在双方约定或者出卖人指定的合理回赎期限内，消除出卖人取回标的物的事由的，可以请求回赎标的物。买受人在回赎期限内没有回赎标的物，出卖人可以以合理价格将标的物出卖给第三人，出卖所得价款扣除买受人未支付的价款以及必要费用后仍有剩余的，应当返还买受人；不足部分由买受人清偿。"依据此条规定，买受人针对出卖人的取回权享有回赎权，在买受人不行使回赎权时，出卖人享有再卖权。

出卖人行使取回权后，买受人并非终局失去占有。买受人于特定期限内，消除出卖人取回权事由的，有权请求返回占有，这就是买受人的回赎权。买受人回赎权主要构成条件是出卖人取回权事由被消除，如买受人按照约定支付了价款、按照约定完成了特定条件、标的物出卖、出质或者其他不当处分行为被消除等。买受人行使回赎权须在回赎期内。回赎期由当事人协商约定，当事人协商不成的，由出卖人指定。须指出的是，出卖人指定的日期，应不短于合理期限。合理期限的确定，依据个案而定。

若买受人未能在回赎期内行使回赎权或者明确表示放弃回赎权，则出卖人享有再卖权。再卖权是指转移标的物所有权的权限。根据《民法典》第六百四十三条第二款的规定，出卖人再卖标的物，剩余价款归属于买受人。买受人对于出卖人行使再卖权具有利益。法律赋予出卖人再卖权是因为此时买卖合同标的物的所有权仍然属于出卖人。出卖人行使取回权且未予消灭，说明买受人构成违约，买受人未行使赎回权，应当允许出卖人继续出卖标的物。出卖人再次出卖标的物获得的价款在扣除必要费用和买受人未付价款后，多余部分应当返还给买受人，不足部分应由买受人继续清偿。

二、分期付款买卖合同

分期付款买卖，是指买卖合同中当事人约定先由出卖人交付标的物，买受人分次支付合同总价款的一种特种买卖。《买卖合同司法解释》第二十七条规定："民法典第六百三十四条第一款规定的'分期付款'，系指买受人将应付的总价款在一定期限内至少分三次向出卖人支付。分期付款买卖合同的约定违反民法典第六百三十四条第一款的规定，损害买受人利益，买受人主张该约定无效的，人民法院应予支持。"据此规定，买卖合同中的合同总价款至少需要分成三次支付，才是分期付款买卖。分期付款买卖在一定程度上解决了买受人资金不足的问题。分期付款买卖是信用经济的产物。在现代社会，专门为分期付款买卖提供资金融通的金融机构开始大量出现。这种新兴金融机构有的是由银行筹办的，也有的是由汽车制造商为了支持它们的产品销售而筹办的。分期付款买卖常常与所有权保留结合，形成担保功能。

在分期付款买卖中，出卖人须先履行标的物交付义务，买受人因为分期支付价款，所以享有期限利益。买卖双方在履行上的牵连关系因此而失衡。出卖人价款请求权的保障因为买受人分期支付价款而被削弱。《民法典》第六百三十四条规定："分期付款的买受人未支付到期价款的数额达到全部价款的五分之一，经催告后在合理期限内仍未支付到期价款的，出卖人可以请求买受人支付全部价款或者解除合同。出卖人解除合同的，可以向买受人请求支付该标的物的使用费。"依据此条规定，买受人未支付到期价款的数额达到全部价款的 20% 时，出卖人催促买受人履行支付到期价款义务，经合理期限买受人仍然未能履行支付到期价款的义务，出卖人或者行使剩余全部价款请求权或者行使单方合同解除权。合同解除后，分期付款买卖合同双方当事人应将其从对方取得财产予以返还，有过错的承担损害赔偿责任。在分期付款买卖合同中，因买受人的原因导致合同解除时，标的物已经交付给了买受人，买受人对标的物的占有、使用会构成出卖人利益的损失，法律赋予出卖人使用费请求权。

在实际交易中，分期付款买卖合同当事人还会约定出卖人在解除合同时可以扣留已受领价金。事先约定在解除合同时出卖人可以扣留已受领价金，这是对出卖人利益的维护。但这种约定过于苛刻的话反倒会损及买受人的利益。《买卖合同司法解释》第二十八条规定："分期付款买卖合同约定出卖人在解除合同时可以扣留已受领价金，出卖人扣留的金额超过标的物使用费以及标的物受损赔偿额，买受人请求返还超过部分的，人民法院应予支持。当事人对标的物的使用费没有约定的，人民法院可以参照当地同类标的物的租金标准确定。"

三、凭样品买卖合同

凭样品买卖，又称货样买卖，是指当事人双方约定一定的样品，以该样品决定标的物质量，出卖人应交付与所保留的样品具有相同品质标的物的买卖。所谓看样订货，指的就是样品买卖。在该类买卖中，样品具有根本性的作用，样品一旦确定，不得随意更改，样品是衡量买卖合同履行是否得当的主要依据。由于样品与买卖的标的物应为同一种类的物，所以样品买卖只适用同种类标的物的买卖。样品买卖除适用普通买卖的规定外，由于出卖人交付的标的物必须具有样品的品质，因此还有如下的效力：

（一）样品的封存

《民法典》第六百三十五条规定："凭样品买卖的当事人应当封存样品，并可以对样品质量予以说明。出卖人交付的标的物应当与样品及其说明的质量相同。"依据此条规定，样品买卖的当事人，应当封存样品，保证样品不受损害，以免影响当事人对样品的认识。当事人可以对样品的品质进行说明，以特定的形式固定样品品质，来确定出卖人交付的标的物的品质是否与样品一致。这种说明，应当由双方当事人共同进行或者经过双方同意。合同约定的样品质量与文字说明不一致时，《买卖合同司法解释》第二十九条规定："合同约定的样品质量与文字说明不一致且发生纠纷时当事人不能达成合意，样品封存后外观和内在品质没有发生变化的，人民法院应当以样品为准；外观和内在品质发生变化，或者当事人对是否发生变化有争议而又无法查明的，人民法院应当以文字说明为准。"

样品买卖的出卖人交付的标的物与样品及其说明的品质不相一致的，即应承担瑕疵担保责任，但品质好于提供的样品的除外。如果买受人以标的物的品质与样品不符而拒绝受领标的物，应由出卖人证明标的物的品质与样品的品质相符，否则应负迟延履行的责任；买受人受领标的物后主张瑕疵担保请求权时，应由买受人就标的物的品质不符样品的品质负举证责任。

（二）样品的隐蔽瑕疵

样品存在隐蔽瑕疵，买受人无法从表面看清样品有无瑕疵的，为保护买受人的利益，《民法典》第六百三十六条对此作出特别规定："凭样品买卖的买受人不知道样品有隐蔽瑕疵的，即使交付的标的物与样品相同，出卖人交付的标的物的质量仍然应当符合同种物的通常标准。"据此，在样品有隐蔽瑕疵而买受人不知道时，出卖人交付的标的物有国家标准、行业标准的，应符合该标准；没有国家标准、行业标准的，应当符合通常标准或者符合合同目的的特定标准。否则，即使交付的标的物与样品的质量相同，出卖人也应承担瑕疵担保责任。

四、试用买卖合同

试用买卖是指约定买受人先行试用标的物，然后在一定期间内再决定是否购买的买卖合同。这种买卖常见于某些新产品的推销销售领域。由于是先试再决定是否购买，试用买卖与一般买卖相比，具有以下法律特征：

第一，试用买卖约定由买受人享有先行试用标的物的权利。出卖人于买卖成立前有义务将标的物交付给买受人试用。试用买卖中出卖人的这一义务不是履行行为，也不是一般买卖合同当事人的基本义务，而是与买卖相关的出卖人的一项独立的义务。出卖人不按约定让买受人试用时，买受人有权要求出卖人交付标的物并由其试用，否则试用合同不能生效。《买卖合同司法解释》第三十条规定："买卖合同存在下列约定内容之一的，不属于试用买卖。买受人主张属于试用买卖的，人民法院不予支持：（一）约定标的物经过试用或者检验符合一定要求时，买受人应当购买标的物；（二）约定第三人经试验对标的物认可时，买受人应当购买标的物；（三）约定买受人在一定期限内可以调换标的物；（四）约定买受人在一定期限内可以退还标的物。"依据此条规定，买受人不享有决定是否购买权的，不构成试用买卖。

第二，试用买卖以买受人试用标的物后在一定期限内表示认可为买卖合同的生效条件。试用买卖合同经当事人双方意思表示一致即可成立，但合同并未生效。只有合同成立后出卖人将标的物交付买受人试用并经买受人认可，买卖合同才可生效。因此，试用买卖是一种附条件的买卖合同。买受人认可标的物，则为条件成就；买受人不认可标的物，则为条件不成就。根据试用买卖合同，出卖人有允许买受人试用的义务，买受人则享有自由决定是否购买的权利，在其决定购买前，标的物所有权仍属于出卖人。

第三，风险负担不随标的物的交付而转移。《民法典》第六百四十条规定："标的物在试用期内毁损、灭失的风险由出卖人承担。"依据此条规定，试用期内标的物因不可归责于双方当事人的原因毁损、灭失时，买受人事后不同意购买的，买卖合同不发生效力，不产生价金风险；买受人事后表示同意购买的，买卖合同生效，遵循买卖合同风险负担的一般规则。

关于试用买卖中试用期限的问题，《民法典》第六百三十七条规定："试用买卖的当事人可以约定标的物的试用期限。对试用期限没有约定或者约定不明确，依据本法第五百一十条的规定仍不能确定的，由出卖人确定。"依据此条规定，试用期限往往是由合同当事人自行约定的，对试用期限没有约定或约定不明确的，可以协议补充；不能达成补充协议的，按照合同有关条款或者交易习惯确定；如仍不能确定，由出卖人确定。

试用买卖中，在试用期限内买受人有决定是否购买的权利。《民法典》第六百三十八条规定："试用买卖的买受人在试用期内可以购买标的物，也可以拒绝购买。试用期限届满，买受人对是否购买标的物未作表示的，视为购买。试用买卖的买受人在试用期内已经支付部分价款或者对标的物实施出卖、出租、设立担保物权等行为的，视为同意购买。"依据此条规定，试用买卖作为附条件的买卖，买受人同意购买时，试用买卖合同生效；买受人拒绝购买时，试用买卖合同不发生效力。

买受人拒绝购买标的物，但买受人却在试用期限内对标的物进行了占有、使用，就此出卖人能否向买受人主张标的物的使用费？《民法典》第六百三十九条规定："试用买卖的当事人对标的物使用费没有约定或者约定不明确的，出卖人无权请求买受人支付。"依据此条规定，试用买卖合同当事人对标的物使用费未作约定或者约定不明的情况下，买受人不负有支付使用费的义务。但是买受人负有返还标的物的义务。因可归责于买受人的事由，造成标的物毁损、灭失时，买受人承担赔偿责任。

五、招标投标买卖和拍卖

《民法典》第六百四十四条规定："招标投标买卖的当事人的权利和义务以及招标投标程序等，依照有关法律、行政法规的规定。"据此，招标投标买卖属于竞争性买卖，其标的物具有特殊性，通常关涉到社会公共利益。招投标买卖合同与常态化的民商事合同相比较，其合同目的更为复杂。实际生活中，招投标活动程序复杂，更加强调公开、公平、公正。国家对其有特别的立法，赋予特定的立法目的。因此，招投标买卖按照特别法的规定加以调整，在特别法没有规定的情况下，才适用《民法典》。

拍卖是指以公开竞价的形式，将特定物品或者财产权利转让给最高应价者的买卖方式。拍卖合同是拍卖法律关系中的一个环节，拍卖法律关系有拍卖人、委托人、竞买人、买受人等多方法律关系主体，拍卖法律关系的内容复杂，我国专门设有《中华人民共和国拍卖法》对拍卖法律关系加以调整。《民法典》第六百四十五条规定："拍卖的当事人的权利和义务以及拍卖程序等，依照有关法律、行政法规的规定。"依据此条规定，在对拍卖合同加以调整时，应优先适用《中华人民共和国拍卖法》等法律法规的特别规定，在没有相关特别规定的情况下，适用《民法典》的相关规定。

六、互易

《民法典》第六百四十七条规定："当事人约定易货交易，转移标的物的所有权的，参照适用买卖合同的有关规定。"依据此条规定，互易合同的标的仅为所有权的互易，所有权之外的其他财产权的互易不适用互易合同。互易合同与买卖合同最为相似，都是转移合同标的物所有权的合同。两者的不同之处在于买卖合同是买卖标的物与价金的交换，买受人需向出卖人支付价金，而互易合同是标的物的交换，无须价金的支付。互易合同是早期商品交换的合同形态，货币产生后，买卖合同渐居主导地位，互易合同的重要性下降。但考虑到当今社会仍有互易合同的存在余地，现行立法用一个条文为其留下一席之地。

　　互易合同可分为一般互易与补足价金的互易。一般互易是指当事人双方约定互相交付给对方标的物并转移所有权。一般互易又有单纯互易与价值互易之分。单纯互易是指当事人双方并不考虑对方给付的标的物价值的一种互易。例如，张三用自己的一辆自行车换李四的二十个馒头，双方并不计算各自财产的价值。价值互易则指当事人双方以标的物的价值为标准，互相交换标的物并转移所有权的一种互易。这种互易特点在于当事人双方以两个价值相同的物进行交换。补足价金互易指的是当事人约定一方向另一方转移金钱以外标的物的所有权，而另一方除转移金钱以外的标的物所有权外，还应支付一定的金钱，以补足互换两物的差价的互易。它不同于买受人向出卖人支付价款，但可以给付一定的实物作价的买卖。

　　互易合同参照的是有关买卖合同的相关规定，因此为诺成合同。双方当事人互易意思一旦达成，互易合同就成立了，同时也就生效了，即在当事人之间发生效力。互易当事人按照合同约定向对方交付标的物并转移标的物所有权。当事人未在约定时间履行交付标的物的义务的，应承担违约责任。标的物因不可归责于当事人的原因而毁损、灭失的，当事人双方免除相互给付义务；一方已经交付的有权请求返还。当事人相互就自己交付的标的物向对方负瑕疵担保责任。互易合同的当事人应保证向对方交付的标的物无瑕疵，既要确保所交付的标的物符合约定的品质，又能将标的物的所有权完全转移给对方。约定补足价金的，负补足价金义务的一方除交付标的物并转移所有权外，还应按照约定的时间、地点、方式支付价金。当事人不履行补足价差义务的，应承担违约责任。

第十一章课件

供用电、水、气、热力合同

🎬 导读案例

2018 年，某电力公司为保障电力设施安全，需要对电力线路保护区范围内可能危及电力设施安全的树木进行砍伐，因电力设施保护区范围内有李某种植的林木，某电力公司遂与李某协商树木砍伐事宜，李某同意砍伐。2018 年 2 月 6 日，某电力公司砍伐李某的杉树138 株、竹子 11 株。2018 年 9 月 5 日，某电力公司为方便开展工作，补偿李某树木补偿费1711 元。此后，李某就树木补偿的标准提出异议，多次找到某电力公司进行协商被拒，遂向法院提起诉讼。

法院经审理认为，某电力公司架设案涉电路线在前，李某承包土地及种植林木在后。此后，某电力公司在发现李某种植的林木有危及案涉高压线安全的情况下，对电力设施保护区域内的林木进行砍伐，该砍伐行为系为保障电力设施安全而进行的依法履职行为，且某电力公司并未新建、改建或扩建电力设施，本案亦不涉及征地补偿，某电力公司对李某并不存在法定的补偿义务。

此外，某电力公司还为方便开展工作已对李某进行了一定的补偿，已是照顾了李某。因此，李某主张的补偿款及申诉上访的误工费、差旅费，没有法律依据，均不予支持。

法官提醒，无论是低压配电线路还是高压输电线路，超高的树木都会影响它们的安全运行，造成巨大的安全隐患，不砍伐此类树木，可能引起起火、停电、伤人等安全事故。

为此，法律法规明确规定，禁止在电力保护区范围内种植高干植物。如种植人在电力设施保护区内种植树木危及电力设施，电力公司予以砍伐无过错不担责。在电力设施保护区内，如果先有树后有线，则应给予补偿；如先有线后有树，就无须补偿。所以任何单位和个人都应当依法自觉维护电力设施安全，遵守法律规定，不做影响电力安全的行为。

问题提出

1. 供用电合同的特点是什么？
2. 供用电合同供电人有哪些义务？
3. 供用电合同用电人有哪些义务？
4. 供用电合同中的强制缔约义务有哪些具体表现？

第一节　供用电、水、气、热力合同概述

一、供用电、水、气、热力合同的概念和特点

供用电、水、气、热力合同是指一方提供电、水、气、热力给另一方使用，另一方利用这些资源并支付报酬的合同。该类合同的本质与买卖合同是一致的，均为转移物的所有权的合同，只是标的物具有特殊性，并且该类合同在日常生活和生产中具有特别的作用，因此将供用电、水、气、热力合同作为独立于买卖合同的一类有名合同加以规定。供用电、水、气、热力合同的主要特征有：

1. 公益性。电、水、气、热力的使用人是社会公众，而供应人往往是独此一家，具有垄断性质，因此，供应人不得拒绝使用人正常、合理的供应要求，负有强制缔约的义务。同时这类公共供用合同设立的目的不只是使供应方从中获利，更主要的是满足人民生活的需要。其中，公用供用企业并非纯粹以营利为目的，还应具有提升公共生活水平等公益性目的。正因为如此，国家对于这类供用合同的收费标准都有一定的限制，供应人不得随意将收费标准提高。

2. 持续性。电、水、气、热力的提供不是一次性的，而是在一定时间内持续、不间断的。因此，与经由义务人的一次交付行为即可完成合同履行的合同不同，供用电、水、气、热力合同为继续性合同。在供用电、水、气、热力合同因各种原因终止之时，其效力仅能向将来发生，而不能溯及过去。使用人也是按期支付使用费。

3. 格式性。供用电、水、气、热力合同是格式合同，适用法律对格式合同的规定。

二、供用电、水、气、热力合同与买卖合同

供用电、水、气、热力合同从性质上来看，属于广义上的买卖合同。究其原因，在于提供电、水、气、热力的一方需要转移标的物的所有权，另一方需要支付相应的对价。但

是与买卖合同相比较，供用电、水、气、热力合同的标的物具有特殊性。供用电、水、气、热力合同标的物除了水之外属于无形的物。供用电、水、气、热力合同属于资源的提供，合同具有社会公益性，既关系到基本民生，又关系到生产经营。一旦使用方未能按时支付费用，不能简单地中止资源的供应，停止公共产品的供给。鉴于供用电、水、气、热力合同提供一方处于优势地位，法律对其设定有强制缔约的义务。

第二节　供用电合同

一、供用电合同的概念和特征

《民法典》第六百四十八条第一款规定："供用电合同是供电人向用电人供电，用电人支付电费的合同。"此条款对供用电合同的概念进行了规定，明确了供用电合同的内容。在社会实践中，电力供应最具有普遍性、重要性，因此供用电合同具有典型性。《民法典》第六百五十六条规定："供用水、供用气、供用热力合同，参照适用供用电合同的有关规定。"依据此条规定，供用电合同的规定适用于供用水、供用气及供用热力合同。具体适用时仅需将供用电合同中的"电"分别替换成"水""气"及"热力"即可。

供用电合同具有以下法律特征：

（一）供电人的资格限制

供用电合同主体是供电人和用电人。用电人的范围非常广泛，自然人、法人以及其他组织等，都有资格成为供用电合同的用电人，但供电人法律有资格限制，须是供电企业或者依法取得供电营业资格的其他组织。在我国供电人通常是国家电网公司、南方电网公司等电网企业成立的售电公司。受供电企业委托供电的营业网点、营业所不具有权利能力，不能以自己的名义签订合同，因而不是供电人。《中华人民共和国电力法》第二十五条规定："供电企业在批准的供电营业区内向用户供电。供电营业区的划分，应当考虑电网的结构和供电合理性等因素。一个供电营业区内只设立一个供电营业机构。供电营业区的设立、变更，由供电企业提出申请，电力管理部门依据职责和管理权限，会同同级有关部门审查批准后，发给《电力业务许可证》。供电营业区设立、变更的具体办法，由国务院电力管理部门制定。"

（二）合同的标的物是一种无体物——电力

供用电合同与一般买卖合同不同之处在于，合同的标的物是电力，属于无体物，也是国民经济中重要的能源。电力无法通过视觉、味觉等觉察其存在，只能通过电线传输给用户，其消费也只能通过使用时间来计算。作为标的物的电力具有一经产生使用就被消耗的特点。电力具有消耗性。电力的使用本身就是消费电的过程，电力只有持续使用才能发挥出作用。因此，在供用电合同中不存在标的物返还的问题。同时，电力也是一种危险物。

（三）供用电合同属于持续供给合同

由于电力的供应与使用是连续的，因此合同的履行方式处于一种持续状态。供电人在发电、供电系统正常的情况下，应当连续向用电人供电，不得中断；用电人在合同约定的时间内，享有连续用电的权利。

（四）供用电合同一般按照格式条款订立

供电企业为了与不特定的多个用电人订立合同而预先拟定格式条款，双方当事人都按照格式条款订立合同。用电人对该格式条款仅有同意或不同意的权利，而不能更改其内容。对供用电方式有特殊要求的用电人，可采用非格式条款订立合同。

（五）电力的价格实行统一定价原则

《中华人民共和国电力法》第三十五条第二款规定："电价实行统一政策，统一定价原则，分级管理。"电价的确定，一般是由电网经营企业提出方案，报国家有关物价行政主管部门核准。供电企业应当按照国家核准的电价和用电计量装置的记录，向用电人收取电费。供电企业不得擅自变更电价。

二、供用电合同的内容

《民法典》第六百四十九条规定："供用电合同的内容一般包括供电的方式、质量、时间，用电容量、地址、性质，计量方式，电价、电费的结算方式，供用电设施的维护责任等条款。"此条规定了供用电合同的常见内容。通过此条规定，提示供用电双方应注意在供用电合同中明确的内容。

供电方式，是供电企业向申请用电的用户提供的电源特性、类型及管理关系的总称。供电方式应根据用户用电申请的容量、用电性质和用电地点来确定，供电部门从保证安全、经济、合理的要求出发，以国家有关电力建设、合理用电等方面的政策，电网发展规划，以及当地可能的供电条件为依据。供电方式涉及电网发展、供电可靠性、供配电工程费的收取、用电分类和计量装置的配置等。供电方式的种类较多，按电压分有高压供电和低压供电，按电源分有单相供电和三相供电，按管理关系分有直接供电、转供电，按线路产权分有专线供电与公用线供电，等等。

供电质量，是指用电方与供电方之间相互作用和影响中供电方的责任，包括技术部分，即电压质量，以及非技术部分，即供电服务质量。供电质量包括电能质量和供电可靠性两个方面。供电质量对工业和公用事业用户的安全生产、经济效益和人民生活有着很大的影响。供电质量恶化会引起用电设备的效率和功率因数降低，损耗增加，寿命缩短，产品品质下降，电子和自动化设备失灵等。电能质量指的是提供给用户的电能品质的优劣程度，通常以电压、频率和波形等指标来衡量。

供电时间，是指用电人有权使用电力的起止时间。规定供电时间，目的在于保证合理用电和安全用电。用电容量，是指供电人认定的用电人受电设备的总容量。用电地址，是指用电人使用电力的地址。依据《民法典》第六百五十条的规定，供用电合同的履行地点，按照当事人约定；当事人没有约定或者约定不明确的，供电设施的产权分界处为履行地点。供电设施的产权分界处是供电设施所有权归属分界点，分界点电源侧的供电设施归供电人所有，分界点负荷侧的供电设施归用电人所有。在用电人为单位时，供电设施的产权分界通常为该单位变电设备的第一个瓷瓶或开关；在用电人为散户时，供电设施的产权分界处通常为进户墙的第一个接收点。

用电性质，指用电负荷具有的电特性，用电负荷的重要程度，用电负荷的用电时间、场合、目的和答应停电时间等。不同用电性质对供电质量的要求和影响不同，在电网用电负荷曲线中所处的位置也有差异。计量方式，是指供电人如何计算用电人使用的电量。

电价，以货币表现的电力产品价值。电的价格形成和运行一方面必须遵循价值规律，以费用和效用为基础，另一方面由于存在独特的生产方式和价值形成过程，而要求在价值规律的原则下，实行独特的价格机制。实行统一政策，统一定价原则，分级管理。[①]中国现行的电价制度是：按用户用途辅以容量大小，分为生活照明用电、非工业用电、普通工业用电、大工业用电以及农业用电等大类，分别计价。

三、供用电合同的效力

供用电合同的效力主要体现为合同双方当事人所享有的合同权利和所负担的合同义务，由于供用电合同为诺成、双务、有偿合同，因此其效力可经由双方当事人所负担的合同义务来体现。

（一）供电人的主要义务

1. 按照规定标准和约定安全供电。

《民法典》第六百五十一条规定："供电人应当按照国家规定的供电质量标准和约定安全供电。供电人未按照国家规定的供电质量标准和约定安全供电，造成用电人损失的，应当承担损害赔偿责任。"依据此条规定，供电人应当按照国家规定的供电质量标准和约定安全供电。供电人未能按照标准供电，需承担赔偿责任。要求供电人安全供电，是因为电力作为社会公众的生活必需品，一旦产生

"供电人主要义务"微课

电力运行事故，会对社会公众的生产生活产生严重影响，造成重大的财产损失。供电人的安全供电义务有助于为用电人提供损害赔偿的权利请求基础。

2. 供电人的通知义务。

《民法典》第六百五十二条规定："供电人因供电设施计划检修、临时检修、依法限电或者用电人违法用电等原因，需要中断供电时，应当按照国家有关规定事先通知用电人。

---

① 《中华人民共和国电力法》第三十五条。

未事先通知用电人中断供电，造成用电人损失的，应当承担损害赔偿责任。"依据此条规定，供电人中断供电时须事先通知用电人。供电人的通知义务既可因合法原因而产生，也可因违法原因而产生。设定供电人中断供电的通知义务，确保供电人在有正当理由时中断供电的权利，有助于维护电力网络的整体安全；同时也保证了用电人知晓其电力情况的权利，进而促进合同的顺利履行。供电人的通知义务是基于供电人主动采取断电措施而产生的。因不可抗力等原因导致电力中断的，属于被动断电。此时，供电人无法事先预见断电时间，也无法知晓具体的断电区域，也就无法进行事先通知。因此，在该种情况下，供电人不负有事先通知的义务，但负有查明断电原因并进行抢修，尽早恢复供电的义务。

3. 供电人的抢修义务。

根据《民法典》第六百五十三条的规定，因自然灾害等原因断电，供电人应当按照国家有关规定及时抢修。未及时抢修，造成用电人损失的，应当承担损害赔偿责任。电力网络四通八达，穿高山，越汪洋，极易受自然灾害、意外事故等因素影响发生断电事故。断电事故的抢修也只能由具有专业知识的电力维修人员进行。当不可抗力、意外事故、人为破坏原因等造成供电设施损坏，以致电力无法继续正常供应时，供电人应及时地查明断电原因并进行抢修，尽早恢复供电。

（二）用电人的主要义务

1. 用电人支付电费的义务。

《民法典》第六百五十四条规定："用电人应当按照国家有关规定和当事人的约定及时支付电费。用电人逾期不支付电费的，应当按照约定支付违约金。经催告用电人在合理期限内仍不支付电费和违约金的，供电人可以按照国家规定的程序中止供电。供电人依据前款规定中止供电的，应当事先通知用电人。"依据此条规定，用电人负有及时足额支付电费的义务。实际生活中，大多采用"先使用后支付"的付费方式，该方式会出现用电人久拖电费，供电人无法及时回收电费的问题。确定用电人支付电费义务，明确用电人未履行支付电费义务的违约金责任和被中止供电的责任，可以督促用电人及时足额地缴纳电费，保障供电人回收电费的合法权益。用电人支付的电费标准，根据《中华人民共和国电力法》第三十三条第三款的规定，以国家核准的电价和用电计量装置的记录为准。

逾期交费的违约金，我国电力行政法规及规章有相关规定。《电力供应与使用条例》第三十九条规定："违反本条例第二十七条规定，逾期未交付电费的，供电企业可以从逾期之日起，每日按照电费总额的1‰至3‰加收违约金，具体比例由供用电双方在供用电合同中约定；自逾期之日起计算超过30日，经催交仍未交付电费的，供电企业可以按照国家规定的程序停止供电。"《供电营业规则》第九十八条规定："用户在供电企业规定的期限内未交清电费时，应承担电费滞纳的违约责任。电费违约金从逾期之日起计算至交纳日止。每日电费违约金按下列规定计算：1.居民用户每日按欠费总额的千分之一计算。2.其他用户：（1）当年欠费部分，每日按欠费总额的千分之二计算；（2）跨年度欠费部分，每日按欠费总额的千分之三计算。电费违约金收取总额按日累加计收，总额不足1元者按

1元收取。"

2. 用电人依照约定用电的义务。

《民法典》第六百五十五条规定："用电人应当按照国家有关规定和当事人的约定安全、节约和计划用电。用电人未按照国家有关规定和当事人的约定用电，造成供电人损失的，应当承担赔偿责任。"依据此条规定，用电人负有安全、节约和计划用电义务。任何一个用户能否安全、合理地使用电力，都将关系到电力的运行安全，关系到千千万万其他用户的用电安全，甚至关系到整个社会的公共安全。《电力供应与使用条例》第三十条规定："用户不得有下列危害供电、用电安全，扰乱正常供电、用电秩序的行为：（一）擅自改变用电类别；（二）擅自超过合同约定的容量用电；（三）擅自超过计划分配的用电指标的；（四）擅自使用已经在供电企业办理暂停使用手续的电力设备，或者擅自启用已经被供电企业查封的电力设备；（五）擅自迁移、更动或者擅自操作供电企业的用电计量装置、电力负荷控制装置、供电设施以及约定由供电企业调度的用户受电设备；（六）未经供电企业许可，擅自引入、供出电源或者将自备电源擅自并网。"有这类违章用电行为的，供电企业可以根据违章事实和造成的后果追缴电费，并按照国务院电力管理部门的规定加收电费和国家规定的其他费用；情节严重的，可以按照国家规定的程序停止供电。

第十二章课件

赠与合同

🏛 导读案例

　　凌大爷自幼智力残疾，姐姐凌老太作为其监护人，与凌大爷签订了房屋赠与合同，约定凌大爷将其名下的一套房屋赠与凌老太。签订合同当日，案涉房屋过户至凌老太名下。后凌大爷去世，侄子凌先生在另案继承诉讼中得知上述赠与事宜，故将姑姑凌老太诉至法院，要求确认赠与合同无效。北京市海淀区人民法院经审理，判决凌大爷与凌老太签订的赠与合同无效。

　　原告凌先生诉称，其与凌大爷系叔侄关系。爷爷奶奶生育了凌大爷、凌二爷（凌先生之父）和凌老太三位子女。凌大爷因自幼智力残疾，经鉴定智力仅相当于8岁儿童，在其父母去世后，由凌二爷接至家中照顾。凌二爷去世后，2017年2月，凌老太在瞒着凌先生的情况下，向法院申请宣告凌大爷为限制民事行为能力人、指定其为监护人。当年5月法院判决后，凌老太随即将凌大爷接走并送至养老院。2021年，凌先生才得知凌大爷去世，以及案涉房屋赠与、过户等事宜。凌先生认为，凌老太的行为已违背监护人职责，且侵犯了自己作为继承人的合法权益，故提出上述诉请。

　　被告凌老太辩称，其作为凌大爷的监护人，已尽到了全部的扶养义务。凌大爷作为残疾人，有很多基础疾病，每月只有政府发放的基本生活费，都是自己在承担其生活和看病开销。另，案涉房屋是父母遗产，凌大爷长居于此。凌先生曾强占案涉房屋用以开办麻将馆，严重影响凌大爷生活。在凌二爷去世后，凌先生甚至提出要与凌大爷争夺案涉房屋的继承权，并曾欲将案涉房屋出卖。后经法院判决，案涉房屋才归凌大爷所有，凌大爷需向其他兄弟姐妹支付的折价补偿款，是凌老太代为支付的。凌大爷为报答上述付出并防止凌先生的骚扰、侵占等，2020 年将案涉房屋赠与凌老太。在办理产权登记过程中，凌老太已向相关工作人员披露凌大爷为限制民事行为能力人、自己为其监护人等事宜，故赠与、过户等行为均为有效。

法院经审理后认为，凌大爷经法院判决被宣告为限制民事行为能力人，仅可独立实施纯获利益的民事法律行为，或者与其智力、精神健康状况相适应的民事法律行为。凌大爷曾经鉴定，其智力相当于 8 岁，且无法处理缴费、就医等事宜。凌大爷应无法理解赠与房产的法律后果，不具备作出赠与价值较高房产的相应行为能力，且监护人应当按照最有利于被监护人的原则，履行监护职责，监护人除为维护被监护人利益外，不得处分被监护人的财产。本案中，凌老太作为凌大爷的监护人，接受凌大爷赠与的行为，并非为维护其利益，故不应处分凌大爷的财产。法院最终判决凌大爷与凌老太签订的赠与合同无效。

宣判后，凌老太提起上诉，二审维持原判，该判决现已生效。

问题提出

1. 赠与合同生效条件是什么？

2. 赠与合同的效力是什么？

3. 赠与合同撤销的情形有哪些？

4. 赠与合同解除的条件是什么？

第一节　赠与合同概述

一、赠与合同的概念和特点

赠与合同，根据《民法典》第六百五十七条的规定，是赠与人将自己的财产无偿给予受赠人，受赠人表示接受赠与的合同。赠与合同设立目的与买卖合同、互易合同相同，在于转移财产所有权，但不以所有权为限，还可以是建设用地使用权、股权、债权等。其中转让财产的一方为赠与人，接受财产的一方为受赠人。赠与合同具有以下法律特征。

"赠与合同的概念和特点"
微课

（一）赠与合同为单务合同、无偿合同

赠与合同是典型的单务合同、无偿合同。在赠与合同中，仅赠与人一方负有将其财产交付给受赠人的义务，受赠人不负有相应的对价给付义务，并且受赠人获得赠与人的财产不需要支付相应对价。因此，赠与合同不但是单务合同，而且是无偿合同。自然人作为赠

与人时应当具有完全的民事行为能力，无民事行为能力人和限制民事行为能力人一般不能成为赠与人。我国法律对受赠人无民事行为能力要求，胎儿也可成为受赠人。根据《民法典》第一百四十五条的规定，限制民事行为能力人实施的纯获利益的民事法律行为有效。

（二）赠与合同为诺成合同和不要式合同

根据《民法典》第六百五十八条第一款的规定，即"赠与人在赠与财产的权利转移之前可以撤销赠与"，赠与合同属于诺成合同。《民法典》第四百八十三条规定："承诺生效时合同成立，但是法律另有规定或者当事人另有约定的除外。"《民法典》没有专门的立法规定对赠与合同的实践性作出特别规定。因此，赠与合同属于诺成合同。同样《民法典》并未对赠与合同的形式作出特别规定。由此而言，赠与合同属于不要式合同。在法律、行政法规对赠与合同的形式未作规定的情况下，当事人可以自行对赠与合同的形式作出约定，可以采用公证等形式。

赠与合同属于有名合同的一种，非单方民事法律行为。因此赠与合同不同于捐赠。捐赠指的是赠与人为了特定公益事业、公共目的或其他特定目的，将其财产无偿给予他人的行为。捐赠既包括有明确赠与人和受赠人而可以归类于普通赠与合同的捐赠，又包括受赠人不明而无法归类于普通赠与合同的捐赠，即为特定目的的募捐。此种募捐并不是直接将财产捐给受益人，而是给予募集人，由募集人间接转赠给受益人。赠与合同与遗赠亦是不同，遗赠是被继承人通过遗嘱的方式将自己的遗产指定由法定继承人以外的人承受。遗赠仅仅是一个单方民事法律行为，被指定的财产承受人可以对该指定表示接受，也可以表示拒绝。遗赠是由继承法加以调整的。

二、赠与合同的类型

根据不同的标准，可以将赠与合同作如下分类。

（一）一般赠与和特种赠与

根据赠与有无特殊情形，可以将赠与分为一般赠与和特种赠与。一般赠与是指不具有特殊情形的赠与，又称为单纯赠与。特种赠与是指存在特殊情形的赠与，除捐赠外，主要包括：附负担的赠与、混合赠与和死因赠与。《民法典》第六百六十一条规定的就是附负担的赠与。附负担的赠与，又称为附义务的赠与，是指以受赠人对赠与人或者第三人实现一定给付为条件的赠与。附义务赠与中所附的义务不是赠与的对价，赠与人不能以受赠人不履行义务为由进行抗辩。原则上，赠与人履行交付赠与财产的义务后，才发生受赠人履行其所附义务的义务。所附的义务可以是为了赠与人本人的利益，也可以是为了特定第三人的利益，还可以是为了不特定多数人的利益。例如，甲将自己的房子赠与乙，约定乙将该房子为甲的借款合同提供抵押担保，这是为了受赠人自己的利益；甲乙约定，甲将自己的房子赠与乙，乙将房屋部分的租金给予丙或是给予某一慈善机构，这就是为了特定第三人或是不特定多数人的利益。所附的义务可以是作为的，也可以是不作为的。

区分一般赠与和特种赠与的主要法律意义在于：两者在法律适用的规则上有所不同。

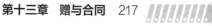

例如，一般赠与的赠与人在通常情形下无须承担瑕疵担保责任，但附义务赠与的赠与人要在一定的程度内承担瑕疵担保责任。

（二）现实赠与和非现实赠与

根据赠与合同的成立和赠与财产转移时间之间的关系，可以将赠与分为现实赠与和非现实赠与。现实赠与又称为即时赠与，是指合同成立时赠与人即按照约定将标的物交付给受赠人的赠与。在现实赠与中，合同的成立和履行是同时进行的。非现实赠与是指在赠与合同成立后赠与人才按照合同的约定将标的物交付给受赠人的赠与。在非现实赠与中，合同的成立与履行不是同时实现的。

区分现实赠与和非现实赠与的法律意义在于：现实赠与在符合法律规定的条件下，可以弥补赠与合同形式上的欠缺。

（三）具有社会公益性质和道德义务性质的赠与和不具有社会公益性质和道德义务性质的赠与

根据赠与人的赠与是否是为了社会公益和履行道德义务，可以将赠与分为具有社会公益性质和道德义务性质的赠与和不具有社会公益性质和道德义务性质的赠与。具有社会公益性质的赠与，是指为了救灾、扶贫、助学等目的或为了资助公共设施建设、环境保护等公益事业所为的赠与。具有道德义务性质的赠与包括以下类型：养子女对在法律上无扶养义务，但在道德上有扶助义务的生父母，在其生活较为困难时约定赠与一定的财物；虽无扶养义务，但对其亲属以赠与合同的方式约定实施扶养给付；对重要而无偿的劳务或救护工作，以赠与合同的方式给予酬谢；等等。

区分具有社会公益性质、道德义务性质的赠与和不具有社会公益性质、道德义务性质的赠与的法律意义在于：在不具有社会公益性质以及非履行道德义务的赠与中，赠与人享有任意撤销权，即赠与人在赠与物交付前，可以任意撤销赠与合同，而在具有社会公益性质以及履行道德义务的赠与中，即使赠与合同采取的是口头形式，在标的物交付之前，赠与人也不能任意撤销赠与合同，其必须负担交付标的物的义务。

（四）经过公证的赠与和未经过公证的赠与

根据当事人之间的赠与合同是否办理了公证手续，可以将赠与区分为经过公证的赠与与未经过公证的赠与。区分经过公证的赠与与未经过公证的赠与的意义在于：经过公证的赠与，在赠与合同成立以后、赠与财产的权利转移以前，赠与人没有任意撤销权，不得随意撤销赠与合同，赠与人不交付赠与财产的，受赠人有权要求交付赠与物；而未经过公证的赠与则不适用这一规则。

第二节　赠与合同的效力

赠与合同为单务合同，仅赠与人一方负担履行赠与合同的义务，因此所谓赠与合同的效力就是赠与人依据业已生效的赠与合同所负担的义务。在赠与合同中，赠与人主要应承担以下两项义务。

"赠与合同的效力"微课

一、转移赠与标的物的权利

赠与合同以使赠与物的权利移归受赠人为目的，赠与人的主要义务就是依照赠与合同约定的期限、地点、方式等将赠与物转移给受赠与人。当赠与人不依约履行转移赠与物的义务时，该赠与人就应当承担违约责任。不过，由于赠与合同属于单务合同和无偿合同，与具有对价关系的双务合同不同，因此，赠与人的责任应有所减轻才算公平。《民法典》第六百五十九条规定："赠与的财产依法需要办理登记或者其他手续的，应当办理有关手续。"本条主要用以规范赠与物需要办理登记或其他手续的赠与合同的性质，尤其是不动产赠与合同效力的规定。依据此条的规定，赠与人赠与他人财产时，不仅要交付财产，而且还要转移所有权，某些财产还需要赠与人办理变更登记。如建设用地使用权的赠与，应通过办理变更登记来完成权利转移。对于需要登记的赠与，应当从完成登记之日起发生权利转移，即便当事人之间已经实际交付财产，在没有完成登记之前权利不发生转移。

二、瑕疵担保义务

在赠与合同中，由于赠与人往往依据赠与物的性状履行给付，即便赠与物具有瑕疵，因受赠人是无偿从赠与人处得到赠与物，受赠人也不会有损害，因此，赠与人一般不承担瑕疵担保义务和责任，但是，我国《民法典》第六百六十二条规定："赠与的财产有瑕疵的，赠与人不承担责任。附义务的赠与，赠与的财产有瑕疵的，赠与人在附义务的限度内承担与出卖人相同的责任。赠与人故意不告知瑕疵或者保证无瑕疵，造成受赠人损失的，应当承担赔偿责任。"据此，在下列两种情况下，赠与人应当承担瑕疵担保义务：

第一，在附义务的赠与中，赠与的财产有瑕疵的，赠与人在附义务的限度内承担与出卖人相同的责任。虽然附负担的赠与在性质上仍属于单务合同的范畴，不过，与一般的赠与合同不同的是，受赠人并非纯粹无偿地从赠与人处获得赠与物，而是以履行负担为前提的，从赠与人的角度来看，赠与人对受赠人享有请求履行负担的权利，这就使得附负担的赠与在一定程度上类似于有偿合同。因此，为平衡赠与合同双方当事人的利益，应使赠与人在附义务的范围内承担瑕疵担保责任。

第二，赠与人故意不告知赠与财产的瑕疵或者保证赠与的财产无瑕疵，造成受赠人损失的，应当承担损害赔偿责任。故意不告知赠与财产的瑕疵，是指赠与人自合同订立时起到合同履行时止知悉赠与财产的瑕疵，但未告知不知情的受赠人。保证赠与财产无瑕疵，是指保证赠与财产普通的无瑕疵状态，而非保证其有某种品质。在这两种情况下，如果造成受赠人的损失，赠与人就应当承担损害赔偿责任。例如，赵某将一匹易受惊吓的马赠与李某，但未告知此马的习性。李某在用该马拉货的过程中，雷雨大作，马受惊狂奔，将行人王某撞伤。赵某是否应该对王某的损害承担赔偿责任？（2007年司考真题）动物致人损害，应该由其饲养人或是管理人承担无过错责任，因此李某理应承担王某的损失赔偿责任。赵某在将马赠与李某时虽然没有告知该马的习性，但是不是出于故意或是重大过失，据此赵某不需要承担瑕疵担保责任。

第三节　赠与合同的终止

赠与合同的终止是指赠与合同关系归于消灭，赠与人不再履行赠与义务。由于赠与合同属于民事合同的一种，因此，在其性质许可的范围内，可以适用合同法总则中有关合同终止的规定，清偿、混同等合同终止的一般事由均可成为赠与合同终止的事由。不过，此处所论述的是赠与合同制度中所特有的导致赠与合同终止的事由。

一、赠与合同的任意撤销

我国《民法典》第六百五十八条规定："赠与人在赠与财产的权利转移之前可以撤销赠与。经过公证的赠与合同或者依法不得撤销的具有救灾、扶贫、助残等公益、道德义务性质的赠与合同，不适用前款规定。"依据此条规定，在赠与合同成立后赠与财产的权利转移前，赠与人基于自身的意思可以撤销赠与，此为赠与人的任意撤销权。一般而言，赠与人行使任意撤销权必须具备以下三个条件：

第一，赠与合同已依赠与人与受赠人之间的合意而成立。这一要件是任意撤销权必须以赠与合同被确认为诺成合同为前提的必然要求。

第二，赠与物权利尚未转移，即对动产而言，赠与人尚未交付该动产；对不动产而言，赠与人尚未办理转移登记。在不动产业已交付，但未办理转移登记的情形，由于赠与物权利尚未转移，赠与人仍可撤销。

第三，必须是非经公证的赠与以及非具有社会公益、道德义务性质的赠与。所谓具有社会公益性质的赠与，是指赠与的目的是促进社会公共利益的发展，对于此类性质的赠与，若允许赠与人任意撤销，则不利于倡导扶贫济困的社会道德风尚。所谓具有道德义务性质的赠与，是指赠与的目的是履行道德义务，如生父对于未经认领的非婚生子女生活费之赠与。限制对此种性质的赠与任意撤回的目的亦在于维护道德观念。此外，法律规定经过公证的赠与，不得撤销，其主要的原因在于赠与人对赠与已经过深思熟虑，并非贸然应允，故应使其受其意思表示的拘束，不应由当事人随意否认其效力。例如，神牛公司在 H 省电视台主办的赈灾义演募捐现场举牌表示向 S 省红十字会捐款 100 万元，并指明此款专用于 S 省 B 中学的校舍重建。事后，神牛公司仅支付 50 万元。针对神牛公司尚未履行的 50 万元应如何主张？（2008 年司考真题）本题中神牛公司与 S 省红十字会成立了赠与合同，虽然神牛公司指明此款专用于 S 省 B 中学的校舍重建，但仅仅是说明了款项的用途，而不是与 S 省 B 中学建立了赠与合同。又由于该赠与具有救灾、扶贫性质，作为赠与人的神牛公司不享有撤销权，因此 S 省红十字会有权向神牛公司主张剩余 50 万元的支付。

此外，需要注意的是，在一般赠与中，只要符合上述条件即可行使任意撤销权，然而，是否只要符合上述条件，任意撤销权即可在特种赠与中行使，则不能一概而论。在附负担赠与中，由于负担并非对价。因此一般认为，附负担赠与仍属无偿合同、单务合同，仅其负担与对价有神似之处，故有时发生类似双务合同、有偿合同的效力，并且又由于附负担赠与仍为赠与，以赠与人履行赠与为制度的重心，由此，赠与人有先为给付的义务，因此，在赠与人交付赠与物前，赠与人尚不得任意撤销或请求受赠人履行。

二、赠与合同的法定撤销

赠与人的法定撤销权是指在具备法律所规定的撤销原因时，赠与人有权撤销合同。我国《民法典》第六百六十三条规定："受赠人有下列情形之一的，赠与人可以撤销赠与：（一）严重侵害赠与人或者赠与人近亲属的合法权益；（二）对赠与人有扶养义务而不履行；（三）不履行赠与合同约定的义务。赠与人的撤销权，自知道或者应当知道撤销事由之日起一年内行使。"此条规定的目的在于给予赠与人以优遇，对受赠人忘恩负义的行为进行法律上的消极评价，允许对赠与进行撤销。赠与人法定撤销权的行使要件如下。

（一）受赠人严重侵害赠与人或者赠与人近亲属的合法权益

受赠人侵害赠与人或其近亲属的行为可被视为受赠人的忘恩负义行为。这一情形要求：

第一，须受赠人实施了侵害行为。受赠人的侵害行为是否须构成犯罪未在法律中予以明确规定。对赠与人或是赠与人的近亲属构成违法犯罪，自然是严重侵害了当事人的权益。但若是因恶意串通严重损害赠与人或其近亲属权益，亦同样是侵害。

第二，须侵害的对象是赠与人或者赠与人的近亲属。近亲属，自应该是与赠与人亲属关系紧密之人，根据相关法律的规定，其包括配偶、父母、子女、兄弟姐妹、祖父母外祖父母。

第三，须侵害行为达到严重的程度。法律要求只有受赠人的侵害行为达到严重的程度，赠与人才能行使撤销权，如果侵害行为在后果上尚未达到严重的程度，特别是其程度显著轻微，则赠与人不得行使法定撤销权。不过，"严重"是一个不确定的概念，过于抽象，欠缺可操作性，如何判断侵害行为已达到严重程度，颇费思量。例如，甲表示将赠与乙 5000 元并且实际交付了 2000 元，后乙在与甲之子丙的一次纠纷中，将丙殴成重伤。由于乙严重侵害了赠与人的近亲属，因此甲有权撤销对乙的赠与，并且要求乙返还已赠与的 2000 元。（2003 年司考真题）

（二）受赠人对赠与人有扶养义务而不履行

受赠人对赠与人的扶养义务，在此处应该作广义的理解，应包括夫妻之间、兄弟姐妹之间的扶养，子女对父母、孙子女及外孙子女对祖父母和外祖父母的赡养。并且有扶养义务不履行应该是受赠人有履行扶养义务的能力而拒不履行。若受赠人无能力而未履行扶养义务，不构成此处所言的"不履行"情形，赠与人不得行使撤销权。

（三）受赠人不履行赠与合同约定的义务

当赠与合同为受赠人设定义务时，该赠与合同属于附负担赠与。当受赠人不履行负担时，赠与人得请求其履行，并且，由于附负担赠与与双务合同有几分神似，当双务合同的债务人有债务不履行的情事的，债权人得解除合同，则在附负担赠与中也不能无类似的制度，因此赋予赠与人以撤销权，在受赠人不履行负担时，赠与人可以撤销赠与。例如，甲将其父去世时留下的毕业纪念册赠与其父之母校，赠与合同中约定该纪念册只能用于收藏和陈列，不得转让。但该大学在接受乙的捐款时，将该纪念册馈赠给了乙。（2007 年司考真题）在此题中，学校明显未履行赠与合同约定的义务，因此甲对此享有撤销权。但是在甲未行使撤销权之前，学校因为之前的赠与取得了纪念册的所有权，其对乙的馈赠处于有权处分；并且合同具有相对性，甲与学校之间的约定不能对抗合同关系之外的第三人，因此，乙取得纪念册的所有权。

此外，《民法典》第六百六十四条规定："因受赠人的违法行为致使赠与人死亡或者丧失民事行为能力的，赠与人的继承人或者法定代理人可以撤销赠与。赠与人的继承人或者法定代理人的撤销权，自知道或者应当知道撤销事由之日起六个月内行使。"据此，受赠人所实施的违法行为致使赠与人死亡或者丧失民事行为能力，无论其是出于故意还是过失，赠与人的继承人或法定代理人都可行使撤销权。不过，需要注意的是，赠与人的死亡或丧失民事行为能力必须与受赠人的违法行为之间具有因果关系，若赠与人的死亡或丧失民事行为能力并非受赠人违法行为的直接结果，则赠与人的继承人或法定代理人不得行使撤销权。因此，当受赠人不法侵害赠与人的近亲属，赠与人因此忧伤过度致死的，赠与人的继承人或法定代理人不得行使撤销权。

赠与人的撤销权自知道或者应当知道撤销原因之日起一年内行使。该期间为除斥期。超过该期间，撤销权丧失，赠与人不得再主张赠与合同的撤销。因受赠人的违法行为致使赠与人死亡或者丧失民事行为能力的，赠与人的继承人或者法定代理人自知道或者应当知道撤销原因之日起六个月内行使。该六个月的规定同样是除斥期。超过该期间，撤销权丧失，赠与人的继承人或者法定代理人不得再主张赠与合同的撤销。

《民法典》第六百六十五条规定："撤销权人撤销赠与的，可以向受赠人请求返还赠与的财产。"依据此条规定，法定撤销权一经撤销权人行使即发生效力，使赠与关系解除。在赠与的财产未交付时，赠与人可以拒绝赠与；在赠与的财产交付后撤销赠与的，赠与人或其继承人、法定代理人可以要求受赠人返还赠与的财产。

三、赠与合同的法定解除

《民法典》第六百六十六条规定："赠与人的经济状况显著恶化，严重影响其生产经营或者家庭生活的，可以不再履行赠与义务。"依据此条规定，当赠与合同订立后客观经济情势发生变化，也就是赠与人经济状况显著恶化时，赠与人可以不再履行赠与义务，也就是赠与人有权解除合同。学理上将该条赋予赠与人的权利称为穷困抗辩权。赠与人穷困抗辩权的适用要件有：

第一，必须是具有救灾、扶贫、助残等公益、道德义务性质的赠与合同或者经公证的赠与合同。根据《民法典》第六百五十八条的规定，具有救灾、扶贫、助残等公益、道德义务性质的赠与合同或者经公证的赠与合同，赠与人不得行使任意撤销权。具有救灾、扶贫、助残等公益、道德义务性质的赠与合同或者经公证的赠与合同，赠与人无法定撤销权适用的情形，此时，赠与人经济状况发生情势变化，影响到对赠与合同的履行时，法律赋予赠与人法定解除权，以达到维护赠与人利益的目的。

第二，必须是在赠与合同依法成立以后履行完毕以前。赠与合同订立以前以及履行完毕以后，赠与人均不负有赠与的义务，因此也不存在所谓的不再履行赠与义务的问题。

第三，赠与人经济状况显著恶化。赠与人必须是经济状况的恶化，这种恶化，既包括积极的财产的减少，也包括消极的支出的增加。年龄的增加、住所的变迁等变化不属于经济状况的恶化。赠与人经济状况的恶化必须非常显著，如赠与人身患疾病，由此产生的医疗费用负担极重。如果赠与人的经济状况只是轻微不良变化，如遗失数百元，不能主张穷困抗辩权。

第四，赠与的履行将严重影响赠与人的生产经营或者家庭生活。在赠与人经济状况显著恶化的情况下，仍然要求赠与人履行赠与义务，将会使赠与人的生产经营难以为继，或者使赠与人的衣、食、住、行、育、乐等家庭生活不能圆满。

赠与人穷困抗辩权一旦成立，可不再履行赠与义务。赠与合同对赠与人不再具有约束力，赠与人的赠与义务归于消灭。由于法律仅规定了赠与人可以不再履行赠与义务，而未规定赠与人的返还请求权。因此，对于已履行的赠与义务，赠与人不得要求返还。此时合同的解除不具有溯及既往的效果。

第十三章课件

第十四章

借款合同

📖 导读案例

2019 年，张某向某银行珠海分行申请办理信用卡装修分期业务，并与银行签署相关分期业务协议。双方约定，张某用该信用卡透支的消费金额分 60 期还款，每期还款金额包含本金、利息及分期手续费。合同生效后，张某用该信用卡消费 18 万元，按合同约定归还了 9 期款项。从第 10 期开始，张某未按时还款，产生了违约金和利息。在还完第 12 期分期款后，张某不再向银行还款。银行催缴款项未果，向法院提起诉讼，要求张某返还透支消费的本金 144841.9 元、利息 7107.73 元、违约金 1896.45 元及分期手续费 26320.85 元，合计 180166.93 元。

一审法院审理后认为，双方就办理信用卡装修分期业务签订的协议符合法律规定，银行已为张某提供了消费透支金额，张某应按照合同约定向银行还款。张某透支信用卡后没有按约还款，其行为已构成违约，应承担相应的违约责任。一审法院判决支持银行的诉讼请求，张某需向银行支付透支的本金 144841.9 元、利息 7107.73 元、违约金 1896.45 元及分期手续费 26320.85 元，合计 180166.93 元。

张某不服一审判决，向珠海中院提出上诉，请求改判驳回分期手续费等。

张某称，银行主张信用卡分期手续费 26320.85 元既没有事实依据，也没有法律依据，已经支付的 7128 元应当从本金中扣除。

银行辩称，依据合同约定，信用卡透支消费分期期数 60 期，手续费率 0.33%／期，张某本人已经签名确认，且在分期业务办理后，张某也依照该约定归还了 9 期，没有异议。因此，分期手续费的收取是符合约定、有事实和合同依据的。

二审法院审理后认为，双方争议焦点主要在于张某应否支付分期手续费。根据双方签订的协议，在银行分期收取张某还款的情形下，该分期手续费不仅体现双方的合意，亦是该业务模式所决定，应予支持。张某主张其完全不应支付分期手续费，不能成立。但是，由于分期手续费属于张某对分期付款所支付的对价，在银行宣布涉案信用卡贷款提前到期，张某须提前归还全部欠款的情形下，张某已经不存在可分期支付后续款项的事实，对于银行请求张某支付尚未发生的分期手续费，缺乏事实和法律依据，法院不予支持。

二审法院改判张某无须支付未到期分期款项的分期手续费，维持一审其他判项。

问题提出

1. 借款合同的法律效力有哪些？
2. 违反借款合同会产生怎样的法律后果？
3. 自然人之间的借款合同与一般借款合同有什么区别？
4. 自然人之间的借款合同利息规则有哪些？
5. 高利放贷的禁止规则有哪些？

第一节　借款合同概述

一、借款合同的概念

根据《民法典》第六百六十七条规定，借款合同是借款人向贷款人借款，到期返还借款并支付利息的合同。其中向对方借款的一方称为借款人，出借钱款的一方称为贷款人。我国法律、行政法规、司法解释、行政规章等对"借款人"主体资格的限制较为宽松。中国人民银行 1996 年发布的《贷款通则》第十七条第一款规定："借款人应当是经工商行政管理机关（或主管机关）核准登记的企（事）

"借款合同的概念和特点"
微课

业法人、其他经济组织、个体工商户或具有中华人民共和国国籍的具有完全民行为能力的自然人。"但是经费纳入国家预算保障的国家机关原则上不允许其作为借款人自行向金融机构或者其他人借贷。贷款人的范围设定和调整取决于国家金融管制政策的设定与发展。《贷款通则》第二十一条规定："贷款人必须经中国人民银行批准经营贷款业务，持有中国人民银行颁发的《金融机构法人许可证》或《金融机构营业许可证》，并经工商行政管理部门核准登记。"我国合同法将借款合同依据贷款人的不同区分为金融机构借款合同和自然人间的借款合同。现行合同法对借款合同的分类规定与传统民法上的借贷合同有较大不同。传统民法将借贷合同分为使用借贷和消费借贷。使用借贷又称借用合同，是指当事人双方约定，一方将物无偿借给他方使用，他方在使用完毕后，依照约定返还该物的合同。消费借贷是指当事人双方约定一方将金钱或其他物品移转于他方，并在约定的期限内将同等种类、数量、品质的物返还给他方的合同。借贷合同属于消费借贷中的金钱消费借贷。

二、借款合同的特点

借款与出借其他物相比，出借人风险更大，与出借其他物的借用合同相比，其特点如下。

（一）借款合同的标的物是货币

借款合同的标的物是一种作为特殊种类物的货币，这里所说的货币，包括人民币和外币。目前大部分借款合同是人民币借款合同。随着我国对外贸易往来不断发展，外币借款合同的应用越来越多，外币借款合同的贷款方也由原来的中国银行和外资银行发展到现在几乎所有的商业银行，借款方主要是能够直接或间接创汇的有偿还能力的企业。

（二）转移标的物的所有权

借款人借款的目的在于能对所借的货币予以使用、处分，如果对所借的货币仅仅是占有，不能使用、处分，借款合同的目的便不能达到。因此当贷款人将借款即货币交给借款人后，货币的所有权就转移给了借款人，借款人可以处分所得的货币。这是借款合同的目的决定的，也是货币这种特殊种类物作为其标的物的必然结果。

（三）借款合同一般为要式合同

《民法典》第六百六十八条规定："借款合同应当采用书面形式，但是自然人之间借款另有约定的除外。"依据此条规定，借款合同原则上为要式合同，应当以书面形式为成立要件。但自然人之间借款的可以另行约定合同订立形式。向他人交付金钱应当特别慎重，当事人以书面形式来表达双方成立借款关系之合意，更易准确判断钱款交付的法律性质，发生纠纷时便于确定双方的权利义务争议内容和解决方式，此外还具有规范金融交易秩序、保护金融信贷安全的作用。订立借款合同已成为金融机构贷款业务的必经程序。借款合同书面形式要求的规定不是强制性规定，借款合同既不以书面形式为效力要件，也不以书面形式为生效要件。

第二节 借款合同的效力

一、贷款人的主要权利和义务

（一）依据约定提供借款的义务

《民法典》第六百七十一条第一款规定："贷款人未按照约定的日期、数额提供借款，造成借款人损失的，应当赔偿损失。"依据此条款规定，贷款人的主合同义务是按期、足额向借款人提供贷款的义务。合同依法订立后，当事人应当按照约定的标的及其质量、数量、期限等全面履行义务。当事人不履行合同义务或者履行合同义务不符合约定的，应当承担违约责任。借款合同作为双务合同，贷

"借款合同的效力" 微课

款人的主要义务是按照约定的日期、数额向借款人提供借款。与此相应，借款人也有义务按照约定的日期和数额收取借款。任何一方违约，都会产生违约责任。贷款人不按约定日期和数额提供借款，并因此而给借款人造成损失的，借款人有权要求贷款人赔偿损失。实际生活中可能会出现贷款人迟延放贷，导致实际借款期限与合同约定借款期限不一致，贷款人也可能减少、改变贷款数额但未与借款人对借款数额进行书面变更等情形。贷款人这一系列行为会侵害到借款人对借款的使用期限、利率档次、额度效应等合同权益，直接影响到借款人的生产经营与生活。借款人因此而产生的损失有权向贷款人主张违约救济。

（二）不得预扣利息的义务

《民法典》第六百七十条规定："借款的利息不得预先在本金中扣除。利息预先在本金中扣除的，应当按照实际借款数额返还借款并计算利息。"依据此条规定，贷款人有足额提供借款的义务，不允许其预先扣除利息。利息是以借款本金为基数按约定或者法定利率计算的孳息，属于借款人完全支配和使用借款本金所承担的对价。

"金融借款合同纠纷" 案例

货币实际出借之日起方能生息。如果预先在本金中扣除利息，借款人所得可支配款项低于约定数额，却需按照约定数额支付利息，显然违背借款合同的法律本质，侵害了借款人基于借款合同应有的根本利益。例如，甲银行与乙企业商定，甲贷给乙 1000 万元，借期 2 年，预计利息为 150 万元。甲提出：甲向乙实贷出 850 万元，2 年后乙只需要还款 850 万元即可。那么甲乙之间成立的是一个本金为 850 万元的借款合同。如果将甲乙之间的借款数定于 1000 万元，而乙实际上只拿到 850 万元，却需要支付 1000 万元的利息费用，这显然损及了乙的权益。因此，法律规定贷款人应该足额提供贷款，不允

许事先扣除利息。利息预先在本金中扣除的，应当按照实际借款数额返还借款并计算利息。需要注意的是，只要是借款人实际取得的借款数低于借款合同约定数额的，均应予以禁止。如贷款人利用其强势地位，在借款合同中不直接约定预先扣除利息，而是改换名目采用扣除贷款动用费、贷款手续费、行政管理费、咨询费、调整还款日手续费、利息备付金，收取保证金，另立有效账户等形式，减少借款人实际领受的本金，借款人在后续履行中却需按照合同约定的本金数额支付利息，该类行为虽不属字面意义上的预先扣除利息，但与预先在本金中扣除利息并无本质上的差异。

（三）检查、监督权

《民法典》第六百七十二条规定："贷款人按照约定可以检查、监督借款的使用情况。借款人应当按照约定向贷款人定期提供有关财务会计报表或者其他资料。"依据此条规定，贷款人对借款人使用借款情况享有检查权和监督权。根据《民法典》第六百六十九条的规定，订立借款合同，借款人应当按照贷款人的要求提供与借款有关的业务活动和财务状况的真实情况。其目的是确保贷款人能根据借款人的真实情况决定是否签订合同以及确定借款合同的内容。但是在现实生活中，借款人的财务状况会发生变化，为了保证贷款人按照合同约定收回借款，借款合同成立后，贷款人需要对借款的使用情况行使一定程度的监督权。金融贷款人还需要对所提供的借款进行跟踪检查，以防止借款人出现违反合同的行为。贷后检查是防止信贷资金被挪作他用的一种手段。贷款人可以依据合同的约定，重点检查和监督借款资金的使用是否与合同约定保持一致，有无改变借款用途的情节，检查借款人是否履行贷款合同上的各种承诺，是否有套取、挪用信贷资金等现象，检查市场变化是否对借款人所处的行业产生影响，通过对贷款使用的检查，及时把握贷款使用状况，防止不良资产的发生。为保证贷款人检查权、监督权的行使，借款人应当按照约定向贷款人定期提供有关财务会计报表或者其他资料。如会计主表、资产运营状况、缴纳税金、现金流量分析等。如果借款人未按照约定的时限提供相关的财务会计报表或者其他资料，则会导致贷款人的检查、监督权无法实现，极有可能导致贷款人到期不能收回贷款本金及利息。对此，贷款人有权停止继续发放借款，或者要求借款人提前归还已提供的借款。

二、借款人的主要权利和义务

（一）按照约定的日期和数额收取借款

《民法典》第六百七十一条第二款规定："借款人未按照约定的日期、数额收取借款的，应当按照约定的日期、数额支付利息。"依据此条款规定，借款人负有按约收取借款的义务。借款人订立借款合同后，其生活或者生产经营可能会发生重要变化，或者借款人从其他渠道融得所需资金，在合同约定的收取借款日期，出现不需要或者暂不需要借款或者合同约定的借款数额的情况。此时如果借款人未按约如期足额收取借款，会影响到贷款人的资金使用整体安排，损害贷款人的合法权益。对贷款人来说，所受到的损失就是利息的损失。法律规定借款人未按照约定收取借款的，仍需按照合同约定的借款日期和数额向贷款人支付利息。借款合同未约定收取借款日期的，贷款人可确定合理期限催告收取。借款人逾期不收取的，承担贷款人可得利息损失责任。需要注意的是，借款人未按照约定的日期、数额收取借款的，除按约支付利息外，借款人不负其他损失赔偿责任。

（二）按照约定用途使用借款

借款用途是借款人使用借款的目的。贷款人是否同意借款人借款的请求，除了考虑借款人自身的信用外，还会考虑借款人的借款用途。《民法典》第六百七十三条规定："借款人未按照约定的借款用途使用借款的，贷款人可以停止发放借款、提前收回借款或者解除合同。"依据此条规定，借款人须得按照约定用途使用借款。借款人按照约定用途使用借款是借款人的一项重要合同义务。借款人未将借款用于约定用途，如将借款用于合同约定之外的项目、从银行套取资金转借第三人赚取利息差、将借款用于炒股等高风险投资等，可能导致借款风险的增加，甚至可能会产生危害信贷安全和金融秩序的不利后果。借款人违反合同约定的借款用途时，贷款人可以停止发放借款、提前收回借款、解除合同。法律赋予贷款人的三个救济途径，彼此是选择和并列的关系，便于贷款人根据借款人改变借款用途违约情节的轻重，以尽可能维持合同有效为原则，在该三项权利中选择行使。

（三）按期支付利息

《民法典》第六百七十四条规定："借款人应当按照约定的期限支付利息。对支付利息的期限没有约定或者约定不明确，依据本法第五百一十条的规定仍不能确定，借款期间不满一年的，应当在返还借款时一并支付；借款期间一年以上的，应当在每届满一年时支付，剩余期间不满一年的，应当在返还借款时一并支付。"依据此条规定，向贷款人支付利息是借款人的主要合同义务，借款人不仅应当按照约定的数额支付利息，而且还应当在约定的期限内向贷款人支付利息。借款合同当事人未对支付利息的期限进行约定或者约定不明确的，可以达成补充协议；达不成补充协议的，按照相关的合同条款或者交易习惯来确定；仍然无法确定的，按照《民法典》第六百七十四条中规定的期限予以履行，也就是借款期间不满一年的，应当在返还借款时一并支付；借款期间一年以上的，应当在每届满一年时支付，剩余期间不满一年的，应当在返还借款时一并支付。借款人未按约定期限或者规定期限支付利息，即构成违约，贷款人有权要求借款人承担违约责任。

（四）按期返还借款

《民法典》第六百七十五条规定："借款人应当按照约定的期限返还借款。对借款期限没有约定或者约定不明确，依据本法第五百一十条的规定仍不能确定的，借款人可以随时返还；贷款人可以催告借款人在合理期限内返还。"依据此条规定，按照合同约定的期限返还借款是借款人的一项主要义务。借款期限对借款合同双方当事人均有重大合同利益，直接决定了借款人使用资金时间的长短，直接关系到贷款人的资金安全。借款人应当按照约定的期限返还借款。对借款期限没有约定或者约定不明确，双方当事人对支付利息的期限没有约定或是约定不明的，可以协议补充，不能达成补充协议的，按照合同有关条款或者交易习惯确定。仍然不能确定的，借款人可以随时返还；贷款人可以催告借款人在合理期限内返还。

借款人未按照约定的期限返还借款的，根据《民法典》第六百七十六条的规定，应当按照约定或者国家有关规定支付逾期利息。逾期利息的支付不以借款合同有约定为前提，即使无约定，贷款人仍然有权要求未按期还款的借款人支付逾期利息。逾期利息的支付也不以合同对期内利息有约定为前提，即使是无息借款，贷款人仍可主张逾期利息。因此，逾期利息具有法定性，亦可称为法定迟延罚息。根据中国人民银行《关于人民币贷款利率有关问题的通知》第三条的规定，借款人未按期还款者，罚息利率为借款合同载明的贷款利率水平上加收 30% 至 50%，从逾期之日起按罚息利率计收利息直至清偿本息为止。

通常情况下，借款人在期限届满时才会偿还借款，但实践中也有部分借款人可能会产生提前返还借款的需求，如借款人对原生产、生活计划作出重大调整，希望提前偿还借款以节省利息。贷款人则可能认为借款人的提前还款会扰乱其资金安排计划，导致预期利息收益减少。为此，《民法典》第六百七十七条规定："借款人提前返还借款的，除当事人另有约定外，应当按照实际借款的期间计算利息。"此条明确了借款人提前返还借款时借贷双方的权利义务关系，以此平衡借款合同中借贷双方的权益。

借款人需要继续使用借款资金，或者不能按照借款合同约定的借款期限返还借款时，根据《民法典》第六百七十八条的规定，借款人可以在还款期限届满前向贷款人申请展期；贷款人同意的，可以展期，也就是将合同约定还款义务的期限往后推迟或者延长。

（五）容忍义务

根据《民法典》第六百七十二条的规定，贷款人按照约定可以检查、监督借款的使用情况。借款人应当按照约定向贷款人定期提供有关财务会计报表或者其他资料。借款人提供财务会计报表和其他资料，有助于贷款人正确、全面地作出评估，以保护自己的合法权益。借款人提供的财务资料应符合真实性、准确性、完整性、及时性标准，客观有效地呈现贷款资金的使用情况。贷款人原则上仅能要求借款人提供与该笔贷款使用有关的业务活动和财务状况，不能滥用其权利过分扩展资料范围要求借款人提供额外的文件，与该笔借款交易无关的信息，借款人可以拒绝提供；同时，贷款人无权检查借款人的原始凭证和记账凭证。

第三节　自然人之间的借款合同

一、自然人之间的借款合同概述

自然人之间的借款合同，是指具有完全民事行为能力的自然人与自然人之间的借款合同。实际生活中，自然人之间经常会因为生活或者生产需要向他人借款。这种借款关系具有偶发性、互助性和互惠性。但是自然人之间的借款合同不等同于民间借贷合同。《最高人民法院关于审理民间借贷案件适用法律若干问题的规定》（以下简称《民间借贷司法解释》）第一条规定："本规定所称的民间借贷，是指自然人、法人和非法人组织之间进行资金融通的行为。经金融监管部门批准设立的从事贷款业务的金融机构及其分支机构，因发放贷款等相关金融业务引发的纠纷，不适用

"民间借贷合同"微课

本规定。"依据此条规定，民间借贷合同主体是除了经金融监管部门批准设立的从事贷款业务的金融机构及其分支机构之外的其他的民事主体。据此，自然人之间的借款合同仅是民间借贷合同的有机组成部分。根据我国《民法典》对借款合同的相关规定，非自然人与自然人之间发生的民间借贷合同被纳入借款合同的调整范畴，独对自然人与自然人之间的借款合同作了专门规定。自然人之间的借款合同的主要特点在于：

第一，自然人间的借款合同属于实践性合同。《民法典》第六百七十九条规定："自然人之间的借款合同，自贷款人提供借款时成立。"依据此条规定，贷款人提供借款，为自然人之间借款合同的特别成立要件。自然人之间借款一般具有互助性、互惠性的特点，对贷款人来说，出借的原因很多，如好意恩惠等，为了防止贷款人因情绪冲动、思虑欠周而遭受财产上的不利益，通过提供贷款为成立条件的设定，赋予贷款人任意反悔权，以期对贷款人的权益实施保护。

第二，自然人间的借款合同一般属于无偿合同。自然人之间的借款合同对支付利息没有约定或者约定不明确的，视为不支付利息。《民法典》第六百八十条第二款、第三款规定："借款合同对支付利息没有约定的，视为没有利息。借款合同对支付利息约定不明确，当事人不能达成补充协议的，按照当地或者当事人的交易方式、交易习惯、市场利率等因素确定利息；自然人之间借款的，视为没有利息。"依据此条规定，自然人之间的借款合同没有约定利息的，推定当事人具有无息借款的合意。自然人之间的借款合同是民事主体之间互通有无，方便生活。自然人之间对利息无约定时推定为无利息，便于促进邻里和睦，形成互帮互助的良善社会风气。但是，自然人之间的借款合同，借款人借款逾期后，贷款人有权要求借款人支付逾期利息。

第三，自然人之间的借款合同是非要式合同。根据《民法典》第六百六十八条第一款的规定，法律对自然人之间借款合同未作形式规定。自然人之间借款多属互助互济性质，借款合同的订立形式灵活、手续简约、交接简单，实际生活中往往采用口头形式。法律允许自然人之间借款的合同形式由当事人自行约定，只要存在合法有据的借款事实，法律即予认可和保护。

二、自然人之间借款合同的复利和高利贷问题

（一）自然人之间借款合同的复利

《民间借贷司法解释》第二十七条规定："借贷双方对前期借款本息结算后将利息计入

后期借款本金并重新出具债权凭证，如果前期利率没有超过合同成立时一年期贷款市场报价利率四倍，重新出具的债权凭证载明的金额可认定为后期借款本金。超过部分的利息，不应认定为后期借款本金。按前款计算，借款人在借款期间届满后应当支付的本息之和，超过以最初借款本金与以最初借款本金为基数、以合同成立时一年期贷款市场报价利率四倍计算的整个借款期间的利息之和的，人民法院不予支持。"依据此条规定，前期借款的本金以及到期后所产生的合法受保护的利息合并计入后期借款本金并重新出具债权凭证，这就构成复利。出借人能否以前述计算复利的方式，要求借款人支付复利，需要将借款人依约定应当支付的本息之和，与法律上认可的复利保护的上限相比较，确定是否超出法定的上限。法定的上限是指以最初借款本金与最初借款本金产生的利息为基数，按合同成立时一年期贷款市场报价利率四倍计算的整个借款期间的利息之和。利息之和超出银行同类贷款利率的四倍（包含利率本数）的，超出部分的利息不予保护。由此可知，法律并非完全地禁止复利，而是对复利进行了限制。超出法定幅度的复利不被认可。

借款合同利率是当事人意思自治的结果，法律不应干预过多，但是为了防止当事人间约定的利率过高，有必要作适当的干涉。合法受保护的复利应满足的条件：一是当事人约定的利率符合法律规定，也就是不能超出合同成立时一年期贷款市场报价率的四倍。二是本期的本金合法，也就是上一期结算之后本息之和符合法定标准。

（二）禁止高利贷

《民法典》第六百八十条第一款规定："禁止高利放贷，借款的利率不得违反国家有关规定。"依据此条规定，为了维护正常的金融秩序，法律明确禁止高利放贷。高利放贷亦称取息过律，是指贷款人将资金借与借款人使用，违反国家法律规定牟取高额利息的行为。认定高利贷需审查借款利率是否违反"国家有关规定"。所谓"国家有关规定"，是由国务院、最高人民法院、中国人民银行等国家机构，应经济社会形势和金融监管政策，动态调整、不断发展的一系列利率标准规定。根据《民间借贷司法解释》第二十五条的规定，出借人与借款人双方约定的利率超过合同成立时一年期贷款市场报价利率四倍的，超出部分构成高利贷，不受法律保护。

需要注意的是，随着借贷关系的日益复杂，传统形式的直接约定高利率放贷现象已不常见，越来越多具有隐蔽性的高利放贷模式在社会中出现。实践中，当事人变相提高贷款利率的方式主要情形有：一是从本金中预扣利息，以"砍头息""贴水息"等形式变相提高利率。二是设定甚高的复利标准和逾期利率，并约定极易触发的逾期条款，导致借款人实际承担的利息远高于约定利率计算额度。三是通过收取"违约金""延期费""服务费""中介费""账户动用费""保证金"等费用，变相突破法定利率红线，以金融创新之名行高利放贷之实。无论以何名目约定和叠加，利息的实际获得都必须符合不超过合同成立时一年期贷款市场报价利率四倍的国家管制标准。

第十四章课件

保证合同

导读案例

担保人王某系某电机公司的股东，陈某系王某的配偶。2018 年 9 月，某银行与某电机公司签订"小微企业快贷借款合同"，约定：借款额度为 68.3 万元，借款期限为 2018 年 9 月 27 日至 2019 年 9 月 27 日，借款利率为年利率 5.4375%，罚息利率为借款利率水平上浮 50%。2019 年 9 月 25 日，担保人王某及陈某与某银行签订保证合同，约定担保人为某电机公司上述借款承担连带清偿责任。后被告某电机公司因资金周转出现困难，在借款合同期内未按约返还借款。原告多次催讨未果，遂诉至法院。

庭审中，担保人王某辩称，其仅仅是公司的股东，银行贷款时未审查其是否具备担保的能力，其不应承担担保责任。担保人陈某称其对借款并不知情，只是为了支持配偶的工作，草率地在保证合同上签字。

法院认为，被告某电机公司未按约定偿还某银行贷款本息，已构成违约，某银行诉请被告某电机公司贷款本金 53.4 万元及利息、罚息等，予以支持。担保人王某、陈某作为完全民事行为能力人，应当知晓对外担保的法律责任及后果，其在保证合同上签名捺印，说明其有为某电机公司借款提供担保的意思表示，故其抗辩理由不成立。原告诉请担保人王某、陈某对涉案贷款本息承担连带清偿责任，于约相合，于法有据，亦予以支持。据此，法院依法判令某电机公司偿还某银行贷款本金 53.4 万元及利息、罚息等；担保人王某、陈某承担连带清偿责任。

问题提出

1. 保证合同的特点有哪些？
2. 一般保证的先诉抗辩权行使规则为何？
3. 保证责任的内容有哪些？
4. 保证期间的规则有哪些？
5. 共同保证和连带责任保证的含义有何不同？
6. 保证人承担保证责任或者赔偿责任后，对债务人享有哪些权利？

第一节　保证合同概述

一、保证合同的概念与特点

《民法典》第六百八十一条规定："保证合同是为保障债权的实现，保证人和债权人约定，当债务人不履行到期债务或者发生当事人约定的情形时，保证人履行债务或者承担责任的合同。"依据此条规定，保证合同是保证人和债权人约定的用以保障债权实现的合同。保证不是以特定财产而是以特定人的责任财产担保债务履行和债权实现。因此，保证人只能由债务人之外的第三人充任。债权人与保证人签订保证合同的目的，在于保证人担保债务人履行主债务，保障债权人债权的实现。与保证合同密切相关的，还有两层法律关系：一是主债权人与主债务人之间的主债权债务关系；二是保证人受主债务人的委托，为主债务人的债务提供担保形成的委托关系。当主债务人不履行到期债务或者发生当事人约定的情形时，保证人代主债务人履行债务或者承担保证责任。

保证合同的特点主要是：

第一，保证合同的要式性。《民法典》第六百八十五条规定："保证合同可以是单独订立的书面合同，也可以是主债权债务合同中的保证条款。第三人单方以书面形式向债权人作出保证，债权人接收且未提出异议的，保证合同成立。"依据此条规定，保证合同属于要式合同，保证合同必须采取书面形式订立。保证合同的订立方式，可以是单独订立的书面合同，也可以是主债权债务合同中的保证条款或者第三人单方允诺提供保证。

第二，保证合同的从属性。根据《民法典》第六百八十二条、第六百九十六条等的规定，保证合同的产生、效力、消灭等均与主债权债务合同紧密相关。保证合同以主债权债务合同的有效存在为前提。保证债务的范围随主债务变动，并以此为限。保证人可以主张债务人对债权人的抗辩。主债权转让时，债权人对保证人的保证债权原则上一并转移。当主债务因清偿、提存等原因消灭时，保证债务亦随之消灭。

第三，保证合同的单务性。在保证合同中，保证人单方面向债权人负担保证债务，债权人无须负担对待给付义务。为了确保保证合同的单务性，法律设置了一系列的规则，如保证人的合同抗辩权、允许约定保证期限等，以此来平衡保证合同中当事人的利益。保证合同的单务性不能通过约定予以改变，否则保证合同的性质会发生变化。

第四，保证合同的无偿性。在保证合同中，保证人担保债务人履行债务，保障债权人实现债权，对此债权人不需要支付相应的对价。债务人与保证人之间有偿的约定，并不适用于保证人与债权人间的保证合同。

二、保证的种类

（一）一般保证与连带责任保证

《民法典》第六百八十六条规定："保证的方式包括一般保证和连带责任保证。当事人在保证合同中对保证方式没有约定或者约定不明确的，按照一般保证承担保证责任。"据此，根据保证人承担责任的不同，保证可以分为一般保证和连带责任保证。一般保证是指在债务人不能履行债务时由保证人承担保证责任的保证。连带责任保证是指保证人与主债务人对主债务的履行承担连带责任的保证。一般保证与连带责任保证中的保证人都享有债务人对债权人的抗辩权和其他抗辩权，都适用诉讼时效和保证期间规则。但是在成立方式、保证人的责任承担、保证人的抗辩、保证债务诉讼时效等方面存有一定的区别。

（二）单独保证与共同保证

《民法典》第六百九十九条规定："同一债务有两个以上保证人的，保证人应当按照保证合同约定的保证份额，承担保证责任；没有约定保证份额的，债权人可以请求任何一个保证人在其保证范围内承担保证责任。"依据此条规定，根据保证人的人数不同，可将保证分为单独保证和共同保证。单独保证，也称为一人保证，是指保证人仅为一人的保证。共同保证是指保证人为二人或二人以上的保证。单独保证不存在保证人内部责任份额的划分。但在共同保证中存有保证人内部责任份额的划分问题。在共同保证中，根据保证人承担保证责任方式的不同，可分为按份共同保证和连带共同保证。按份共同保证是指各保证人仅依其约定的份额对债务人的履行承担保证责任的保证。连带共同保证是指各保证人对债务的履行承担连带保证责任的保证。

（三）普通保证和最高额保证

普通保证是指担保的主债权在保证合同订立时数额就已经确定的保证，保证人就已经存在的某一特定债权提供担保。最高额保证是指保证人与债权人之间约定，在最高债权额限度内由保证人对未来连续发生的债权作担保。最高额保证，在保证合同订立时主债权数额尚不确定。普通保证为常态，最高额保证为例外。二者在担保债权额度、保证期限等方面存有区别。

（四）本保证和反担保

《民法典》第六百八十九条规定："保证人可以要求债务人提供反担保。"据此，反担保是指债务人或第三人向保证人作出保证或设定物的担保，在保证人因清偿债务人的债务而遭受损失时，向保证人作出清偿。反担保是为了保障保证人实现对债务人的追偿权和代位权而设定的担保。在债务人自己提供本担保的情形下，由于此时不存在担保人向债务人追偿的问题，因此没有设定反担保的可能。只有在第三人提供本担保时，才有设立反担保的可能。《民法典》第六百八十九条规定，保证人可以要求债务人提供反担保，但是反担保人不以债务人自己为限，还可以是债务人之外的第三人。反担保人可以采用保证、抵押、质押的方式，而不能采用留置和定金这两种担保方式。

三、保证合同的内容

《民法典》第六百八十四条规定："保证合同的内容一般包括被保证的主债权的种类、数额，债务人履行债务的期限，保证的方式、范围和期间等条款。"依据此条规定，保证合同的内容包括如下几个方面：

第一，被保证的主债权的种类、数额。主债权是保证合同的标的。主债权既可以是金钱债权，也可以是非金钱债权。主债权必须已经成立并且合法有效。主债权尚未成立或者虽已成立但是因违反法定生效要件而无效，此时主债权不能成为保证合同的标的。主债权必须特定化。当事人应该在保证合同中明确为何项债权提供保证。同时，主债权必须确定。保证合同所担保的债权应当是确定的，否则难以确定保证人的保证责任。

第二，债务人履行债务的期限。保证合同担保主债务的履行，债务人能否履行债务通常只能在履行期限届满时才能确定。保证合同规定债务人履行债务的期限，便于确定保证人保证责任期间的起算。保证责任期间的起算关涉到保证人保证责任的承担。

第三，保证的方式。保证方式依据不同的标准可进行不同的分类。保证方式不同，保证人承担保证责任的方式也不同。保证方式关系到当事人的利益。当事人在订立保证合同时，应当对保证方式作出明确约定。

第四，保证担保的范围。保证合同中，保证担保的范围不以主债权为限。根据《民法典》第六百九十一条的规定，保证的范围包括主债权及其利息、违约金、损害赔偿金和实现债权的费用。保证的范围如何应由当事人予以明确约定。当事人没有约定的，保证范围被推定为主债权及其利息、违约金、损害赔偿金和实现债权的费用。

第五，保证期间。保证期间是保证人承担保证责任的期限。《民法典》第六百九十二条规定："保证期间是确定保证人承担保证责任的期间，不发生中止、中断和延长。债权人与保证人可以约定保证期间，但是约定的保证期间早于主债务履行期限或者与主债务履行期限同时届满的，视为没有约定；没有约定或者约定不明确的，保证期间为主债务履行期限届满之日起六个月。债权人与债务人对主债务履行期限没有约定或者约定不明确的，保证期间自债权人请求债务人履行债务的宽限期届满之日起计算。"据此，保证期间有约定期间和法定期间。法定期间为六个月，从主债务履行期限届满之日开始计算。

第六，其他事项。当事人在合同中还可以约定其他事项，如承担保证责任之后的追偿、反担保等。只要当事人所约定的内容不与法律的强制性规定相悖，应当承认其效力。

四、保证人的范围

保证合同的当事人为债权人与保证人。保证人的资格直接关涉到保证合同的效力。法律对能够担任保证人的条件予以规定。我国《民法典》采用负面清单模式，也就是通过对保证人资格的限制来明确保证人的范围。

（一）机关法人原则上不能作为保证人

《民法典》第六百八十三条第一款规定："机关法人不得为保证人，但是经国务院批准为使用外国政府或者国际经济组织贷款进行转贷的除外。"依据此条规定，机关法人被禁止担任保证人。原因是机关法人的主要职责是依法行使其职权，进行日常的公务活动。民事领域，机关法人只能从事为履行其公务职能所需要的民事活动。更为重要的是，机关法人的财产和经费来自中央或地方财政拨款，用于维持机关法人的公务活动和日常开支，保障机关法人履行职责。如果允许机关法人担任保证人，债务人不履行债务时机关法人就要将财产和经费用于承担保证责任，这样势必会影响机关法人履行公务职责。但是，根据《民法典》第六百八十三条第一款的规定，机关法人是经国务院批准为使用外国政府或者国际经济组织贷款进行转贷的，具备保证人资格。这一例外规定，是因为此种贷款主要投入于交通运输、能源、邮电通信、环境保护、城市建设等基础建设项目，资金数量巨大，盈利有限，且还款期限较长，一般的法人、非法人组织或者自然人没有能力也不愿意提供保证，只得由地方政府或相关部门委托其计划财务管理部门向中央政府提供还款担保，保证向中央政府偿还所借款项。

（二）以公益为目的的非营利法人、非法人组织不得为保证人

《民法典》第六百八十三条第二款规定："以公益为目的的非营利法人、非法人组织不得为保证人。"依据此条规定，以公益为目的的非营利法人、非法人组织被限制担任保证人，禁止的理由与禁止机关法人担任保证人的理由大致类似。以公益为目的的非营利法人、非法人组织的财产或活动经费主要来自财政拨款或者捐助，允许其担任保证人显然与其公益目的不相符。根据《担保司法解释》第六条的规定，以公益为目的的非营利性学校、幼儿园、医疗机构、养老机构等提供担保的，人民法院应当认定担保合同无效，但是有下列情形之一的除外：

1. 在购入或者以融资租赁方式承租教育设施、医疗卫生设施、养老服务设施和其他公益设施时，出卖人、出租人为担保价款或者租金实现而在该公益设施上保留所有权；

2. 以教育设施、医疗卫生设施、养老服务设施和其他公益设施以外的不动产、动产或者财产权利设立担保物权。

登记为营利法人的学校、幼儿园、医疗机构、养老机构等提供担保，当事人以其不具

有担保资格为由主张担保合同无效的，人民法院不予支持。

（三）居民委员会、村民委员会原则上不能充当保证人

《担保司法解释》第五条第二款规定："居民委员会、村民委员会提供担保的，人民法院应当认定担保合同无效，但是依法代行村集体经济组织职能的村民委员会，依照村民委员会组织法规定的讨论决定程序对外提供担保的除外。"依据此条规定，居委会、村委会原则上不能充当保证人，主要原因在于居委会、村委会具有特定的职能。根据我国《民法典》第一百零一条第一款的规定，居委会、村委会只能从事为履行职能所必要的民事活动，不能从事经营活动。居委会、村委会提供保证超出了履行职能所必要的民事活动的范围。但是村委会依法代行村集体经济组织的职能，可以提供保证，是因为村委会提供保证是依照村民委员会组织法规定的讨论决定程序作出决议的。

（四）公司提供担保的法律问题

公司作为营利法人，对外开展民商事交易活动时提供担保时有发生。但公司对外提供保证，应当由公司通过其章程、董事会、股东会或者股东大会的决议决定。公司违反程序对外提供保证，担保合同效力如何？《担保司法解释》第八条规定："有下列情形之一，公司以其未依照公司法关于公司对外担保的规定作出决议为由主张不承担担保责任的，人民法院不予支持：（一）金融机构开立保函或者担保公司提供担保；（二）公司为其全资子公司开展经营活动提供担保；（三）担保合同系由单独或者共同持有公司三分之二以上对担保事项有表决权的股东签字同意。上市公司对外提供担保，不适用前款第二项、第三项的规定。"据此可知公司违反程序对外提供担保一般认定担保有效。

公司的法定代表人违反公司关于公司对外担保决议程序的规定，超越权限代表公司与相对人订立保证合同的，担保合同效力为何？根据《担保司法解释》第七条的规定，分成两种情况：其一相对人善意的，也就是相对人在订立担保合同时不知道且不应当知道法定代表人超越权限或者相对人有证据证明已对公司决议进行了合理审查，担保合同对公司发生效力。其二相对人非善意的，也就是相对人在订立担保合同时知道且应当知道法定代表人超越权限或者公司有证据证明相对人知道或者应当知道决议系伪造、变造，担保合同对公司不发生效力。

法定代表人超越权限提供担保造成公司损失，公司请求法定代表人承担赔偿责任的，人民法院应予支持。

（五）上市公司提供担保

《担保司法解释》第九条规定："相对人根据上市公司公开披露的关于担保事项已经董事会或者股东大会决议通过的信息，与上市公司订立担保合同，相对人主张担保合同对上市公司发生效力，并由上市公司承担担保责任的，人民法院应予支持。相对人未根据上市公司公开披露的关于担保事项已经董事会或者股东大会决议通过的信息，与上市公司订立担保合同，上市公司主张担保合同对其不发生效力，且不承担担保责任或者赔偿责任的，人民法院应予支持。相对人与上市公司已公开披露的控股子公司订立的担保合同，或者相

对人与股票在国务院批准的其他全国性证券交易场所交易的公司订立的担保合同,适用前两款规定。"依据此条规定,上市公司对外提供担保,不仅要严格依据公司法的规定由董事会与股东大会作出决议,而且还必须对该决议进行公开披露,只要相对人在与上市公司订立合同时,查阅其披露的信息,依据该信息订立担保合同,担保合同有效。反之,担保合同无效。

（六）一人公司为其股东提供担保

一人公司指的是股东为一人的公司。一人公司为其股东提供担保,特点在于一人公司与股东虽为两个主体,但关系密切。根据《担保司法解释》第十条的规定,一人有限责任公司为其股东提供担保,公司以违反公司法关于公司对外担保决议程序的规定为由主张不承担担保责任的,人民法院不予支持。公司因承担担保责任导致无法清偿其他债务,提供担保时的股东不能证明公司财产独立于自己的财产,其他债权人请求该股东承担连带责任的,人民法院应予支持。

（七）公司的分支机构对外提供担保

公司的分支机构不具有法人资格,是公司的有机组成部分。公司的分支机构在法人授权范围内可以以自己的名义从事民事活动,产生的民事责任由法人承担;也可以先由法人分支机构管理的财产承担,不足部分由法人承担。根据《担保司法解释》第十一条的规定,公司的分支机构对外提供担保,分成三种情形:

第一种情形,公司的分支机构未经公司股东（大）会或者董事会决议以自己的名义对外提供担保,相对人请求公司或者其分支机构承担担保责任的,人民法院不予支持,但是相对人不知道且不应当知道分支机构对外提供担保未经公司决议程序的除外。

第二种情形,金融机构的分支机构在其营业执照记载的经营范围内开立保函,或者经有权从事担保业务的上级机构授权开立保函,金融机构或者其分支机构以违反公司法关于公司对外担保决议程序的规定为由主张不承担担保责任的,人民法院不予支持。金融机构的分支机构未经金融机构授权提供保函之外的担保,金融机构或者其分支机构主张不承担担保责任的,人民法院应予支持,但是相对人不知道且不应当知道分支机构对外提供担保未经金融机构授权的除外。

第三种情形,担保公司的分支机构未经担保公司授权对外提供担保,担保公司或者其分支机构主张不承担担保责任的,人民法院应予支持,但是相对人不知道且不应当知道分支机构对外提供担保未经担保公司授权的除外。

公司的分支机构对外提供担保,相对人非善意,请求公司承担赔偿责任的,参照《担保司法解释》第十七条的有关规定处理,也就是需要按照担保合同无效的规则来认定各方当事人的责任。

第二节　保证的方式

保证方式是指保证人的保证责任的承担方式。保证方式由当事人在保证合同中约定，有一般保证与连带责任保证两种方式。

一、一般保证

（一）一般保证的概念和特征

一般保证，根据《民法典》第六百八十七条第一款的规定，是指当事人在保证合同中约定，债务人不能履行债务时，由保证人承担保证责任的保证。具体而言，一般保证的特征有：

第一，设立的方式可以通过约定或者法律推定而产生。《民法典》第六百八十六条第二款规定："当事人在保证合同中对保证方式没有约定或者约定不明确的，按照一般保证承担保证责任。"依据此条规定，保证合同当事人可以在保证合同中明确约定一般保证方式。如果当事人在保证合同中对保证方式没有约定或者约定不明确，按照一般保证承担保证责任。此条确立了一般保证推定规则。

第二，一般保证的保证人享有先诉抗辩权。根据《民法典》第六百八十七条第二款的规定，一般保证的保证人在主合同纠纷未经审判或者仲裁，并就债务人财产依法强制执行仍不能履行债务前，有权拒绝向债权人承担保证责任。保证人是否享有先诉抗辩权是一般保证区别于连带责任保证的重要标准，也是保护保证人的重要规则。

第三，一般保证具有补充性。《担保司法解释》第二十五条第一款规定："当事人在保证合同中约定了保证人在债务人不能履行债务或者无力偿还债务时才承担保证责任等类似内容，具有债务人应当先承担责任的意思表示的，人民法院应当将其认定为一般保证。"依据此条规定，如果当事人在保证合同中所表达的意思是主债务人不履行到期债务，保证人需要承担保证责任，此为连带责任保证；如果当事人在保证合同中表达的意思是主债务人不能履行到期债务时，保证人才承担保证责任，此为一般保证。

（二）先诉抗辩权

一般保证人的先诉抗辩权又叫检索抗辩权，是指保证人于债权人未就主债务人之财产强制执行仍不能履行债务前，对于债权人得拒绝清偿的权利。先诉抗辩权是保证补充性的最鲜明体现，属于一般保证人的专属抗辩权。先诉抗辩权系延缓性抗辩权，其行使虽然有可以暂时排除债权人之请求权的作用，但是并不能阻碍债权人对保证人行使请求权。

根据《民法典》第六百八十七条第二款的规定，先诉抗辩权的法定排除事由有四：

一是债务人下落不明，且无财产可供执行。债务人下落不明，意味着债权人要求其履行债务将面临极大困难。无财产可供执行意味着债权人要求其履行债务丧失实际意义。因此将"债务人下落不明，且无财产可供执行"规定为先诉抗辩权的阻却事由。

二是人民法院已经受理债务人破产案件。人民法院受理破产申请后，债务人对个别债权人的债务清偿无效。此时，债务人的全部债权人只能通过破产程序从破产财产中获得公平清偿。如果允许保证人行使先诉抗辩权，对债权人不公平。

三是债权人有证据证明债务人的财产不足以履行全部债务或者丧失履行债务能力。如果债权人有证据证明债务人的财产不足以履行全部债务或者丧失履行债务能力，自无必要再要求债权人先起诉债务人并申请强制执行，此时排除先诉抗辩权对保证人也并无不利。

四是保证人书面表示放弃先诉抗辩权。先诉抗辩权作为一项民事权利，自可被作为权利人的保证人放弃。保证人放弃先诉抗辩权必须采用书面形式，避免未经深思熟虑仓促作出放弃先诉抗辩权的决定；如果保证人放弃先诉抗辩权却未采取书面形式，则不产生放弃的效力。

二、连带责任保证

《民法典》第六百八十八条规定："当事人在保证合同中约定保证人和债务人对债务承担连带责任的，为连带责任保证。连带责任保证的债务人不履行到期债务或者发生当事人约定的情形时，债权人可以请求债务人履行债务，也可以请求保证人在其保证范围内承担保证责任。"据此，连带责任保证是指保证人在债务人不履行债务时与债务人负连带责任的保证。连带责任保证的保证人的责任重于一般保证的保证人的责任，其不享有先诉抗辩权。连带责任保证的成立以当事人约定为必要。无论债务人是出于主观原因还是客观原因不履行债务，不论其财产是否能够清偿债务，债权人均可在主债务履行期限届满之后直接请求保证人承担保证责任。通常情况下，保证合同约定债务人"不履行债务"则保证人承担责任的，为连带责任保证；保证合同约定债务人"不能履行债务"则保证人承担责任的，为一般保证。"不能履行债务"意味着保证人仅在债务人客观上无力履行债务时才承担保证责任。连带责任保证中保证人与债务人对债权人负连带责任，因此债权人可以自由选择向谁主张债权的实现。

三、独立保函

《最高人民法院关于审理独立保函纠纷案件若干问题的规定》（以下简称《独立保函纠纷司法解释》）第一条规定："本规定所称的独立保函，是指银行或非银行金融机构作为开立人，以书面形式向受益人出具的，同意在受益人请求付款并提交符合保函要求的单据时，向其支付特定款项或在保函最高金额内付款的承诺。前款所称的单据，是指独立保函载明的受益人应提交的付款请求书、违约声明、第三方签发的文件、法院判决、仲裁裁决、汇票、发票等表明发生付款到期事件的书面文件。独立保函可以依保函申请人的申请而开立，也可以依另一金融机构的指示而开立。开立人依指示开立独立保函的，可以要求指示人向其开立用以保障追偿权的独立保函。"据此，银行或非银行金融机构出具的独立保函是一种独立保证的形式。《担保司法解释》第二条第二款规定："因金融机构开立的独立保函发生的纠纷，适用《最高人民法院关于审理独立保函纠纷案件若干问题的规定》"。依据此条规定，法律承认独立保函。独立保函具有如下法律特征：

第一，必须是银行或非银行金融机构出具的保函。从我国法律和最高人民法院的相关司法解释的规定来看，独立保函的效力要被确认，只能是由银行或非银行金融机构开具。其他机构出具的独立保函不被法律所认可。

第二，排除了从属性规则。保证合同是以主债权债务的成立与存在为前提。主合同的效力直接决定了保证合同的效力。但是独立保函却突破了保证合同效力从属性的规则。《独立保函纠纷司法解释》第六条规定："受益人提交的单据与独立保函条款之间、单据与单据之间表面相符，受益人请求开立人依据独立保函承担付款责任的，人民法院应予支持。开立人以基础交易关系或独立保函申请关系对付款义务提出抗辩的，人民法院不予支持，但有本规定第十二条情形的除外。"《独立保函纠纷司法解释》第十二条规定的是独立保函欺诈。据此规定，独立保函的开立人只需要单据与独立保函条款之间、单据与单据之间表面相符就需要履行付款义务。独立保函的开立人不能以基础交易关系或独立保函申请关系而主张付款义务的不履行。

第三，排除了先诉抗辩权。《民法典》赋予一般保证保证人以先诉抗辩权，但独立保函的开立人不享有该抗辩权。独立保函的开立人义务的履行仅以单据与独立保函条款之间、单据与单据之间表面是否相符为标准。基础关系如何、主合同当事人之间关系如何等均不影响独立保函开立人的付款义务。

第四，具有见索即付的特点。见索即付是指相对人只要在保函有效期内提出了符合保函条件的要求书或者保函规定的任何其他单据，保证人即应当承担保证责任。《见索即付保函统一规则》《联合国独立担保与备用信用证公约》均对该特点进行了明确规定。独立保函见索即付的特点并不仅限于排除保函的从属性特点，其还有利于避免保证交易产生各种争议。[1]

第三节　保证合同的效力

保证合同产生于主债权人与保证人之间，保证人与主债权人之间的关系，是保证效力的主要表现。主债权人对保证人享有权利没有义务负担，保证人在负有义务的同时，也享

---

[1] 高圣平：《担保法前沿问题与判解研究（第一卷）》，人民法院出版社 2019 年版，第 101 页。

有一定的权利。主债权人的权利是在主债务人不履行债务时，得请求保证人履行保证债务即承担保证责任。保证人的权利具体体现在三个方面。

一、保证人的抗辩

《民法典》第七百零一条规定："保证人可以主张债务人对债权人的抗辩。债务人放弃抗辩的，保证人仍有权向债权人主张抗辩。"依据此条规定，保证人可以主张债务人对债权人的抗辩，也就是债务人的抗辩，但不包括保证人基于保证合同关系对债权人的抗辩。需要注意的是，此条规定用的是"抗辩"而并非"抗辩权"。此条规定的抗辩包括主债务人的履行抗辩权、诉讼时效抗辩权、抵销权等广义抗辩权。保证人基于保证合同对债权人产生的抗辩属于保证人自己固有的抗辩。债务人根据法定事由，对抗债权人行使请求权的权利，如债权人本身履行义务有瑕疵、债务人可拒绝相应的价款给付而不主张等，保证人可以债权人履行有瑕疵为由予以抗辩。是否主张债务人对债权人的抗辩，系保证人可得自由决定之事项。不过，如果保证人不主张本可以主张的债务人对债权人的抗辩，保证人在承担保证责任后将无法向债务人追偿。保证人并非在任何情况下均可以主张债务人对债权人的抗辩，如保证人明知主债务已过诉讼时效依然提供保证，意味着保证人放弃债务人对债权人享有的时效抗辩权，保证人嗣后不得主张时效抗辩权。债务人放弃抗辩是债务人基于自己的内心意思主动放弃行使抗辩权，但不包括债务人因某种原因丧失抗辩权的情形。在债务人丧失抗辩权的情形下，保证人自无从主张此种抗辩权。债务人放弃抗辩，保证人仍有权向债权人主张抗辩。在债务人放弃抗辩的情形下，如果不允许保证人主张抗辩，会造成权利保护的失衡，也可能会导致道德风险。

主债务人对主债权人享有抵销权、撤销权等权利，这些权利不属于主债务人对主债权人的抗辩权。主债权债务关系可能因主债务人行使抵销权或者撤销权而归于消灭或者不复存在，此时要求保证人根据债权人的要求履行保证债务或者承担保证责任，不仅增加本不必要的追偿环节，白白增加交易成本，而且可能会对保证人造成不利。因此，《民法典》第七百零二条规定："债务人对债权人享有抵销权或者撤销权的，保证人可以在相应范围内拒绝承担保证责任。"

二、保证人对主债务人的追偿权

《民法典》第七百条规定："保证人承担保证责任后，除当事人另有约定外，有权在其承担保证责任的范围内向债务人追偿，享有债权人对债务人的权利，但是不得损害债权人的利益。"此条中规定了保证人的追偿权。保证人的追偿权，又称保证人的求偿权，是指保证人承担保证责任后，向债务人请求偿还的权利。该权利是保证人基于其与债务人之间的基础法律关系而享有的权利。保证债务是保证人代替主债务人履行主债务而产生的债务，究其本质，主债务人才是最终债务的履行者、责任的承担者。保证人的追偿权赋予保证人在履行保证债务后对所受损失进行追偿的权利。《担保司法解释》第十八条规定："承担了担保责任或者赔偿责任的担保人，在其承担责任的范围内向债务人追偿的，人民法院应予支持。同一债权既有债务人自己提供的物的担保，又有第三人提供的担保，承担了担保责任或者赔偿责任的第三人，主张行使债权人对债务人享有的担保物权的，人民法院应予支持。"此条规定同《民法典》第七百条的规定，赋予保证人追偿权。保证人追偿权的成立条件：

第一，保证人已经履行了保证责任，并且保证人的清偿行为导致主债务的消灭。保证人的清偿行为是导致主债务的全部消灭还是部分消灭，均不影响主债务消灭的范围，追偿权的成立。

第二，因保证人的履行而使债务人免责。由于保证人对债权人的清偿行为，使主债务人对债权人的债务消灭。如果债务人债务的消灭是由于债务人本身的行为，此时即便保证人为了清偿行为，也不得主张追偿。

第三，保证人履行保证债务没有过错。保证人对主债务的履行如果有过错，就会丧失追偿权。保证人没有过错要求保证人对主债务人应尽到善良管理人的注意义务，不能因其本身的清偿行为而导致债务人利益的受损。例如，保证人在明知对主债权人享有抗辩权的情况下，仍然对主债权人进行清偿，即为保证人有过错，保证人在主债务人利益丧失的范围内丧失追偿权。

保证人追偿权的范围，一般包括两部分：一部分是保证人为主债务人向主债权人清偿的债务额，但以主债务人因其清偿受免责的数额为限。另一部分是保证人履行保证债务所支出的必要费用，但因保证人的过错而多支出的费用除外。

三、保证人的代位权

《民法典》第七百条的规定中还赋予了保证人代位权。保证人的代位权，是指保证人承担保证责任后，因承受债权人对于债务人的债权，而行使债权人权利的权利。保证人承担保证责任后，消灭的是自己对债权人的保证债务，而债权人对债务人的主债权并未因此而消灭，而是转移到保证人。因此，保证人的代位权基于法定债权让与而产生。保证人的代位权和追偿权存在密切关系。保证人代位权旨在确保追偿权的实现，没有追偿权就没有代位权，保证人只能在行使追偿权的限度之内代位行使债权人的权利，因此代位权的成立以追偿权的成立为前提。保证人代位权一旦成立，保证人便在自身清偿范围内承受债权人对债务人的债权。同时，保证人在取得债权人权利后，不得损害债权人的利益。

第四节　保证责任

保证责任是指在债务人不履行债务时，保证人依据保证合同的约定而应承担的责任。保证责任主要包括两个方面的内容：一是代为履行责任。主债务人不履行债务时，保证人代主债务人履行债务。二是债务不履行的责任。主债务人不履行债务时，保证人代为主债务人承担的债务不履行的责任。该责任通常是损害赔偿责任。在主债务人不能按期履行债务时，债权人有权选择请求保证人承担代为履行的责任或者承担违约责任。保证人与债权人约定的保证责任范围不能超过债务人应当承担的范围。当事人约定的保证责任的范围可以小于债务人应当承担的责任范围。只有在当事人没有约定或者约定不明时，才依据法律规定确定保证人的保证责任范围。当主债权债务关系发生变化，保证人的保证责任承担规则就会发生变化。

一、主债权债务变更后的保证责任

主合同内容变更，是指在主合同债权人、债务人不发生变化的前提下，主债权人债务人对合同内容的修改。《民法典》第六百九十五条规定："债权人和债务人未经保证人书面同意，协商变更主债权债务合同内容，减轻债务的，保证人仍对变更后的债务承担保证责任；加重债务的，保证人对加重的部分不承担保证责任。债权人和债务人变更主债权债务合同的履行期限，未经保证人书面同意的，保证期间不受影响。"依据此条规定，主债权债务变更主要是三种情况：

其一，减轻债务。主合同订立后，主债权人和主债务人会因市场行情变化而对主合同内容进行变更。主合同当事人通过协商变更主债权债务内容时，鉴于保证合同是主债权债务合同的从合同，主合同内容的变更会对保证合同产生影响，保证人的保证责任也会随之受到影响。但是，不是所有主合同内容的变更都会不利于保证人。当主债权债务人协商变更主合同内容，目的在于减轻主债务人债务时，对保证人而言，保证责任会因此而减轻。此种情况下，即便主合同内容变更未经过保证人的同意，保证人仍然需要承担保证责任，但是保证责任的范围以减轻债务后的主合同内容为准。

其二，加重债务。主合同内容经过主债权债务人的协商，对主债务人的债务予以加重，势必会加重保证人的保证责任。加重债务的表现：一是保证的范围因主债权债务合同内容变更而扩大。二是保证人承担保证责任的可能性因主债权债务合同内容变更而增加。加重债务会对保证人产生不利影响，因此需要保证人书面同意。未取得保证人书面同意，加重债务的加重部分对保证人不产生法律约束力，保证人仅在原保证范围内承担保证责任。

其三，变更主债权债务合同的履行期限。在债权人与保证人明确约定了保证期间的情形下，未经保证人书面同意，主债务履行期限延长自然不应改变保证期间的约定。此时，主债务履行期限延长一般不会对保证人产生不利影响。主债务履行期限缩短，保证人的保证期间如何应按照是否加重保证人的保证责任进行区分处理。如果主债务期限缩短导致债务加重，则保证人对加重部分不承担责任，保证期间不受影响。如果主债务期限缩短未导致债务加重，则保证人在原保证期间承担责任。

二、债权、债务转让时的保证责任

（一）债权转让时的保证责任

《民法典》第六百九十六条规定："债权人转让全部或者部分债权，未通知保证人的，该转让对保证人不发生效力。保证人与债权人约定禁止债权转让，债权人未经保证人书面同意转让债权的，保证人对受让人不再承担保证责任。"据此，债权人转让全部或者部分债权时，产生的是债权人的变化，对债务人并没有发生变化。影响保证人保证责任的是债务人的资力和信用，也就是债务人的履行能力。因此，债权全部或者部分转让通常不会加重保证人的保证责任。保证人不能以债权全部或者部分转让未经其同意为由主张免责。但是为避免保证人因为不知道债权发生转让影响到保证责任的具体承担，法律规定主债权人应当将债权让与通知保证人。未通知保证人的，债权转让对保证人不发生效力。保证人与债权人约定禁止债权转让的，未经保证人书面同意，保证人不承担保证责任，即债权让与对保证人不发生效力。保证人与债权人约定禁止债权转让的情形包括两类情况：一是保证人与债权人约定仅对特定的债权人承担保证责任。在此种情形下，当事人虽然没有明确约定债权人不得转让债权，但在保证合同中约定，保证人仅对特定的债权人承担保证责任，实际上属于变相禁止让与特约。二是保证人与债权人约定，在保证合同订立后，禁止债权人转让债权。保证人与债权人约定禁止债权转让，并不意味着债权人转让债权的行为无效，只是债权转让违背了当事人的约定，对保证人将产生不再承担保证责任的后果。因此，债权人在违背其与保证人特约而为转让时，必须经过保证人的书面同意，否则保证人不再承担保证责任。

（二）债务转移与保证责任

《民法典》第六百九十七条规定："债权人未经保证人书面同意，允许债务人转移全部或者部分债务，保证人对未经其同意转移的债务不再承担保证责任，但是债权人和保证人另有约定的除外。第三人加入债务的，保证人的保证责任不受影响。"依据此条规定，免责的债务承担与债务加入会对保证人的保证责任产生不同的影响。

"合同债务转移与保证责任"微课

1. 未经书面同意的免责的债务承担，保证人不再承担保证责任。债务人将债务的全部或部分转移给第三人，此时债务人发生变化。新债务人的履行能力状况，保证人不得而知。保证人接受原债务人的委托，为其向债权人提供保证，通常情况下是保证人与原债务人之间的人身信赖关系。对于新的债务人，保证人不存在信任基础，会影响保证人提供保证的决定作出。免责的债务承担，也就是债务的全部转移或者部分转移，会对保证人产生不利影响，可能会加重保证人的保证责任。因此，未经保证人的书面同意，免责的债务承担对保证人不发生效力，保证人无须承担保证责任。需要注意的是，免责的债务承担要注意全部免责和部分免责的情形。债务全部转移未经保证人书面同意的，保证人不需要承担保证责任。债务部分转移未经保证人书面同意的，保证人仅就该部分债务不承担保证责任。

2. 债务加入，不论是否经过保证人的同意，保证人的保证责任不受影响。第三人加入债务，债务人并未脱离债的关系。加入债务的第三人与债务人共同对债权人负担连带债务。由此可见，债务加入不仅没有增加保证人的风险，反而对保证人有利。因此，第三人加入债务不影响保证责任的承担，保证人不得以未经其同意为由主张保证责任的免责。《担保司法解释》第三十六条规定："第三人向债权人提供差额补足、流动性支持等类似承诺文件作为增信措施，具有提供担保的意思表示，债权人请求第三人承担保证责任的，人民法院应当依照保证的有关规定处理。第三人向债权人提供的承诺文件，具有加入债务或者与债务人共同承担债务等意思表示的，人民法院应当认定为民法典第五百五十二条规定的债务加入。前两款中第三人提供的承诺文件难以确定是保证还是债务加入的，人民法院应当将其认定为保证。第三人向债权人提供的承诺文件不符合前三款规定的情形，债权人请求第三人承担保证责任或者连带责任的，人民法院不予支持，但是不影响其依据承诺文件请求第三人履行约定的义务或者承担相应的民事责任。"依据此条规定，第三人提供差额补足、流动性支持等类似承诺文件，如果作出提供担保的意思表示，应认定第三人提供保证；如果有加入债务的意思表示，应认定为债务加入；如果意思表示难以认定，推定为保证；如果均不能认定，发生保证或是连带责任，但是第三人提供的差额补足、流动性支持等类似承诺文件本身已经构成独立的合同条款，且合同条款有效，当事人应按照约定履行义务，否则构成违约。

三、以新贷偿还旧贷的保证责任

《担保司法解释》第十六条第一款规定："主合同当事人协议以新贷偿还旧贷，债权人请求旧贷的担保人承担担保责任的，人民法院不予支持；债权人请求新贷的担保人承担担保责任的，按照下列情形处理：（一）新贷与旧贷的担保人相同的，人民法院应予支持；（二）新贷与旧贷的担保人不同，或者旧贷无担保新贷有担保的，人民法院不予支持，但是债权人有证据证明新贷的担保人提供担保时对以新贷偿还旧贷的事实知道或者应当知道的除外。"新贷与旧贷两个借款合同的担保人相同，表明保证人已经知道并且同意既担任旧债务的保证人，又担任新债务的保证人，担保人对新贷应当承担担保责任。新贷与旧贷前后两个借款合同的担保人不同，或者旧借款合同无担保而新借款合同有担保的，此时旧债与新债是两个不同的法律关系，保证人只对旧债权债务提供担保，对新的债务发生不知道或者不应当知道，为保障保证人利益，保证人不需要承担保证责任。除非债权人有证据证明新贷的担保人提供担保时对以新贷偿还旧贷的事实知道或者应当知道。

第五节　保证期间与保证人的诉讼时效抗辩权

一、保证期间

（一）保证期间的概念和性质

保证期间是保证合同中当事人约定，或者依法律规定由保证人承担保证责任的期限。《民法典》第六百九十二条规定："保证期间是确定保证人承担保证责任的期间，不发生中止、中断和延长。债权人与保证人可以约定保证期间，但是约定的保证期间早于主债务履行期限或者与主债务履行期限同时届满的，视为没有约定；没有约定或者约定不明确的，保证期间为主债务履行期限届满之日起六个月。债权人与债务人对主债务履行期限没有约定或者约定不明确的，保证期间自债权人请求债务人履行债务的宽限期届满之日起计算。"据此，保证期间的设定目的在于限制保证人承担保证责任的风险。保证责任期间，是根据法律规定或者债权人与保证人的约定，债权人对保证人主张权利的期间。在此期间内，债权人若不主张权利，则期间届满后保证人的保证责任消灭。保证期间不发生中止、中断和延长，保证期间是除斥期间的一种，用来限制主债权人对保证人的债权请求权。保证期间的设定，一方面促使债权人及时主张债权，防止法律关系长期处于不稳定的状态。另一方面给保证人一个脱保的机会。

（二）保证期间的"长度"及没有约定和约定不明时的适用

保证期间的长度原则上可以自由约定。不过，约定的保证期间早于主债务履行期限或者与主债务履行期限同时届满的，由于债权人未在保证期间内主张权利将导致保证人的保证责任免除，而在保证期间内主债务履行期限尚未届满，债权人尚无法主张权利，故当事人虽然约定了保证期间，却导致无法实现保证担保债权实现的功能。此种情况应视为当事人没有约定保证期间。如果债权人与保证人没有约定保证期间或者约定不明，保证期间为主债务履行期限届满之日起六个月。由于此保证期间由法律规定，非由当事人约定，因此通常称为"法定保证期间"。此外，《担保司法解释》第三十二条规定："保证合同约定保证人承担保证责任直至主债务本息还清时为止等类似内容的，视为约定不明，保证期间为主债务履行期限届满之日起六个月。"据此"直至主债务本息还清时为止等类似内容"属于当事人约定不明，适用法定保证期间，也就是六个月的规定。

（三）保证期间的计算

保证期间的计算，应遵循期间计算的一般规定。《民法典》第二百零一条第一款规定："按照年、月、日计算期间的，开始的当日不计入，自下一日开始计算。"期间的计算，应当区分"期间开始的当日"和"期间开始计入日"。根据《民法典》第六百九十二条的规定，保证期间从主债务履行期限届满开始计算。主债务履行期限有约定的按约定，没有约定的或者约定不明确的，保证期间自债权人请求债务人履行债务的宽限期届满之日起计算。

（四）保证期间届满的效力

《民法典》第六百九十三条规定："一般保证的债权人未在保证期间对债务人提起诉讼或者申请仲裁的，保证人不再承担保证责任。连带责任保证的债权人未在保证期间请求保证人承担保证责任的，保证人不再承担保证责任。"依据此条规定，债权人未依照本条规定在保证期间内向正确的相对人以正确的方式主张权利的，保证人不再承担保证责任，意味着保证债权债务关系消灭。

在一般保证中，保证人不再承担保证责任的前提条件是债权人没有在保证期间对债务人提起诉讼或者申请仲裁。一般保证中，主债权人向主债务人提出履行债务请求，但是没有对债务人提起诉讼或者仲裁的，一旦保证期间届满，保证人便不再承担保证责任。根据《担保司法解释》第三十一条第一款的规定，一般保证的债权人在保证期间内对债务人提起诉讼或者申请仲裁后，又撤回起诉或者仲裁申请，债权人在保证期间届满前未再行提起诉讼或者申请仲裁，保证人主张不再承担保证责任的，人民法院应予支持。

在连带责任保证中，债权人未在保证期间对保证人主张承担保证责任的，保证人不再承担保证责任。债权人对保证人主张权利的方式没有限定，债权人可以提起诉讼或者申请仲裁，也可以以诉外方式主张权利。债权人在保证期间内以公告方式向保证人主张权利，应符合三个前提条件：保证人下落不明；公告的内容需有主张权利的意思表示；公告的媒体应当是国家级或者保证人住所地省级有影响的媒体。债权人不符合上述条件采取公告方式主张权利的，不产生主张权利的法律效果。根据《担保司法解释》第三十一条第二款的规定，连带责任保证的债权人在保证期间内对保证人提起诉讼或者申请仲裁后，又撤回起诉或者仲裁申请，起诉状副本或者仲裁申请书副本已经送达保证人的，人民法院应当认定债权人已经在保证期间内向保证人行使了权利。

《担保司法解释》第二十九条规定："同一债务有两个以上保证人，债权人以其已经在保证期间内依法向部分保证人行使权利为由，主张已经在保证期间内向其他保证人行使权利的，人民法院不予支持。同一债务有两个以上保证人，保证人之间相互有追偿权，债权人未在保证期间内依法向部分保证人行使权利，导致其他保证人在承担保证责任后丧失追偿权，其他保证人主张在其不能追偿的范围内免除保证责任的，人民法院应予支持。"据此，在共同保证中，各个保证人的保证责任具有相对独立性，保证责任的失效也同样具有独立性。有几个保证人，就有几个保证期间。

《担保司法解释》第三十四条第二款规定："债权人在保证期间内未依法行使权利的，保证责任消灭。保证责任消灭后，债权人书面通知保证人要求承担保证责任，保证人在通知书上签字、盖章或者按指印，债权人请求保证人继续承担保证责任的，人民法院不予支持，但是债权人有证据证明成立了新的保证合同的除外。"保证期间是除斥期间，在届满后保证合同自动终止，保证责任自动终止。但很多保证人不了解这一点，在接到债权人履行保证责任的催告通知书后，就在通知书回执上签字、盖章或者按指印，此种行为在债权人与保证人之间不产生新的保证合同的效力。但是，债权人举证证明保证人知道保证期间已经届满仍签字、盖章、按指印的，说明其同意重新成立保证合同，愿意再次承担保证责任。

二、保证人的诉讼时效抗辩权

从一般保证人的先诉抗辩权消灭之日（应当履行保证债务之日）起，对其开始计算诉讼时效。《民法典》第六百九十四条规定："一般保证的债权人在保证期间届满前对债务人提起诉讼或者申请仲裁的，从保证人拒绝承担保证责任的权利消灭之日起，开始计算保证债务的诉讼时效。连带责任保证的债权人在保证期间届满前请求保证人承担保证责任的，从债权人请求保证人承担保证责任之日起，开始计算保证债务的诉讼时效。"依据此条规定，债权人依照《民法典》第六百九十三条的规定在保证期间主张权利后，保证期间的使命即告完成，开始起算保证债务诉讼时效。如果债权人没有在保证期间内依法主张权利，则保证人不再承担保证责任，并无保证债务诉讼时效的问题。保证期间和保证债务的诉讼时效在时间上呈现出继起的关系，二者处于不同的阶段，而且相互衔接。

一般保证的债权人在保证期间届满前对债务人提起诉讼或者申请仲裁的，从保证人拒绝承担保证责任的权利消灭之日起，开始计算保证债务的诉讼时效。一般保证中，只有在保证人拒绝承担保证责任之时，债权人才可能知道其保证债权受到损害。因此，一般保证债务的诉讼时效应当从保证人拒绝承担保证责任时起算。

连带责任保证的债权人在保证期间届满前请求保证人承担保证责任的，从债权人请求保证人承担保证责任之日起，开始计算保证债务的诉讼时效。连带责任保证的债务人不履行到期债务或者发生当事人约定的情形时，债权人可以请求债务人履行债务，也可以请求保证人在其保证范围内承担保证责任。因此，主债务履行期限届满之时，即为债权人可得请求保证人承担保证责任。如果保证期限届满，保证责任已经消灭，就不存在起算的问题了。起算须有针对保证人主张权利的行为，债权人仅对债务人主张权利的，对保证人的诉讼时效不起算。

保证债务诉讼时效届满的效果是使保证人产生主张时效抗辩的权利。保证合同诉讼时效届满后，债权人请求保证人承担保证责任的，保证人有权提出时效届满抗辩并拒绝履行。但是债权人请求保证人承担保证责任的实体权利并未丧失，保证人在明知诉讼时效届满的情况下，自愿履行保证责任的，该履行发生法律效力，保证人事后不能反悔。

第六节　共同保证与最高额保证

一、共同保证

共同保证，是指两个或两个以上保证人对同一债权实现提供的担保。共同保证是针对单独保证而言的，是数人为同一债权债务提供担保。《民法典》第六百九十九条规定："同一债务有两个以上保证人的，保证人应当按照保证合同约定的保证份额，承担保证责任；没有约定保证份额的，债权人可以请求任何一个保证人在其保证范围内承担保证责任。"依据此条规定，共同保证的保证人须为两个或两个以上，被保证债务须系同一债务。共同保证的成立，并不要求数个保证人同时签订同一份保证合同，而是可以同时或先后分别签订同份或者数份保证合同。数个保证人彼此之间是否存在意思联络在所不问。按照保证人是否与债权人约定了各自的保证份额，可以将共同保证区分为按份共同保证与连带共同保证。

按份共同保证，是指保证人与债权人约定按份额承担保证责任的共同保证。由于按份共同保证的各个保证人均与债权人约定了保证份额，因此债权人只能分别要求各个保证人在其保证份额的范围内承担保证责任。根据《担保司法解释》第十三条第一款的规定，同一债务有两个以上第三人提供担保，担保人之间约定相互追偿及分担份额，承担了担保责任的担保人请求其他担保人按照约定分担份额的，人民法院应予支持。按份共同保证中各个保证人只在约定份额内承担保证责任，对于约定份额之外的保证责任有权拒绝履行。按份共同保证中的保证人按照保证合同约定的保证份额承担保证责任后，有权在其履行保证责任范围内对债务人行使追偿权。

连带共同保证，是指多个保证人均约定对全部债务承担保证责任或者未约定保证份额的共同保证。当事人可以通过约定成立连带共同保证。在多个保证人未约定保证份额的情形下，应推定为连带共同保证。连带共同保证指的是保证人彼此之间的连带，而不是保证人与债务人之间的连带。连带共同保证，在债务人不履行债务的情形下，债权人可以请求任何一个保证人承担保证责任。根据《担保司法解释》第十三条第二款的规定，同一债务有两个以上第三人提供担保，担保人之间未对相互追偿作出约定且未约定承担连带共同担保，但是各担保人在同一份合同书上签字、盖章或者按指印，承担了担保责任的担保人请求其他担保人按照比例分担向债务人不能追偿部分的，人民法院应予支持。

二、最高额保证

最高额保证是指债权人和保证人在一个保证合同中约定，在最高债权额度内就一定期间连续发生的债权提供担保的保证。《民法典》第六百九十条规定："保证人与债权人可以协商订立最高额保证的合同，约定在最高债权额限度内就一定期间连续发生的债权提供保证。最高额保证除适用本章规定外，参照适用本法第二编最高额抵押权的有关规定。"依据此条规定，最高额保证担保的债权是"一定期间"连续发生的债权。当事人可以通过约定限定被担保债权发生的期间，即约定期间的开始日与终止日。对于该期间以外时间段发生的债权，保证人不承担保证责任。不过，对于最高额保证合同签订之前已经发生的债权，只要当事人双方同意，也可以将之纳入最高额保证的范围，只要主债权发生在最高额保证合同约定的期间内，即便主债权债务合同未列明最高额保证合同，该主债权也应纳入最高额保证的范围。最高额保证担保的债权是一定期间连续发生的债权，在决算期到来之前，最高额保证所担保的债权具有变动性，保证人最终担保的债权数额具有不确定性。

最高额保证合同必须设定最高债权额，实际发生的债权超过最高限额的，保证人对超出部分的债权不承担保证责任；实际发生的债权未超过最高限额的，保证人对实际发生的债权承担保证责任。需要注意的是，最高债权额针对的是债权发生期间终止时，通过决算所确定的最终债权余额，而不是债权累计发生额。最高债权额，根据《担保司法解释》第十五条的规定，包括主债权及其利息、违约金、损害赔偿金、保管担保财产的费用、实现债权或者实现担保物权的费用等在内的全部债权，但是当事人另有约定的除外。登记的最高债权额与当事人约定的最高债权额不一致的，人民法院应当依据登记的最高债权额确定债权人优先受偿的范围。

关于最高额保证合同的保证期间，《担保司法解释》第三十条规定："最高额保证合同对保证期间的计算方式、起算时间等有约定的，按照其约定。最高额保证合同对保证期间的计算方式、起算时间等没有约定或者约定不明，被担保债权的履行期限均已届满的，保证期间自债权确定之日起开始计算；被担保债权的履行期限尚未届满的，保证期间自最后到期债权的履行期限届满之日起开始计算。前款所称债权确定之日，依照民法典第四百二十三条的规定认定。"据此，最高额保证合同对保证期间的计算方式、起算时间等有约定的，按照约定。没有约定或者约定不明，被担保债权履行期限届满的，要通过债权的确定将被担保的债权确定下来，在该债权确定下来后，最高额保证转化为普通保证，适用普通保证的保证期间计算规则进行确定。被担保债权履行期限未届满的，由于最高额保证存在多笔债权，每笔债权的履行期限可能不同，有些债权可能履行期限已经届满，有些债权的履行期限尚未届满。因此，保证期间必须自最后到期债权的履行期限届满之日起才能计算。

第十五章课件

租赁合同

导读案例

家住淮南市田家庵区某小区的夏先生与该小区开发商安徽某发展置业有限公司（以下简称置业公司）于2018年9月14日签订车位租赁协议，夏先生承租置业公司位于该小区北区P1-030人防车位。双方约定，夏先生一次性向置业公司支付租金8万元，租赁期限暂定20年，租赁期满后，租赁期限自动顺延至人防车位附属用房土地使用权期满，夏先生无须另行支付租金。租赁期间，夏先生不得改变车位用途，有权向小区业主转租车位，但须向物业公司进行备案登记。

2020年12月16日，置业公司向夏先生出具车位交付通知书，督促夏先生办理车位交付手续。夏先生认为，人防车位不能出租，该车位存在权利瑕疵，租赁期超过3年属于违法行为，故未办理交付手续。后双方协商未果，夏先生向田家庵区人民法院提起诉讼，诉请解除车位租赁协议，置业公司立即返还车位租赁费8万元，赔偿违约金2.4万元。

一审法院认为，人防车位是指在不妨碍防空功能和满足业主需要的前提下，需要时可以用于人防工程、平时可以用作车库供业主使用的车位。《中华人民共和国人民防空法》第五条规定，国家对人民防空设施建设按照有关规定给予优惠。国家鼓励、支持企业事业组织、社会团体和个人，通过多种途径，投资进行人民防空工程建设；人民防空工程平时由投资者使用管理，收益归投资者所有。本案中，置业公司依法享有涉案停车位的使用、收益的权利，其与夏先生签订的车位租赁协议是双方当事人的真实意思表示，内容不违反法律、行政法规的强制性规定，合同合法有效。夏先生对其主张的置业公司的欺诈行为并没有提交证据证实，故双方应当依约履行，不得擅自解除或变更。一审判决驳回夏先生的诉讼请求。

夏先生不服一审判决，向淮南中院提出上诉。

淮南中院审理后认为，夏先生与置业公司就车位使用权的年限、租金、用途达成一致，合同性质上属于车位租赁合同。人防车位由于其战备性和公共服务设施的特殊性质，所有权归国家所有，但也有满足普通民众日常停车之需而开发的经济功能。人防车位所有权不得进行买卖、让渡，但《中华人民共和国人民防空法》与《城市地下空间开发利用管理规定》允许建设单位对其投资开发建设的人防车位自营或者依法进行使用权转让、租赁。本案中，本着"谁投资、谁受益"原则，由开发商投资建设且未纳入业主分摊面积的人防车位，其使用、管理及收益权归属于开发商。故涉案车位不存在权利瑕疵，车位租赁协议合法有效。夏先生提出解除合同，返还租金，没有事实依据和法律依据，原判认定事实清楚，适用法律正确，终审判决驳回上诉，维持原判。

问题提出

1. 租赁合同的特点是什么？
2. 租赁合同的效力是什么？
3. 租赁合同的物权化表现是什么？
4. 承租人优先购买权的适用情形是什么？
5. 租赁合同风险如何负担？

第一节　租赁合同概述

一、租赁合同的概念和特点

《民法典》第七百零三条规定："租赁合同是出租人将租赁物交付承租人使用、收益，承租人支付租金的合同。"依据此条规定，租赁合同是以对他人之物进行使用和收益为目的。在租赁合同中，将物提供给另一方使用、收益，并有权获得相应对价的人为出租人；使用、收益对方之物并支付相应对价的人为承租人。出租人向承租人提供之物为租赁物，也可称为租赁财产。租赁物是租赁合同中权利义务指向的对象，是租赁合同的标的物。承租人向出租人支付的，作为使用、收益租赁物对价的是租金。租赁合同作为民事主体间调剂余缺、充分利用物质资源的一种常见法律形式，有利于促进生产和满足生活需要。

租赁合同具有以下特点。

（一）租赁合同是转让财产使用权的合同

租赁合同以承租人取得租赁物的占有、使用、收益为目的，因此其转移的是物的占有、使用、收益权，而非物的所有权，这有别于买卖合同。正因为承租人对标的物不享有处分权，所以在承租人破产时租赁物不能被列为破产财产。同时承租人应该获得现实的占有、使用，因此租赁物一般应为现存的物、非消耗物、有体物，对无体物使用权的取得不适用租赁合同的规定。

（二）租赁合同是双务合同、诺成合同

承租人使用出租人的租赁物得支付一定的租金，出租人收取租金得交付租赁物，出租人与承租人权利义务互为对价。在租赁合同中，出租人与承租人双方意思表示一致即可成立，不以标的物的实际交付为合同的成立或生效要件，故租赁合同为诺成合同。

（三）租赁合同是有偿合同

在租赁合同中，承租人取得租赁物的使用、收益权，必须以支付租金为对价，这是租赁合同与借用合同的根本区别。借用合同中的借用人也是以取得标的物的使用、收益权为目的，但借用人一方的使用收益为无偿，即无须支付对价。因此，借用合同与租赁合同可因是否支付对价的条件变更而相互转化。依租赁合同支付的租金通常为金钱上的支付，但支付实物时，法律并无限制。

（四）租赁合同是期限性合同

《民法典》第七百零五条第一款规定："租赁期限不得超过二十年。超过二十年的，超过部分无效。"依据此条规定，租赁合同最长期限是二十年，租赁合同不具有长期性或是永久性，不适用租赁物的永久性使用，否则易与买卖合同发生混淆。只是在约定的租赁期间内，出租人的义务处于持续不断的状态，租赁合同属于继续性合同。

二、租赁合同的分类

依照不同标准，可以将租赁合同分为如下两个基本类型。

（一）动产租赁合同与不动产租赁合同

依租赁标的物的不同类别，租赁合同可分为动产租赁合同与不动产租赁合同。动产租赁合同的租赁物既包括一般动产，又包括特殊动产，如车辆、大型机械、船舶、飞行器等。不动产租赁合同的租赁物通常是土地、房屋。此种分类的意义在于，不动产租赁合同与动产租赁合同适用的法律规则不同，尤其是适用不动产租赁规则的动产租赁合同法律有特别的要求。

（二）定期租赁与不定期租赁

以合同是否具有具体期限为标准，对租赁期限有明确约定的是定期租赁；对租赁期限无约定或约定不明确的，为不定期租赁合同。区分此类合同的法律意义在于，明确当事人在不同条件下订立合同时法律程序要求与合同解除权的行使。《民法典》第七百零七条规定："租赁期限六个月以上的，应当采用书面形式。当事人未采用书面形式，无法确定租

赁期限的，视为不定期租赁。"依据此条规定，租赁期在 6 个月以上，当事人未采用书面形式，又没有充分证据证明自己的期限主张时，租赁合同被认定为是不定期租赁。当事人依法可以随时解除合同，但出租人解除合同应当在合理期限之前通知承租人。租赁期间届满，承租人继续使用租赁物，出租人没有提出异议的，原租赁合同继续有效，但租赁期限为不定期。

第二节　租赁合同的效力

租赁合同的效力是指租赁合同依法成立后所具有的法律约束力，租赁合同的效力通过其当事人即出租人与承租人所享有的权利与承担的义务表现出来。

"房屋租赁合同"案例

一、出租人的义务

（一）按照约定交付租赁物的义务

《民法典》第七百零八条规定："出租人应当按照约定将租赁物交付承租人，并在租赁期限内保持租赁物符合约定的用途。"依据此条规定，交付租赁物是出租人在租赁合同成立生效后的一项基本义务。出租人订立租赁合同的目的是收取租金，承租人订立合同的目的是通过租赁标的物而获取其使用价值，双方基于各自目的签订合同，并希望合同可以顺利履行，以实现各自目的。租赁合同是诺成合同，只要双方当事人意思表示一致即告成立。承租人要获得租赁物的使用权，就必须对该租赁物进行占有，占有是能够使用的前提。只有在出租人将租赁物交付给承租人后，承租人才能够实现对租赁物的占有、使用和收益。出租人交付租赁物是指出租人将对租赁物的占有转移给承租人。在某些类型的租赁交易中，出租人不需要实际交付租赁物，但应使租赁物处于可供使用、收取收益的状态，如将墙面进行出租时，出租人只要按照合同的约定使墙面处于可为承租人使用、收益的状态即可。出租人应当根据合同约定的租赁物的名称、数量、质量、交付时间与地点以及交付方式等交付符合合同约定的租赁物。如果出租人不能按照合同约定交付租赁物或者交付的租赁物不符合约定，导致承租人无法按期或正常使用，出租人应当承担违约责任。交付给承租人，不限于承租人本人，也可以是承租人的代理人或者履行辅助人等。

（二）瑕疵担保义务

承租人交付租金后，出租人交付的租赁物存有瑕疵势必影响租赁合同订立目的的实现，侵害承租人的权益。为了能够保证承租人实现对租赁物的正常占有和使用，从而达到租赁目的，法律规定出租人应保证租赁物符合约定用途。根据《民法典》第七百零八条的规定，出租人所交付的租赁物应当符合合同约定的使用收益目的，并且这种状态应该在整个租赁期内均是如此。如果出租人交付的租赁物不具有约定的性质，承租人可以向其主张违约责任。

1. 物的瑕疵担保义务。

出租人交付的租赁物应符合约定用途，须保证在整个租赁期承租人对租赁物的正常使用、收益。在租赁期间租赁物本身出现问题，承租人请求出租人进行维修时，出租人应对其进行及时的维修，以保证承租人的正常使用。承租人在订立租赁合同时已经知道租赁物具有质量瑕疵，但是仍然签订租赁合同，按照物的瑕疵担保义务的一般理论，出租人原则上不再负有物的瑕疵担保义务。但是，根据《民法典》第七百三十一条的规定，租赁物危及承租人的安全或者健康的，即使承租人订立合同时明知该租赁物质量不合格，承租人仍然可以随时解除合同。依据此条规定，租赁物存在危及承租人安全或健康的，承租人享有特别解除权，这体现了法律对承租人生命权和健康权的优先保护。承租人的特别解除权是以"租赁物危及承租人的安全或者健康"为前提条件，而不是承租人对租赁物质量不合格的知晓与否。所谓"危及"，是指存在现实的、紧迫的危险和威胁他人安全或者健康的风险。当财产法益与生命健康法益发生冲突时，立法者优先保护生命健康法益，旨在凸显生命健康权作为最重要的权利所应享有的优先保护地位。

2. 权利瑕疵担保义务。

《民法典》第七百二十三条规定："因第三人主张权利，致使承租人不能对租赁物使用、收益的，承租人可以请求减少租金或者不支付租金。第三人主张权利的，承租人应当及时通知出租人。"依据此条规定，承租人行使租赁权时，如果第三人对租赁物主张权利，承租人的权利的行使遭受不利影响，承租人有权主张减少租金或者不付租金。此谓出租人的权利瑕疵担保义务，其是指出租人应当担保不因第三人对承租人主张租赁物上的权利而使承租人无法依约对租赁物进行使用收益。出租人权利瑕疵担保义务的构成必须具备两个要件：

其一，第三人向承租人主张租赁物上的权利，且该权利对承租人的使用、收益构成了障碍。也就是说，第三人向承租人主张的权利会影响承租人订立租赁合同的根本目的。反之，出租人不需要承担权利瑕疵担保责任。例如，第三人主张租赁物上的所有权，便会妨碍到承租人对租赁物的使用收益，此时出租人就得承担权利瑕疵担保责任。如果第三人仅仅主张租赁物上有抵押权的存在，因抵押权的存在不会影响承租人对租赁物的使用收益，出租人就无须承担权利瑕疵担保责任；但是第三人主张的是抵押权的实现，因为涉及对租赁物的处分，此时就会发生出租人的权利瑕疵担保责任。

其二，承租人于合同订立时不知道租赁物有权利瑕疵。如果承租人明知出租人对于租赁物存在权利瑕疵而仍与其订立租赁合同，则视为其自愿承担这种由第三人主张权利而产生的交易风险，出租人因此而不承担权利瑕疵担保义务，也不承担因此而产生的违约责任。

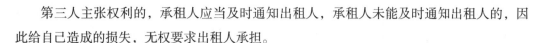

第三人主张权利的，承租人应当及时通知出租人，承租人未能及时通知出租人的，因此给自己造成的损失，无权要求出租人承担。

（三）维修租赁物的义务

根据《民法典》第七百一十二条的规定，出租人应当履行租赁物的维修义务，但是当事人另有约定的除外。依据此条规定，租赁合同中，出租人有保证租赁物符合合同约定的用益状态的义务。在双方当事人对维修义务未作出约定的情况下，维修义务一般由出租人承担。维修义务，又称修缮义务，是指在租赁物有瑕疵或有毁损致使承租人无法圆满地享受租赁物的用益状态时，出租人应对租赁物进行维修或修缮，使其恢复租赁合同约定的租赁物状态，以保障承租人的利益。出租人的维修义务，合同有约定的从其约定；合同没有约定或者约定不明的，出租人履行维修义务须同时满足以下四个要件：

其一，租赁物有维修的必要性。维修的必要性是指保持租赁物符合合同约定和缔约目的所需要的使用收益状态。租赁期间，如果租赁物不能保持符合合同约定和缔约目的所需要的使用收益状态，承租人权益无法保障，合同目的无法实现。

其二，租赁物有维修的可能性。租赁物出现损坏后，如果客观上不能修复，或者虽能修复但是修复费用过高，租赁物已经不具备维修的可能。

其三，租赁物的瑕疵或毁损非可归责于承租人。根据《民法典》第七百一十三条第二款的规定，因承租人的过错致使租赁物需要维修的，出租人不承担维修义务。此时，租赁物的瑕疵毁损是由承租人的过错所产生，毁损事由可归责于承租人，出租人不必履行维修义务，并且出租人还有权要求承租人损害赔偿。

其四，出租人在合理期限内维修。根据《民法典》第七百一十三条第一款的规定，承租人在租赁物需要维修时可以请求出租人在合理期限内维修。出租人未履行维修义务的，承租人可以自行维修，维修费用由出租人负担。因维修租赁物影响承租人使用的，应当相应减少租金或者延长租期。依据此条规定，承租人可以请求出租人在合理期限内维修。所谓"合理期限"，应考虑租赁物的损坏程度、承租人需要维修的紧急状态、出租人的维修能力等。维修义务原则上由出租人承担，承租人在合理期限内有权催告，通知出租人维修。出租人如果不及时履行维修义务，承租人也可自行维修，此时维修费用仍由出租人承担，承租人可以在租金内对维修费用进行抵扣，但承租人有过错的除外。

二、承租人的义务

（一）支付租金的义务

租赁合同是有偿合同，承租人对租赁物的使用收益以支付租金为代价，因此支付租金是承租人的主要义务。《民法典》第七百二十一条规定："承租人应当按照约定的期限支付租金。对支付租金的期限没有约定或者约定不明确，依据本法第五百一十条的规定仍不能确定，租赁期限不满一年的，应当在租赁期限届满时支付；租赁期限一年以上的，应当在每届满一年时支付，剩余期限不满一年的，应当在租赁期限届满时支付。"租金约定不能缺失，否则会使出租人订立租赁合同的目的落空，还会造成出租人和承租人因租金的支付日期发生争执。法律有关租金支付时间的规定，可以避免因支付租金时间不明所产生的纠纷，既尊重合同当事人的意愿，又弥补了合同相关条款规定不全面的缺陷。

关于承租人未能按时支付租金的情形，《民法典》第七百二十二条规定："承租人无正当理由未支付或者迟延支付租金的，出租人可以请求承租人在合理期限内支付；承租人逾期不支付的，出租人可以解除合同。"依据此条规定，出租人解除租赁合同须符合三个条件：

一是承租人无正当理由未支付或者迟延支付租金。承租人未支付或者迟延支付租金应是无正当理由，如果承租人因为不可抗力或意外事件，使租赁物部分或者全部毁损、灭失，承租人已无法对租赁物进行使用、收取收益，出租人交付的租赁物不符合约定的使用要求，在租赁期间租赁物出现质量问题，出租人不尽维修义务，承租人宣告出于破产等原因未支付或者迟延支付租金，属于承租人有正当理由未支付或者迟延支付租金。此时，承租人并非具有违约的故意，出租人不能任意解除租赁合同。

二是出租人催告承租人交付租金。出租人催告承租人在合理期限内交付租金，是出租人的权利。催告属于表示行为，不是民事法律行为，催告的效力由法律规定。在诉讼时效期间内，催告可以有效中断时效期间，使得时效期间重新计算。因此，诉讼时效期间的催告，具有法律上的效力。诉讼时效期间外的催告，承租人可以为时效抗辩。

三是承租人在合理期限内未支付租金。出租人向承租人催告后，出租人确定了承租人履行期限的，按照出租人确定的期限履行支付租金义务。出租人向承租催告后，出租人没有确定履行期限的，则需要司法自由裁量予以确定。

符合前述三个条件，出租人可以解除租赁合同。租赁合同解除后，租赁期限尚未届满的，租赁合同停止履行，承租人应当返还租赁物，对于租金欠付及其他原因造成出租人损失的，承租人应当承担损害赔偿责任。

（二）合理使用租赁物的义务

《民法典》第七百零九条规定："承租人应当按照约定的方法使用租赁物。对租赁物的使用方法没有约定或者约定不明确，依据本法第五百一十条的规定仍不能确定的，应当根据租赁物的性质使用。"依据此条规定，承租人应履行依照约定的方法使用租赁物的义务。承租人通过设立租赁合同，旨在取得租赁物的租赁权，从而对租赁物进行使用和收益。但毕竟租赁物的所有权属于出租人，对他人之物的使用和收益，应以不损及他人权利为限。鉴于承租人使用租赁物时，使用的范围非常宽泛，使用的方法也多种多样。对于同一财产的使用，不同的承租人有不同的目的。因此就租赁物的使用而言，承租人必须按照约定使用租赁物。对租赁物的使用方法没有约定或者约定不明确，依据《民法典》第五百一十条的规定协议补充，不能达成补充协议的，按照合同相关条款或者交易习惯确定。仍不能确定的，应当根据租赁物的性质使用。

承租人按照约定方法或者根据租赁物的性质使用租赁物时，极有可能会产生损耗，而在租赁合同存续期间租赁物的正常损耗是一种合理的情况。因此,《民法典》第七百一十条规定:"承租人按照约定的方法或者根据租赁物的性质使用租赁物,致使租赁物受到损耗的,不承担赔偿责任。"此条规定是对《民法典》第七百零九条规定的延伸,法律要求租赁合同双方当事人在订立合同时或者在合同成立后应及时明确租赁物的使用方法,规范承租人对租赁物的使用。当事人双方签订租赁合同时,应当对租赁物加以明确界定。如一台电脑的电池寿命是 1 万小时,一旦启动电脑,随着使用时间的增加,电脑的电池寿命就会逐渐缩短,直至全部丧失。出租人出租租赁物时对其正常损耗是明知的,与承租人约定租赁物的使用方法,意味着出租人认可这种正常损耗,而约定的租金中也已囊括了租赁物的折旧价值。因此,只要承租人按照约定的方法使用租赁物,对租赁物的正常损耗及价值的减少是无须承担任何责任的。

《民法典》第七百一十一条规定:"承租人未按照约定的方法或者未根据租赁物的性质使用租赁物,致使租赁物受到损失的,出租人可以解除合同并请求赔偿损失。"依据此条规定,承租人正常使用所引起的损耗属于出租人为获取租金所自愿承担的合理损失,但承租人未按照约定的方法或者租赁物的性质使用租赁物,致使租赁物受到损失的,出租人可以解除合同并要求赔偿损失。这是针对承租人不适当履行合同义务致使租赁物遭受损失的情况而给予出租人的救济措施。如果承租人未按照约定的方法或者租赁物的性质使用租赁物,但未使租赁物受到损失,此种情形自然不能援引《民法典》第七百一十一条的规定主张合同解除并要求赔偿损失。存在着造成租赁物损害的危险与可能,出租人可行使物上请求权,请求承租人停止侵害,消除危险或排除妨害。

(三)妥善保管租赁物的义务

《民法典》第七百一十四条规定:"承租人应当妥善保管租赁物,因保管不善造成租赁物毁损、灭失的,应当承担赔偿责任。"依据此条规定,承租人对租赁物进行占有、使用、收益期间,对租赁物负有妥善保管义务。承租人在租赁期间占有租赁物,应当尽善良注意的义务保管租赁物。如果租赁物能产生收益,承租人应保持其能力。承租人未履行该义务造成租赁物毁损、灭失,应当承担损害赔偿责任。例如,甲将其所有的房屋出租给乙,双方口头约定租金为每年 5 万元,乙可以一直承租该房屋,直至乙去世。房屋出租后的第二年,乙为了经营酒店,经甲同意,对该房屋进行了装修,共花费 6 万元。一天晚上,一失控的汽车撞到该房屋,致使其临街的玻璃墙毁损,肇事司机驾车逃逸,乙要求甲维修,甲拒绝,乙便自行花费 1 万元予以维修。(2003 年司考真题)这 1 万元的维修费用产生在租赁期间,不是因为承租人的原因所导致,根据《民法典》第七百一十二条和第七百一十三条的规定,应该由出租人甲来承担。至于肇事司机的责任,出租人可通过侵权途径向其主张损害赔偿,但不能因为第三人过错来主张义务的免除。如果玻璃墙毁损是由于承租人乙自身的过错导致的,根据《民法典》第七百一十二条的规定,出租人仍然负有维修义务,但可以向承租人乙主张损害赔偿。

（四）不得随意对租赁物改善或在租赁物上增设的义务

《民法典》第七百一十五条规定："承租人经出租人同意，可以对租赁物进行改善或者增设他物。承租人未经出租人同意，对租赁物进行改善或者增设他物的，出租人可以请求承租人恢复原状或者赔偿损失。"依据此条规定，承租人未经出租人同意，不得擅自对租赁物进行改动，否则出租人有权要求承租人恢复原状。对租赁物进行改善是指承租人为改善租赁物的外观、性能进行的改装、改修等活动，如房屋承租人对房屋的装饰装修等。对租赁物进行增设他物是指承租人在租赁物原有设施设备的基础上增加新的物品，如车辆承租人对车辆加装导航等。在实际运用中，需要区分对租赁物的改善增设与对租赁物的正常使用，并不是所有增添新物的行为都属改善增设的范围。如对租赁房屋内的家具作了防滑处理，属于承租人按照约定或租赁物的性质使用租赁物的行为，该行为不需要征得出租人的同意。改善强调的是承租人的主观目的，如为了使用的便利、租赁物的美观等。

《民法典》第七百一十五条的规定旨在平衡出租人与承租人之间的利益，一方面要确保出租人的财产权益，不能因承租人的擅自行为而遭受到侵害，另一方面要考虑到承租人的生产或是生活需要，便于承租人行使承租权。例如，在租赁的房屋中没有热水器，承租人经出租人同意可以安装热水器以便利自己的生活。但该条并没有就由此产生的费用或是附合物的处理作一明确的规定。对此类问题的处理可以借鉴《最高人民法院关于审理城镇房屋租赁合同纠纷案件具体应用法律若干问题的解释》第八条、第九条和第十条的规定。

（五）不得擅自转租的义务

《民法典》第七百一十六条规定："承租人经出租人同意，可以将租赁物转租给第三人。承租人转租的，承租人与出租人之间的租赁合同继续有效；第三人造成租赁物损失的，承租人应当赔偿损失。承租人未经出租人同意转租的，出租人可以解除合同。"依据此条规定，承租人转租应经出租人的同意。转租指的是承租人在不退出原租赁合同的情况下，将租赁物重新出租给次承租人，成立新的租赁合同。转租下，次承租人与承租人之间成立一个新的租赁关系，承租人与出租人之间的租赁关系继续有效。由于租赁物有偿再转移给次承租人（第三人）使用收益，次承租人的行为直接影响到出租人的权益。因此，法律严格限制了转租的条件。非经出租人同意，承租人不得转租。《民法典》第七百一十八条规定："出租人知道或者应当知道承租人转租，但是在六个月内未提出异议的，视为出租人同意转租。"

在征得出租人同意情况下，承租人转租的，即合法转租，存在着两个租赁合同，出租人、承租人、次承租人（第三人）三人关系。两个租赁合同分别是出租人与承租人之间的租赁合同以及承租人与次承租人之间的租赁合同，出租人与次承租人之间没有任何合同关系。如果当事人没有特别约定，承租人可以从中赚取租金的差价。例如，张某以每月1000月的价格承租了李某的一套房屋，之后在经得李某同意后，张某又以每月1200月的价格将该房屋转租给了赵某，则张某向李某支付的租金仍然是1000元每月，其间200元的差价属于张某所有。次承租人对租赁物造成损害的，出租人不能直接向次承租人主张违约损害赔偿，囿于合同相对性的限制，只能向承租人主张损害赔偿。之后承租人根据其与次承租人之间的租赁合同向次承租人主张违约损害赔偿。其间，出租人也可以所有人的身份向次承租人主张侵权损害赔偿。

未经出租人允许所进行的转租系违法转租。基于违法转租，产生如下法律后果：

其一，出租人可以解除与承租人之间的租赁合同。就出租人与承租人之间的关系而言，承租人违法转租为严重违约行为，出租人有权解除合同。出租人的解约权是否行使由出租人自己决定，出租人不解除合同的，租赁关系仍然有效，不因承租人的违法转租而受影响。

其二，出租人行使合同解除权，将其与承租人之间的租赁合同解除，则承租人与次承租人之间的租赁合同随之终止。由于承租人无法使次承租人取得对租赁物的使用和收益，次承租人得向承租人主张违约责任。出租人与承租人之间租赁合同的解除，承租人赚取的租金差价失去了合法依据，应作为不当得利返还给出租人。

其三，就出租人与次承租人而言，次承租人的租赁权不能对抗出租人。在出租人解除租赁关系时，出租人得直接向次承租人请求返还租赁物。但如果出租人不解除租赁关系，因承租人的租赁权有效存在，基于承租人租赁权发生的次承租人的租赁权亦有效，次承租人合法取得对租赁物的使用和收益，所以出租人不能直接向次承租人请求返还租赁物。

（六）返还租赁物的义务

《民法典》第七百三十三条规定："租赁期限届满，承租人应当返还租赁物。返还的租赁物应当符合按照约定或者根据租赁物的性质使用后的状态。"依据此条规定，租赁期限届满，承租人应向出租人返还租赁物。承租人返还的租赁物，应当符合按照约定或根据租赁物的性质使用后的状态。在租赁期间届满，承租人返还租赁物是基本的合同义务。承租人返还租赁物时应当保持租赁物的使用性能，但是属于符合约定或是正常使用后的合理损耗的，承租人对租赁物的返还仍视为适当履行。承租人逾期不及时返还租赁物的，出租人既可以基于租赁合同要求承租人返还，也可以因承租人失去了合法占有的依据基于所有权要求承租人返还。在租赁关系终止时，只要租赁物还存在，承租人就应当返还原租赁物；只有当租赁物不存在时，承租人才不负返还义务。租赁物是由于承租人的原因而灭失的，承租人应负损害赔偿责任。

租赁物通常是有体物、非消耗物。承租人未经出租人同意对租赁物改建、改造或者增加附着物的，返还租赁物时应当恢复原状；如果承租人的行为是取得出租人同意的，承租人可以不恢复原状，并可以在现有增加的价值范围内向出租人请求偿还费用。

第三节　租赁合同的特别效力

一、买卖不破租赁

《民法典》第七百二十五条规定："租赁物在承租人按照租赁合同占有期限内发生所有权变动的，不影响租赁合同的效力。"此条确定了买卖不破租赁规则，也就是在租赁期间，租赁物所有权发生变动，不导致租赁关系的解除或者效力受到影响。买卖不破租赁产生的初衷在于防止租赁权被任意侵夺，之后衍生出更多实质性的租赁权保护规则。其主要着眼点在于承租人为弱者的道德预设以及维护交易安全的政策考量。根据《民法典》第七百二十五条的规定，在租赁物所有权发生转移时，新所有人应该继续遵循租赁物上承租人的使用收益状况，保持其使用收益的原貌，也就是说新所有人取代原所有人地位成为该租赁物的新的出租人。新所有人取得出租人地位后，其与原承租人之间的权利义务关系继续适用原租赁合同。原出租人因租赁物所有权的转移而脱离出原租赁合同关系，不再有任何的权利义务。其中租赁物所有权的变动不仅包括因买卖而产生的租赁物所有权转移，而且还包括因赠与、继承、互易等发生的所有权转移。买卖不破租赁，既适用动产，也适用不动产。

买卖不破租赁虽然使租赁权存有物权化的倾向，但这一特殊的处理并没有改变租赁权债权的本质，其只不过是债权对抗所有权的一个特例，也是物权优先于债权的一个例外，究其本质仍是债权。租赁权的物权化并未改变承租人对租赁物的占有、使用、收益权为基础的权利内容。租赁权效力的特殊规定实际上强化了租赁权这一债权的效力，这种例外受到严格的限制。根据《民法典》的相关规定，设立抵押权后设定租赁，在租赁期间因抵押权人实现抵押权发生所有权变动的；租赁物在出租前已被人民法院依法查封的，不遵守"买卖不破租赁"规则。

二、房屋承租人的优先购买权

《民法典》第七百二十六条规定："出租人出卖租赁房屋的，应当在出卖之前的合理期限内通知承租人，承租人享有以同等条件优先购买的权利；但是，房屋按份共有人行使优先购买权或者出租人将房屋出卖给近亲属的除外。出租人履行通知义务后，承租人在十五日内未明确表示购买的，视为承租人放弃优先购买权。"本条规定赋予承租人在同等条件下对租赁房屋的优先购买权，目的在于保

"房屋承租人的优先购买权"
微课

障承租人维持现有生活状态和提高经营营业的恒心。承租人对房屋的租赁通常是较为长期的，赋予其优先购买权，能够便利维系其较长期的居住和营业活动。即便有"买卖不破租赁"的规则存在，对于承租人而言，能以适宜的交易条件获得已经租赁房屋的所有权，形成恒产应当更为其心所愿。对于出租人而言，房屋的出售在于价格的高低，交易对象为谁不重要。加之出租人与承租人较为熟识，为此，法律规定出卖租赁房屋，承租人在同等条件下有优先购买权。

承租人的优先购买权不是源于当事人的约定，而是来自法律的规定，因此具有法定性。承租人的优先购买权受到四重限制：

一是共有权人的优先购买权对承租人优先购买权的排除。共有权人的优先购买权基于共有关系产生，承租人的优先购买权基于租赁关系产生，无论是从承袭现法还是从发挥物的经济效用的角度看，在此二者发生冲突时，应坚持共有权人的优先购买权优于承租人的优先购买权的原则。

二是出租人将租赁房屋出售于近亲属时排除承租人的优先购买权。出租人将租赁房屋出售于近亲属，基于疏不间亲的原理，应排除承租人的优先购买权。近亲属之间的房屋买卖，很有可能不遵循市场交易规则，买卖价格偏离市场价格甚至会偏离得厉害。如果允许承租人行使优先购买权，以同等价格优先购买房屋，对于出租人和买受人都会极不公平，并且近亲属之间的房屋交易买卖，极有可能具有与扶养、协助等相关的人伦常情。近亲属之间的房屋交易，非市场化特征鲜明，从此角度考量，排除承租人的优先购买权符合疏不间亲的原理。

三是承租人未在法定期限内行使优先购买权被视为放弃。出租人与第三人订立房屋买卖合同，应在合理期限内向承租人履行通知义务，承租人在法定的十五天期限内未明确表示的，视为放弃优先购买权。

四是承租人未参加拍卖的，视为承租人放弃优先购买权。《民法典》第七百二十七条规定："出租人委托拍卖人拍卖租赁房屋的，应当在拍卖五日前通知承租人。承租人未参加拍卖的，视为放弃优先购买权。"依据此条规定，出租人以拍卖方式出售房屋，承租人在同等条件下仍然享有优先购买权。出租人以拍卖方式出售房屋的，应在拍卖五日前通知承租人。承租人在接到通知后，不需要对此通知向出租人作出回应，以是否参加拍卖作为判定标准。承租人未参加拍卖的，视为放弃优先购买权。

关于房屋承租人的优先购买权受到侵害的情形，《民法典》第七百二十八条规定："出租人未通知承租人或者有其他妨害承租人行使优先购买权情形的，承租人可以请求出租人承担赔偿责任。但是，出租人与第三人订立的房屋买卖合同的效力不受影响。"据此，房屋承租人的优先购买权受到侵害，有权向出租人主张损害赔偿，无权主张出租人与第三人间的买卖合同无效。如此处理，一是为了保护第三人的利益，二是现行法律对房屋的权属变更采用的是区分原则，债权不影响物权，仅仅否定出租人与第三人之间的房屋买卖合同效力，而不对第三人所取得的房屋所有权作出规定，无法对承租人的优先购买权予以实质性的保护。

三、同租人的继续租赁权

《民法典》第七百三十二条规定："承租人在房屋租赁期限内死亡的，与其生前共同居住的人或者共同经营人可以按照原租赁合同租赁该房屋。"该条是有关同租人继续租赁权的规定。承租人在房屋租赁合同期间死亡的，与其生前共同居住的人或者共同经营人可以按照原租赁合同租赁该房屋，从而发生合同权利义务的概括转让。承租人的死亡，并不必然导致房屋租赁合同的终止。赋予共同居住人和共同经营人以选择权，既有利于保护共同居住人和共同经营人的利益，也有利于稳定租赁合同关系，鼓励交易，促进经济的发展。与承租人生前共同居住的人不一定非得是亲属，与承租人生前共同生活过一段时间，具有事实生活关系的人也可是共同居住的人。在租赁合同存续期间，承租人死亡的，共同居住人或者共同经营人享有法定选择权，或使原租赁合同终止，或使原租赁合同继续履行。

四、承租人的优先承租权

《民法典》第七百三十四条第二款规定："租赁期限届满，房屋承租人享有以同等条件优先承租的权利。"依据此条规定，租赁期间届满时，出租人将房屋租赁于第三人，承租人具有以同等条件与出租人就租赁房屋订立租赁合同的权利。此条确定了承租人的优先承租权。承租人优先购买权为法定权利，无须当事人另为约定，以租赁期届满时存在出租人将租赁物租赁于第三人情形为其发生的条件。优先承租权的行使条件主要有：

第一，在优先承租权发生后的合理时间内行使。优先承租权发生后，应当及时行使，否则将使出租人与第三人的租赁合同的效力长期处于悬而未决的状态，不利于对交易安全的保护。承租人优先承租权行使的期间应为一个合理期间。

第二，优先承租权发生后，承租人没有明确放弃。优先承租权发生后，出租人通知承租人打算将租赁物租赁给第三人，并征询承租人是否愿意继续租赁时，承租人明确表示不再承租的，应当视为承租人放弃优先承租权。承租人放弃优先承租权的，优先承租权消灭。

第三，承租人的优先承租权的行使，以满足同等条件为前提。为了保障相对人的利益，优先权必须在同等条件下才能被享有，法定优先承租权也不例外。承租人行使该权利时续租的租赁条件应当与第三人同等，否则侵害到出租人应有的权益。

承租人行使优先承租权，明确继续承租的意思表示之后，承租人与出租人之间就租赁的房屋，以出租人与第三人缔结租赁合同的"同等条件"依法形成租赁合同。需要注意的是，承租人的优先承租权是一种比承租人的优先购买权弱的权利类型。举重以明轻，在法律明确规定承租人的优先购买权不能依法取得对抗第三人效力的情况下，承租人的优先承租权更不应取得对抗第三人的效力。

第十六章课件

Chapter **17**

融资租赁合同

📖 导读案例

2020 年 1 月，原告甲公司与被告王某签订了车辆融资租赁合同，合同约定出租人（原告）依承租人（被告）申请购买车辆出租给承租人使用，出租人和承租人双方同意将标的车辆上户在王某名下，但标的车辆所有权属于出租人。王某支付了首次租金 20000 元后，向甲公司融资 90000 元，分 36 期偿还。王某按时支付租金 6 个月后未再支付租金，2021 年 2 月，甲公司将租赁车辆从王某处拖走并出卖，王某协助办理了过户登记手续，车辆转让所得钱款 40000 元由甲公司所得。后甲公司认为，王某向该公司融资 90000 元，扣减已经支付的租金 15000 元以及车辆所得款 40000 元，还应支付剩余租金 35000 元。王某主张车辆已经被甲公司变卖，所得款项也由公司所得，不应再另行支付任何租金。

法官审理后认为：原告甲公司收回涉案车辆后，将租赁车辆以 40000 元的价格转卖给他人，转卖款由原告所得，后被告协助办理了车辆过户手续，应视为合同双方以实际行动解除了车辆融资租赁合同。合同解除之后的租金，由于双方合同已经解除，王某无须另行支付，但车辆被转卖之前由王某控制车辆期间未支付的租金，王某应当继续支付。法院最终判决王某应继续支付甲公司租赁给王某 2020 年 8 月至 2021 年 1 月 6 个月期间的租金 15000 元。

📝 问题提出

1. 什么是融资租赁合同？

2. 融资租赁合同有什么特点？

3. 融资租赁合同的效力如何？

4. 融资租赁合同中，承租人行使索赔权时，出租人有哪些义务？

5. 融资租赁合同的解除事由有哪些？

6. 融资租赁合同期限届满后租赁物应如何处理？

第一节　融资租赁合同概述

一、融资租赁合同的概念

根据《民法典》第七百三十五条的规定，融资租赁合同是出租人根据承租人对出卖人、租赁物的选择，向出卖人购买租赁物，提供给承租人使用，承租人支付租金的合同。融资租赁合同与一般租赁合同相比，其集借款、租赁、买卖关系于一体，是将融资与融物结合在一起的一种特殊的交易方式。融资租赁合同由出卖人与买受人（出租人）之间的买卖合同和出租人与承租人之间的租赁合同构

"融资租赁合同的概念"
微课

成，但是法律效果并不是买卖合同与租赁合同的简单叠加。融资租赁合同中的买卖合同与租赁合同关系紧密，买卖合同的订立以租赁意向的表明为前提。具体而言，融资租赁合同概念的内涵主要有以下几方面：

（一）出租人根据承租人对出卖人、租赁物的选择购买租赁物

租赁合同的出租人是以自己现有的财物出租，或者依照自己的意愿购买财物用于出租，而融资租赁合同是出租人依照承租人的要求先购买后出租。正因为如此，承租人不必花费巨额资金就可以长使用租赁物，只需从租赁物的使用收益中分期支付较少租金即可；对于融资租赁合同的出租人而言，出租人通过融资租赁既可从租金中获取丰厚的利润，又可享有可靠的物权保障，并且无须承担租赁物的维修、保管义务、瑕疵担保责任以及租赁物毁损灭失的风险等。

（二）租赁物是由出租人购买后交由承租人使用的

买卖合同中买受人购买标的物的目的是满足自己的利益需求，而在融资租赁合同中出租人购买租赁物的目的不是给自己使用，而是交给承租人使用，买卖的目的是出租。由于承租人自身资金不足，无法通过购买来解决自身的需求，加之国家金融法律明文禁止企业之间的金钱借贷，因此通过租赁实则取得的是借钱的效果，从而实现融资的目的。

（三）承租人须向出租人支付租金

租金是承租人使用租赁物的代价。融资租赁合同的承租人对出租人购买的租赁物进行

使用，并须支付租金。融资租赁对出租人而言是以相对较少的资金来达到对租赁物长期的使用收益，是有偿的，对租赁物长期的使用收益得支付相应的代价，那就是比买价低的租金。

二、融资租赁合同的特征

融资租赁合同具有以下法律特征：

第一，融资租赁合同是以融资为主要功能，集融资与融物于一体的新型信贷方式。

在融资租赁合同中，出租人不仅仅向承租人提供租赁物，更重要的是，承租人为了取得对租赁物的使用收益，以分期支付租金为对价，获得出租人按其指示出资购买的租赁物，以解决其一次性购买标的物资金不足的难题，达到融资目的。从这个角度来看，融资租赁具有借贷的性质。承租人从出租人处通过租赁的形式取得对租赁物的使用权。

第二，融资租赁合同涉及三方当事人——出卖人、出租人（买受人）和承租人。

融资租赁合同包括两个过程——买卖和租赁。融资租赁合同由出卖人与出租人之间的买卖合同和出租人与承租人之间的租赁合同两个合同所组成，各个合同相互影响、相互作用形成有机的整体。这种法律结构必然造成三方当事人同时涉及买卖合同和租赁合同的权利义务关系，从而使法律关系变得复杂，融资租赁合同便成为一种具有买卖和租赁的共性，又不同于纯粹的买卖或租赁的合同形式。

第三，融资租赁合同多为诺成合同、要式合同和有偿合同。

融资租赁合同只需要当事人达成合意即可成立，不需要实现标的物的交付，因而为诺成合同。《民法典》第七百三十六条第二款规定，"融资租赁合同应当采用书面形式"；第七百五十二条规定，"承租人应当按照约定支付租金"，这些规定充分说明了融资租赁合同的要式性与有偿性。

我国融资租赁是在改革开放后引进外国的产物。我国首次融资租赁的成功尝试是 20 世纪 80 年代中国民航与美国汉诺威尔制造租赁公司和美国劳埃德银行合作，首次利用融资租赁方式从美国租进第一架波音 747SP 飞机。[①]之后融资租赁在我国迅速发展，为了能将投资人的目的与我国监管体制相适应，虽然现行合同法没有对融资租赁合同中的出租人进行资格限制，但是实务中融资租赁合同的出租人只能是经国家金融监督管理总局或商务部批准的相关企业，主要是两类：一为以经营融资租赁业务为主的中外合资租赁公司；一为非银行金融机构的以经营融资租赁业务为主的金融租赁公司。

三、融资租赁合同的内容

融资租赁合同既规避了银行信贷的严格监管，使得融资更为便捷，又具备会计上节税的优势，优化了企业财务报表，已然成为工商企业获得信用支持的又一大渠道。《民法典》

---

① 史燕平：《我国融资租赁发展回望》，《金融时报》2002 年 11 月 28 日，第 4 版。

第七百三十六条规定:"融资租赁合同的内容一般包括租赁物的名称、数量、规格、技术性能、检验方法,租赁期限,租金构成及其支付期限和方式、币种,租赁期限届满租赁物的归属等条款。融资租赁合同应当采用书面形式。"

(一)租赁物的名称、数量、规格、技术性能、检验方法

融资租赁合同中有关租赁物的条款包括租赁物的名称、数量、规格、技术性能、检验方法。租赁物是承租人指令出租人购买的标的物,是合同当事人双方权利和义务指向的对象,是融资租赁合同的必备条款。通常来说,租赁物都是价格较高、使用寿命较长的动产,如大型机器设备、航空器、船舶等。不动产能否成为融资租赁合同的租赁物,对此《民法典》未作规定。根据《最高人民法院关于审理融资租赁合同纠纷案件适用法律问题的解释》(以下简称《融资租赁合同司法解释》)第一条的规定,没有否定不动产可以作为融资租赁的客体。该条规定:"人民法院应当根据民法典第七百三十五条的规定,结合标的物的性质、价值、租金的构成以及当事人的合同权利和义务,对是否构成融资租赁法律关系作出认定。对名为融资租赁合同,但实际不构成融资租赁法律关系的,人民法院应按照其实际构成的法律关系处理。"据此,融资租赁合同标的物的有无是判定融资租赁合同是否存在的关键条件之一。

《民法典》第七百三十七条规定:"当事人以虚构租赁物方式订立的融资租赁合同无效。"依据此条规定,融资租赁交易中的租赁物,是经由承租人选择,再由出租人购买后出租给承租人使用的标的物,是融资租赁关系中的核心内容,直接影响到当事人之间的权利义务关系。如果交易中根本没有租赁物,仅是融资及资金空转,就不能构成融资租赁法律关系。在融资租赁交易实践中,虚构租赁物表现为,通过伪造租赁物增值税发票虚构租赁物,合同中并没有提及租赁物,或虽提及但是不明确,或仅提到了租赁物的产地、规格等原则性条款等。[①]"以虚构租赁物方式",是指相关业务中的当事人为了在形式上满足融资租赁业务的相关条件,而实施的将"租赁物"从"无"到"有"的行为或活动。当事人以虚构租赁物方式订立的融资租赁合同无效,当事人之间的具体合同性质按照实际情况予以判断。

《民法典》第七百三十八条规定:"依照法律、行政法规的规定,对于租赁物的经营使用应当取得行政许可的,出租人未取得行政许可不影响融资租赁合同的效力。"依据此条规定,对于租赁物上设定行政许可的限制仅仅是围绕承租人占有、使用租赁物的范围展开。适用于经营使用租赁物行为本身需要取得行政许可的情形,使用租赁物从事的工程或项目是否需要取得行政许可不影响融资租赁合同的效力。关涉使用融资租赁设备的整体项目需要取得行政许可的情形,不适用《民法典》第七百三十八条的规定。如承租人为建设电厂,以融资租赁方式购买发电设备,但发电项目的审批可能要数年的时间,并且有可能最终未获得审批。此种情形便不能适用《民法典》第七百三十八条的规定。

---

① 俞宏雷、王立新:《融资租赁与借款合同之比较研究》,《中外法学》1996年第2期,第24—26页。

（二）租赁期限

租赁期限对于明确当事人权利义务的存续期间具有重要的法律意义。租赁期限一般根据租赁物的使用年限、利用租赁物所产生的效益，由双方当事人协商确定。融资租赁合同需要考虑出租人收回全部成本与合理利润的年限，因此期限通常比一般的租赁合同的期限要长。融资租赁合同是否受限于租赁合同二十年最长租赁期的限制？根据《民法典》的相关规定，融资租赁合同与租赁合同是两类合同，法律也未规定融资租赁合同参照适用租赁合同，因此租赁合同中二十年的最长租赁期不适用融资租赁合同。同时，融资租赁合同的租赁期限并不一定等同于租赁物的使用年限。在租赁物残余价值较高的情况下，尤为如此。融资租赁合同的租赁期限条款应当明确租赁期限的起止日期。租赁期限条款应当明确约定。

（三）租金构成及其支付期限和方式、币种

租金条款是合同的主要内容之一。融资租赁合同的租金条款，包括租金的构成及其支付期限和方式、币种。租金的构成一般包括购买租赁物的大部分或者全部成本以及出租人的合理利润；租金的支付期限，主要是针对融资租赁合同这种期限较长的继续性合同所作的分期支付安排；租金的支付方式包括以现金、支票等；币种包括人民币和外国货币，约定外国货币主要是针对在国外购买的标的物情形，既涉及外汇额度的监管，也涉及汇兑损失的分担。

（四）租赁期限届满租赁物的归属

租赁期限届满，承租人一般有三种选择权，即留购、续租或退租。在留购的情况下，承租人取得租赁物的所有权。在续租和退租的情况下，租赁物仍归出租人所有。不论是何种方式，出租人和承租人均应明确约定。《民法典》第七百五十七条规定："出租人和承租人可以约定租赁期限届满租赁物的归属；对租赁物的归属没有约定或者约定不明确，依据本法第五百一十条的规定仍不能确定的，租赁物的所有权归出租人。"依据此条规定，出租人和承租人可以约定租赁期限届满后租赁物的归属；当事人没有约定或者约定不明确的，可以协议补充，不能达成补充协议的，按照合同相关条款或者交易习惯确定；据此仍不能确定的，租赁物的所有权归出租人。

第二节　融资租赁合同的效力

融资租赁合同的效力是指生效的融资租赁合同所具有的法律约束力。它主要是通过融资租赁合同中的各方当事人所享有的权利以及所承担的义务来体现的。

"融资租赁合同纠纷"案例

一、出租人的权利与义务

（一）按照约定交付标的物且不得干预承租人对租赁物和出卖人的选择

《民法典》第七百三十九条规定："出租人根据承租人对出卖人、租赁物的选择订立的买卖合同，出卖人应当按照约定向承租人交付标的物，承租人享有与受领标的物有关的买受人的权利。"依据此条规定，出租人应当按照约定将租赁物交付承租人，此处的交付，仅指现实交付，也就是出卖人将标的物转移给承租人，使承租人实际占有和控制该标的物。融资租赁交易中的租赁物是按照承租人的要求购买的，作为出租人的买受人实际上只是资金提供者，其本身并不关注租赁物的情况，因此，出租人自然不宜承担对租赁物太多的义务，这也是融资租赁区别于传统租赁的显著特点之一。出卖人按照约定交付标的物：一是按照约定的质量、数量等交付标的物。有关标的物的质量、数量等，通常是按照承租人的要求而确定的。标的物由出卖人直接交付给承租人，其质量、数量等应当符合承租人的要求。二是按照约定的期限交付标的物。如果当事人对标的物交付期限有约定，应当按照约定期限交付。三是按照约定的地点进行交付。当事人通常都约定了标的物的交付地点，如以航空器为租赁物的，可能以承租人的公司住所地为交付地点。如果当事人没有约定，应当适用《民法典》第五百一十条、第五百一十一条的规定确定交付地点。如果出卖人交付的标的物不合格，或者未按照约定的期限、地点等交付，则承租人有权拒绝受领。

"承租人享有与受领标的物有关的买受人的权利"，意味着承租人并不是买卖合同的买受人，但依法享有买受人的受领权。出卖人直接向承租人交付租赁物，承租人受领租赁物，与受领租赁物相关的权利自然也随之转让给承租人。受领权通常包含两方面的内容：一是对租赁物的检验权利，二是拒绝接受不符合要求的租赁物的权利。承租人享有受领的权利，其也负有相应的义务，即在规定的时间、地点受领标的物，并且应当按照合同的约定支付运输费用等。从买卖合同的角度来看，其具有为第三人设立利益的特点。这是因为出租人和出卖人之间订立了买卖合同，使承租人享有了与受领标的物有关的买受人的权利。

根据《民法典》第七百四十条的规定，出卖人违反向承租人交付标的物的义务，有下列情形之一的，承租人可以拒绝受领出卖人向其交付的标的物：1.标的物严重不符合约定；2.未按照约定交付标的物，经承租人或者出租人催告后在合理期限内仍未交付。承租人拒绝受领标的物的，应当及时通知出租人。依据此条规定，租赁物仅存有微小瑕疵，该瑕疵并不会导致租赁物的使用价值发生严重降低，从而不影响生产经营的，承租人不能以此为由拒绝受领标的物。出卖人未按合同约定时间交付，主要包括迟延交付和未交付两种情况。对于迟延交付的情况，有必要进行限制，如仅因非出卖人的过错导致租赁物交付的短暂迟延，又未影响承租人正常使用的，允许承租人拒绝受领租赁物，不利于整个融资租赁交易的正常履行。因此，未按照约定交付标的物，经承租人或者出租人催告后在合理期限内仍未交付的，才能主张融资租赁合同的解除。

（二）保证承租人对租赁物的占有和使用的义务

《民法典》第七百四十八条规定："出租人应当保证承租人对租赁物的占有和使用。出租人有下列情形之一的，承租人有权请求其赔偿损失：（一）无正当理由收回租赁物；（二）无正当理由妨碍、干扰承租人对租赁物的占有和使用；（三）因出租人的原因致使第三人对租赁物主张权利；（四）不当影响承租人对租赁物占有和使用的其他情形。"依据此条规定，承租人接受出卖人交付的标的物后，在租赁期限内对租赁物享有独占的使用权，对使用租赁物所取得的收益有权独立处分。租赁期限内，出租人应保证承租人对租赁物的占有和使用，这既是出租人的一项基本义务，也是承租人的一项基本权利。出租人保证承租人的占有和使用的义务也称为平静占有义务。平静占有义务的内容主要包括两个方面：一是排除出租人自己对租赁物占有、使用的影响，此为其自身所负的消极义务；二是排除他人对租赁物占有、使用的影响，即确保租赁物上没有权利瑕疵。根据《民法典》第七百四十八条的规定，平静占有义务具体包括：

第一，出租人不得无故收回租赁物。在融资租赁合同中，出租人享有租赁物的所有权，但是租赁物是由承租人实际占有、使用，出租人没有正当理由收回租赁物，一定会大大影响承租人正常的生产经营活动。出租人有正当理由收回租赁物的情形，可以由当事人在合同中约定，也可以依据法律的规定。出租人无正当理由收回租赁物的，承租人有权要求出租人赔偿损失。

第二，出租人不得无故妨碍、干扰承租人对租赁物的占有和使用。妨碍，是指因出租人的行为导致承租人不能正常使用标的物。出租人对租赁物的使用及维护等情况进行检查是租后管理工作的一项重要内容。租后管理工作可以有效预警风险工作，提高租赁资产的质量与安全。出租人按约定定期检查或查看租赁物的权利或义务，严格按照合同中的约定履行或者行使，不会对承租人产生不利影响。出租人未按照合同的约定行使或者履行该项权利或者义务，对承租人占有、使用该租赁物产生影响，应当认定出租人违反了平静占有义务。

第三，出租人负有保障第三人不对租赁物主张权利的义务。出租人应当对租赁物负担权利瑕疵担保义务，应当确保承租人对租赁物进行稳定而持续的利用，保障第三人不得对租赁物主张权利。如出租人将第三人的财产出租，致使第三人追夺，影响承租人的占有和使用。在融资租赁合同中，出租人享有租赁物的所有权，因此在合同存续期间，出租人有权在租赁物上设定担保，但是出租人在租赁物上设定担保不得妨碍承租人的租赁权行使。因为设定担保导致第三人对租赁物主张相关权利，危及承租人对租赁物的占有和使用的，承租人有权请求出租人赔偿损失。

第四，出租人不应不当影响承租人对租赁物占有和使用的其他情形。除了前述几种情形外，法律通过设置兜底条款以确保承租人对租赁物的占有和使用。

根据《融资租赁合同司法解释》第六条的规定，因出租人的原因致使承租人无法占有、使用租赁物，承租人请求解除融资租赁合同的，人民法院应予支持。

（三）协助承租人行使索赔权的义务

根据《民法典》第七百四十一条的规定，承租人行使索赔权利的，出租人应当协助。据此出租人虽然可以将对出卖人的索赔权让与承租人，但是出租人仍然是融资租赁合同的当事人。在承租人行使索赔权时，仍需要得到出租人的协助，如为承租人提供相关的单据、票证等，以便于承租人与出卖人进行协商。同时，租赁物买卖合同的履行状况直接关系到融资租赁合同的履行。如果在租赁物买卖合同中，出卖人不交付或者交付的标的物不符合合同约定，承租人无法使用租赁物，融资租赁合同的目的就无法实现，承租人向出租人支付租金的义务也会因此而受影响。从此角度而言，出租人为了自身的利益，也应积极履行协助承租人行使索赔权的义务。

出租人的协助义务主要包括如下几个方面的内容：一是帮助寻找出卖人。部分融资租赁交易中，出卖人是由承租人指定的，承租人容易找到出卖人；而部分融资租赁交易中，出卖人由出租人确定，产生纠纷后，出租人应当帮助承租人寻找出卖人。二是帮助提供证据。在融资租赁买卖合同的签约过程中，主要是出租人和出卖人之间磋商谈判，所以，出租人应当提供合同文本、订约资料等证据材料。三是诉讼过程中的协助义务。例如，出租人要出庭做证等。根据《民法典》第七百四十一条的规定，当事人没有对出租人的协助义务予以约定的，出租人也应当负有协助义务。

《民法典》第七百四十三条规定："出租人有下列情形之一，致使承租人对出卖人行使索赔权利失败的，承租人有权请求出租人承担相应的责任：（一）明知租赁物有质量瑕疵而不告知承租人；（二）承租人行使索赔权利时，未及时提供必要协助。出租人怠于行使只能由其对出卖人行使的索赔权利，造成承租人损失的，承租人有权请求出租人承担赔偿责任。"依据此条规定，出租人违反协助义务，致使承租人对出卖人行使索赔权利失败的，承租人有权请求出租人承担相应的责任。出租人怠于行使只能由其对出卖人行使的索赔权利，造成承租人损失的，承租人有权请求出租人承担赔偿责任。索赔失败，是指由于出租人的原因导致承租人无法行使索赔权利，或者由于出租人怠于通知承租人租赁物的瑕疵致使承租人所享有的索赔权已经超过诉讼时效，或者因出租人的不协助导致承租人举证不能而被驳回诉讼请求。

（四）不得擅自变更买卖合同中与承租人有关内容的义务

《民法典》第七百四十四条规定："出租人根据承租人对出卖人、租赁物的选择订立的买卖合同，未经承租人同意，出租人不得变更与承租人有关的合同内容。"在融资租赁合同中，出租人须按承租人对出卖人、租赁物的选择，与出卖人订立买卖合同。由此该买卖合同是应承租人的要求签订的，卖方亦明确买卖合同的标的物是出租人购入用以租给承租人使用的。因此卖方应保证合同约定的规格、型号、功能、质量、性能等均符合承租人的使用目的。买卖合同一般是在出租人与承租人签订租赁合同之后才生效的。由此，买卖合同中的内容与承租人的利益息息相关。故出租人须按承租人指示购买租赁物，并不得擅自变更买卖合同中与承租人有关的内容。出租人擅自变更买卖合同中与承租人有关内容的主要情形有：一是擅自变更标的物。由于买卖合同的标的物是融资租赁合同的租赁物，两者是一致的，它也是由承租人预先选择并在融资租赁合同中约定的，必须符合承租人指定的条件。因此，未经承租人同意，出租人不得擅自变更买卖合同的标的物。二是擅自变更标的物的交付时间、地点和方式。由于买卖合同的标的物由出卖人直接交付于承租人，如出租人与出卖人协商变更标的物的交付时间、地点和方式，应当征得承租人的同意。因此而增加的承租人的费用，由出租人和出卖人协商分担。三是擅自变更标的物的质量。标的物的质量通常在合同中有明确约定，对于有明确约定的出租人不能够擅自变更。如果当事人在合同中没有明确约定，出租人应当根据交易习惯，购买通常标准的标的物。

（五）瑕疵担保义务的免除

《民法典》第七百四十七条规定："租赁物不符合约定或者不符合使用目的的，出租人不承担责任。但是，承租人依赖出租人的技能确定租赁物或者出租人干预选择租赁物的除外。"依据此条规定，如果承租人依赖出租人的技能确定租赁物或者出租人干预选择租赁物，出租人应当对租赁物的瑕疵承担担保责任。反之，出租人租赁物的瑕疵担保义务被免除。这是因为在融资租赁合同中，出租人对租赁物的购买，是依照承租人的选择和意向进行的。承租人依靠自己的技能和判断选定租赁物与出卖人，出租人再根据承租人的这一选择与出卖人签订买卖合同。这就与一般的买卖合同有很大的不同。为此一般买卖合同中的出卖人瑕疵担保义务不能适用出租人。考虑到出租人真正的意图是向承租人提供融资，虽然拥有租赁物的所有权，但仅为名义上的，其只是按照承租人的意志与申请，购买租赁物并交付承租人使用、收益，然后收取租金。出租人本身并不对租赁物感兴趣，旨在收取租赁物的价金、利息以及其他费用等。此种情况下，若要求出租人担负租赁物的质量担保义务，显然有失公平。

另外，出租人瑕疵担保义务的免除也是为了能够体现承租人对租赁物的选择责任。出租人完全是按照承租人的指定来购买租赁物的，承租人作为选择人，既可享有因选择的便利而得到符合自身需要的利益，也应负担因选择不当所产生的不利后果。但在承租人依赖出租人的技能确定租赁物或者出租人干预选择租赁物等情况下，出租人仍须对租赁物承担瑕疵担保责任。

《融资租赁合同司法解释》第八条规定："租赁物不符合融资租赁合同的约定且出租人实施了下列行为之一，承租人依照民法典第七百四十四条、第七百四十七条的规定，要求出租人承担相应责任的，人民法院应予支持：（一）出租人在承租人选择出卖人、租赁物时，对租赁物的选定起决定作用的；（二）出租人干预或者要求承租人按照出租人意愿选择出卖人或者租赁物的；（三）出租人擅自变更承租人已经选定的出卖人或者租赁物的。承租人主张其系依赖出租人的技能确定租赁物或者出租人干预选择租赁物的，对上述事实承担举证责任。"

二、承租人的权利与义务

（一）支付租金的义务

融资租赁合同中的承租人和一般租赁合同中的承租人一样，基于对租赁物的使用收益都应依约向出租人支付租金。但融资租赁合同中的租金和一般租赁合同中的租金在性质上有根本的区别。《民法典》第七百四十六条规定："融资租赁合同的租金，除当事人另有约定外，应当根据购买租赁物的大部分或者全部成本以及出租人的合理利润确定。"依据此条规定，融资租赁合同的价金包含了出租人的合理利润预期。全部成本是指标的物在租赁期限内，其使用价值全部耗尽，无法再租赁给他人使用，此时承租人就需要支付相当于租赁物全部的成本作为租金。大部分成本是指如果在租赁期限届满后，标的物仍有一定的使用价值，出租人还可将之出租给他人继续使用，此时，就只需要收回标的物大部分的成本。购买租赁物的成本主要是价款，也包括相关费用，例如，出租人支付的运输费、保险费等。出租人为购买租赁物向银行贷款而支付的利息，也属于租金。类似的营业费用也是。利润是否合理，一般以行业的平均利润水平为判断标准。

《民法典》第七百五十二条规定："承租人应当按照约定支付租金。承租人经催告后在合理期限内仍不支付租金的，出租人可以请求支付全部租金；也可以解除合同，收回租赁物。"据此，鉴于融资租赁合同中租金的特性，融资租赁合同中对租金的支付方式、支付地点、支付时间、支付币种以及每期金额均有明确的规定。当承租人违反租金支付义务时，出租人享有催告权，即通知承租人，并要求其在一定的合理期限内支付租金。如果在一定的合理期限内承租人未支付租金，出租人有权采取下列救济措施：

一是要求承租人支付全部租金。全部租金是指融资租赁合同中所规定的全部已经到期而承租人未支付的租金以及其他未到期的租金。一般情况下每期租金支付期限到来之前，出租人无权请求承租人支付，因此出租人对于期限的到来享有期待利益。经出租人催告后承租人在合理期限内仍不能支付租金，出租人便很有可能丧失期待利益。法律为了保证出租人能收回所投的资金，也为了避免出租人损失进一步扩大，给予出租人支付全部租金的请求权。

二是解除合同，收回租赁物。当承租人在经催告后在合理期限内仍不支付租金时，出租人还可选择行使合同解除权，收回租赁物。

根据《融资租赁合同司法解释》第十条的规定，出租人既请求承租人支付合同约定的全部未付租金又请求解除融资租赁合同的，人民法院应告知其依照《民法典》第七百五十二条的规定作出选择。出租人请求承租人支付合同约定的全部未付租金，人民法院判决后承租人未予履行，出租人再行起诉请求解除融资租赁合同、收回租赁物的，人民法院应予受理。

（二）及时受领租赁物

《融资租赁合同司法解释》第三条规定："承租人拒绝受领租赁物，未及时通知出租人，或者无正当理由拒绝受领租赁物，造成出租人损失，出租人向承租人主张损害赔偿的，人民法院应予支持。"此条规定明确了承租人有及时受领租赁物的义务。该义务包括：

一是受领标的物。承租人应当按照合同约定的时间、地点接受标的物。租赁物是基于承租人的选择而购买，出租人不了解租赁物的特点与性能，欠缺受领租赁物的技能。因此受领标的物不仅是承租人的一项权利，也是承租人的一项义务。

二是对标的物进行及时验收。承租人及时验收标的物，有利于确定标的物是否符合约定的标准，以减少纠纷的发生。合同中对标的物的验收有约定的，按照约定验收。

三是承租人在验收标的物时，如果发现标的物不符合约定，应当及时通知出租人。

承租人未能履行或者未能恰当履行及时受领标的物的义务，给出租人造成损失的，应承担损害赔偿责任。

（三）妥善保管、使用、维修租赁物的义务

《民法典》第七百五十条规定："承租人应当妥善保管、使用租赁物。承租人应当履行占有租赁物期间的维修义务。"依据此条规定，承租人应当妥善保管和合理使用标的物，避免因保管不善而损害出租人的权益。妥善保管指的是根据善良管理人的标准来进行保管，它要求比处理自己的事务更为谨慎。合理使用，是指承租人应当按照租赁物的性质和通常使用方法进行使用。在租赁期间，承租人占有租赁物，租赁物对承租人有特定的用途，得对租赁物妥善保管和使用。对承租人是否尽到善良管理人义务的认定，应当包括几个方面：首先，承租人应当按照租赁物的性能要求保管租赁物，如标的物本身有特定存放要求，承租人应该按照此要求去存放。其次，承租人应当对租赁物进行定期的检查。在融资租赁中，承租人对租赁物的性能更为熟悉，由承租人来检查更为合适。最后，承租人应当遵循租赁物的性能妥善使用。使用方式不符合租赁物的性能，就有可能对租赁物造成一定程度的损害。

在融资租赁合同中，租金并非继续使用的对价，而是融资的对价，出租人不负担租赁物的瑕疵担保义务，自然无须承担租赁物的维修义务。在占有租赁物期间，承租人负有维修的义务。承租人对租赁物的维修，应是租赁物具有维修的必要。租赁物损坏的程度是否已经达到无法实现用益的程度。只有损坏程度严重，影响到承租人的用益，承租人才需对租赁物进行维修。同时，租赁物具有可以维修的可能。如果维修已无可能，自然没有维修义务的存在。维修不存在可能性，除租赁物事实上不能够被维修之外，还有维修费用过高导致维修费用超过租赁物自身价值的情形。特别是维修费用过高的情形，比起维修，当事人重新购买租赁物更为经济，此时也不产生维修义务。

（四）不得擅自处分租赁物

《民法典》第七百五十三条规定："承租人未经出租人同意，将租赁物转让、抵押、质押、投资入股或者以其他方式处分的，出租人可以解除融资租赁合同。"据此，在融资租赁交易中，租赁物的所有权仍归属于出租人，而且此种所有权还有担保租金债权实现的功能。在租金全部支付完毕之前，承租人未经出租人同意，擅自将租赁物转让、抵押、质押、投资入股或者以其他方式处分，不仅严重违反了合同约定，而且还侵害了出租人的所有权。

鉴于承租人擅自处分租赁物已经使得合同目的落空，此时应当允许出租人解除合同。

（五）租赁物造成第三人损害的免责

《民法典》第七百四十九条规定，承租人占有租赁物期间，租赁物造成第三人人身损害或者财产损失的，出租人不承担责任。租赁物造成第三人损害的，出租人不承担责任并不意味着责任一定由承租人承担。租赁物对第三人造成损害的情形可能会是产品责任、交通事故责任、高度危险作业致人损害责任、建筑物上搁置物或悬挂物致人损害责任、环境污染责任等。这些责任的承担应该按照《民法典》侵权责任编的相关规定来确定责任人。

第三节　融资租赁合同的风险负担和解除

一、融资租赁合同的风险负担

《民法典》第七百五十六条规定："融资租赁合同因租赁物交付承租人后意外毁损、灭失等不可归责于当事人的原因解除的，出租人可以请求承租人按照租赁物折旧情况给予补偿。"依据此条规定，租赁物交付给承租人后意外毁损、灭失，且不可归责于双方当事人，在此情形下，由双方承担风险。由于合同目的不能实现，双方都有权解除合同。在合同被解除后，出租人可以就租赁物的残值请求承租人给予补偿。同时，《民法典》第七百五十一条规定："承租人占有租赁物期间，租赁物毁损、灭失的，出租人有权请求承租人继续支付租金，但是法律另有规定或者当事人另有约定的除外。"依据此条规定，在承租人占有租赁物期间，租赁物毁损、灭失的，除法律另有规定或者当事人另有约定外，不影响承租人支付租金的义务。在承租人占有租赁物期间，承租人比出租人更有能力控制租赁物毁损、灭失的风险，也更有能力防止租赁物的毁损、灭失。

基于融资租赁合同的特征，承租人占有租赁物期间，租赁物毁损、灭失的风险由承租人承担，将出租人排除于租赁物的毁损、灭失风险承担之外。出租人在融资租赁合同中所起到的作用为融资，而非简单地提供租赁物。出租人在融资租赁合同中购买租赁物，与其说是购买，不如称为一种融资，当出租人完成这一义务之后，有关租赁物的一切风险均与出租人无关。出租人对租赁物拥有的所有权实质是一种担保功能。占有、使用以及收益的权能均由承租人来行使，这就导致了承租人对租赁物的各项功能、属性的控制程度远远超过出租人。因此，承租人较之出租人更有资格承担租赁物毁损、灭失的风险，这也符合收益与风险相适应的原则。由承租人负担标的物毁损、灭失的风险，也有利于避免和防范承租人的道德风险。如果承租人占有、使用标的物，却又不必负担标的物毁损、灭失的风险，则极容易引发承租人恶意导致租赁物毁损、灭失的道德风险。

二、融资租赁合同的解除

（一）双方解除的事由

根据《民法典》第七百五十四条的规定，有下列情形之一的，出租人或者承租人可以解除融资租赁合同：

第一，出租人与出卖人订立的买卖合同解除、被确认无效或者被撤销，且未能重新订立买卖合同。无论是买卖合同解除，还是买卖合同被确认无效或者被撤销，均发生返还标的物的法律效果。因此，在融资租赁交易中，因买卖合同解除、被认定无效以及被撤销而导致的标的物返还，势必影响出租人与承租人之间融资租赁合同的履行。如出租人与出卖人在买卖合同解除、被确认无效或者被撤销之后未能重新订立买卖合同，融资租赁合同中的租赁物即无法交付，融资租赁合同的缔约目的无法实现。

第二，租赁物因不可归责于当事人的原因毁损、灭失，且不能修复或者确定替代物。融资租赁交易中，出租人仅对租赁物享有名义上的所有权，租赁物的实际占有、使用以及收益均掌握在承租人的手中，出租人不承担租赁物的风险责任。承租人占有租赁物期间，租赁物毁损、灭失的，出租人有权请求承租人继续支付租金，但是法律另有规定或者当事人另有约定的除外。租赁物因不可归责于当事人的原因毁损、灭失，且不能修复或者确定替代物，融资租赁合同已无法履行的，承租人和出租人均可以解除融资租赁合同。

第三，因出卖人的原因致使融资租赁合同的目的不能实现。虽然出卖人不属于融资租赁合同的当事人，但买卖合同的标的物对于融资租赁合同的履行至关重要。而作为买卖合同的主体，出卖人掌握着买卖标的物的所有权，如出卖人基于自己的原因而使标的物的交付归于不可能，导致买卖合同履行不能，抑或出卖人无正当理由拒绝履行买卖合同，都将直接影响到融资租赁合同的履行以致合同履行不能。

（二）出租人解除合同的事由

1. 承租人未按照约定支付租金。

《民法典》第七百五十二条规定："承租人应当按照约定支付租金。承租人经催告后在合理期限内仍不支付租金的，出租人可以请求支付全部租金；也可以解除合同，收回租赁物。"依据此条规定，承租人支付租金逾期，经出租人催告，承租人在合理期限内仍不支付租金的，出租人可以请求支付全部租金，也可以解除合同，收回租赁物。根据《融资租赁合同司法解释》第五条第二项的规定，合同对于欠付租金解除合同的情形没有明确约定，但承租人欠付租金达到两期以上，或者数额达到全部租金百分之十五以上，经出租人催告后在合理期限内仍不支付的，出租人有权请求解除融资租赁合同。出租人享有违约救济方式的选择权：可以要求承租人一次性支付全部租金；也可以选择解除合同，收回租赁物。但是适用的条件不仅是承租人逾期支付租金，而且还包括经出租人催告后在合理期限内仍不支付租金，即承租人以行动表明其不再履行融资租赁合同的义务。在此种情况下，出租人才可以选择前述两种不同的救济方式。

2. 承租人擅自处分租赁物。

《民法典》第七百五十三条规定："承租人未经出租人同意，将租赁物转让、抵押、质押、投资入股或者以其他方式处分的，出租人可以解除融资租赁合同。"依据此条规定，承租人未经出租人同意，擅自处分租赁物，承租人的行为严重损害了出租人的所有权，给出租人造成损害，出租人有权依法解除合同。依据《融资租赁合同司法解释》第五条第三项的规定，承租人违反合同约定，致使合同目的不能实现的，出租人有权解除合同。

（三）承租人解除合同的事由

《融资租赁合同司法解释》第六条规定："因出租人的原因致使承租人无法占有、使用租赁物，承租人请求解除融资租赁合同的，人民法院应予支持。"依据此条规定，承租人享有合同解除权以因出租人原因致使承租人无法占有、使用租赁物为前提条件。具体情形有：

第一，因出租人原因导致承租人不能及时受领标的物。在承租人占有租赁物之前，虽然融资租赁合同已经生效，但如果是出租人的原因致使承租人无法受领并占有标的物，承租人有权解除合同。

第二，因出租人原因导致出卖人没有履行交付标的物的义务。在融资租赁合同中，出卖人和租赁物通常是由承租人指定的，出租人没有向出卖人支付价款，此种情形下构成根本违约，承租人享有解除合同的权利。

第三，因出租人原因致使承租人不能行使对租赁物的占有、使用权利。如出租人没有正当理由收回租赁物，致使承租人不能对租赁物进行用益。在此情形下，承租人有权依法解除合同。

融资租赁合同被解除，鉴于融资租赁合同的特点，合同解除不具有溯及既往的效力，仅向未来发生效力。解除合同后，出租人有权要求承租人返还租赁物，承租人负有返还的义务。《担保司法解释》第六十五条第二款规定："出租人请求解除融资租赁合同并收回租赁物，承租人以抗辩或者反诉的方式主张返还租赁物价值超过欠付租金以及其他费用的，人民法院应当一并处理。当事人对租赁物的价值有争议的，应当按照下列规则确定租赁物的价值：（一）融资租赁合同有约定的，按照其约定；（二）融资租赁合同未约定或者约定不明的，根据约定的租赁物折旧以及合同到期后租赁物的残值来确定；（三）根据前两项规定的方法仍然难以确定，或者当事人认为根据前两项规定的方法确定的价值严重偏离租赁物实际价值的，根据当事人的申请委托有资质的机构评估。"

《融资租赁合同司法解释》第七条规定："当事人在一审诉讼中仅请求解除融资租赁合同，未对租赁物的归属及损失赔偿提出主张的，人民法院可以向当事人进行释明。"依据此条规定，融资租赁合同的解除与损害赔偿可以并用。根据《融资租赁合同司法解释》第十一条的规定，损失赔偿范围为承租人全部未付租金及其他费用与收回租赁物价值的差额。合同约定租赁期间届满后租赁物归出租人所有的，损失赔偿范围还应包括融资租赁合同到期后租赁物的残值。

第四节　融资租赁合同的终止

一、租赁期间届满时租赁物的归属

融资租赁合同期间届满时，租赁物的归属一般发生继租、退租、留购三种情形。继租是指由出租人与承租人商定按照原合同条款或重新订立新合同，使承租人继续对租赁物使用收益。退租是在租赁期间届满时，承租人将租赁物按使用后的状态返还给出租人。留购是指承租人支付一定代价以取得租赁物的所有权。对于租赁期间届满租赁物的归属问题，《民法典》第七百五十七条规定："出租人和承租人可以约定租赁期限届满租赁物的归属；对租赁物的归属没有约定或者约定不明确，依据本法第五百一十条的规定仍不能确定的，租赁物的所有权归出租人。"据此，出租人和承租人可以约定租赁期限届满后租赁物的归属；当事人没有约定或者约定不明确的，可以协议补充，不能达成补充协议的，按照合同相关条款或者交易习惯确定；据此仍不能确定的，租赁物的所有权归出租人。具体而言，《民法典》第七百五十七条的适用可分以下情形：

第一，根据合同自由原则，由融资租赁合同当事人约定租赁物的归属。合同当事人可以在订立合同时写明租赁物的归属条款，既可以约定租赁物在合同期限届满时归出租人，也可以约定租赁物在合同期限届满时归承租人。

第二，当事人没有约定租赁物的归属，或者根据约定难以确定的，可以事后协商，协商不成的，可以根据合同条款或是交易习惯来确定。

第三，无法达成事后补充协议，也无法通过根据合同条款或是交易习惯来确定的，租赁物的所有权归出租人所有。该种处理属于法律的强制性规定，只有在前面两种方法均无法确认租赁物归属的情况下才能适用。

二、融资租赁合同无效后租赁物的归属

《民法典》第七百六十条规定："融资租赁合同无效，当事人就该情形下租赁物的归属有约定的，按照其约定；没有约定或者约定不明确的，租赁物应当返还出租人。但是，因承租人原因致使合同无效，出租人不请求返还或者返还后会显著降低租赁物效用的，租赁物的所有权归承租人，由承租人给予出租人合理补偿。"依据此条规定，在融资租赁合同无效之时，租赁物的最终归属有以下几种情形：

第一，当事人就合同无效情形下租赁物归属有约定的，从其约定。对当事人在事前事后对合同无效后租赁物的归属问题的合意不进行干涉，积极鼓励当事人自行决定租赁

物的归属。

第二，当事人就合同无效情形下租赁物归属没有约定或者约定不明确的，租赁物应当返还出租人。

第三，因承租人原因致使合同无效，出租人不请求返还或者返还后会显著降低租赁物效用的，租赁物的所有权归承租人，由承租人给予出租人合理补偿。

出租人需要的是租赁物的担保功能，倚仗其对租赁物的所有权向承租人受领租金，对于租赁物的实质使用权能则并不关注；相反，承租人需要的是租赁物的使用权能。因此，当融资租赁合同无效的原因可归责于承租人时，承租人将租赁物返还给出租人，出租人认为其租赁物的担保功能丧失，也就是认为租赁物对其意义不大，不愿意接受租赁物时，可以按照照顾无过错方的原则，将租赁物归属于承租人，使其继续进行生产经营活动，并对出租人进行折价补偿。

三、租赁物价值的部分返还

《民法典》第七百五十八条规定："当事人约定租赁期限届满租赁物归承租人所有，承租人已经支付大部分租金，但是无力支付剩余租金，出租人因此解除合同收回租赁物，收回的租赁物的价值超过承租人欠付的租金以及其他费用的，承租人可以请求相应返还。当事人约定租赁期限届满租赁物归出租人所有，因租赁物毁损、灭失或者附合、混合于他物致使承租人不能返还的，出租人有权请求承租人给予合理补偿。"此条确定了租赁物价值的部分返还规则。租赁物价值的部分返还，是指在当事人约定了租赁期限届满租赁物归承租人所有之情形下，承租人已经支付大部分租金，但是无力支付剩余租金，出租人因此解除合同收回租赁物，收回的租赁物的价值超过承租人欠付的租金以及其他费用的，承租人可以请求相应返还。出租人因合同的解除而获得了超出其合同约定的利益，此种利益称为"中途解约而取得的利益"。将此种利益完全归于出租人，会使出租人和承租人之间利益失衡。如果合同约定租期届满后租赁物归承租人所有，此时租金的约定通常会高于平均水平，在分期支付的过程中，承租人可能会因一时资金周转困难或经营不善而无力继续支付。但是承租人已经支付了大部分租金，仅仅因一时不能支付，而使承租人无法最终获得租赁物，对承租人而言损失较大。此种情况下，出租人在收回租赁物后，既取得了租赁物的所有权，又获得了租赁物的大部分租金。而承租人在支付了大部分租金后，却不能获得租赁物的所有权。两相比较，出租人获得了不应获得的利益。为此，《民法典》赋予承租人租赁物价值部分返还请求权。

第十七章课件

第十八章

保理合同

ⅲ 导读案例：

2018 年 12 月 21 日，原告某保理公司（甲方）与被告某红茶店（乙方）签订商业保理协议书、商业保理确认书。约定：甲方在协议期内批量受让乙方在其营业执照核定的经营范围内出售商品或提供服务所形成的所有应收账款及其收款权利，甲方向乙方一次性支付保理预付款，保理余款在甲方收到受让账款后支付。原告向被告支付 193940 元保理预付款。还款方式为直接扣款，每月最低还款额为 20627 元。费用包括：综合管理服务费率 3%，共计 6000 元；综合保理手续费率 1.98% 每月，共计 47520 元。

合同签订后，原告在扣除综合管理服务费 6000 元及登记费 60 元后，通过招商银行向被告转账 193940 元。同日，原告向中国人民银行征信中心办理了应收账款转让业务登记。后被告未按约全额归还保理融资款，故原告诉诸法院。

法院认为，就本案现有证据来看，在原告与被告签订商业保理确认书时，被告并不存在基于履行基础合同项下销售货物、提供服务或出租资产等义务而对债务人产生的应收账款，不存在应收账款债权转让的前提条件。因此，原告与被告之间签订的商业保理确认书，不符合保理法律关系的构成要件。上述合同关系名为保理，实为借贷，本案应属借款合同纠纷，应按借款合同的相关法律规范进行调整。关于借款本金，实际上原告向被告支付了 193940 元，故认定借款本金为 193940 元。案涉利息总额未超过年利率 36%，该利息标准过高，依法应予以调整。

据此，法院依法作出前述判决。判决书宣判后，原被告均服判息诉。

> 📖 **问题提出**

1. 保理合同的内容有哪些？
2. 有追索权保理与无追索权保理的区别是什么？
3. 多个保理权竞合的优先顺位规则是什么？

第一节 保理合同概述

一、保理合同的概念和特征

保理业在我国发展的初期，以国际保理业务为主，法律依据是国际贸易规则，如国际统一私法协会制定的《国际保付代理公约》、国际保理商联合会（FCI）制定的《国际保理业务惯例规则》等。近年来，我国国内保理业务增长迅猛，在规模上早就超过了国际保理。但是，我国国内的保理业务始终缺乏国内法支撑，保理业务的依据主要是商务部、国家金融监督管理总局等部委发布的"暂行办法""意见"等规范性文件。《民法典》将保理合同规定为有名合同，有助于对国内保理业务法律性质的理解与适用，有利于保理业的有序发展及相关法律问题的解决。

"保理合同的概念"微课

《民法典》第七百六十一条规定："保理合同是应收账款债权人将现有的或者将有的应收账款转让给保理人，保理人提供资金融通、应收账款管理或者催收、应收账款债务人付款担保等服务的合同。"依据此条规定，应收账款债权人将现有的或者将有的应收账款转让给保理人，保理人为其提供资金融通。保理是以融资为主要目的的特殊的债权让与行为。应收账款作为会计学术语，通常指企业因销售商品、产品或者提供劳务等经营活动，向交易对手方应当收取的款项，包括应由购买单位或接受劳务单位负担的税金、代购买方垫付的各种运杂费等。作为法律术语，根据中国人民银行 2019 年 11 月发布的修订后《应收账款质押登记办法》第二条第一款的规定，应收账款是指权利人因提供一定的货物、服务或设施而获得的要求义务人付款的权利以及依法享有的其他付款请求权，包括现有的和未来的金钱债权，但不包括因票据或其他有价证券而产生的付款请求权，以及法律、行政法规禁止转让的付款请求权。保理合同中的应收账款属于基础合同债权人的特定债权。保理合同具有如下特征：

第一，以应收账款的转让为前提。应收账款是企业在销售货物或者提供服务过程中购买方所占用的资金，是债权人对债务人的付款请求权，属于金钱债权。应收账款包括现有债权和将有债权。现有债权是指债权人对债务人享有的已届履行期限的付款请求权。将有的金钱债权具有不确定性，目前尚不存在，未来是否存在不可知。将有债权是否可以作为应收账款设定保理，关键在于保理人是否接受。根据 2014 年中国银行业监督管理委员会发布的《商业银行保理业务管理暂行办法》第十三条第二款的规定，未来应收账款是指合同项下卖方义务未履行完毕的预期应收账款。未来应收账款属于现有债权。应收账款债权人将现有的或者将有的应收账款转让给保理人，在法律性质上属于债权让与行为。与一般的债权让与不同，保理合同债权让与的制度设计，更侧重于如何发挥其金融功能。对原债权人来说，通过让与债权实现其融资需求；对保理人来说，通过受让债权获取一种特殊的担保，保障其资金安全。

第二，保理人应提供必要的保理服务。根据《民法典》第七百六十一条的规定，保理人应该为被保理人提供资金融通、应收账款管理或者催收、应收账款债务人付款担保等服务。保理人根据合同约定向被保理人支付一定比例的款项，应收账款到期后或者约定的保理融资期届满以后，双方当事人再根据合同约定、债务人履约情况等进行最终结算。保理人受让应收账款后，对应收账款的风险进行评估和管理，建立台账及时对应收账款的回款情况、逾期情况进行跟踪和管理，在应收账款发生或可能发生风险时及时提出预警，并且提出风险解决方案。应收账款债权人根据保理合同将应收账款转让给保理人，保理人即取代让与人成为基础合同的债权人，有权利根据基础合同的约定向债务人主张应收账款债权。保理人为应收账款债权人提供付款担保，是对债务人信用风险进行担保。债务人信用风险是指债务人因破产、倒闭、重组或违背信用等原因导致其在基础交易合同约定的应收账款到期日无法足额清偿应收账款，但不包括因基础交易合同商业纠纷所导致的债务人拒绝支付应收账款的情形。

第三，保理合同关系的主体具有特殊性。在保理合同中，合同当事人是应收账款债权人和保理人。2019 年 10 月，中国银保监会办公厅发布的《关于加强商业保理企业监督管理的通知》中对保理行业的市场准入进行了限制，要求保理人应该具备保理从业资格。商业实践中，保理人通常是商业银行与商业保理公司。保理合同关系本身不涉及债务人，但是保理合同主体在行使权利和履行义务时会涉及债务人。在保理的实际操作中，会涉及第三方。保理人与应收账款债权人一般会设立保理专户，在有追索权的保理的情形下，保理人有权向债务人请求将价款汇入保理专户。

第四，具有要式性。《民法典》第七百六十二条第二款规定："保理合同应当采用书面形式。"依据此条规定，保理合同属于要式合同，应当采用书面形式。保理业务是专业性极强的金融活动，由商业银行或者保理商经营。保理合同不仅标的额较大，而且涉及较为复杂的多方利益关系，还需要进行应收账款登记等复杂程序。因此，保理合同不宜采用口头形式、录音形式等不宜留存与举证的合同形式，保理合同应当采用书面形式。

二、保理合同的分类

（一）明保理和暗保理

以是否将应收账款转让的事实通知债务人为划分标准，可将保理分为明保理和暗保理。明保理，也称为公开型保理，是指保理合同中明确约定应将应收账款转让事实通知债务人的保理。暗保理，也称为非公开型保理，是指在保理合同签订后的一定时期内，不将应收账款转让的事实通知债务人，只是在约定的期限届满或约定的事由出现后，保理人将应收账款转让的事实通知债务人的保理。

"保理合同的内容与形式"
微课

明保理与暗保理的区别主要是：第一，是否通知债务人。在明保理中，应将应收账款的事实通知债务人。在暗保理中，保理人一般不将应收账款转让的事实通知债务人。第二，收款主体不同。明保理中债务人直接向保理人支付应收账款。暗保理中，债务人没有查阅登记系统的义务。在不向债务人作让与事实通知的情况下，仍由让与人向债务人收取应收账款。

暗保理中债权人转让债权未通知债务人的，该转让对债务人不发生效力，债务人仍然向债权人清偿。暗保理不影响保理人与债权人之间保理合同的效力。债务人仍然向债权人清偿，保理人通过与债权人共同开立共管或监管账户控制债权人对应收账款的回款，以保证保理人向债权人融资的安全性。

（二）有追索权的保理和无追索权的保理

有追索权的保理，指保理业务中，保理人不承担应收账款债务人的信用风险，应收账款债务人到期不付款时，保理人均有权按照保理合同的约定向应收账款债权人进行追索，要求退还保理融资本金余额及欠付的利息及其他费用。有追索权的保理因为有应收账款债权人的担保，保理融资的资金安全相对有保障，是实践中最为常见的保理类型。无追索权的保理，是指应收账款在无商业纠纷等情况下无法得到清偿的，保理人只能向债务人请求付款，在债务人因信用风险不能向保理人支付应收账款时，保理人无权向应收账款债权人进行追索。无追索权的保理又称为买断型保理。债务人信用风险是指债务人因破产、倒闭、重组或违背信用等原因导致其在基础交易合同约定的应收账款到期日无法足额清偿应收账款，但不包括因基础交易合同商业纠纷所导致的债务人拒绝支付应收账款的情形。有追索权的保理与无追索权的保理主要区别在于：保理人是否可以根据保理合同的约定向应收账款债权人主张返还保理融资本息或者回购应收账款债权。在无追索权的保理中，保理人需要为应收账款债务人核定信用额度和提供坏账担保，应收账款债务人无法履行的债务风险由保理人负担。

第二节　保理合同的效力

一、保理人的权利和义务

（一）提供金融服务的义务

根据《民法典》第七百六十一条的规定，保理人提供的金融服务包括资金融通、应收账款管理或者催收、应收账款债务人付款担保等。保理作为一项商业模式，保理人不是通过保理合同取代债权人的地位，而是为债权人提供融资服务、坏账担保与收款等信用管理服务。保理人与应收账款债权人签订保理合同后，保理人首先根据合同约定向被保理人支付一定比例的款项，应收账款到期后或者约定的保理融资期届满以后，双方当事人再根据合同约定、债务人履约情况等进行最终结算。应收账款债权人根据保理合同将应收账款转让给保理人，保理人即取代让与人成为基础合同的债权人，有权利根据基础合同的约定向债务人主张应收账款债权。保理人为应收账款债权人提供付款担保，是对债务人信用风险进行担保。债务信用风险担保是一种特殊的金融营业活动，保理人与应收账款债权人签订保理合同后，为应收账款债务人核定信用额度，在该额度内，对债权人无商业纠纷的应收账款，提供约定的付款担保。

（二）按照约定支付保理融资款的义务

《民法典》虽然未明确规定保理人负有按照约定向应收账款债权人支付融资款的义务，但是保理合同的核心内容就是应收账款的转让。没有对价的应收账款转让鲜少发生。应收账款转让的对价就是保理融资款。按照保理合同的约定向应收账款债权人支付融资款是保理人的一项主要义务，保理人未按照保理合同约定向应收账款债权人支付融资款，可能会构成违约。

（三）自行通知债务人的权利

《民法典》第七百六十四条规定："保理人向应收账款债务人发出应收账款转让通知的，应当表明保理人身份并附有必要凭证。"依据此条规定，发给应收账款债务人的通知可以由保理人完成，也可以由债权人完成。由保理人完成通知义务的须满足"表明保理人身份并附有必要凭证"的条件。法律赋予保理人自行通知债务人的权利，主要原因在于保理合同具有金融属性，债权人让与债权的目的绝大多数情况是利用保理进行融资，保理人受让应收账款债权的目的是营利。由保理人通知债务人应收账款转让事实的，必须提供真实、详细、完整的保理合同书、基础交易合同书、往来单据等资料予以证明，以便债务人确认与核实应收账款转让的事实。应收账款属于金钱债权，债务人履行债务时，只需将相关款项汇入保理人或者应收账款债权人指定的银行账户即可。债务人无论是对债权人还是对保理人履行债务，付出的成本相同，并不会产生额外负担。保理合同约定由保理人通知债务人的，保理人在通知时表明身份，指的是保理人必须表明其应收账款受让人身份以及其为银行保理还是商业保理保理人的身份。这要求保理人应当提供的资料包括但不限于营业执照副本影印件、保理合同原件及复印件、基础交易合同复印件、债权人与债务人的往来单据、银行流水清单等相关资料。保理人自行通知债务人的，应收账款债务人在接到通知后应当向保理人也就是应收账款受让人作出履行。

（四）依据约定享有追索权

1. 有追索权的保理。

《民法典》第七百六十六条规定："当事人约定有追索权保理的，保理人可以向应收账款债权人主张返还保理融资款本息或者回购应收账款债权，也可以向应收账款债务人主张应收账款债权。保理人向应收账款债务人主张应收账款债权，在扣除保理融资款本息和相关费用后有剩余的，剩余部分应当返还给应收账款债权人。"依据此条规定，保理人可以按照保理合同的约定享有追索权。有追索权的保理是平衡应收账款债权人的融资需求与作为出借人的保理人的资金保障的制度。从应收账款债权人的角度来说，其通过保理解决了自身的资金融资困难；对于保理人而言，对债权人的追索权使其资金安全获得了债权让与和债权人信用保证的双重保障。

有追索权的保理，订立保理合同的目的不是一般的债权让与，而是为应收账款债权人提供保理融资，保理人受让应收账款的目的是保证自身出借的资金本息安全。保理合同中既可以约定应收账款债权人返还融资本息，也可以约定由应收账款债权人回购应收账款债权，还可以约定应收账款债权人不能偿还融资本息的，保理人有权向应收账款债务人主张应收账款债权。保理人向应收账款债权人主张应收账款债权，请求的金额一般与保理融资本息和保理合同约定的其他费用相当。如果保理人向应收账款债务人主张应收账款债权的，请求金额为应收账款数额，有可能小于或者大于保理融资本息和相关费用。如果实现的金额大于保理融资本息和相关费用的，保理人在根据保理合同约定实现自己的权利后，必须将剩余金额返还给应收账款债权人，否则将构成不当得利。从此角度来说，有追索权的保理，应收账款清算既是保理人的权利，又是保理人的义务。

2. 无追索权的保理。

《民法典》第七百六十七条规定："当事人约定无追索权保理的，保理人应当向应收账款债务人主张应收账款债权，保理人取得超过保理融资款本息和相关费用的部分，无需向应收账款债权人返还。"依据此条规定，当事人约定无追索权保理的，保理人受让应收账款成为新的债权人，独立承担债务人的信用风险，不需要应收账款原债权人对应收账款债权实现提供担保。追索权是指应收账款债权人承担应收账款债务人的信用风险，保理人有向应收账款债权人追索的权利。无追索权保理中，应收账款债权人将应收账款债权转让给保理人，退出基础交易合同，保理人取而代之成为新的债权人，承担应收账款债权不能实现的风险。届时保理人向应收账款债务人主张应收账款债权。

二、应收账款债权人的主要权利和义务

（一）按照约定转让应收账款债权

应收账款债权人的主要义务是按照保理合同的约定向保理人转让应收账款债权。应收账款债权转让是订立保理合同的前提条件和核心内容。应收账款债权人应当按照保理合同约定的时间和方式，将应收账款债权转让给保理人。应收账款债权人未按照保理合同约定转让应收账款债权，导致保理人订立保理合同目的无法实现的，应收账款债权人构成根本违约，须承担违约责任。

（二）不得与债务人虚构应收账款作为转让标的

《民法典》第七百六十三条规定："应收账款债权人与债务人虚构应收账款作为转让标的，与保理人订立保理合同的，应收账款债务人不得以应收账款不存在为由对抗保理人，但是保理人明知虚构的除外。"依据此条规定，应收账款债权人为了获取保理融资与应收账款债务人虚构应收账款的，基于合同相对性原理，应收账款债权人与债务人均不得以该应收账款不存在为理由对抗保理人。但是保理人明知债权人与债务人虚构应收账款债权的，保理人的权益不再受到保护。应收账款是保理合同的标的物，是保理关系成立的前提基础。当事人虚构应收账款，保理人无法取得真正的债权，保理合同的目的就不能实现。但是，应收账款的虚构并不影响保理合同的效力。产生应收账款的基础交易合同与应收账款转让的保理合同是两个彼此独立的合同，不是主从合同关系，基础交易合同的效力不影响保理合同的效力，虚构没有基础交易合同关系的应收账款不影响保理合同的效力。

债权人与债务人串通虚构应收账款，保理人在不知情的情况下基于对债权人的信赖而订立保理合同，其信赖利益应当受到保护。应收账款债权人不得以应收账款不存在为由对抗保理人，否则保理人的财产利益将会遭受不当侵害。债务人与债权人同谋虚构应收账款，主观上存有过错，也无权以应收账款不存在为由对抗保理人。当然，保理人对债权人与债务人虚构应收账款的事实知情，就不再对应收账款真实有效具有信赖利益，自无保护的必要。

（三）不得不当协商变更、终止基础交易合同

《民法典》第七百六十五条规定："应收账款债务人接到应收账款转让通知后，应收账款债权人与债务人无正当理由协商变更或者终止基础交易合同，对保理人产生不利影响的，对保理人不发生效力。"依据此条规定，基础交易合同的不当变动不影响保理合同效力。基础交易合同是形成应收账款债权的根本，直接决定着保理合同的内容。但是基础交易合同与保理合同是两个分别独立的合同。应收账款债务人接到应收账款转让通知后，应收账款债权人就是保理人，其他人对该应收账款无权处置，产生该应收账款的基础交易合同对此也不得进行变更。在未经保理人同意的情况下，任何涉及应收账款债权的处分行为均无效。《民法典》第七百六十五条要求的"无正当理由"，意味着在有正当理由的情况下会有不同

的处理规则。正当理由是指在交易实践中基于诚实信用原则而作出的对正常商业行为的调整，同时也包括对商业风险的正当预防措施，并且保理人对此无合理理由反对。[①] 在商业实践中，当事人往往通过保理合同约定，应收账款债权人不得对基础交易合同作出任何形式的变更、解除或终止。

三、多重保理的清偿顺序

《民法典》第七百六十八条规定："应收账款债权人就同一应收账款订立多个保理合同，致使多个保理人主张权利的，已经登记的先于未登记的取得应收账款；均已经登记的，按照登记时间的先后顺序取得应收账款；均未登记的，由最先到达应收账款债务人的转让通知中载明的保理人取得应收账款；既未登记也未通知的，按照保理融资款或者服务报酬的比例取得应收账款。"依据此条规定，一个应收账款存在多个保理合同时，根据债的平等性原则，只要不存在合同无效或者可撤销的法定情形，应收账款债权人与任一保理人经过平等协商而自愿签订的合同都是有效合同。但是，保理合同的约束力只发生在合同当事人之间，对债务人发生效力要以通知为准。实务中，绝大多数保理要办理登记，因此，多个保理合同可能存在已登记保理合同与未登记保理合同、已通知保理合同与未通知保理合同等多种形态。《民法典》第七百六十八条规定了多重保理下的清偿规则：

第一，已经登记的优先于未登记的取得应收账款。应收账款登记不是保理合同的生效要件，而是宣告应收账款保理这一事实的公示方法。应收账款让与登记的目的在于保护保理合同的交易安全，赋予保理人可以对抗就同一应收账款设立保理的其他保理人。因此，应收账款债权人就同一应收账款订立多个保理合同，致使多个保理人主张权利的，已登记的先于未登记的取得应收账款。

第二，已经登记的，按照登记时间的先后顺序取得应收账款。应收账款转让登记不具有绝对的排他性，应收账款债权人就同一应收账款订立多个保理合同，所有保理人均可进行登记。法律并未禁止同一应收账款重复设置保理的规定。保理应收账款登记的排他性是相对的，同一应收账款均登记的，哪一个保理优先按照顺位原则处理。登记在先的保理应收账款优先受偿体现了对先登记保理人财产权益的维护。

第三，均未登记的，由最先到达应收账款债务人的转让通知中载明的保理人取得应收账款。同一应收账款订立多个保理合同，保理合同的效力都是平等的，对债务人的约束力与保理合同成立时间的先后无关，而与对债务人通知到达的时间有关。依据《民法典》的规定，保理合同的通知到达债务人后，对应收账款债务人产生约束力，应收账款债务人的履行对象由应收账款的债权人变更为保理人。根据债权的相对性原则，随后到达的对债务人的通知不应再对债务人产生约束力。因此，均未登记的情况下，由最先到达应收账款债务人的转让通知中载明的保理人取得应收账款。

[①]　黄薇：《中华人民共和国民法典合同编解读（下册）》，中国法制出版社 2020 年版，第 865 页。

　　第四，既未登记也未通知的，按照保理融资款或者服务报酬的比例取得应收账款。应收账款订立多个保理合同，如果按照应收账款比例清偿，可能出现平均分配应收账款债权的情况。而在多个保理合同中，保理人的商业判断标准、风险评估水平、风险承受能力等的不同，提供给应收账款债权人的融资款数额也会不同，如果一律按照应收账款比例清偿很有可能导致分配结果的不公平。因此，既未登记也未通知的，按照保理融资款或者服务报酬的比例取得应收账款。

第十八章课件

第十九章

19

承揽合同

📖 导读案例

被告周某承包萍乡某餐厅装修工程后，将大部分工程转包给了原告刘某，双方未签订书面合同，约定质保期为半年。2021 年 12 月 18 日，周某将双方共同完成的工作量结算明细在微信上发给刘某，双方共同完成的装修工程量金额为 28 万余元，扣除庭审中一致确认的周某完成的工程量及完工后开荒保洁费用 8 万余元，刘某完成工作量计 19 万余元。根据双方口头约定，周某收取 15% 的管理费计 2 万余元，还应支付给刘某 16.7 万余元。在质保期内厨房瓷砖出现脱落现象，刘某未维修。周某通过微信转账的方式向刘某支付工程款 13.5 万元。后双方就剩余工程款支付问题产生纠纷，刘某诉至法院。

法院经审理认为，该案系承揽合同纠纷。原告刘某向被告周某承揽装修工程，双方虽未签订书面协议，但已形成事实上的承揽合同关系。刘某完成工程后，周某应当支付工程款项。经庭审查明，周某应付工程款金额 16.7 万余元。另因厨房瓷砖脱落，双方对维修费用未达成一致意见，刘某认可维修费用 400 元，周某认为维修费用至少要 2000 元，法院酌情认定 1000 元。因质保期已过，扣除该 1000 元外，周某应支付给刘某的工程款总金额为 16.6 万余元，另扣除周某已付款项 13.5 万元，实际还应支付 3 万余元。法院遂判决被告周某在判决生效之日支付原告刘某工程款 3 万余元。

❓ 问题提出

1. 什么是承揽合同？

2. 承揽合同有哪些种类？

3. 承揽合同双方当事人的主要权利义务是什么？

4. 承揽合同中的风险如何负担？

第一节　承揽合同概述

一、承揽合同的概念和特征

根据《民法典》第七百七十条的规定，承揽合同是承揽人按照定作人的要求完成工作，交付工作成果，定作人支付报酬的合同。承揽包括加工、定作、修理、复制、测试、检验等工作。其中，按他人要求完成一定工作，并交付工作成果、收取酬金的一方，为承揽人；提出工作要求、按约定接受工作成果并给付酬金的一方，为定作人。承揽合同的内容包括承揽的标的、数量、质量、报酬，承揽方式，材料的提供，履行期限，验收标准和方法等条款（据《民法典》第七百七十一条）。

承揽合同具有以下法律特征。

（一）承揽合同以完成一定的工作为目的

承揽合同订立的目的是承揽人依照与定作人约定的标准和要求完成一定的工作，定作人取得承揽人完成的工作成果。承揽合同的这一特点使其与以提供劳务为目的的合同（如运输合同）有本质区别。虽然承揽人为了完成工作必须付出劳务，但是这仅仅是实现合同目的的手段，而不是合同目的本身。承揽合同基本是作为的义务，承揽人完成工作的劳务体现在其完成的工作成果之中，其劳务只有与工作成果相合，才能满足定作人的需要。若承揽人虽付出劳务但无工作成果，则无权请求定作人给付报酬。

（二）承揽合同的标的物具有特定性

承揽合同的标的物是承揽人完成并交付的工作成果，这既可以是体力劳动成果，也可以是脑力劳动成果；既可以是物，也可以是其他财产。在承揽合同中，定作人对承揽合同标的的材料、种类、规格、质量等都有特定要求，承揽人必须按照定作人的特定要求完成工作成果。这决定了承揽人所完成的工作成果不是一般的或普通的工作成果，而是具有特定性的工作成果，该成果不具有面向社会的属性，市场上无法买到或无法在需求期限内买到，只能由承揽人依定作人的要求通过自己与众不同的劳动技能来完成。

（三）承揽人完成工作的独立性

承揽合同的定作人需要的是具有特定性的标的物，因此定作人必定是根据设备状况、技术水平、劳力等条件来选择承揽人的，定作人注重的是特定承揽人的工作条件和技能。承揽人应当以自己的人力、设备和技术力量等条件，独立地完成主要工作。在一定条件下将其承揽的主要工作转移给第三人完成的，应当就该第三人完成的工作成果向定作人负责。

（四）承揽合同是诺成合同、不要式合同、有偿合同、双务合同

承揽合同自当事人双方意思表示一致时即告成立，而不以当事人一方的实际交付为合同成立要件，故为诺成合同。当事人的意思表示不以采用书面形式或经过公证为必要，故为不要式合同。承揽合同在有效成立后，当事人双方均负有一定义务，且双方的义务互为对价关系，故为双务合同。承揽合同的定作人须为工作成果的取得支付报酬，任何一方从另一方取得利益均应支付对价，故为有偿合同。若当事人一方为另一方完成一定工作，另一方接受该工作成果却不需给付报酬，则当事人之间的关系不属于承揽关系，而属于赠与或委托关系；若合同成立时未明示或默示地约定报酬，而嗣后接受工作成果一方任意给予报酬，则亦非承揽，此时应为两个无偿合同的并存。

二、承揽合同的种类

根据《民法典》第七百七十条第二款的规定，承揽包括加工、定作、修理、复制、测试、检验等工作。据此，承揽合同主要包括以下几种。

（一）加工合同

加工合同是承揽人以自己的技术力量将定作人提供的原材料或半成品加工制作为成品，定作人接受该成品并支付报酬的合同。其主要特点表现在两方面：一是定作人提供原材料或半成品，承揽人收取加工费；二是承揽人必须按照定作人的要求加工制作，不得随意变动。

（二）定作合同

定作合同是指承揽人根据定作人的要求，用自己的材料和技术为定作人制作一定成品或半成品，定作人接受该成品或半成品并支付报酬的合同。它与加工合同的根本不同点在于，原材料是由承揽人提供的，而不是由定作人提供的。

（三）修理合同

修理合同是指承揽人为定作人修理已损坏的物品，由定作人为此支付报酬的合同。其特点是承揽人所修理的物品原本就是制成品，合同目的在于恢复或延续已损坏物品的使用价值，而加工合同和定作合同的目的是制造新的成品。在修理中需要更换的器件、配件，可以由定作人提供，也可以由承揽人提供。

（四）复制合同

复制合同是指承揽人按照定作人的要求，根据定作人提供的样品重新制作类似成品，定作人予以接受并支付报酬的合同，如对文稿的复印、对画稿的临摹等。签订复制合同应遵循与之有关的特别法律规定，如《中华人民共和国著作权法》《音像制品制作管理规定》等。

（五）测试合同

测试合同是指承揽人按照定作人的要求，利用自己的技术和设备，为定作人完成某一

特定项目的测试任务，定作人接受测试成果并支付报酬的合同。

（六）检验合同

检验合同是指承揽人以自己的技术和设备，对定作人提出的特定事物的性能、问题等进行检验，定作人接受检验成果并支付报酬的合同。例如，物品化学成分的检验，等等。

第二节　承揽合同的效力

一、承揽人的义务

（一）以自己的设备、技术和劳力亲自完成主要工作的义务

根据《民法典》第七百七十二条第一款的规定，承揽人应当以自己的设备、技术和劳力，完成主要工作，但当事人另有约定的除外。以自己的设备、技术和劳力亲自完成主要工作的义务是承揽人的首要义务，也是其获得酬金应付出的对价。之所以为首要义务是因为承揽合同的订立，基于定作人对承揽人特定的知识、技能的信赖，具有人身信任性质。合同义务的履行直接关系到承揽合同目的的实现，也是定作人非常关心的事项。

《民法典》第七百七十二条第二款规定："承揽人将其承揽的主要工作交由第三人完成的，应当就该第三人完成的工作成果向定作人负责；未经定作人同意的，定作人也可以解除合同。"据此，承揽人擅自将主要工作交由第三人完成构成根本违约。定作人对此有两种选择：一是要求承揽人对第三人完成的工作成果向定作人负责。定作人作出这种选择通常是认为工作成果的质量、数量、交付时间等尚能接受。在这种情况下，当工作成果质量不符合合同约定的质量要求的，定作人有权要求承揽人承担重作、修理、更换和赔偿损失等违约责任。工作成果数量不符合合同约定的，定作人有权要求承揽人在合理的期限内补齐，造成定作人损失的，承揽人承担损害赔偿责任。工作成果交付迟延的，承揽人应当承担迟延交付的违约责任并赔偿定作人的损失。第二种是通知承揽人解除合同。合同解除给定作人造成损失的，定作人可以要求承揽人承担损害赔偿责任。

《民法典》第七百七十三条规定："承揽人可以将其承揽的辅助工作交由第三人完成。承揽人将其承揽的辅助工作交由第三人完成的，应当就该第三人完成的工作成果向定作人负责。"本条中规定的"辅助工作"是指承揽工作中主要工作之外的部分。"主要工作"是指有决定性作用的工作部分或者说是核心工作。法律要求承揽人以自己的设备、技术和劳力完成主要工作，一般来说承揽工作的主要部分直接与承揽人的设备、技术、能力相关，这一部分工作应当由承揽人亲自完成；主要工作以外的辅助工作，通常对工作成果的整体质量影响不大，因此法律规定承揽人可将其交由第三人完成。

承揽人将其承揽的主要工作交给第三人完成的，不论该行为是否得到了定作人的许可，承揽人均应就该第三人完成的工作成果向定作人负责。这是因为，虽然主要工作是由第三人完成的，但该第三人不是承揽合同的当事人，其与定作人之间不具有任何合同关系的约束，根据合同相对性规则，只能由承揽人向定作人负责，并且未经定作人同意的，定作人可以解除合同。例如，育才中学委托利达服装厂加工 500 套校服，约定材料由服装厂采购，学校提供样品，取货时付款。为赶时间，利达服装厂私自委托恒发服装厂加工 100 套校服。育才中学按时前来取货，发现恒发服装厂加工的 100 套校服不符合样品的要求，遂拒绝付款。利达服装厂则拒绝交货。（2006 年司考真题）题中服装制作具有较强的技术性要求，利达服装厂私自委托恒发服装厂加工 100 套校服，从整个承揽工作来看已经属于主要工作。因此利达服装厂已经构成将其承揽的主要工作交由第三人完成的情形。利达服装厂应当就恒发服装厂加工的 100 套校服向育才中学负责。由于未经育才中学这一定作人同意，育才中学有权解除合同。

承揽人将辅助工作交由第三人完成，这是法律所允许的，但是定作人与第三人之间并没有任何合同法律关系，而是承揽人与第三人之间成立一个新的承揽合同关系，传统民法中称为"次承揽"。承揽人与第三人之间的关系并不影响承揽人对定作人负担的义务，根据合同相对性规则，承揽人就第三人完成的工作成果向定作人负责。

（二）提供或接受材料的义务

承揽合同双方当事人既可约定由承揽人提供材料，也可约定由定作人提供材料。依合同约定的材料来源不同，承揽人的义务也有所不同。

根据《民法典》第七百七十四条的规定，承揽人提供材料的，承揽人应当按照约定选用材料，并接受定作人检验。很多的承揽合同都会约定由承揽人提供材料，这样的约定对定作人而言免去了亲自挑选、采购和提供材料的麻烦；对承揽人而言这样的包工包料所获得的利润空间会更大一些。合同约定由承揽人提供材料的，承揽人必须按照合同约定的数量、质量、规格、品种选用材料，不得以次充好，并且需经定作人检验表示同意后，才能开始制作等工作。如果承揽人隐瞒材料的缺陷或者使用不符合合同约定的材料而使其交付的工作成果质量不符合约定要求的，定作人有权要求承揽人承担修理、重作、减少报酬、赔偿损失等违约责任。

根据《民法典》第七百七十五条的规定，定作人提供材料的，定作人应当按照约定提供材料。承揽人对定作人提供的材料应当及时验收，发现不符合约定时，应当及时通知定作人更换、补齐或者采取其他补救措施。承揽人不得擅自更换定作人提供的材料，不得更换不需要修理的零部件。定作人提供材料，承揽人不负瑕疵担保义务，责任相较而言较轻。承揽人收到定作人提供的材料，有义务及时检验，一般"及时"应理解为应让定作人有合理时间采取补救措施。承揽人发现定作人提供的材料有问题并及时通知定作人后，如果定作人愿意以其所提供的材料进行工作，则承揽人可以进行工作，双方等于修改了合同。如果当事人未对定作人提供的材料作出具体要求，应视为定作人提供的材料符合约定。但是材料明显不具有一般的、通常标准的，承揽人应要求定作人予以确认。对于定作人提供的材料，承揽人不得随意更换，即便是承揽人用自己的更好的材料来替换定作人的材料，也是不允许的，除非承揽人要求的报酬仍然是原先约定的标准。此外，承揽人还应遵守善意行事的原则，不得私自更换不需要的零部件，借以收取较高的费用或者以次货更换好货牟取不正当利益。同时承揽人对定作人提供的材料还负有妥善保管的义务，因其保管过失造成材料毁损、灭失，应承担赔偿责任。

（三）妥善保管定作人提供的材料和工作成果的义务

《民法典》第七百八十四条规定："承揽人应当妥善保管定作人提供的材料以及完成的工作成果，因保管不善造成毁损、灭失的，应当承担赔偿责任。"依据此条规定，承揽人对定作人提供的材料和完成的工作成果负有保管义务。定作人提供材料后，材料虽然处于承揽人的实际占有下，但是材料的所有权并没有发生转移，承揽人与定作人之间的材料保管法律关系由此产生。承揽人仅就因保管不善所造成的材料损失承担赔偿责任，至于材料自然损耗或材料因不可抗力而发生毁损、灭失的，定作人应当自行承担相关损失。工作成果完成交付前，承揽人应当妥善保管工作成果。所谓的妥善保管，是指承揽人应当按照行业的一般要求，根据物品的性质选择合理的场地、采用适当的保管方式，防止物品毁损、灭失。保管不善造成毁损、灭失的，应当承担赔偿责任。

（四）及时通知的义务

根据《民法典》第七百七十六条的规定，承揽人发现定作人提供的图纸或者技术要求不合理的，应当及时通知定作人。因定作人怠于答复等原因造成承揽人损失的，应当赔偿损失。承揽工作应当严格按照定作人提供的图纸或技术要求进行。在承揽关系中，定作人往往不如承揽人的知识、技能和经验丰富，因而其提供的图纸或技术要求可能会出现不是很合理的情况，从而导致承揽人难以制作符合当事人约定的工作成果。承揽人发现这种情况时不得擅自修改图纸或更改技术要求，而应当及时通知定作人。定作人接到通知后，应当对不合理之处及时修正或重新提供图纸或技术要求，定作人怠于答复造成承揽人停工或其他损失的，应当承担损失赔偿责任。

（五）接受定作人监督检验的义务

承揽人在工作期间，应当接受定作人必要的监督检验。《民法典》第七百七十九条规定："承揽人在工作期间，应当接受定作人必要的监督检验。定作人不得因监督检验妨碍承揽人的正常工作。"由于承揽合同的标的物是特别为定作人加工制作的，定作人有权监督检验承揽人的工作是否符合要求，承揽人有义务予以配合。接受定作人的监督检验可以减轻承揽人对完成的工作成果不符约定的责任。承揽人接受定作人的监督检验，应如实地向定作人反映工作情况，不得故意隐瞒工作中存在的问题，并应当接受定作人对工作所作的指示，改进自己的工作，以保证完成的工作成果满足定作人的要求。但是定作人进行监督检验时不得妨碍承揽人的正常工作。

（六）交付工作成果的义务

根据《民法典》第七百八十条的规定，承揽人完成工作的，应当向定作人交付工作成果，并提交必要的技术资料和有关质量证明。定作人应当验收该工作成果。定作人订立承揽合同的目的在于获得其所需之物，因此承揽人应按期将所完成的工作成果交付给定作人，同时，还须交付工作成果的附属物，如必要的技术资料、有关的质量证明、配件、特殊的维护工作等。对于承揽人交付的工作成果，

"承揽合同纠纷" 案例

定作人有权检验其是否符合合同约定的各项要求。承揽人交付工作成果时，应当按照合同中约定的履行期限、履行地点和履行方式进行。如果交付迟延的，可以参照买卖合同中关于交付迟延的相关规定。根据迟延的后果，定作人可以要求减酬、赔偿损失或解除合同。

（七）对工作成果的瑕疵担保义务

根据《民法典》第七百八十一条的规定，承揽人交付的工作成果不符合质量要求的，定作人可以合理选择请求承揽人承担修理、重作、减少报酬、赔偿损失等违约责任。由此可见，在承揽合同中，承揽人对工作成果的瑕疵担保，主要是指物的瑕疵担保义务，即承揽人必须保证其所交付的工作成果符合合同约定的质量标准和要求。因此，承揽人所交付的标的物质量达不到合同规定的标准，即可认定该标的物有瑕疵。承揽人对工作成果的瑕疵担保义务可以参照买卖合同中卖方对出卖标的物的质量瑕疵担保义务的相关规定。

承揽人交付的工作成果如果属于明显瑕疵，当时即可发现的，定作人可即刻要求承揽人负担瑕疵担保责任；如果属于隐蔽瑕疵，短期内难以发现质量缺陷的工作成果，应当由双方当事人约定保证期限，保证期限内发生质量问题，由承揽人承担责任。定作人未在规定的期限内就承揽人完成的工作成果主张瑕疵担保责任的，承揽人不再承担瑕疵担保责任。

定作物的质量不符合要求的，定作人可以要求承揽人修理、重作。承揽人未在指定的合理时间内予以修理的，定作人可以自行修理，但费用可向承揽人求偿；如果定作人愿意按照现状使用交付的工作成果，未提出修理、重作，那就应该按质论价，适当减少承揽人的报酬。因承揽人交付的工作成果不符合质量要求，给定作人造成损失的，或者在承揽人进行修理或更换后，工作成果仍不能符合合同要求的，定作人有权按要求赔偿损失。如果工作成果给定作人的人身或是财产造成损害，此时便不再是承揽人违约责任，而是产品侵权责任。

（八）保密的义务

《民法典》第七百八十五条规定："承揽人应当按照定作人的要求保守秘密，未经定作人许可，不得留存复制品或者技术资料。"承揽合同的人身性质使承揽人有机会接触定作人的某些不愿为人所知的秘密，对此，承揽人负有保守秘密不向他人泄露的义务。在工作完成之后，承揽人还应将复制品及有关技术资料一并返还给定作人，不得留存，否则应赔偿定作人因被泄密而蒙受的损失。

二、定作人的义务

根据我国《民法典》的规定，定作人负有如下主要义务。

（一）支付报酬的义务

根据《民法典》第七百八十二条的规定，定作人应当按照约定的期限支付报酬。对支付报酬的期限没有约定或者约定不明确，依照《民法典》第五百一十条的规定仍不能确定的，定作人应当在承揽人交付工作成果时支付；工作成果部分交付的，定作人应当相应支付。支付报酬是定作人的基本义务，是定作人取得工作成果所付出的对价。定作人逾期不支付报酬的，应当承担违约责任，支付逾期利息。报酬的支付不以工作成果全部交付为条件。如果部分交付的，定作人应当支付相应的报酬。此外，如果因为定作人履行协助义务迟延导致承揽人迟延交付的，定作人必须支付约定的报酬。报酬一般应以金钱支付，当事人另有约定或另有交易习惯的也可以采取其他方式支付。定作人完全支付报酬以工作成果验收合格为条件，如果工作成果不符合质量、数量要求的，定作人可以拒绝接收；仍然接收的，可以相应减少报酬。

《民法典》第七百八十三条规定："定作人未向承揽人支付报酬或者材料费等价款的，承揽人对完成的工作成果享有留置权或者有权拒绝交付，但是当事人另有约定的除外。"据此，针对定作人不履行支付报酬或者价款义务的，承揽人享有留置权或者拒绝交付权。承揽人的留置权属于法定担保物权，具体行使时要符合法律对留置权行使要求的规定。承揽人的留置权与拒绝交付权不能同时行使。留置权属于物权，具有优先受偿性；拒绝交付权是一种双务合同的履行抗辩权。

（二）协助义务

根据《民法典》第七百七十八条的规定，承揽工作需要定作人协助的，定作人有协助的义务。定作人不履行协助义务致使承揽工作不能完成的，承揽人可以催告定作人在合理期限内履行义务，并可以顺延履行期限；定作人逾期不履行的，承揽人可以解除合同。承揽合同内容的不同，定作人的协助义务亦大小不同。一般而言，定作人的协助义务有及时提供图纸、技术要求资料、清理施工现场、答复等等。这也是协作履行原则在承揽合同中的进一步表现。承揽工作的进行离不开定作人的协助，只有这样才能使承揽合同的履行顺利进行，最终实现合同订立的目的。定作人不履行协助义务致使承揽工作不能完成的，承揽人可以催告定作人在合理期限内履行义务，并可以顺延履行期限；定作人逾期不履行的，承揽人可以解除合同。

（三）受领工作成果的义务

定作人受领工作成果的义务既包括定作人接受承揽人交付的工作成果，也包括在承揽人无须实际交付时定作人对承揽人所完成的工作成果的承认；既包括定作人接受承揽人交付的全部工作成果，也包括定作人接受承揽人交付的部分工作成果。根据《民法典》第七百八十条的规定，定作人受领工作成果的义务是以承揽人完成的工作成果符合合同约定为前提的。若承揽人完成的工作成果不符合合同的约定，定作人有权拒收。定作人无正当理由拒绝受领工作成果的，承揽人可请求其赔偿损失。定作人超过约定期限受领工作成果的，不仅须支付违约金和承揽人垫付的保管、保养费用，还须承担工作成果毁损、灭失的风险。

三、定作人的中途变更权

"定作人的中途变更权"微课

根据《民法典》第七百七十七条的规定，定作人可以中途变更承揽工作的要求，但应对由此造成的损失承担赔偿责任。中途指的是承揽人已经按照定作人的要求开始制作定作物但尚未完成的这段时间。在定作物制作开始之前定作人提出变更要求的，一般不会对承揽人造成什么损失。在定作物完成之后提出变更要求，对已经完成的定作物也不会产生影响。唯独在制作过程中定作人提出变更要求，会使承揽人为完成工作成果而投入的材料、智力、劳力等遭受影响或是损失。考虑到承揽合同是为定作人获取特定物而订立，现如今定作人提出变更，如果无视定作人的变更请求继续合同的履行，难免会使合同订立的目的发生偏移。为此法律认可了定作人的中途变更权，但是这种权利的行使以不影响承揽人利益为前提，承揽人一旦因此遭受到损失的，定作人负有赔偿责任。例如，某宾馆与制衣厂订立了一份服装加工承揽合同，规定制衣厂为宾馆加工制作工作服 500 件，面料由宾馆提供。合同附则部分规定："合同经公证生效。"合同签订后，未办理公证手续，宾馆向制衣厂提供了 60% 的面料，制衣厂如约加工。由于宾馆资金紧张，宾馆提出变更合同，加工服装减为 300 件，并中止剩余服装所需面料的供应，制衣厂不同意。制衣厂完成 300 件服装的加工后，将服装送至宾馆，宾馆按 60% 的货款进行结算。制衣厂则要求宾馆继续履行合同和支付违约金。（1998 年律考真题）本题涉及承揽合同的成立、变更与解除问题。法律、行政法规规定或者当事人约定采用书面形式订立合同，当事人未采用书面形式但一方已经履行主要义务，对方接受的，该合同成立。采用合同书形式订立合同，在签字或者盖章之前，当事人一方已经履行主要义务，对方接受的，该合同成立。本题中，某宾馆与制衣厂虽然约定合同经公证生效，但宾馆向制衣厂提供了 60% 的面料，制衣厂如约加工，表明双方当事人通过履行方式使合同成立，由于承揽合同属于诺成性合同，该合同自成立之日起生效。此外，在承揽合同中，依照《民法典》第七百七十七条的规定，定作人中途变更承揽工作的要求，造成承揽人损失的，应当赔偿损失。由此可以推定，在承揽工作进行中，定作人享有变更合同的权利。承揽人不得请求定作人继续履行合同，只能请求定作人赔偿损失，这是由承揽合同的性质所决定的。所以本题中，承揽合同成立且生效，但是制衣厂只能请求宾馆支付违约金，而不能请求履行合同。

第三节　承揽合同中的风险负担和承揽合同的终止

一、承揽合同中的风险负担

承揽合同的风险负担，是指在承揽工作完成中，工作成果或原材料因不可归责于当事人任何一方的事由而毁损、灭失，其损失由谁承担的问题。承揽合同中的风险负担主要有材料、工作成果、报酬的风险负担。

（一）材料的风险负担

材料由定作人或承揽人提供，因不可归责于双方当事人的原因而毁损、灭失，此时的风险负担应该遵循民法上标的物毁损、灭失风险负担的一般规则，即由材料的所有人负担毁损、灭失的风险，当事人另有约定的除外。

（二）工作成果的风险负担

工作成果的风险负担因承揽合同类型不同而异。如果承揽合同的工作成果须实际交付，在工作成果交付前发生风险的，由承揽人负担，在工作成果交付后发生风险的，由定作人负担。工作成果的毁损、灭失发生在定作人受领迟延后的，则应由定作人承担该风险。

工作成果无须实际交付的，在工作完成前发生的风险由承揽人负担；在工作完成后发生的风险，则由定作人员负担。例如，维修房屋，在完成维修工作前房屋因意外风险毁损、灭失的，由承揽人负担风险；在完成维修任务后房屋发生意外毁损、灭失的，由定作人负担风险。

（三）报酬的风险负担

定作人在承揽人完成工作成果时，自始就取得工作成果的所有权的，例如装修房屋，此时由于不可归责于当事人的原因导致已经完成的工作成果毁损、灭失的，由于定作人已经取得了工作成果，报酬的风险应该由定作人来承担，也就是定作人应该支付报酬。

承揽人完成工作成果后，尚未向定作人交付工作成果时，定作物因不可归责于当事人的原因毁损、灭失的，由承揽人自己承担报酬的风险，也就是承揽人不得向定作人主张报酬的支付，除非当事人另有约定。

二、承揽合同的终止

承揽合同终止的原因有很多，此处简单介绍因当事人行使合同解除权而终止的情形。

（一）定作人的任意解除权

《民法典》第七百八十七条规定："定作人在承揽人完成工作前可以随时解除合同，造成承揽人损失的，应当赔偿损失。"据此，定作人可以随时解除承揽合同，造成承揽人损失的，应当赔偿损失。承揽工作项目是为定作人的利益而进行的，甚至有些承揽工作项目仅仅对定作人有意义。如果定作动因等发生变化使承揽工作变得对定作人没有意义，此时继续保留承揽合同，显然不合理。在此种情况下，允许定作人随时解除合同，并对承揽人承担赔偿责任，是适当而且必要的。这既可以避免给定作人造成损失、避免浪费，也不会对承揽人造成不利。定作人任意解除权的行使，应该在承揽人完成工作成果之前。如果承揽人已经完成承揽工作，定作人不得行使任意解除权。

（二）承揽合同因当事人一方严重违约而解除

违约解除就其本来的功能而言，在于非违约方"合同义务的解放"，由此而派生的功能还包括非违约方"交易自由的回复"和违约方"合同利益的剥夺"。[①] 承揽合同的违约解除主要包括：一是承揽人未经定作人同意将承揽合同的主要工作转由第三人完成的；二是定作人未尽到协助义务，经承揽人通知仍不履行的。

此外，符合《民法典》中有关合同法定解除产生条件的规定时，当事人均可行使合同解除权，有损害存在的并可同时请求损害赔偿。

第十九章课件

---

① 韩世远：《合同法总论（第三版）》，法律出版社 2011 年版，第 507 页。

Chapter **20**

建设工程合同

导读案例

夏某与刘某文签订工程承包合同，承接某防腐项目工程。合同约定：工程竣工后，乙方夏某通知甲方刘某文验收，刘某文在接到通知后一周内不组织验收，视为该工程验收合格。2019 年 4 月，夏某通知刘某文工程完成，让其及时验收。刘某文对此无异议，但并未组织验收。后夏某仅收到部分工程款，其余款项多次索要无果，遂诉至法院。

法院审理后认为，承包人夏某不具备承建工程的施工资质，其与刘某文签订的工程承包合同属于无效合同。但因涉案工程竣工时，刘某文未按照合同约定的甲方职责组织验收，夏某亦无法自行组织工程验收，且涉案工程已投入使用，刘某文虽对工程质量提出主张，却未提交足以证明涉案工程存在质量问题的证据，据此，工程视为质量合格，刘某文应参照合同中关于价款的约定折价补偿夏某工程款。关于质保金，刘某文没有按照约定组织验收，时间已超过两年，应视为工程保修期已届满，应返还夏某质保金。根据《民法典》第七百九十三条的规定，建设工程施工合同无效，但是建设工程经验收合格的，可以参照合同关于工程价款的约定折价补偿承包人，即建设工程施工合同无效折价补偿规则。法院判决刘某文按约定工程款付还尚欠的 78614.2 元及逾期付款利息，返还质保金11709.72 元。

问题提出

1. 建设工程合同的概念和特点是什么？

2. 建设工程合同的效力如何？

3. 勘察设计合同当事人的责任是什么？

4. 建设施工合同当事人的责任是什么？

第一节　建设工程合同概述

一、建设工程合同的概念和特点

根据《民法典》第七百八十八条的规定，建设工程合同是指承包人进行工程建设，发包人支付价款的合同。建设工程合同包括工程勘察、设计、施工合同。其中，勘察、设计、施工单位一方被称为承包人，建设单位一方被称为发包人。《民法典》第八百零八条规定："本章没有规定的，适用承揽合同的有关规定。"因此建设工程合同本质上属于承揽合同的一种，但工程建设不同于一般的工作成

"建设工程合同的概念和特点"微课

果，有必要针对建设工程合同的特殊内容作出专门的规定，而与承揽合同内容相同的部分，则准用承揽合同的规定。

建设工程合同与一般承揽合同相比较，具有以下特点：

第一，建设工程合同的标的仅限于工程建设。此类合同的标的仅限于基本建设工程项目，即主要作为基本建设工程的各类建筑物，地下设施、附属设施的建筑，以及对与其配套的线路、管道、设备进行的安装建设①。这些建设工程项目耗资大、履行期长，并且有较为严格的质量要求，对国家和社会均具有特殊的意义，因而建设工程合同才得以成为与承揽合同不同的合同类型。为完成不能构成基本建设工程的一般工程的建设项目而订立的合同，不是建设工程合同，大多数情况下属于承揽合同，例如农民为建住宅订立的合同②。

第二，合同主体应具备相应的条件。考虑到建设工程本身具有投资大、周期长、质量要求高等特点，自然人基本上被排除在建设工程合同承包人的主体之外，只有具备法定资质的单位才能成为建设工程合同的承包主体。《中华人民共和国建筑法》（以下简称《建筑法》）第十二条明确规定了从事建筑活动的建筑施工企业、勘察单位、设计单位和工程监理单位应具备的条件，并将其划分为不同的资质等级，只有取得相应等级的资质证书后，才可在其资质等级许可的范围内从事建筑活动。此外，对建筑从业人员也有相应的条件限

---

① 《中华人民共和国建筑法》第二条第二款规定："本法所称建筑活动，是指各类房屋建筑及其附属设施的建造和与其配套的线路、管道、设备的安装活动。"

② 《中华人民共和国建筑法》第八十三条规定："省、自治区、直辖市人民政府确定的小型房屋建筑工程的建筑活动，参照本法执行。依法核定作为文物保护的纪念建筑物和古建筑等的修缮，依照文物保护的有关法律规定执行。抢险救灾及其他临时性房屋建筑和农民自建低层住宅的建筑活动，不适用本法。"

制。这是法律的强制性规定，违反此规定的建设工程合同依法无效。但是对于超越资质等级许可业务范围的，则并不必然无效[①]。

第三，建设工程合同具有较强的国家干预性。由于建设工程项目一经投入使用，会对公共利益产生重大影响，因此国家对建设工程合同实施了较为严格的干预。立法上，除了合同法外还有大量的单行法律和法规，例如《建筑法》《中华人民共和国城乡规划法》《中华人民共和国招标投标法》及大量的行政法规和规章，对建设工程合同的订立和履行诸环节进行规制。

第四，建设工程合同的要式性。即法律对建设工程合同的形式要件有特殊要求。《民法典》第七百八十九条规定："建设工程合同应当采用书面形式。"书面形式的合同由于对当事人之间约定的权利义务都有明确的文字记载，能够提示当事人适时地正确履行合同义务，当发生合同纠纷时，也便于分清责任，正确、及时地解决纠纷。建设工程合同具有合同标的额大、合同内容复杂、履行期较长等特点，更应当采用书面形式。为了指导建设工程施工合同当事人的签约行为，维护合同当事人的合法权益，住房和城乡建设部、原国家工商行政管理总局制定了《建设工程施工合同（示范文本）》（GF-2017-0201）、《建设工程勘察合同（示范文本）》（GF-2016-0203）、《建设工程设计合同示范文本（专业建设工程）》（GF-2015-0210）、《建设工程设计合同示范文本（房屋建筑工程）》（GF-2015-0209）。建设工程合同的要式性，符合国家对基本建设工程项目进行监督管理的需要，符合建设工程合同履行的特点。对于未采用书面形式订立的建设工程合同，根据《民法典》的相关规定，当事人一方已经履行主要义务，对方接受的，该合同成立。

二、建设工程合同的订立

（一）建设工程合同订立的一般规定

建设工程的质量直接关系到广大人民群众的生命财产安全，因而我国法律对建设工程实行了多方位的控制与管理。根据《民法典》第七百九十二条的规定，国家重大建设工程合同，应当按照国家规定的程序和国家批准的投资计划、可行性研究报告等文件订立。这是因为一些大型的交通、水利、工厂、移民安置等工程都是由国家进行投资建设的，这些大型建设工程需要大量的资金，建设周期长，质量要求高，在确定工程的建设和订立合同的程序上要求严格按照国家规定的程序和国家批准的投资计划、可行性研究报告等文件进行。

同时为了鼓励竞争，公平交易，确保建设工程的质量，提高投资效益，法律强制要求

---

① 《最高人民法院关于审理建设工程施工合同纠纷案件适用法律问题的解释（一）》第一条规定："建设工程施工合同具有下列情形之一的，应当依据民法典第一百五十三条第一款的规定，认定无效：（一）承包人未取得建筑业企业资质或者超越资质等级的；（二）没有资质的实际施工人借用有资质的建筑施工企业名义的；（三）建设工程必须进行招标而未招标或者中标无效的。承包人因转包、违法分包建设工程与他人签订的建设工程施工合同，应当依据民法典第一百五十三条第一款及第七百九十一条第二款、第三款的规定，认定无效。"第四条规定："承包人超越资质等级许可的业务范围签订建设工程施工合同，在建设工程竣工前取得相应资质等级，当事人请求按照无效合同处理的，人民法院不予支持。"

建设工程合同的订立必须以招标发包的方式进行，只有对不适于招标发包的建设工程，才可以采取直接发包的方式订立合同（《建筑法》第十九条）。《中华人民共和国招标投标法》第三条对工程建设项目招标范围进行了规定，之后《工程建设项目招标范围和规模标准规定》对《中华人民共和国招标投标法》第三条的规定进一步予以细化。目前，建设工程合同适用招标投标的情形非常广泛，包括经济适用房在内的商业性住宅均属于招标投标的范围。

与此同时，《民法典》第七百九十条明确规定，建设工程的招标投标活动，应当依照有关法律的规定公开、公平、公正进行。公开指的是招标投标活动中的各个程序都不应当加以隐瞒，不应由当事人之间秘密商定。例如，招标时要向建筑施工企业发出招标公告或是招标邀请书；开标、评标、定标活动要在招标投标办事机构的监督下，由招标单位主持进行等。公平是指招标人在确定投标人、评标和定标时要合情合理，不偏袒任何一方。应为所有投标人创造平等竞争的机会，如在信息披露方面做到真正公开，使投标人享有平等的知情权。投标人也应以正当的手段开展投标竞争，不允许任何人在招标、投标中享有特权。公正是指招标人在招标活动的全过程中要严格依照公开的招标条件和程序办事，严格按照既定的标准评标和定标，公平地对待每一名投标人，以保证定标结果的公正性。

（二）建设工程合同的分包与转包

《民法典》第七百九十一条规定："发包人可以与总承包人订立建设工程合同，也可以分别与勘察人、设计人、施工人订立勘察、设计、施工承包合同。发包人不得将应当由一个承包人完成的建设工程支解成若干部分发包给数个承包人。总承包人或者勘察、设计、施工承包人经发包人同意，可以将自己承包的部分工作交由第三人完成。第三人就其完成的工作成果与总承包人或者勘察、设计、施工承包人向发包人承担连带责任。承包人不得将其承包的全部建设工程转包给第三人或者将其承包的全部建设工程支解以后以分包的名义分别转包给第三人。禁止承包人将工程分包给不具备相应资质条件的单位。禁止分包单位将其承包的工程再分包。建设工程主体结构的施工必须由承包人自行完成。"据此可知建设工程总承包合同不同于建设工程分别承包合同，建设工程分包不同于建设工程转包。

建设工程总承包合同是指发包人与承包人就某项建设工程的全部勘察、设计、施工工作签订的合同，承包人对建设工程从勘察到施工的整个过程负责。此种合同中承担建设任务一方的当事人被称为总承包人。建设工程分别承包合同是指发包人并不将整个工程项目承包给某一方，而是分别与勘察人、设计人、施工人签订勘察、设计、施工承包合同，勘察人、设计人、施工人仅就自己负责的勘察、设计、施工任务对发包人负责。总承包合同和分别承包合同法律都是允许的，由当事人自行决定。但是如果建设工程是由一个承包人完成的，发包人不得将该工程肢解成若干部分予以发包。例如商业住宅的设计任务，就不能将其分解为若干部分分别发包给两个以上的设计人。

分包是指勘察人、设计人、施工人在经过发包人同意后，依法将其承包的工程建设任务的一部分交给第三人完成，从而与该第三人签订合同。建设工程分包合同依附于总承包合同或者分项工程承包合同而存在，具有从属性，没有总承包合同或者分项工程承包合同，自无建设工程分包合同可言；总承包合同或者分项工程承包合同无效，建设工程分包合同也无效，但建设工程分包合同的成立与效力不影响总承包合同或者分项工程承包合同的效力。

转包，是指承包人将建设工程合同中的权利义务转让给第三人享有或者承担，退出与发包人的承包合同关系而与第三人订立合同。建设工程合同的转包即为合同的转让，是合同的权利义务概括转移给受让人。合同一旦转让，转让人即退出原合同关系，不再享有原合同中的权利，也不再承担原合同中的义务，受让人取得原合同当事人的地位，成为原合同权利义务的主体，承受原合同的权利义务。由于转包是我国目前建设工程质量存在问题的重要原因，因此，我国法律禁止建设工程合同的转包。

按照我国《民法典》和《建筑法》的相关规定，承包人在与第三人订立分包合同时，除须符合合同生效的一般要件外，还应具备下列特别条件：

第一，工程分包须经过发包人的同意。发包人与承包人订立建设工程合同，表明了发包人对承包人的资质水平、施工能力，以及承包人能够及时完成施工任务并确保工程质量的信任，因此，在承包人将工程分包给第三人时，须征得发包人的同意，是对发包人利益的妥善保护。

第二，被分包的工程只能是承包人所承包的部分工作。合同法吸收了建筑法的规定，禁止承包人将其承包的全部工程任务肢解以后以分包的名义分别转包给第三人。另外，在建设工程施工过程中，由于工程的主体结构是工作的重要部分，技术要求高、施工难度大，因而在总承包合同或者单纯的施工合同中，工程的主体结构的施工必须由承包人自行完成，不得分包。

第三，分包人必须具备相应的资质条件，且只能将工程分包一次。建设工程合同在主体因素上比其他合同受到更多的法律约束，这对分包合同中的分包人也不例外。承包人将工程分包给不具有相应资质的第三人，则该分包合同因违反法律的强制性规定而无效。而且为了确保工程的质量，接受部分建设工程的分包人只能自己完成分包的任务，不能再次将工程进行分包。

承包人在征得发包人同意后，将自己承包的部分工作分包给第三人时，发包人与分包人之间一般不发生直接的法律关系。但我国合同法明确规定，分包人就其完成的工作成果与总承包人或者勘察、设计、施工承包人向发包人承担连带责任。发包人既可以请求总承包人或者勘察、设计、施工承包人和分包人共同予以赔偿，也可以单独向总承包人或者勘察、设计、施工承包人请求赔偿，或者直接请求分包人进行赔偿。总承包人或者勘察、设计、施工承包人在承担赔偿责任后，有权根据分包合同的约定，对不属于自己的赔偿责任向分包人追偿。规定总承包人或者勘察、设计、施工承包人和分包人对发包人承担连带责任，有利于保证分包人正确适当地履行合同义务，促进建设工程的现场管理，同时还有助于强化对发包人利益的保护。

第二节 建设工程合同的一般效力

一、发包人的主要义务

（一）按期提供原材料、设备、场地、资金、技术资料

《民法典》第八百零三条规定："发包人未按照约定的时间和要求提供原材料、设备、场地、资金、技术资料的，承包人可以顺延工程日期，并有权请求赔偿停工、窝工等损失。"据此，为保证建设工程合同目的的实现，发包人负有必要的协助义务。发包人必要的协助义务是指按照合同约定时间和要求提供原材料、设备、场地、资金、技术资料等。建设工程合同中，往往会对双方当事人的分工范围和要求作出明确的约定，合同当事人应该按照双方商定的分工范围和要求，及时提供原材料和设备。在工程开工之前接通现场的水源、电源和运输道路，拆迁现场内的民房和障碍物，清理好现场并提供约定的施工场地。保证资金供应，按时办理划拨和结算手续。组织有关单位对施工图等技术资料进行审定，并按照合同的期限与份数交付承包人。发包人没有按照约定的时间和要求提供原材料、设备、场地、资金、技术资料，从而造成承包人延期施工的，承包人有权相应顺延工期。发包人不履行协助义务经催告后没有有效改正的，承包人有权解除合同并要求发包人赔偿停工、窝工等损失。停工和窝工损失费包括现场施工机械在停工、窝工期间的停滞费，现场工人在停工、窝工期间的工资以及周转性材料的维护和摊销费等。

（二）对工程的及时验收

建设工程竣工后，发包人应当按照国家有关规定和合同的约定，及时组织对建设工程的验收。只有经过验收程序，并且验收合格，才意味着承包人履行完毕全部的合同义务。对于发包人验收建设工程所须遵循的依据，根据《民法典》第七百九十九条第一款的规定，共有三项：

第一，施工图纸及说明书。施工图纸及说明书是建设工程承包合同的重要组成部分，是对承包人施工条款的具体化，其既是工程建设的重要依据，也是评定竣工工程是否合格的基本标准。在工程建设中，一般施工通常以已设计的图纸为指导，但在施工过程中，也会出现对设计图纸的有限修改，因此，在设计图纸与施工图纸不一致时，发包人验收时应以施工图纸为准。

第二，国家颁发的施工验收规范。目前，我国对工程验收的程序、方法等均有明文规定，发包人在工程验收时必须遵守这些规定。

第三，国家颁布的建设工程质量检验标准。例如，住房和城乡建设部发布的《建筑工

程施工质量验收统一标准》《建设工程质量检测管理办法》等。这些规定均是发包人对工程的质量进行验收的重要依据。

工程竣工后，承包人在交工前负责保管完成的工程并清理施工现场，按照合同约定和有关规定提出竣工验收的技术资料，通知发包人验收工程并办理工程竣工结算和参加竣工验收。发包人应在约定的期限内会同当地工程质量监督部门、承包人及其他有关单位一道进行检验。只有经过验收合格后，发包人才可以使用工程。

（三）支付价款

发包人对建设工程验收合格后，应当按照合同的约定支付价款，即在扣除一定的保证金后，将剩余的工程价款支付给承包人。根据《民法典》第八百零七条的规定，发包人未按照约定支付价款的，承包人可以催告发包人在合理期限内支付价款。发包人逾期不支付的，除根据建设工程的性质不宜折价、拍卖外，承包人可以与发包人协议将该工程折价，也可以请求人民法院将该工程依法拍卖。建设工程的价款就该工程折价或者拍卖的价款优先受偿。建设工程承包人的优先权本质上是一种法定优先权，是由法律直接规定的担保特种债权实现的权利。在实践中，许多承包人是带资建设，在工程完工之后发包人不及时支付工程款，将使承包人的正常经营受到极大影响，特别是发包人拖欠工程款使一些承包人的职工不能领到工资和报酬，由此影响了社会安全。为了强化对承包人的保护，维护社会的稳定，法律基于对立法政策的考量赋予承包人享有工程款的优先性。建设工程优先权属于法定权利，承包人有此种权利以符合法律规定的条件为前提，无须与发包人约定。

（四）及时检查隐蔽工程

《民法典》第七百九十八条规定："隐蔽工程在隐蔽以前，承包人应当通知发包人检查。发包人没有及时检查的，承包人可以顺延工程日期，并有权请求赔偿停工、窝工等损失。"依据此条规定，隐蔽工程在隐蔽后不可能与其他工程一起检查，因而需要在隐蔽之前请求发包人进行检查。隐蔽工程是指地基、电气管线，如供水、供热管线等需要覆盖、掩盖的工程。由于隐蔽工程在隐蔽后，如果发生质量问题，还得因重新覆盖和掩盖、返工等造成非常大的损失，为了避免资源的浪费和当事人双方的损失，保证工程的质量，推动工程顺利完成，法律要求承包人在隐蔽工程隐蔽以前，通知发包人检查，发包人检查合格的，才可以进行隐蔽。

（五）接收建设工程

根据《民法典》第七百九十九条第二款的规定，建设工程竣工经验收合格后，方可交付使用，未经验收或者验收不合格的，不得交付使用。竣工验收是交付的前提。只有竣工验收合格后，发包人才会与承包人办理工程的移交手续，正式接收该项建设工程。对工程中的诸多风险，自接收之日起，由承包人转移给发包人。

二、承包人的主要义务

（一）容忍义务

根据《民法典》第七百九十七条的规定，发包人在不妨碍承包人正常作业的情况下，可以随时对作业进度、质量进行检查。此条规定的就是承包人的容忍义务，也就是说，承包人有接受发包人对建设工程的进度和质量进行必要的检查和监督的义务。建设工程承包合同签订后，建设工程的施工由承包人独立完成，在施工的过程中，发包人不得进行过多的干预。然而建设工程环节繁多，工程的进度和质量对发包人的影响很大，因此法律赋予发包人享有对工程的进度和质量的检查权。承包人有义务在工程的进度和质量方面接受发包人的监督，对发包人的检查，承包人应当予以支持和协助。为避免发包人滥用检查权，我国法律对发包人行使该权利作了必要的限制，即在发包人行使检查权影响到工程的正常作业时，承包人有权在说明理由的基础上加以拒绝。

（三）依法、依约交付工作成果

承包人应当依法、按约交付工作成果。建设工程合同包括工程勘察、设计、施工合同，相应地，合同的工作成果包括施工成果、勘察成果和设计成果。就施工合同而言，承包人应当依法施工，应当严格按照操作规程施工，按时、按质交付工作成果。因施工人的原因致使建设工程质量不符合约定的，发包人有权要求施工人在合理期限内无偿修理返工或者改建。由于修理返工或者改建，造成逾期交付的，施工人应当承担违约责任。施工人拒绝修理、返工或者改建的，发包人可请求减少支付工程价款。

（三）防止损害的发生

《民法典》第八百零二条规定："因承包人的原因致使建设工程在合理使用期限内造成人身损害和财产损失的，承包人应当承担赔偿责任。"据此，鉴于建设工程的使用寿命长，承包人有义务担保建设工程在合理使用期限内不发生不合理的危险。建设工程的发包人在工程竣工验收时不能发现建设工程缺陷的，承包人应当在建设工程的合理使用期限内承担工程的质量瑕疵担保责任。质量担保期间可由双方当事人约定；没有约定的，适用法律规定的期间；法律未规定期间的，为合理的使用期间。建设工程的质量缺陷，既可能给发包人造成人身损害和财产损失，也可能给第三人造成人身损害和财产损失。例如，因承包人安装的不合格换气扇起火造成发包人的租户财产损失，就是属于建设工程质量造成对第三人的损害。如果因承包人的原因致使建设工程给发包人的财产、人身造成损害，承包人构成民事责任的竞合，发包人对于竞合的损害赔偿请求权享有选择权。承包人因建设工程缺陷造成第三人的人身损害或财产损失的，应承担赔偿责任。需要注意的是，此处的建设工程的承包人既包括对建设工程实行总承包的单位，也包括承包分包工程的单位。

第三节　建设施工合同

一、建设施工合同的概念和内容

　　建设施工合同是指发包人与承包人为完成商定的施工工程，明确相互权利、义务的协议。承包人完成发包人交给的施工任务的，发包人应该按照合同约定支付工程价款。建设施工合同的内容一般包括工程范围、建设工期、中间交工工程的开工和竣工时间、工程质量、工程造价、技术资料交付时间、材料和设备供应责任、拨款

"建设工程施工合同纠纷"
案例

和结算、竣工验收、质量保修范围和质量保证期、双方相互协作等条款。其中工程质量的条款非常重要。国家有关部门先后颁布了多项与建设工程质量管理有关的法律及部门规章，主要有《建筑法》《建设工程质量管理条例》《建设工程抗震管理条例》《建设工程质量检测管理办法》等。

二、建设工程施工合同的无效情形

　　根据《最高人民法院关于审理建设工程施工合同纠纷案件适用法律问题的解释（一）》（以下简称《建设工程施工合同司法解释（一）》）相关的规定，建设工程施工合同无效的情形有：

　　第一，承包人未取得建筑业企业资质或者超越资质等级的。

　　第二，没有资质的实际施工人借用有资质的建筑施工企业名义的。

　　第三，建设工程必须进行招标而未招标或者中标无效的。

　　第四，承包人因转包、违法分包建设工程与他人签订的建设工程施工合同，应当依据《民法典》第一百五十三条第一款及第七百九十一条第二款、第三款的规定，认定无效。

　　第五，招标人和中标人在中标合同之外就明显高于市场价格购买承建房产、无偿建设住房配套设施、让利、向建设单位捐赠财物等另行签订合同，变相降低工程价款，一方当事人以该合同背离中标合同实质性内容为由请求确认无效的。

　　第六，发包人未取得建设工程规划许可证等规划审批手续，但发包人在起诉前取得建设工程规划许可证等规划审批手续的除外。

三、建设工程施工合同无效后的法律效果

　　《民法典》第七百九十三条规定："建设工程施工合同无效，但是建设工程经验收合格

的，可以参照合同关于工程价款的约定折价补偿承包人。建设工程施工合同无效，且建设工程经验收不合格的，按照以下情形处理：（一）修复后的建设工程经验收合格的，发包人可以请求承包人承担修复费用；（二）修复后的建设工程经验收不合格的，承包人无权请求参照合同关于工程价款的约定折价补偿。发包人对因建设工程不合格造成的损失有过错的，应当承担相应的责任。"法律如此规定是因为建设工程的施工过程是承包人将劳务及建筑材料物化到建设工程的过程。发包人取得的是承包人建设的工程，也就是承包人对工程建设投入的劳务和建筑材料，因此建筑工程施工合同的无效，无法适用无效下的恢复原状的返还原则，只能折价补偿。

鉴于建设工程施工合同无效的情形较多，合同的无效并不意味着建设工程质量的不合格。建设工程施工合同无效，建设工程合格的，发包人可以参照合同关于工程价款的约定折价补偿承包人。建设工程施工合同无效，建设工程不合格的，通常包括两种情况：一是建设工程质量不合格，但经过修复可以达到国家或者行业强制性质量标准。此时，发包人可以接受建设工程，并对建设工程予以折价补偿，承包人承担修复费用。二是建设工程的质量缺陷无法通过修复予以弥补，建设工程丧失利用价值，承包人没有请求支付工程价款的权利。发包人有过错的，应当承担相应的责任。根据《建设工程施工合同司法解释（一）》第十三条的规定，发包人有过错的具体情形有：1.提供的设计有缺陷；2.提供或者指定购买的建筑材料、建筑构配件、设备不符合强制性标准；3.直接指定分包人分包专业工程。

四、施工人的责任

《民法典》第八百零一条规定："因施工人的原因致使建设工程质量不符合约定的，发包人有权请求施工人在合理期限内无偿修理或者返工、改建。经过修理或者返工、改建后，造成逾期交付的，施工人应当承担违约责任。"保证建设工程质量符合合同的约定，是施工合同中施工人的基本义务。如果因施工人的原因造成建设工程质量不符合约定，施工人应当承担违约责任。建设工程质量不符合约定是因为不可抗力或是由发包人的原因造成的，施工人不需要承担违约责任。施工人承担违约责任的方式是在合理期限内无偿修理或者返工、改建。所谓的合理期限是指根据工程质量不符合约定的具体情形，以及根据国家有关规定确定的工期和相关合同文件约定的内容，施工人进行无偿修理或者返工、改建所需要的时间。施工人的修理、返工或是改建均应该是无偿的，不能向发包人主张相应价款的支付。施工人因修理、返工、改建会拖压工期，如此一来施工人就会超出合同约定的期限交付工作成果，而逾期交付是由于施工人的责任造成的，因此施工人还应当承担逾期交付的违约责任。至于逾期交付的违约责任，可根据合同当事人的约定。如果当事人有约定逾期违约金的，则施工人应当支付违约金；如果当事人之间约定赔偿金的，则施工人应当支付赔偿金。

第二十一章

Chapter **21**

运输合同

导读案例

某物流有限公司（甲方）与吴某（乙方）于 2020 年签订《货物运输合同》，约定该公司的郑州运输业务由吴某承接。合同还约定调运车辆、雇佣运输司机的费用由吴某结算，与某物流有限公司无关。某物流有限公司与吴某之间已结清大部分运费，但因吴某未及时向承运司机结清运费，2020 年 11 月某日，承运司机在承运货物时对货物进行扣留。基于运输货物的时效性，某物流有限公司向承运司机垫付了吴某欠付的 46 万元，并通知吴某，吴某当时对此无异议。后吴某仅向某物流有限公司支付了 6 万元。某物流有限公司向吴某追偿余款未果，遂提起诉讼。

法院经审理认为，某物流有限公司与吴某存在运输合同关系，在吴某未及时向货物承运司机结清费用，致使货物被扣留时，某物流有限公司对履行该债务具有合法利益，有权代吴某向承运司机履行。某物流有限公司代为履行后，承运司机对吴某的债权即转让给该公司，故依照《民法典》第五百二十四条的规定，判决支持某物流有限公司请求吴某支付剩余运费的诉讼请求。

问题提出

1. 运输合同的概念和特点是什么？
2. 客运合同有何特点？
3. 客运合同效力如何？

4. 货运合同效力如何？

5. 多式联运合同的效力有何特殊性？

第一节　运输合同概述

一、运输合同的概念

根据《民法典》第八百零九条的规定，运输合同是承运人将旅客或者货物从起运地点运输到约定地点，旅客、托运人或者收货人支付票款或者运输费用的合同。在运输合同中，经营运输业务，承担运送旅客及其行李或货物的一方为承运人或运送人，与承运人订立运输合同的一方为旅客或托运人，承运人运输的货物称为运送物。运输合同的标的是运送行为，非为物品或是旅客，因承运人必须实施的是将旅客或是物品从一定场所运送到另一指定场所的行为。运送必须借助一定运输工具实施，例如汽车、火车、飞机等，仅仅是以人力搬运货物或人身的，属于承揽合同或是雇佣合同。

运输合同具有以下法律特征。

（一）运输合同为双务有偿合同

根据《民法典》的相关规定，承运人负有将旅客、货物安全运送至目的地的义务，旅客、托运人或收货人有支付票款或运费的义务。可见，双方的义务互为条件且具有牵连性，即具有对价性，因此运输合同为双务合同。承运人从事运输业务，目的在于收取运费或票款以获得利润，旅客或托运人、收货人有向承运人付款的义务，因此运输合同为有偿合同。

（二）运输合同一般为诺成合同

虽然《民法典》并没有对运输合同的诺成性或是实践性作出明确规定，但是依据合同法的相关原理，合同的诺成性为常态，实践性为特殊形态。作为特殊形态的实践性理应由法律作出特别的规定。有关运输合同，合同法没有作出特殊规定，由此推论运输合同为诺成性合同，当然当事人另有约定或是另有交易习惯的除外。如果其他的法律法规另有规定的，遵其规定。

（三）运输合同一般为格式合同

在运输合同中，承运人往往是专门从事运输业的人，为便于订立合同，简化手续，承运人通常会事先拟制好相关的合同文本，客票、货运单、提单经统一印制，运费也是统一规定的。托运人、旅客只有是否与承运人订立运输合同的自由，没有与承运人协商合同条款的自由，因此运输合同一般为格式合同。

（四）运输合同的承运人依法负有强制缔约义务

《民法典》第八百一十条规定："从事公共运输的承运人不得拒绝旅客、托运人通常、合理的运输要求。"该条规定了承运人的强制缔约义务。但是这一强制缔约义务仅仅适用于从事公共运输的承运人，非公共运输承运人不负有该义务。公共运输是指针对不特定的社会公众，包括民航、铁路、公路、水运等交通方式。由于公共运输涉及社会生活，人民群众与其不可分离，而且公共运输在我国一直是垄断性行业，如果从事公共运输的承运人拒绝与托运人、旅客订约，则会极大影响旅客、托运人实现其目的的机会，因此有必要对从事这一行业的承运人加以限制。只是这种对承运人的限制以通常、合理的运输要求为前提。通常、合理的运输要求是指既符合法律保护当事人利益的宗旨，符合行业惯例，同时又是承运人能够实现得了的运输要求。具体应该结合运输范围、运输路线、运输区域等加以综合确定。

二、运输合同的种类

运输合同在现实生活中使用频率极高，种类甚多。从不同的角度出发，可以对运输合同作不同的分类。在社会实践中，运输合同主要有以下几种。

（一）依据运输对象所作的分类

依据运输合同的运输对象，运输合同可以分为旅客运输合同和货物运输合同。合同法中将其称为客运合同与货运合同。客运合同是指承运人与旅客签订的，承运人将旅客及其行李安全运送到目的地，旅客为此支付费用的协议。货运合同是指承运人将托运人交付的货物运送到指定地点，托运人支付运费的协议。

（二）依据运输工具所作的分类

依据运输合同的运输工具，运输合同可以分为铁路运输合同、公路运输合同、水路运输合同、航空运输合同、海上运输合同、管道运输合同等。我国的《铁路法》《海商法》《民用航空法》等法律分别对铁路运输合同、海上运输合同、航空运输合同等作出了规定。当法律对特定运输合同有规定时，依照其规定，没有规定时，适用《民法典》关于运输合同的规定。

（三）依据运输方式所作的分类

依据运输合同的运输方式，运输合同可以分为单式运输合同和多式联运合同。单式运输合同是以一种运输工具进行运送的运输合同；多式联运合同是用两种或两种以上的运送工具进行运送的运输合同。

（四）依据运输区域所作的分类

依据运输合同的运输区域，运输合同可以分为国内运输合同与国际运输合同。国内运输合同的起运点和到达点均在中国境内；国际运输合同的起运点和到达点在不同国家境内。由于国际运输合同涉及不同国家，因而在法律适用上与国内运输合同有所不同。

第二节 客运合同

一、客运合同的概念和特征

客运合同是旅客运输合同的简称，是指承运人将旅客及其行李运送至约定地点，旅客支付票款的合同。客运合同为运输合同的一种，自然具有运输合同的一般特征，但是客运合同又具有自身的特点。

（一）旅客既是合同当事人，又是运送对象

客运合同的标的是运送旅客及其行李的运送行为，因此在客运合同中，旅客就有了双重身份，一则是客运合同订立的当事人，一则是客运合同运送的对象。

（二）客运合同采用票证形式

客运合同属于格式合同，其表现形式为客票，例如火车票、汽车票、飞机票、船票等。客票即是客运合同的书面形式，是旅客要求承运人运送的凭证。但是客票本身并不是客运合同，仅仅是客运合同订立的证明。

（三）客运合同的内容包括行李运送的内容

客运合同的运送对象不仅仅是旅客，通常情况下也包括旅客所携带的行李，但是旅客所携带的行李并不单独构成一个客运合同，而是附属于客运合同的一个组成部分。旅客携带的行李不能超过承运人所规定的限量，否则应办理托运手续或是另交相关费用。

（四）客运合同是旅客得自行解除的合同

合同成立后，一般情况下任何一方不得擅自解除。但是，客运合同在成立后、生效前，旅客可以任意解除合同。这是因为针对承运人的运送行为，旅客没有必须接受的义务，旅客有权予以选择，不能强行要求之。只是旅客解除合同应该在承运人规定的时限内，并且还需要支付一定的费用。

二、客运合同的成立

根据《民法典》第八百一十四条的规定，客运合同自承运人向旅客交付客票时成立，但当事人另有约定或者另有交易习惯的除外。由此可知，客运合同的成立一为交付客票，一为当事人的特别约定或是交易习惯。例如，在先购票后上车的情况下，旅客向承运人提出时间、座别、目的地等要求，并付给相应的承运费用即构成有效要约，承运人售给旅客符合其要求的客票即为承诺，客运合同成立之时为交付客票之时。又如出租车运输中，客票的交付往往是在到达目的地后，因此交易习惯确定该类客运合同的成立以旅客上出

租车为准。

但是需要说明的是，客票本身并不是客运合同，仅仅是客运合同的证明凭据。客票的存在表明承运人收到了旅客交付的费用，其负有运送持票旅客的义务，其确认了运送合同双方当事人基本的权利义务。同时，客票还是一种有价证券，如果为记名有价证券，例如飞机票、火车票等，旅客买票之后不得以任何方式擅自转让给他人，否则转让行为无效。如果为无记名有价证券，例如汽车票、船票等，旅客买票后在检票前可以自由转让该客票，转让行为有效，受让人可以持票主张承运人运送行为的履行，承运人无权查问其来源。

三、客运合同的效力

客运合同的效力是指客运合同依法成立后发生的法律后果，表现为旅客、承运人双方的权利和义务。

（一）旅客的主要义务

根据《民法典》及其他相关法律、法规的规定，客运合同中的旅客负有如下主要义务：

1. 持有效客票乘车。

《民法典》第八百一十五条规定："旅客应当按照有效客票记载的时间、班次和座位号乘坐。旅客无票乘坐、超程乘坐、越级乘坐或者持不符合减价条件的优惠客票乘坐的，应当补交票款，承运人可以按照规定加收票款；旅客不支付票款的，承运人可以拒绝运输。实名制客运合同的旅客丢失客票的，可以请求承运人挂失补办，承运人不得再次收取票款和其他不合理费用。"据此，客运合同作为双务有偿合同，承运人实施运送行为以旅客支付票款为对价。持有效客票乘车是旅客必须履行的义务，无票乘坐、超程乘坐、越级乘坐或持有无效客票乘坐的，均属于未履行该义务。超程乘坐是指超过票面所规定的区域空间乘坐。越级乘坐是指超越票面规定的级别乘坐，例如持有硬座车票的人乘坐软卧，等等。无效客票是指已经使用过或已过使用期的客票。无论属于前述的哪种情形，旅客均应按其所应履行的义务补交票款。由于旅客不支付票款，承运人按照双务合同的抗辩权，有权拒绝履行运送义务，有权拒绝运输。

旅客遗失车票而乘坐的情形不等于无票乘坐。鉴于实际操作中车票购买的实名制要求，旅客与承运人双方都有诸多信息和数据可以证明双方权利义务关系的存在。实名制客运合同的旅客丢失客票的，承运人可以根据旅客的实名信息查实客票购买信息，因此旅客可以要求承运人挂失补办。客票交付通常以旅客履行支付票款义务为前提，旅客可以要求承运人挂失补办，此时承运人不得要求旅客再次支付票款和其他不合理费用，但可请求旅客支付客票工本费等合理费用。

2. 按规定携带行李和儿童。

根据我国《民法典》第八百一十七条的规定，旅客随身携带行李应当符合约定的限量和品类要求；超过限量或者违反品类要求携带行李的，应当办理托运手续。据此规定，旅客在乘坐运送设备过程中，有权免费携带一定重量的行李或是包裹，免费或是半价携带一名儿童。约定的限量取决于旅客与承运人之间的约定，国家铁路局、民航局、交通运输部对限量均有不同的规定。免费运送的物品，除应当考虑物品重量外，还应该考虑物品的范围。超出限量的，旅客应当办理托运手续。此处的托运不同于货物运输中的托运，此处的托运是依附于客运合同的，与旅客相联系，旅客到达目的地后即应返还其行李或是包裹。

3. 不得携带危险物品及其他违禁品。

《民法典》第八百一十八条规定："旅客不得随身携带或者在行李中夹带易燃、易爆、有毒、有腐蚀性、有放射性以及可能危及运输工具上人身和财产安全的危险物品或者违禁物品。旅客违反前款规定的，承运人可以将危险物品或者违禁物品卸下、销毁或者送交有关部门。旅客坚持携带或者夹带危险物品或者违禁物品的，承运人应当拒绝运输。"此条规定的义务属于强行性规定，不仅在《民法典》，在《中华人民共和国铁路法》《中华人民共和国民用航空法》等法律法规中均有规定，旅客不能违反。违禁品指的是危险品和禁运品。危险品是指易燃、易爆、有毒、有腐蚀性、有放射性等一切可能危及运输工具上人身和财产安全的危险物品。危险品的品名由不同承运人的主管部门加以规定。禁运品是指不能运输或不能采取通常手段运输的物品，具体种类是由法律、行政法规规定的。旅客违反该义务，承运人可视违禁品的性质及有关规定，选择卸下、销毁或送交有关部门等方式。如果旅客坚持携带的，考虑到该义务的强行性，考虑到运输涉及公共安全，承运人有权拒绝承运。

4. 服从承运人的指挥，不得损坏承运人的运送工具和有关设施。

在运输过程中，旅客应当服从承运人的指挥，尤其是发生意外事件时，旅客应该按照承运人的安排进行避险或是抢救。旅客有权使用承运人的运送工具及其相关设施，但是不得加以损坏，因旅客一方的过错而损坏运送设施的，旅客应向承运人承担赔偿责任。

（二）承运人的主要义务

根据《民法典》及其他相关法律、法规的规定，客运合同中的旅客负有如下主要义务。

1. 按照约定完成旅客的运送。

在客运合同中，承运人应当按照约定的时间、班次、路线等完成运送旅客的义务。《民法典》第八百一十一条规定："承运人应当在约定期限或者合理期限内将旅客、货物安全运输到约定地点。"依

"客运合同中承运人的
义务"微课

据该条规定，承运人在约定期限或者合理期限内安全运输旅客是客运合同的主要内容，也是承运人的法定义务。承运人违反本条规定未按约定期限或者合理期限履行安全运输义务的，应当承担违约责任。

2. 告知义务。

《民法典》第八百一十九条规定："承运人应当严格履行安全运输义务，及时告知旅客安全运输应当注意的事项。旅客对承运人为安全运输所作的合理安排应当积极协助和配

合。"据此，在承运人运送旅客过程中，为了确保旅客的人身和财产安全，也为了确保能按照约定到达目的地，承运人必须告知旅客一些重要事项，例如安全运输注意事项、运输工具上的预防意外情况设备、意外事故发生的处理措施等。如遇足以影响正常运输的事由，无法按照约定的时间、班次、路线等进行运输时，承运人应该予以及时告知，以便旅客作出相应的处理从而尽可能避免或是减轻旅客的损失。

3. 保证旅客人身安全的义务。

安全运送旅客至目的地是承运人负担的最主要义务。根据《民法典》第八百二十三条的规定，承运人应当对运输过程中旅客的伤亡承担赔偿责任；但是，伤亡是旅客自身健康原因造成的或者承运人证明伤亡是旅客故意、重大过失造成的除外。该规定同样适用于按照规定免票、持优待票或者经承运人许可搭乘的无票旅客。据此规定，承运人对旅客在运输过程中的负伤或是死亡承担的是无过错责任而不是过错责任。例如，根据合同法的规定，承运人在运输过程中发生的下列哪些旅客伤亡事件不承担赔偿责任？ A. 一旅客因制止扒窃行为被歹徒刺伤；B. 一旅客在客车正常行驶过程中突发心脏病身亡；C. 一失恋旅客在行车途中吞服安眠药过量致死；D. 一免票乘车的婴儿在行车途中因急刹车受伤。（2003 年司考真题）答案为：B 和 C。

承运人的主要义务就是将旅客安全运送到目的地，其间自然包括了应保证在运输途中旅客免遭各种损害。例如《中华人民共和国铁路法》第五十八条规定，因铁路行车事故及其他铁路运营事故造成人身伤亡的，铁路运输企业应当承担赔偿责任；如果人身伤亡是因不可抗力或者由于受害人自身的原因造成的，铁路运输企业不承担赔偿责任。当汽车正常行驶时被违章行驶的车辆撞上，因此受伤的车上乘客仍可向正常行驶的汽车所有人、营运人等主张损害赔偿。承运人不仅对待持票乘运的旅客的人身安全负责，而且对经其许可搭乘的无票旅客的安全也应负责。旅客在运输途中伤亡的，对承运人享有损害赔偿请求权，旅客死亡时由其继承人承受。但是，伤亡是旅客自身健康原因造成的或者承运人证明伤亡是旅客故意、重大过失造成的除外。

4. 按照客票载明的时间和班次运送旅客的义务。

《民法典》第八百二十条规定："承运人应当按照有效客票记载的时间、班次和座位号运输旅客。承运人迟延运输或者有其他不能正常运输情形的，应当及时告知和提醒旅客，采取必要的安置措施，并根据旅客的要求安排改乘其他班次或者退票；由此造成旅客损失的，承运人应当承担赔偿责任，但是不可归责于承运人的除外。"此条全面规定了承运人按照客票约定运输旅客的义务和迟延运输情形下的违约责任。有效客票载明内容主要包括出发站、到达站、票价、班次、乘运日期、座位号等信息，在运输过程中，旅客应该按照有效客票记载信息乘坐，承运人应当按照有效客票记载的时间、班次和座位号等全面、适当地履行运输旅客的义务。承运人应当按照有效客票记载的时间、班次和座位号等及时运输旅客。在承运人履行迟延或者有其他不能正常运输的情况下，承运人的义务有二：一是告知和提醒旅客不能正常运输的特殊情形和重要事由并采取必要的安置措施的义务，二是根据旅客的要求协助安排旅客改乘其他班次或者退票的义务。承运人迟延履行或者有其他不能正常运输情形，造成旅客损失的，承运人应当承担赔偿责任，但是不可归责于承运人的情形除外。

5. 不得擅自变更运输工具或降低服务标准的义务。

《民法典》第八百二十一条规定："承运人擅自降低服务标准的，应当根据旅客的请求退票或者减收票款；提高服务标准的，不得加收票款。"据此，旅客运输合同本质上是承运人向旅客提供运输服务的合同，这就要求承运人提供的服务须达到合同约定的标准，承运人负有按照合同的约定提供运送设备和相应服务的义务，应当保证运输工具达到合同约定相当的舒适程度，并依照合同约定标准提供服务。承运人通过擅自变更运输工具等方式降低服务标准的行为构成违约，实质上损害了旅客依照合同约定获得相应服务的权利，如合同约定承运人向旅客提供头等舱服务，但是实际仅提供经济舱服务。法律赋予旅客的救济方式有二：一是请求退票，二是减收票款。旅客可按需选择其中的一种救济方式。

6. 妥善保管旅客行李的义务。

行李，是指旅客旅行所携带的物品，不限于必需品以及使用品。在运输过程中，行李毁损、灭失的，承运人应承担损害赔偿责任。但是，因行李是托运还是旅客自带有所不同，承运人的责任也不相同。《民法典》第八百二十四条规定："在运输过程中旅客自带物品毁损、灭失，承运人有过错的，应当承担损害赔偿责任。旅客托运的行李毁损、灭失的，适用货物运输的有关规定。"对于旅客托运行李的毁损、灭失，本条明确规定承运人证明货物的毁损、灭失是因不可抗力、货物本身的自然性质或者合理损耗以及托运人、收货人的过错造成的，承运人才能免责。特别法上另有关于旅客托运行李损失的举证责任的，遵从特别法的规定。

7. 救助义务。

《民法典》第八百二十二条规定："承运人在运输过程中，应当尽力救助患有急病、分娩、遇险的旅客。"依据此条规定，在运输途中，不论是因为旅客自身的原因或是自身外的原因造成旅客生命、健康面临危险的，承运人都应该尽最大的努力，采取一切必要的手段去救助。如果承运人违反了该义务，旅客或其家属有权要求赔偿损失。在救助对象方面，承运人尽力救助的对象主要为在运输过程中发生紧急状况的旅客，主要包括即患有急病、分娩、遇险的旅客。这三类旅客在运输过程中突然发生的危及生命健康的状况在一定程度上无法事先预见。但是承运人作为运输合同当事人，具有一定的获取医疗协助和提供基本救助服务的条件，有能力对这三类旅客实施救助，否则有悖公序良俗。因此，承运人在运输过程中有义务为这三类旅客提供必要的救助服务，对老弱病残孕等弱势群体给予照顾，尽力保障旅客在运输过程中的生命健康。

第三节　货运合同

一、货运合同的概念和特征

货运合同是指承运人将托运人交付运送的货物从起运点运送到约定地点，托运人或收货人支付运费的合同。货运合同不同于客运合同之处在于运送对象是货物而非旅客。货运合同以运送货物为合同设立目的，除具有运输合同的一般特征外，还具有以下独特的法律特征。

（一）货运合同大多是为第三人利益订立的合同

托运人与承运人为货运合同的当事人，托运人既可为自己的利益托运货物，也可为第三人的利益托运货物。托运人为自己利益托运货物时自己为收货人，托运人为第三人利益托运货物时第三人为收货人。当托运人与收货人不一致时，收货人虽然不是合同当事人，但是却与合同有着利害关系，享受合同的权利，此时的合同就是典型的为第三人利益订立的合同。收货人虽非合同当事人，却享有直接请求承运人交付货物的权利。

（二）货运合同以将货物交付给收货人为履行终点

在客运合同中，承运人将旅客送到目的地合同义务就履行完毕了。而在货运合同中，承运人将货物运送到目的地，其义务并未履行完结，只有将运送的货物交付给收货人，其义务才算履行完毕。

二、货运合同的效力

（一）托运人的义务

根据我国《民法典》的规定，托运人负有以下主要义务。

1. 支付运费及相关费用的义务。

《民法典》第八百三十六条规定："托运人或者收货人不支付运费、保管费以及其他运输费用的，承运人对相应的运输货物享有留置权，但当事人另有约定的除外。"支付运费是承运人运送义务的对价，也是承运人完成运送义务的目的所在。相关费用是指除运费外，

"货物运输合同纠纷"案例

在运送过程中承运人因实际需要而支出的必要费用，例如保管费、垫付的关税等。托运人不支付运费及相关费用的，承运人的利益无法得到保障，因此法律赋予承运人留置权。如果在运输过程中因不可抗力导致货物毁损、灭失的，承运人不能主张运费；已经收取的应该予以返还。

2. 申报义务。

根据《民法典》第八百二十五条的规定，托运人办理货物运输，应当向承运人准确表明收货人的名称或姓名或者凭指示的收货人，货物的名称、性质、重量、数量、收货地点等有关货物运输的必要情况。因托运人申报不实或者遗漏重要情况，造成承运人损失的，托运人应当承担损害赔偿责任。如实申报有关货物运输情况是承运人履行安全地将货物运送到目的地并交付给收货人之义务的前提。托运人不如实申报货物的相关状况，使承运人对货物情况一无所知，会极大地影响承运人运送义务的履行。如果托运人申报不实或是遗漏重要情况，属于对申报义务的违反，由此造成承运人损失的，应负赔偿责任。

3. 办理审批、检验手续的义务。

《民法典》第八百二十六条规定："货物运输需要办理审批、检验等手续的，托运人应当将办理完有关手续的文件提交承运人。"提交相关手续文件的义务与如实申报的义务一样均是为了保证货物能得到安全、妥当的运输。在承运人尚未准备完毕之前，运送义务很难开始履行。办理审批、检验手续属于履行的准备范畴。由于有些货物的运输受到特定程序的限制，因此完成该特定程序是托运人应尽的义务。托运人因自身的过错导致所交的文件欠缺或是不齐全，托运人应对此负责。当办理审批、检验手续为货物运送的必要条件时，托运人未能及时提交的，承运人有权催促托运人在合理期限内提交，超过了合理期限仍未提交的，承运人可以根据《民法典》第五百六十三条的规定，主张货运合同的解除。

4. 按照约定方式包装货物的义务。

货物的包装是否符合运输要求，影响到货物的装卸，直接关系到货物的安全运送，一旦因包装问题发生损失，责任重大，因此包装在货运合同中十分重要。根据《民法典》第八百二十七条的规定，托运人应当按照约定的方式包装货物。对包装方式没有约定或者约定不明确的，可以协议补充；不能达成补充协议的，按照合同有关条款或者交易习惯确定。仍不能确定的，应当按照通用的方式包装，没有通用方式的，应当采取足以保护标的物的包装方式。托运人违反该规定的，承运人可以拒绝运输。同时《民法典》第八百二十八条规定："托运人托运易燃、易爆、有毒、有腐蚀性、有放射性等危险物品的，应当按照国家有关危险物品运输的规定对危险物品妥善包装，做出危险物品标志和标签，并将有关危险物品的名称、性质和防范措施的书面材料提交承运人。托运人违反前款规定的，承运人可以拒绝运输，也可以采取相应措施以避免损失的发生，因此产生的费用由托运人负担。"

此外，在货运合同履行过程中，承运人将货物交付收货人之前，托运人可以要求承运人中止运输、返还货物，变更到达地或者将货物交给其他收货人，但是由此给承运人造成的损失应当承担赔偿责任。

（二）承运人的义务

根据《民法典》的规定，承运人负有以下主要义务。

1. 按约定完成货物运送的义务。

承运人将托运人交付的货物按照约定完成运送是承运人最主要的义务。《民法典》明确规定承运人应当在约定期间或者合理期间内将货物安全运输到约定地点。承运人应当按照约定的或者通常的运输路线将货物运输到约定地点。承运人未按照约定路线或者通常路线运输，增加运输费用的，托运人或者收货人可以拒绝支付增加部分的运输费用。承运人将货物运送到错误地点的，应当无偿地将货物运送至约定地点。

2. 及时通知收货人提货的义务。

《民法典》第八百三十条规定："货物运输到达后，承运人知道收货人的，应当及时通知收货人，收货人应当及时提货。收货人逾期提货的，应当向承运人支付保管费等费用。"本条规定了承运人的通知义务和收货人的及时提货义务。承运人将货物安全运到运输合同约定的目的地后，并没有完成所有的运输义务，还应当按照约定将货物交付给收货人。如果承运人知道收货人的，应当及时通知收货人，以便于收货人及时提货，继而完成交货义务。如果承运人不知道收货人的，应当通知托运人在合理期限内就该货物的处分作出指示，托运人没有及时告知承运人收货人相关信息的，承运人不负有及时通知收货人的义务。

3. 保证货物安全的义务。

承运人在运送货物过程中，应妥善保管货物，保证货物的安全。如果在运输途中，货物发生毁损、灭失，承运人应承担赔偿责任。但根据《民法典》第八百三十二条的规定，承运人证明货物的毁损、灭失是因不可抗力、货物本身的自然性质或者合理损耗以及托运人、收货人的过错造成的，不承担损害赔偿责任。货物的毁损、灭失的赔偿额，根据《民法典》第八百三十三条的规定，当事人有约定的，按照其约定；没有约定或者约定不明确，依据《民法典》第五百一十条的规定仍不能确定的，按照交付或者应当交付时货物到达地的市场价格计算。法律、行政法规对赔偿额的计算方法和赔偿限额另有规定的，依照其规定。

（三）收货人的义务

根据《民法典》的规定，收货人负有以下主要义务。

1. 支付运费和其他费用的义务。

运费及其他费用可由托运人向承运人支付，也可由收货人向承运人支付。收货人在下列情况下应向承运人支付运费及其他费用：根据约定由收货人支付的；虽无约定，但托运人未向承运人支付的；托运人已支付运费，在运输过程中承运人又做了必要的费用开支的。

2. 及时领取运送物的义务。

承运人将货物运送到目的地并通知收货人后，收货人应当及时提货；收货人逾期提货的应向承运人支付保管费等费用。如果收货人不明或者收货人无正当理由拒绝受领货物的，承运人可以依法提存。

3. 检验货物的义务。

收货人在提取货物时，应当按照约定的期限对货物进行检验。根据《民法典》第八百三十一条的规定，对检验货物的期限没有约定或者约定不明确，依据本法第五百一十条的规定仍不能确定的，应当在合理期限内检验货物。收货人在约定的期限或者合理期限内对货物的数量、毁损等未提出异议，视为承运人已经按照运输单证的记载交付的初步证据。当然这只是初步证据，如果之后收货人有充分证据表明发生毁损、数量短缺等与运输单证记载不符的事由，承运人也须承担赔偿责任。

第四节　多式联运合同

一、多式联运合同的概念和特点

多式联运合同是指由多式联运经营人以两种以上不同的运输方式将货物从起运点运输到约定地点，托运人支付运输费的合同。《民法典》第八百三十八条规定："多式联运经营人负责履行或者组织履行多式联运合同，对全程运输享有承运人的权利，承担承运人的义务。"依据此条规定，多式联运经营人负责履行或者组织履行多式联运合同，对全程运输享有承运人的权利，承担承运人的义务。实际中，在负责履行的情况下，多式联运经营人直接从事运输活动；在组织履行的情况下，多式联运的经营人并不参加运输活动，其仅仅是缔约承运人，而不是实际承运人。

多式联运合同除具备一般运输合同的特点外，还具有如下特点。

（一）多式联运合同的主体为多式联运经营人与托运人

多式联运合同一方是托运人，另一方是多式联运经营人。多式联运经营人是与托运人订立合同的人，但不一定是实际运送货物的人。多式联运合同的经营人只能是一个，但是实际运送货物的承运人却应在两个或两个以上。

（二）多式联运合同中运输方式的多样性

多式联运合同的实际承运人为两个或两个以上，所使用的运输方式亦是两种或是两种以上。如果承运人为多个，而运输方式只是一种，不属于多式联运，而是属于连续运输。此种情况，《民法典》第八百三十四条对其规定是两个以上承运人以同一运输方式联运的，与托运人订立合同的承运人应当对全程运输承担责任；损失发生在某一运输区段的，与托运人订立合同的承运人和该区段的承运人承担连带责任。该种情况规定在货运合同中而不是在多式联运合同中。其与多式联运合同的最主要区别就在于运送方式的同一性。多式联运中多个承运人以不同运输方式承运，各个区段的运输连接成一个整体，各个区段的承运人的运输都是对整个运输合同的履行。

（三）托运人一次交费并使用同一运送凭证

多式联运合同是一个合同，而不是多个合同的叠加，因此多式联运合同中只有一个缔约承运人，其他实际承运人都被视为缔约承运人的整体，托运人只要一次交费，承运人也只需要出具一份运送凭证。在实际履行多式联运过程中，各个承运人之间相互转交货物，不再需要交费和办理相关的转运手续。

二、多式联运单据

《民法典》第八百四十条规定："多式联运经营人收到托运人交付的货物时，应当签发多式联运单据。按照托运人的要求，多式联运单据可以是可转让单据，也可以是不可转让单据。"本条规定了多式联运经营人签发多式联运单据的义务。多式联运单据为托运人交付货物和收货人提取货物的凭证，既可以表明债权的存在、作为合同的书面形式，又可以作为物权凭证。同时多式联运单据是一种证券，单据的持有人表明其对货物享有所有权。

多式联运单据应依托运人的选择，或为可转让单据，或为不可转让单据。若为可转让单据，应列明按指示交付或向持单人交付。如列明按指示交付，须经背书后转让；如列明向持单人交付，无须背书即可转让。若为不可转让单据，应指明记名的收货人。联运经营人将货物交给多式联运单据所指明的记名收货人后，该联运经营人即已履行其交货义务。

三、多式联运合同的特殊效力

在多式联运合同中，承运人、托运人和收货人的权利义务与一般货运合同当事人的权利义务基本相同，除此之外前者还有一些特殊的效力规定，主要是：

第一，多式联运经营人是不是实际承运人，均对全程运输享有权利和承担义务，法律将其视为承运人。

第二，多式联运合同采用同一责任制度。多式联运经营人可以和各个区段的承运人就各个区段的运输约定各自的权利义务，但是该约定仅仅是一个内部约定，不影响多式联运经营人对全程运输负责的义务，因此是统一责任而不是分散责任。

第三，根据《民法典》第八百四十一条的规定，因托运人托运货物时的过错造成多式联运经营人损失的，即使托运人已经转让多式联运单据，托运人仍然应当承担赔偿责任。按理货物给多式联运经营人造成损失的，应该由货物的所有权人承担赔偿责任。但是导致损失的原因是托运人的过错，如果让无辜的所有人为有过错的托运人承担责任，显失公平。所以即便多式联运单据已经转让，托运人仍然要为自身的过错负责。

第四，货物的毁损、灭失发生于多式联运的某一运输区段的，多式联运经营人的赔偿责任和责任限额，根据《民法典》第八百四十二条的规定，货物的毁损、灭失发生于多式联运的某一运输区段的，多式联运经营人的赔偿责任和责任限额，适用调整该区段运输方式的有关法律规定；货物毁损、灭失发生的运输区段不能确定的，依照本章规定承担赔偿责任。

第二十一章课件

第二十二章

技术合同

∰ 导读案例

【案情】

2017 年 12 月 31 日，枣庄某公司与殷某签订技术服务合同，期限从 2018 年 1 月 1 日至 2018 年 12 月 31 日，该合同的内容主要有：殷某协助枣庄某公司做好各类产品的加工维修等技术服务工作，同时对枣庄某公司的设备做好维护保养工作；技术服务地点在枣庄某公司及其业务涉及地点；殷某要严格按照枣庄某公司要求的各类产品质量标准进行加工维修服务，如未能符合质量标准，将按照枣庄某公司内部管理制度在服务费用中进行扣款；枣庄某公司根据实际技术服务内容制定服务费用金额，按天计算，月度或项目结束结算。合同签订后，殷某实际在枣庄某公司主要从事机械设备制造的焊接工作，也参与工作场所的卫生清理、排班执勤等工作。合同到期后，双方先后续签上述技术服务合同 12 份。殷某实际在枣庄某公司工作至 2021 年 7 月 30 日，枣庄某公司以 200 元 / 日的标准按照殷某实际出勤天数向其支付工资，但枣庄某公司没有为殷某缴纳社会保险费。后殷某申请劳动仲裁，仲裁裁决认定二者之间存在劳动关系。枣庄某公司不服，提起本案诉讼。

【分歧】

本案中，关于殷某与枣庄某公司之间存在何种法律关系，存在以下两种不同观点。

第一种观点认为，双方之间属于技术服务合同法律关系。枣庄某公司与殷某之间订立的技术服务合同内容不违反法律、行政法规的强制性规定，亦不违背公序良俗，属于双方当事人真实意思的表示，且双方均具有相应的民事行为能力，应当认定该合同依法成立并合法有效。技术服务合同属于《民法典》规定的有名合同的一种，双方之间的权利义务关系基于技术服务合同内容进行创设，殷某协助枣庄某公司做好各类产品的加工、维修等技术服务工作，同时对公司的设备做好维护保养工作，属于以技术知识为公司解决特定技术问题，符合技术服务合同的构成要件和认定条件。故双方之间属于技术服务合同关系。

第二种观点认为，双方之间属于事实上的劳动关系。殷某在枣庄某公司实际上主要从事机械设备制造焊接工作，焊接工仅属于一般性的技能工种，不具有技术服务合同所要求的技术标准和服务内容的特征。殷某在工作期间接受枣庄某公司的劳动管理，从事枣庄某公司安排的有报酬的劳动，殷某提供的焊接工序属于枣庄某公司正常生产工序中的一个组成部分，完全符合《劳动和社会保障部关于确立劳动关系有关事项的通知》第一条的规定，应认定双方之间存在劳动关系。

【评析】

笔者同意第二种观点。理由如下：

1. 双方签订的技术服务合同和实际履行合同均不符合技术服务合同的构成要件和认定条件。《民法典》第八百七十八条第二款规定，技术服务合同是当事人一方以技术知识为对方解决特定技术问题所订立的合同，不包括承揽合同和建设工程合同。根据《最高人民法院关于审理技术合同纠纷案件适用法律若干问题的解释》（以下简称《技术合同司法解释》）第三十三条的规定，"特定技术问题"，包括需要运用专业技术知识、经验和信息解决的有关改进产品结构、改良工艺流程、提高产品质量、降低产品成本、节约资源能耗、保护资源环境、实现安全操作、提高经济效益和社会效益等专业技术问题。根据科学技术部《技术合同认定规则》第四十条的规定，技术服务合同的认定条件是：合同的标的为运用专业技术知识、经验和信息解决特定技术问题的服务性项目；服务内容为改进产品结构、改良工艺流程、提高产品质量、降低产品成本、节约资源能耗、保护资源环境、实现安全操作、提高经济效益和社会效益等专业技术工作；工作成果有具体的质量和数量指标等。根据该规则第四十二条的规定，以常规手段或者为生产经营目的进行一般加工、定作、修理、修缮、广告、印刷、测绘、标准化测试等订立的加工承揽合同和建设工程的勘察、设计、安装、施工、监理合同等不属于技术服务合同，但以非常规技术手段，解决复杂、特殊技术问题而单独订立的合同除外。

本案中，殷某与枣庄某公司签订的技术服务合同约定，殷某协助枣庄某公司做好各类产品的加工维修等技术服务工作，同时对甲方的设备做好维护保养工作。合同签订后，殷某实际在枣庄某公司主要从事机械设备制造的焊接工作。原合同约定以及实际履行的合同的标的、内容、工作成果均不符合技术合同的构成要件和认定条件，均属于以常规手段或者生产经营目的进行一般加工、定作、修理等解决简单、一般技术性问题的行为。可见，原书面合同与实际履行合同均不符合技术服务合同的构成要件和认定标准。

2. 双方之间符合事实劳动关系的法定要件。根据《劳动和社会保障部关于确立劳动关系有关事项的通知》第一条的规定，用人单位招用劳动者未订立书面劳动合同，但同时具备下列情形的，劳动关系成立：用人单位和劳动者符合法律、法规规定的主体资格；用人单位依法制定的各项劳动规章制度适用于劳动者，劳动者受用人单位的劳动管理，从事用人单位安排的有报酬的劳动；劳动者提供的劳动是用人单位业务的组成部分。本案中，枣庄某公司和殷某符合法律、法规规定的主体资格，根据殷某提交的车间生产任务分配表、考勤表、工作服、值日表等证据，能够证明殷某在工作期间接受枣庄某公司的劳动管理，从事枣庄某公司安排的有报酬的劳动，殷某在枣庄某公司实际上主要从事机械设备制造焊接工作，其提供的劳动是枣庄某公司业务的组成部分。这符合事实劳动关系的认定要件，故应认定双方之间存在劳动关系。[①]

问题提出

1. 技术合同和其他合同相比有何特点？

2. 技术开发合同有何特点？

3. 委托开发合同当事人的权利义务是什么？

4. 技术开发合同的技术归属有何规定？

5. 专利实施许可合同当事人有什么样的权利义务？

6. 技术咨询合同当事人的权利义务有哪些？

7. 技术服务合同当事人的权利义务有哪些？

第一节　技术合同概述

一、技术合同的概念和特点

《民法典》第八百四十三条规定："技术合同是当事人就技术开发、转让、许可、咨询或者服务订立的确立相互之间权利和义务的合同。"依据此条规定，技术合同包括技术开发合同、技术转让合同、技术许可合同、技术咨询合同和技术服务合同，分别存在于科学研究、技术开发和创新发展的不同阶段，是技术创新和成果转化的不同环节，有不同的权利义务关系，需要分别予以规范和调整。技术合同是技术成果商品化和社会化的必然产物，同时也是技术这一典型的非物质形态的商品进入交换市场的法律形式。技术合同的标的大多是与知识产权有关的智力成果。虽然技术合同有不同的类型，但是这些合同均具有如下共同的特点。

---

① 李帅、颜秉楠：《名为技术服务合同关系实为劳动关系的认定》，http://www.sdcourt.gov.cn/ytlyfy/390348/390349/8843388/index.html。

（一）技术合同的标的是提供技术的行为

技术合同的标的是提供技术的行为，也就是提供现存的技术成果、对尚未存在的技术进行开发以及提供与技术有关的辅助性帮助等行为，具体表现为技术开发、技术转让、技术咨询和服务行为。技术合同本质上属于特种买卖或是承揽合同，只因其标的物的特殊性，法律特设专章加以规定。

技术合同的标的物是技术成果。根据《技术合同司法解释》第一条第一款的规定，技术成果是指利用科学技术知识、信息和经验作出的涉及产品、工艺、材料及其改进等的技术方案，包括专利、专利申请、技术秘密、计算机软件、集成电路布图设计、植物新品种等。

（二）技术合同属于双务合同、有偿合同、诺成合同

技术合同中，一方当事人在享有获取报酬的权利的同时，承担技术开发、转让或提供技术咨询、服务的义务；而另一方当事人则享有取得技术成果的合法权益的权利，承担交付相关情报资料并支付报酬的义务，并且技术合同的成立不需要交付标的物，只要当事人能意思表示一致即可。因此技术合同是双务合同、有偿合同、诺成合同。

（三）技术合同的履行具有特殊性

技术合同的履行常常涉及与技术成果有关的权利归属，例如专利申请权、专利权、发明权等，因此技术合同既受到合同法法律规范的约束，又受到知识产权制度的规范。在履行中既要适用合同法，又要适用知识产权法，如此一来，合同法中的一些原则、制度可能会受到阻碍。例如实际履行原则，如果技术开发难度较大，甚或超出了研究开发方的实际能力时，要求研究开发方按照合同履行，既无益于对委托方的权益保护，又会损及研究开发方的权益。

（四）技术合同当事人的广泛性与特定性

对技术合同当事人的资格，合同法并没有进行限制，但凡是民事主体均可。从这方面来看，技术合同的当事人具有广泛性，可以是自然人、法人、非法人组织。但是技术合同的标的物是技术成果，这就要求技术合同的一方当事人应该是能够利用自己的技术力量从事技术开发、技术转让、技术服务的个人或是组织，从这方面来说，技术合同的当事人又具有特定性。

二、技术合同的内容

技术合同是当事人自由约定，相互协商设定彼此权利义务的协议。由于技术合同交易具有较强的专业性，为了能够引导当事人正确、全面地设定权利义务，根据《民法典》第八百四十五条第一款的规定，技术合同一般包括以下条款：

1. 项目的名称。技术合同标的涉及项目的名称。技术合同应当用简明、规范、清晰的专业术语准确给出合同项目的名称，力求在项目名称中反映出技术特征和法律特征，如"电子数据取证技术开发"等。

2. 标的的内容、范围和要求。标的的内容、范围和要求是对合同标的的具体表述，用以明确技术合同的具体任务，是当事人各方权利、义务的主要依据。不同的技术合同，其标的各有不同，合同内容、技术范围和技术指标要求也相应地有所不同。

3. 履行的计划、地点和方式。期限较长的技术合同应载明总体计划、年度计划和执行步骤。各阶段所要达成的目标，并列出行动计划及相应的时间表。履行地点是指合同的履行地，即履行合同主要义务所涉及的地域范围。履行方式是指当事人采用什么样的方式和手段履行合同规定的义务。

4. 技术信息和资料的保密。内容涉及国家安全、当事人重大利益或者未公开的技术需要保密的技术合同，应载明秘密事项的范围、密级和保密期限以及各方的责任。当事人应就承担保密义务的事项，列出涉及技术秘密的资料、样品数据和其他保密事项的范围，列出保密期限、违反保密义务的责任以及保密条款的效力等内容。

5. 技术成果的归属和收益的分配办法。技术合同履行的结果可能是产生一项或多项技术成果，当事人应当在合同中约定有关知识产权处理方法、成果所有权和使用权的归属、分享以及由此产生的利益如何分配。

6. 验收标准和方法。当事人应当在合同中约定技术合同的验收项目、验收的方式、验收的技术经济指标、验收时所采取的评价、鉴定和其他考核办法。技术合同的验收标准可以是双方当事人约定的国家标准、行业标准、企业标准或其他验收标准。验收方法可以采用专家评估、技术鉴定会、权威机构检测及特别科学实验方式。

7. 名词和术语的解释。为防止因理解不同而发生争议，合同中可对其中的重要概念、关键用语和定义不特定的表述进行特别界定，以免引起误解和留下漏洞；也可以对冗长的表述约定简称，使合同条文更为简洁。

此外，根据《民法典》第八百四十五条第二款的规定，与履行合同有关的技术背景资料、可行性论证和技术评价报告、项目任务书和计划书、技术标准、技术规范、原始设计和工艺文件，以及其他技术文档，按照当事人的约定可以作为合同的组成部分。技术合同涉及专利的，根据《民法典》第八百四十五条第三款的规定，应当注明发明创造的名称、专利申请人和专利权人、申请日期、申请号、专利号以及专利权的有效期限。

三、职务技术成果与非职务技术成果

（一）职务技术成果

《民法典》第八百四十七条第二款规定："职务技术成果是执行法人或者非法人组织的工作任务，或者主要是利用法人或者非法人组织的物质技术条件所完成的技术成果。"依据此条规定，职务技术成果的认定标准有二：

一是执行法人或者非法人组织的工作任务。根据《技术合同司法解释》第二条的规定，执行法人或者非法人组织的工作任务包括：1. 履行法人或者非法人组织的岗位职责或者承担其交付的其他技术

"职务技术成果"微课

开发任务；2.离职后一年内继续从事与其原所在法人或者非法人组织的岗位职责或者交付的任务有关的技术开发工作，但法律、行政法规另有规定的除外。如果法人或者非法人组织与其职工就职工在职期间或者离职以后所完成的技术成果的权益有约定的，人民法院应当依约定确认。

二是主要是利用法人或者非法人组织的物质技术条件。根据《技术合同司法解释》第三条的规定，物质技术条件包括资金、设备、器材、原材料、未公开的技术信息和资料等。主要是利用法人或者非法人组织的物质技术条件，根据《技术合同司法解释》第四条的规定，是指职工在技术成果的研究开发过程中，全部或者大部分利用了法人或者非法人组织的资金、设备、器材或者原材料等物质条件，并且这些物质条件对形成该技术成果具有实质性的影响；还包括该技术成果实质性内容是在法人或者非法人组织尚未公开的技术成果、阶段性技术成果基础上完成的情形。但两种情况除外：其一，对利用法人或者非法人组织提供的物质技术条件，约定返还资金或者交纳使用费的。其二，在技术成果完成后利用法人或者非法人组织的物质技术条件对技术方案进行验证、测试的。

《民法典》第八百四十七条第一款规定："职务技术成果的使用权、转让权属于法人或者非法人组织的，法人或者非法人组织可以就该项职务技术成果订立技术合同。法人或者非法人组织订立技术合同转让职务技术成果时，职务技术成果的完成人享有以同等条件优先受让的权利。"依据此条规定，职务技术成果的使用权、转让权属于法人或者非法人组织。法人或者非法人组织可就该项职务技术成果订立技术合同。包括成果完成人在内的任何个人未经法人或者非法人组织同意，擅自以生产经营为目的使用、转让该项职务技术成果，即构成侵权。但是职务技术成果凝聚了技术成果完成人的创造性劳动，应当在职务技术成果转让时考虑技术成果完成人的合法权益，并且技术成果完成人参与了技术成果产生的全过程，熟悉技术成果的后续开发利用，为了促进科学技术成果的研发、转化、应用和推广，当法人或者非法人组织转让职务技术成果时，职务技术成果的完成人享有同等条件下的优先受让权。需要注意的是，职务技术成果完成人是指对技术成果单独或者共同作出创造性贡献的人，也就是技术成果的发明人或者设计人。提供资金、设备、材料、试验条件，进行组织管理，协助绘制图纸、整理资料、翻译文献等人员，不属于职务技术成果的完成人。人民法院在对创造性贡献进行认定时，应当分解所涉及技术成果的实质性技术构成。提出实质性技术构成并由此实现技术方案的人，是作出创造性贡献的人。

（二）非职务技术成果

非职务技术成果是个人在本职工作以外，利用自己的物质技术条件，为科学进步所作的贡献，相应的权利自然应当归属于该技术成果的完成人。与职务技术成果相比较，非职务技术成果既未执行法人或者非法人组织的工作任务，也未利用法人或者非法人组织的物质技术条件。《民法典》第八百四十八条规定："非职务技术成果的使用权、转让权属于完成技术成果的个人，完成技术成果的个人可以就该项非职务技术成果订立技术合同。"依据此条规定，非职务技术成果的使用权、转让权属于完成技术成果的个人。完成技术成果的个人有权以该项成果为标的订立技术合同，从而获得相应的经济收益。法人或者非法人组织擅自以生产经营目的使用或者转让属于个人的非职务技术成果，构成侵权。完成技术成果的个人，对其认定标准相同于职务技术成果的完成人的判定标准。完成技术成果的个人是指对技术成果单独或者共同作出创造性贡献的人，也就是技术成果的发明人或者设计人。提供资金、设备、材料、试验条件，进行组织管理，协助绘制图纸、整理资料、翻译文献等人员，不属于完成技术成果的个人。人民法院在对创造性贡献进行认定时，应当分解所涉及技术成果的实质性技术构成。提出实质性技术构成并由此实现技术方案的人，是作出创造性贡献的人。

四、技术合同的无效

技术合同只有与生产实践相结合，才能把科技成果转化为生产力，技术合同便是此要求的反映。因此，《民法典》第八百四十四条规定："订立技术合同，应当有利于知识产权的保护和科学技术的进步，促进科学技术成果的研发、转化、应用和推广。"科学技术进步与科学技术成果的研发、转化、应用和推广是相互促进的，只有形成彼此之间的良性循环才能保证社会的进步，因此但凡有违该规定，法律均会作出相应处理。根据《民法典》第八百五十条的规定，非法垄断技术或者侵害他人技术成果的技术合同无效。

所谓"非法垄断技术"，根据《技术合同司法解释》第十条的规定，为下列情形：

1. 限制当事人一方在合同标的技术基础上进行新的研究开发或者限制其使用所改进的技术，或者双方交换改进技术的条件不对等，包括要求一方将其自行改进的技术无偿提供给对方、非互惠性转让给对方、无偿独占或者共享该改进技术的知识产权。

2. 限制当事人一方从其他来源获得与技术提供方类似技术或者与其竞争的技术。

3. 阻碍当事人一方根据市场需求，按照合理方式充分实施合同标的技术，包括明显不合理地限制技术接受方实施合同标的技术生产产品或者提供服务的数量、品种、价格、销售渠道和出口市场。

4. 要求技术接受方接受并非实施技术必不可少的附带条件，包括购买非必需的技术、原材料、产品、设备、服务以及接收非必需的人员等。

5. 不合理地限制技术接受方购买原材料、零部件、产品或者设备等的渠道或者来源。

6. 禁止技术接受方对合同标的技术知识产权的有效性提出异议或者对提出异议附加条件。

所谓"侵害他人技术成果"，是指侵害另一方当事人或者合同以外的第三方的知识产权或者其他科技成果权的行为。实践中常表现为如下几种情形：

1. 当事人一方未经专利权人同意，而与他人订立专利权实施许可合同。

2. 由当事人一方或者双方共同申请专利的发明创造，另一方当事人以自己名义单独申请专利的。

3. 未经当事人许可而实施另一方专利。

4. 专利实施许可合同中，被许可方实施专利超越了合同约定的范围。

5. 许可方已经承担不许可他人实施或自己不实施的义务，而违反合同义务又与第三方订立专利实施许可合同或自己实施专利。

6. 个人未经法人或者非法人组织同意而私自使用、转让其完成的职务技术成果。

7. 法人或者非法人组织未经个人同意使用、转让个人的非职务技术成果。

8. 合同约定非专利技术的使用权属于一方，另一方擅自使用或者转让等。[①]

根据《民法典》第八百五十条的规定，侵害他人技术秘密的技术合同被确认无效后，根据《技术合同司法解释》第十二条、第十三条的规定，除法律、行政法规另有规定的以外，善意取得该技术秘密的一方当事人可以在其取得时的范围内继续使用该技术秘密，但应当向权利人支付合理的使用费并承担保密义务。当事人双方恶意串通或者一方知道或者应当知道另一方侵权仍与其订立或者履行合同的，属于共同侵权，人民法院应当判令侵权人承担连带赔偿责任和保密义务，因此取得技术秘密的当事人不得继续使用该技术秘密。可以继续使用技术秘密的人与权利人就使用费支付发生纠纷的，当事人任何一方都可以请求人民法院予以处理。继续使用技术秘密但又拒不支付使用费的，人民法院可以根据权利人的请求判令使用人停止使用。

第二节　技术开发合同

一、技术开发合同概述

根据《民法典》第八百五十一条的规定，技术开发合同是当事人之间就新技术、新产品、新工艺、新品种或者新材料及其系统的研究开发所订立的合同。技术开发合同包括委托开发合同和合作开发合同。技术开发合同应当采用书面形式。当事人之间就具有实用价值的科技成果实施转化订立的合同，参照适用技术开发合同的有关规定。技术开发合同除具有技术合同的特点外，还具有如下几个方面的法律特征。

（一）技术开发合同的标的物应具有创造性

技术开发合同的标的物应该是经过长期创造性劳动而取得的新的技术成果，并非在签订合同之前就已经被解决了的技术项目。技术开发合同的标的物应该是需要经过当事人进行研究开发，花费艰苦的创造性劳动才可能获得的；应该是尚未解决或尚未完全解决的问题。一切现有技术的转移和利用现有技术进行的服务，都不属于技术开发的范围。

---

① 李显东：《中国合同法要义与案例释解（下册）》，中国民主法制出版社 1999 年版，第 1194 页。

（二）技术开发合同标的物具有新颖性

技术开发合同的标的物是新技术、新产品、新工艺或者新材料及其系统。所谓"新技术、新产品、新工艺、新材料及其系统"，根据《技术合同司法解释》第十七条的规定，包括当事人在订立技术合同时尚未掌握的产品、工艺、材料及其系统等技术方案，但对技术上没有创新的现有产品的改型、工艺变更、材料配方调整以及对技术成果的验证、测试和使用除外。

（三）技术开发合同的风险责任大

技术开发合同在合同履行过程中风险责任大，是因为开发一个技术项目时，经过当事人的努力，可能取得预期的效果，也可能在现有技术水平下遇到无法克服的技术困难，导致研究开发失败或部分失败。如此一来，技术开发的成功就具有了或然性。因此，技术开发合同的风险或是由当事人约定，或是由当事人合理分担。

二、委托开发合同的效力

委托开发合同是一方当事人委托另一方当事人进行研究开发工作并提供相应研究开发经费和报酬所订立的技术开发合同。

（一）委托人的主要义务

《民法典》第八百五十二条规定："委托开发合同的委托人应当按照约定支付研究开发经费和报酬，提供技术资料，提出研究开发要求，完成协作事项，接受研究开发成果。"据此，在委托开发合同中，委托人的主要义务有：

1. 按照约定支付研究开发经费和报酬。研究开发经费是指完成研究开发工作所需的成本，包括设备、器材、能源、试验、试制、安装、调试等费用。除合同另有约定外，委托方应当提供全部研究开发经费。当事人约定研究开发经费按照实际支付的，研究开发经费不足时，委托人应该补足；研究开发经费有剩余的，研究开发方应该予以返还。当事人约定研究开发费用包干使用的，结余经费归研究开发方所有，不足的经费由研究开发方自行解决。如果当事人没有对研究经费予以约定，则按照包干使用处理。

报酬，是指委托方取得研究开发成果后，作为合同的"对价"向研究开发方支付的研究开发成果的使用费和研究开发人员的科研补贴。报酬的支付方式由当事人约定，可以采取一次总算、一次总付或者一次总算、分期支付，也可以采取提成支付或者提成支付附加预付入门费的方式。约定提成支付的，可以按照产品价格、实施专利和使用技术秘密后新增的产值、利润或者产品销售额的一定比例提成，也可以按照约定的其他方式计算。提成支付的比例可以采取固定比例、逐年递增比例或者逐年递减比例。约定提成支付的，当事人应当在合同中约定查阅有关会计账目的办法。

2. 按照合同约定提供技术资料、原始数据。委托开发合同是研究开发人根据委托人的要求进行的，因此只有委托人按照合同约定的时间和要求向研究开发人提供技术资料、原始数据，研究开发人才能更好地满足委托人的要求。在研究开发过程中，研究开发人可以要求委托人补充必要的背景资料和数据。

3. 完成协作事项。为了保证研究开发工作的顺利进行，实现预期目标，委托人应该对研究开发人的工作予以协助。这也是协助履行原则的进一步体现与要求。但是委托人的协助仅仅是为研究开发工作提供辅助性的帮助，没有参与研究开发的实质性工作。

4. 按期接受研究开发成果。按期接受研究开发成果既是委托人的一项权利，又是委托人的一项义务。委托人应当按照合同约定的期限，接受研究开发人完成的开发成果。

（二）研究开发人的主要义务

《民法典》第八百五十三条规定："委托开发合同的研究开发人应当按照约定制定和实施研究开发计划，合理使用研究开发经费，按期完成研究开发工作，交付研究开发成果，提供有关的技术资料和必要的技术指导，帮助委托人掌握研究开发成果。"据此，委托开发合同的研究开发人应当承担以下义务：

1. 按照约定制定和实施研究开发计划。研究开发是一项复杂的工作，研究开发计划是指导研究开发人实现委托开发合同确定的预期目标的指导性文件，是研究开发任务的具体步骤和方法。因此研究开发人应该制定和实施研究开发计划。一般情况下，研究开发计划包括项目名称、现状及存在问题、现有技术基础和条件、国内外研究情况、主要任务、攻关的目标和内容（包括阶段性目标和最终目标）等内容。

2. 按照约定合理使用研究开发经费。从研究开发的准备工作开始，直至研究开发成功，交付新技术成果为止，一系列的创造性劳动都需要花费资金，但是对委托人给付的研究开发经费，研究开发人应该予以合理使用，也就是要尽可能地以最低的耗费获得最大的经济效益，专款专用，精打细算，保证研究开发工作的顺利进行。同时研究开发人还应及时向委托人汇报经费支出情况，接受委托人监督。当事人还可以在该条款中约定有关购买仪器设备、奖励提成及其限定。

3. 按期完成研究开发工作，交付研究开发成果，提供有关的技术资料和必要的技术指导，帮助委托人掌握研究开发成果。研究开发人应按照合同约定如期完成研究开发任务，严格按照合同规定履行应尽的义务。研究开发人交付的研究开发成果和提供的有关技术资料，必须真实、正确、充分、完整，以保证委托人实际应用研究开发成果。委托研究开发的目的，是实际应用研究开发新成果，以促进技术进步和提高劳动生产率。因此，研究开发人不仅要按期完成研究开发工作，还有一个重要的义务就是要为委托人提供技术资料和具体的技术指导，如解决技术开发中产生的各种问题、为实施新技术进行必要的人员培训等，从而帮助委托人掌握研究开发成果，使新技术迅速发挥其经济效益。

三、委托开发合同的风险责任和技术成果归属

（一）委托开发合同的风险责任

技术开发合同的风险责任是指在技术成果的开发过程中，虽经受托人主观努力，确因在现有技术水平和条件下无法克服的技术困难，导致开发失败或部分失败时的风险负担。

《民法典》第八百五十八条规定："技术开发合同履行过程中，因出现无法克服的技术困难，致使研究开发失败或者部分失败的，该风险由当事人约定；没有约定或者约定不明确，依据本法第五百一十条的规定仍不能确定的，风险由当事人合理分担。当事人一方发现前款规定的可能致使研究开发失败或者部分失败的情形时，应当及时通知另一方并采取适当措施减少损失；没有及时通知并采取适当措施，致使损失扩大的，应当就扩大的损失承担责任。"据此，委托开发合同的风险责任先由当事人约定；合同没有约定或约定不明确的，由当事人双方协议补充；协商不成的，根据合同有关条款还不能确定的，由双方合理分担。

在研究开发风险已露出端倪，可以预见到研究开发工作面临失败时，当事人应当及时通知其他方当事人并采取措施减少损失，防止损失扩大；违反诚信原则，不及时通知并采取补救措施，致使损失扩大的，其扩大部分不能按研究开发风险处理，而应由负有责任的当事人承担相应的责任。

（二）委托开发合同的技术成果归属

《民法典》第八百五十九条规定："委托开发完成的发明创造，除法律另有规定或者当事人另有约定外，申请专利的权利属于研究开发人。研究开发人取得专利权的，委托人可以依法实施该专利。研究开发人转让专利申请权的，委托人享有以同等条件优先受让的权利。"本条规定了委托开发完成的发明创造的专利权属，包括专利申请权、专利实施权的分配规则，目的在于平衡委托开发合同中委托人和研究开发人的利益。在委托开发合同中，委托人提供了经费和所需的主要物质技术条件，研究开发人付出了创造性劳动，双方当事人在研究开发中均具有不可替代的作用，因此除非法律另有规定或者当事人另有约定，双方应该分享技术开发的成果。在研究开发人取得专利权的情况下，委托人可以依法实施该专利。在研究开发人转让专利申请权时赋予委托人以优先受让权。如此规定旨在适当地平衡研究开发人与委托人之间的利益分配关系，维护委托人作为发明创造的实际投资人以及具体实施人的利益，避免因第三人受让专利权和专利申请权而影响委托人实施该发明专利。

根据《民法典》第八百六十一条的规定，委托开发完成的技术秘密成果的使用权、转让权以及收益的分配办法，由当事人约定；没有约定或者约定不明确，依据本法第五百一十条的规定仍不能确定的，在没有相同技术方案被授予专利权前，当事人均有使用和转让的权利。但是，委托开发的研究开发人不得在向委托人交付研究开发成果之前，将研究开发成果转让给第三人。其中"当事人均有使用和转让的权利"，根据《技术合同司法解释》第二十条的规定，包括当事人均有不经对方同意而自己使用或者以普通使用许可的方式许可他人使用技术秘密，并独占由此所获利益的权利。当事人一方将技术秘密成果的转让权让与他人，或者以独占或者排他使用许可的方式许可他人使用技术秘密，未经对方当事人同意或者追认的，应当认定该让与或者许可行为无效。

四、合作开发合同的效力

合作开发合同是指两个或两个以上当事人共同参与研究开发工作的协议。在合作开发合同中，各方当事人共同研究开发、共同投资、共享成果、共担风险。根据《民法典》第八百五十五条的规定，合作开发各方有如下义务：

第一，按照约定进行投资，包括以技术进行投资。当事人共同出资是合作开发的一个重要条件，其中投资是指合作开发当事人以资金、设备、材料、场地、试验条件、技术情报资料、专利权、非专利技术成果等方式对研究开发项目所作的投入。如果采取资金以外的形式进行投资的，应折算成相应金额，并在合同中约定各自的投资比例。以技术进行投资的，或进行技术的价格评估，或由当事人约定价格。同时还应当约定因技术产权发生争议时的责任条款。

第二，分工参与研究开发工作。参与研究开发工作，包括按照约定的计划和分工共同进行或者分别承担设计、工艺、试验、试制等研究开发工作，直至完成研究开发项目。在合作开发中，每一方所负责完成的每一部分工作对于另一方或者其他各方来说，都是非常重要的，直接关系到整个研究开发项目的成功与失败。因此，任何一方当事人，对合同中约定的应尽义务，都必须认真履行，以切实保证合作开发项目的完成。根据《技术合同司法解释》第十九条的规定，"分工参与研究开发工作"，包括当事人按照约定的计划和分工，共同或者分别承担设计、工艺、试验、试制等工作。技术开发合同当事人一方仅提供资金、设备、材料等物质条件或者承担辅助协作事项，另一方进行研究开发工作的，属于委托开发合同。

第三，协作配合研究开发工作。合作开发合同的核心在于，合作开发方以各自的技术力量创造性地共同完成同一个研究开发项目，成败的关键是合作各方按合同约定协作配合的状况如何。因此，合作开发各方必须严格履行与其他各方协作合作配合的义务，以便技术开发工作的顺利进行。

五、合作开发合同的风险责任和技术成果归属

（一）合作开发合同的风险责任

《民法典》第八百五十八条第一款规定："技术开发合同履行过程中，因出现无法克服的技术困难，致使研究开发失败或者部分失败的，该风险由当事人约定；没有约定或者约定不明确，依据本法第五百一十条的规定仍不能确定的，风险由当事人合理分担。"委托开发合同的风险责任先由当事人约定；合同没有约定或约定不明确的，由当事人双方协议补充；协商不成的，根据合同有关条款还不能确定的，由双方合理分担。

（二）合作开发合同的技术成果归属

合作开发合同中，合作开发完成的发明创造，根据《民法典》第八百六十条的规定，申请专利的权利属于合作开发的当事人共有；当事人一方转让其共有的专利申请权的，其

他各方享有以同等条件优先受让的权利。但是，当事人另有约定的除外。合作开发的当事人一方声明放弃其共有的专利申请权的，除当事人另有约定外，可以由另一方单独申请或者由其他各方共同申请。申请人取得专利权的，放弃专利申请权的一方可以免费实施该专利。合作开发的当事人一方不同意申请专利的，另一方或者其他各方不得申请专利。

合作开发技术秘密成果的规则适用委托开发技术秘密成果的规则，也就是由当事人约定；没有约定或者约定不明确，依据《民法典》第五百一十条的规定仍不能确定的，在没有相同技术方案被授予专利权前，当事人均有使用和转让的权利。但是，委托开发的研究开发人不得在向委托人交付研究开发成果之前，将研究开发成果转让给第三人。

第三节　技术转让合同与技术许可合同

一、技术转让合同与技术许可合同概述

根据《民法典》第八百六十二条的规定，技术转让合同是合法拥有技术的权利人，将现有特定的专利、专利申请、技术秘密的相关权利让与他人所订立的合同。技术许可合同是合法拥有技术的权利人，将现有特定的专利、技术秘密的相关权利许可他人实施、使用所订立的合同。根据《技术合同司法解释》第二十二条的规定，就尚待研究开发的技术成果或者不涉及专利、专利申请或者技术秘密的知识、技术、经验和信息所订立的合同，不属于技术转让合同或者技术许可合同。技术转让合同中关于让与人向受让人提供实施技术的专用设备、原材料或者提供有关的技术咨询、技术服务的约定，属于技术转让合同的组成部分。因此，发生的纠纷按照技术转让合同处理。当事人以技术入股方式订立联营合同，但技术入股人不参与联营体的经营管理，并且以保底条款形式约定联营体或者联营对方支付其技术价款或者使用费的，视为技术转让合同或者技术许可合同。

《民法典》将技术转让合同与技术许可合同同时规定，意味着这两类合同存在着密切的联系，规则方面存有较大的相通之处。二者的相同之处主要表现为以下几点。

（一）标的物是现有技术成果

不论是技术转让合同还是技术许可合同，其标的物必须是在订立合同时已经存在的技术，并且应是特定化的、权利化的。只有这样才能实现受让人订立技术转让、许可合同的目的。依据转让、许可合同的不同类型，该技术成果还必须是已被相应设定了专利权、专利申请权、专利实施权或者技术秘密成果权的技术。技术转让、许可合同的这一特征，使它区别于以尚待研制的技术成果为目的的技术开发合同。

（二）涉及一定技术权益的让渡、使用

在技术转让、许可合同中，因种类不同，所转移、许可的权利性质亦有不同。通过支付对价的方式，合同当事人之间完成一定技术权益的让渡或者使用。在技术转让、许可合同中受让方由此获得申请专利、实施专利或使用技术秘密等权利。

（三）具有要式性

《民法典》第八百六十三条第三款规定："技术转让合同和技术许可合同应当采用书面形式。"按照本条规定，技术转让合同与技术许可合同均为要式合同。技术转让合同和技术许可合同的内容复杂，涉及转让或许可的对象、受让人或被许可人使用转让技术的范围和方式、技术的保密、使用费的支付等。鉴于技术的无形性，需要采用书面形式。

二、技术转让合同与技术许可合同的类型

（一）技术转让合同的类型

根据《民法典》第八百六十三条第一款的规定，技术转让合同包括专利权转让、专利申请权转让、技术秘密转让等合同。

1. 专利权转让合同。

专利权转让合同是指转让方即专利权人将其发明创造的专利权转移给受让人，受让人支付约定价款的合同。专利权是依法批准的发明人或其权利受让人对其发明成果在一定年限内享有的独占权或专用权。专利权转让本身通常是没有期限性的，但是专利权有时间限制。因此，受让人基于转让合同取得的专利权应当受专利有效期的限制。专利权转让合同中，专利权人应按照合同约定的时间将专利权转移给受让人，并且保证自身是转让的专利权的合法拥有者，保证所提供的技术完整、无误、有效，能够达到约定的目标。与此同时，专利权人还应交付和转让专利权有关的技术资料，为受让人提供必要的技术指导。专利权转让后，受让人成为新的专利权人，享有自主决定专利技术使用的权利。

2. 专利申请权转让合同。

专利申请权转让合同是指双方当事人约定，让与人将其特定的发明创造申请专利的权利转让给受让人，受让人为此支付价款的合同。专利申请权转让合同是针对特定发明创造的专利申请权而言的。专利申请权是发明人或者设计人对其专利技术享有的一定专属权利，这种专属权利与专利权一样，可以转让。享有专利申请权是获得专利权的前提条件。只有拥有专利申请权的权利人才可以向国务院专利行政部门提出专利申请，进而获得专利权。发明人或设计人在就其发明创造成果申请专利前，可以通过订立专利申请权转让合同，将其申请专利的权利转让给受让人并收取一定的价金。在专利申请权转移后，受让人既成为专利申请权人，也可能会成为专利权人。

3. 技术秘密转让合同。

技术秘密转让合同，是指让与人将拥有的技术秘密成果让与受让人，受让人支付约定转让费所订立的合同。技术秘密，是指不为公众所知悉的技术，即专利技术以外的技术，

包括未申请专利的技术、未授予专利权的技术以及不受专利法保护的技术。在技术秘密转让合同中，让与人既可以转让整体的权益归属，也可以转让技术秘密的使用权益。由于技术的秘密性，在技术秘密转让合同中，受让人在缔约过程中需要先了解技术秘密的内容，才能决定是否订立技术秘密转让合同。因此，转让人负有信息披露的义务，受让人相应地负有保密的义务。

（二）技术许可合同的类型

根据《民法典》第八百六十三条第二款的规定，技术许可合同包括专利实施许可、技术秘密使用许可等合同。

1. 专利实施许可合同。

专利实施许可合同是指专利权人或者其授权的人作为让与人许可受让人在约定范围内实施专利，受让人支付约定使用费所订立的合同。专利实施许可合同转移的是专利权的使用权，让与人并不因此而丧失专利权本身。任何单位或者个人实施他人专利，除国家法律明确规定有关单位或者个人可以强制实施的以外，都必须与专利权人订立书面实施许可合同，向专利权人支付专利使用年费。被许可人无权允许合同规定以外的任何单位或者个人实施该专利。专利实施许可合同许可的是专利使用权，许可后被许可人有权在约定的范围内使用专利。

但是超出专利权存续期间的专利，不能续期，将不受法律保护，自然不得授权他人实施失效的专利。

根据《技术合同司法解释》第二十五条的规定，专利实施许可包括以下方式：一是独占实施许可，是指许可人在约定许可实施专利的范围内，将该专利仅许可一个被许可人实施，许可人依约定不得实施该专利。二是排他实施许可，是指许可人在约定许可实施专利的范围内，将该专利仅许可一个被许可人实施，但许可人依约定可以自行实施该专利。三是普通实施许可，是指许可人在约定许可实施专利的范围内许可他人实施该专利，并且可以自行实施该专利。当事人对专利实施许可方式没有约定或者约定不明确的，认定为普通实施许可。专利实施许可合同约定被许可人可以再许可他人实施专利的，认定该再许可为普通实施许可，但当事人另有约定的除外。

2. 技术秘密使用许可合同。

技术秘密使用许可合同是指通过合同向他人提供技术秘密，明确相互之间技术秘密成果的使用权，被许可人向许可人支付使用费的合同。而技术秘密的使用权，是指以生产经营为目的使用技术秘密的权利。技术秘密的许可使用方式和专利实施许可方式相同，分为独占实施许可、排他实施许可和普通实施许可。根据《民法典》第八百六十八条和第八百六十九条的规定，技术秘密使用许可合同的许可人应当按照约定提供技术资料，进行技术指导，保证技术的实用性、可靠性，承担保密义务。技术秘密使用许可合同的被许可人应当按照约定使用技术，支付转让费、使用费，承担保密义务。

三、技术转让合同与技术许可合同的效力

（一）技术让与人、技术许可人的主要义务

1. 转让技术所有权或使用权的义务。转让技术成果所有权是技术转让合同让与人的主要义务，给被许可人技术成果的使用权是技术许可合同许可人的主要义务，且此义务为主要义务，若让与人、许可人不履行其相应的主要义务，则受让人、被许可人有权要求让与人、许可人承担违约责任。

2. 权利瑕疵担保义务。让与人、许可人订立技术转让或技术许可合同的前提为其本身是合法的权利人，保证受让人、被许可人在继受取得技术所有权或使用权后，不会在实施过程中侵害第三人的权益。根据《民法典》第八百七十条的规定，技术转让合同的让与人和技术许可合同的许可人应当保证自己是所提供的技术的合法拥有者，并保证所提供的技术完整、无误、有效，能够达到约定的目标。

让与人、许可人负有应当保证合同中约定的技术不侵害第三人权益的义务，反之便应承担相应的责任。该责任主要体现在两个方面：

一是让与人或许可人对受让人或被许可人承担违约责任。根据《民法典》第八百七十二条的规定，许可人未按照约定许可技术的，应当返还部分或者全部使用费，并应当承担违约责任；实施专利或者使用技术秘密超越约定的范围的，违反约定擅自许可第三人实施该项专利或者使用该项技术秘密的，应当停止违约行为，承担违约责任；违反约定的保密义务的，应当承担违约责任。让与人承担违约责任同于许可人。

二是让与人、许可人对第三人承担侵权责任。根据《民法典》第八百七十四条的规定，受让人或者被许可人按照约定实施专利、使用技术秘密侵害他人合法权益的，由让与人或者许可人承担责任，但是当事人另有约定的除外。

3. 不得限制技术竞争和技术发展的义务。《民法典》第八百六十四条规定："技术转让合同和技术许可合同可以约定实施专利或者使用技术秘密的范围，但是不得限制技术竞争和技术发展。"依据此条规定，技术转让合同和技术许可合同的当事人可以对实施专利或者使用技术秘密的范围进行约定，体现合同自由原则。同时，法律对约定的技术转让或许可范围进行限制，避免因技术垄断阻碍社会进步发展，规定技术让与和许可不得限制技术竞争与技术发展，以此协调合同双方之间的对立冲突带来的不公平现象。

"实施专利或者使用技术秘密的范围"，根据《技术合同司法解释》第二十八条的规定，包括实施专利或者使用技术秘密的期限、地域、方式以及接触技术秘密的人员等。当事人对实施专利或者使用技术秘密的期限没有约定或者约定不明确的，受让人、被许可人实施专利或者使用技术秘密不受期限限制。

4. 按约提供资料和指导的义务。《民法典》第八百六十六条规定："专利实施许可合同的许可人应当按照约定许可被许可人实施专利，交付实施专利有关的技术资料，提供必要的技术指导。"依据此条规定，许可人首先应当按照约定许可被许可人实施专利。即按照合

同约定的时间、地点范围、期限等许可被许可人实施该专利技术，不得以任何借口进行干涉和阻碍，不得侵害被许可人的专利实施权。其次，交付实施专利有关的技术资料。按照合同约定的时间、地点、项目向被许可人完整无误地交付专利技术资料、情报和文件等。如果许可人交付的技术资料不完整、不正确或不可靠，应在规定的时间内，由许可人补交、更正或修改。违反该义务的，除返还部分或全部使用费外，造成被许可人损失的，许可人应负责赔偿。最后，提供必要的技术指导。许可人按照合同约定的时间、期限、范围等向被许可人提供必要的技术指导，以便被许可人能够正确地实施该专利技术。鉴于专利技术的专业性和技术性，只有在许可人提供必要的技术指导后，被许可人才能形成对专利技术的了解和掌握，正确实施该专利技术。这种指导可以是有偿的，也可以是无偿的，取决于合同的约定。

（二）技术受让人、技术被许可人的主要义务

1. 支付使用费的义务。《民法典》第八百七十三条规定："被许可人未按照约定支付使用费的，应当补交使用费并按照约定支付违约金；不补交使用费或者支付违约金的，应当停止实施专利或者使用技术秘密，交还技术资料，承担违约责任；实施专利或者使用技术秘密超越约定的范围的，未经许可人同意擅自许可第三人实施该专利或者使用该技术秘密的，应当停止违约行为，承担违约责任；违反约定的保密义务的，应当承担违约责任。受让人承担违约责任，参照适用前款规定。"依据此条规定，被许可人按照约定支付使用费是其最基本的义务，也是技术许可人的主要目的所在，因此，被许可人不按照约定支付使用费构成对技术许可合同的根本违约。被许可人未按照约定支付使用费既可能是根本不履行合同义务，即没有支付使用费，也可能是履行合同不符合目的，即少支付或不按照合同约定的时间、地点、方式支付使用费，无论是哪一种，均可能构成违约。

2. 按照合同约定实施、使用技术的义务。《民法典》第八百六十七条规定："专利实施许可合同的被许可人应当按照约定实施专利，不得许可约定以外的第三人实施该专利，并按照约定支付使用费。"依据此条规定，被许可人按照约定实施、使用技术，不能超越约定的范围实施、使用该技术。被许可人也不能超过约定的期限实施受让的专利技术或使用被许可的技术秘密。此外，被许可人应当按照约定的方法实施、使用被许可的技术。

3. 保密义务。根据《民法典》第八百七十一条的规定，技术转让合同的受让人和技术许可合同的被许可人应按照约定的范围和期限，对让与人、许可人提供的技术中尚未公开的秘密部分，承担保密义务。据此，保密义务属于法定义务，也是诚信原则的体现。技术转让有其特殊性，尤其是技术秘密转让的情形，让与人基于先前对技术秘密的使用，已享有特定的利益，如受让人取得技术秘密后擅自公开，将损害让与人的既有利益。另外，规定受让人的保密义务，有利于让与人对新技术的后续开发。

（三）技术后续改进的成果分享

后续改进的技术成果是指在技术转让合同有效期内，一方或双方对作为技术转让合同标的的发明创造或专利技术成果所作的革新和改良。在科技发展迅速的今天，转让合

同中的技术成果均有可能被合同任何一方予以新的改进或是发展。这种超出了原有转让技术成果的新的改进或发展，直接关涉到合同双方当事人的权益。据此，《民法典》第八百七十五条规定："当事人可以按照互利的原则，在合同中约定实施专利、使用技术秘密后续改进的技术成果的分享办法；没有约定或者约定不明确，依照本法第五百一十条的规定仍不能确定的，一方后续改进的技术成果，其他各方无权分享。"依照该条规定，技术转让合同的后续改进技术成果之归属遵循的规则是：按照互利原则，约定优先；未在合同中约定或者约定不明的，双方当事人可在事后依平等自愿原则进行协商，达成补充协议；如果不能达成补充协议的，则可以依照技术转让后续改进成果的归属、分享的习惯规则确定；仍不能确定的，后续改进的技术成果属于完成该项后续改进的当事人所有，其他各方无权分享。

四、其他知识产权转让与许可以及技术合同特别法律适用

（一）其他知识产权转让与许可的参照适用

《民法典》第八百七十六条规定："集成电路布图设计专有权、植物新品种权、计算机软件著作权等其他知识产权的转让和许可，参照适用本节的有关规定。"本条是对其他知识产权的转让和许可的规定。但随着技术贸易领域的不断发展壮大，集成电路布图设计专有权、植物新品种权、计算机软件著作权等知识产权也被纳入技术领域。但关于集成电路布图设计专有权、植物新品种权、计算机软件著作权的法律规范中，对于权利的转让和许可规定并不详尽，因此，通过《民法典》第八百七十六条的规定，目的在于解决除专利和技术秘密外的其他技术在转让和许可过程中的法律适用问题。《民法典》第八百七十六条适用于与集成电路布图设计专有权、植物新品种权、计算机软件著作权具有同质性的知识产权。在专门规定集成电路布图设计专有权等知识产权的法律法规中没有涉及的，参照适用本节的规定。

（二）技术进出口合同或者专利、专利申请合同的特别法适用

《民法典》第八百七十七条规定："法律、行政法规对技术进出口合同或者专利、专利申请合同另有规定的，依照其规定。"据此，技术进出口合同或者专利、专利申请合同属于技术转让合同、技术许可合同。技术进出口是指跨境技术转移，包括专利权转让、专利申请权转让、专利实施许可、技术秘密转让、技术服务和其他方式的技术转移。专利主要涉及专利权转让或许可。专利申请合同主要涉及专利申请权转让合同。法律、行政法规对《民法典》合同编中没有涉及的关于技术进出口合同或者专利、专利申请合同的内容进行补充规定的，如《中华人民共和国对外贸易法》《中华人民共和国专利法实施细则》《中华人民共和国技术进出口管理条例》等，依照其规定。

第四节 技术咨询合同和技术服务合同

一、技术咨询合同

（一）技术咨询合同的概念和特点

根据《民法典》第八百七十八条的规定，技术咨询合同指的是当事人就特定技术项目提供可行性论证、技术预测、专题技术调查、分析评价报告等所订立的合同。技术咨询合同具有以下特点：

1. 技术咨询合同的标的是技术性劳务成果。

当事人订立技术咨询合同的目的不在于获取技术成果，而在于就特定的技术项目进行可行性论证、技术预测、专题技术调查等软科学研究活动，也就是提供技术服务。其目的是受托人为委托人提出相关的建议、意见和方案，供委托人在决策时参考。技术开发、技术转让、工程设计、工程验收、人员培训等技术活动不属于技术咨询。

2. 技术咨询合同有其特殊的风险责任原则。

技术咨询合同不同于技术开发合同和技术转让合同，因实施咨询报告而造成的风险损失，除合同另有约定外，受托人可免于承担责任。

此外，我国《民法典》对技术咨询合同的形式没有作任何要求，而对技术开发合同和技术转让合同均作出了书面形式的要求，由此可知，技术咨询合同属于不要式合同，形式种类取决于当事人的约定。

（二）技术咨询合同的效力

1. 委托人的义务。

第一，依照合同约定阐明咨询问题的义务。根据《民法典》第八百七十九条的规定，技术咨询合同的委托人应当按照约定阐明咨询的问题，提供技术背景材料及有关技术资料，接受受托人的工作成果，支付报酬。委托人向受托人说明具体的咨询项目及要求，这是受托人进行分析论证的出发点。委托人的咨询问题是受托人研究、分析的对象。委托人应向受托人阐明所进行的技术项目和决策面临的问题，使受托人的工作有明确的目标和方向。

第二，提供技术背景材料及有关技术资料、数据。咨询问题的有关技术背景材料及有关的技术资料、数据，是受托人进行分析研究、解答咨询问题的基础和依据，委托人提供的报告材料、数据、资料越全面，越有利于咨询报告的科学化、合理化。根据《民法典》第八百八十一条第一款的规定，技术咨询合同的委托人未按照约定提供必要的资料，影响工作进度和质量，不接受或者逾期接受工作成果的，支付的报酬不得追回，未支付的报酬应当支付。

第三，依约接受受托人的工作成果。技术咨询合同为双务合同，接受成果既是委托人的合同权利，也是其义务。工作成果是指受托人完成的咨询报告和意见。受托人交付工作成果后，委托人在确认其形式、内容和份数以及全部附件后，应及时组织评价、鉴定，确认受托人的工作成果是否符合合同约定的条件，并予以验收。

第四，支付报酬。委托人应该按照合同约定的时间、地点、数额、方式支付报酬。根据《民法典》第八百四十六条的规定，报酬的支付方式一般由当事人自行约定。实践中一般有一次总算、一次总付，一次总算、分期支付，提成支付，以及提成支付附加预付入门费四种形式。"一次总算、一次总付"是指委托人于技术咨询合同成立后，一次性向受托人支付约定的报酬，常见于金额小、技术不复杂的情况。"一次总算、分期支付"是指委托人将报酬在合同中一次算清，于合同成立后，分期分批地向受托人支付报酬，实际支付的报酬与受托人完成的工作量挂钩。"提成支付"是指委托人在接受技术成果后，从该成果所获收益中按照约定比例支付给受托人报酬。此处的比例可能是固定数额，也可能逐年递增或者逐年递减。这种方式主要适用于履行期限短、技术成熟、市场前景稳定的技术合同。"提成支付附加预付入门费"是指委托人于合同成立后或者取得技术成果后，向受托人支付部分报酬，剩余部分按照合同约定比例提成，按照约定的时间支付。这是目前技术合同中应用最为普遍的一种计价方法。

2. 受托人的义务。

第一，按照约定的期限完成咨询报告或者解答问题。受托人要尽可能收集与咨询对象有关的经济技术信息、资源信息、人才信息等，利用自己的技术知识和经验，综合分析项目的技术内容，预测技术经济前景，为委托人的技术项目决策提供科学依据、参考方案，提出具有较高科学水平和参考价值的咨询报告与意见。根据《民法典》第八百八十一条第二款的规定，技术咨询合同的受托人未按期提出咨询报告或者提出的咨询报告不符合约定的，应当承担减收或者免收报酬等违约责任。

第二，提出的咨询报告应当达到约定的要求。咨询报告是委托人进行项目决策的主要依据。它要求受托人在技术咨询工作中，采取严肃认真的态度，力求咨询报告的可行性，避免咨询报告不实、无参考价值等情况的产生，从而使咨询报告和意见达到合同约定的要求。《民法典》第八百八十条规定："技术咨询合同的受托人应当按照约定的期限完成咨询报告或者解答问题，提出的咨询报告应当达到约定的要求。"据此，受托人提出的咨询报告应当达到约定要求。"达到约定的要求"，是指在技术咨询合同无特别约定的情况下，受托人提出的咨询报告应当符合合同约定的形式、内容和份数，能够按照约定的验收或评价办法验收、评价。根据《民法典》第八百八十一条第三款的规定，技术咨询合同的委托人按照受托人符合约定要求的咨询报告和意见作出决策所造成的损失，由委托人承担，但是当事人另有约定的除外。

第三，及时通知的义务。根据《技术合同司法解释》第三十二条的规定，技术咨询合同受托人发现委托人提供的资料、数据等有明显错误或者缺陷，未在合理期限内通知委托人的，视为其对委托人提供的技术资料、数据等予以认可。委托人在接到受托人的补正通知后未在合理期限内答复并予以补正的，发生的损失由委托人承担。

二、技术服务合同

（一）技术服务合同的概念和特点

《民法典》第八百七十八条第二款规定："技术服务合同是当事人一方以技术知识为对方解决特定技术问题所订立的合同，不包括承揽合同和建设工程合同。"技术服务合同与技术咨询合同的主要区别：一是技术咨询合同是受托人为委托人提供决策参考所订立的合同，其中相当大一部分属软科学研究，它主要发生在研究开发、成果转让和项目实施之前；而技术服务合同是受托人为委托人解决生产建设中的具体技术问题，促使科学技术转化为生产力所订立的合同，它主要发生在科技成果进入经济建设之后。二是技术咨询属于决策服务。除合同另有约定外，委托人将受托人的咨询报告或意见付诸实施所发生的损失，受托人不承担责任；而技术服务是实施服务，受托人必须保证工作质量并对实施的结果负责。

技术服务合同的特点：

1. 技术服务合同是以解决特定技术问题为目的而订立的合同。

所谓"特定技术问题"，根据《技术合同司法解释》第三十三条的规定，包括需要运用专业技术知识、经验和信息解决的有关改进产品结构、改良工艺流程、提高产品质量、降低产品成本、节约资源能耗、保护资源环境、实现安全操作、提高经济效益和社会效益等专业技术问题。不以解决特定技术问题而订立的合同不是技术服务合同，例如为了生产经营目的进行一般加工、定作等订立的合同属于承揽合同而不是技术服务合同。

2. 技术服务合同属于不要式合同。

我国《民法典》对技术服务合同的形式没有作任何要求，而对技术开发合同和技术转让合同均作出了书面形式的要求，由此可知，技术服务合同属于不要式合同，形式种类取决于当事人的约定。

（二）技术服务合同的效力

1. 委托人的义务。

第一，应当按照约定提供工作条件，完成配合事项。技术服务合同订立的目的在于利用委托人的技术知识为受托人解决特定的技术问题。为实现这一目的，委托人应明确所要解决技术问题的要点，提供有关的背景材料和数据；必要时委托人还应为受托人提供配合事项，例如有关数据、图纸、人员的组织安排、样品、样机、试验场地等。《民法典》第八百八十二条规定："技术服务合同的委托人应当按照约定提供工作条件，完成配合事项，接受工作成果并支付报酬。"此条中的"工作条件"是指受托人完成特定技术服务所必需的条件，既包括物质条件，也包括与技术服务相关的资料、样品、材料、场地等。受托人就特定项目提供技术服务时，时常依赖委托人提供相应的工作条件，以确保技术服务顺利实施。依照《技术合同司法解释》第三十五条的规定，技术服务合同受托人发现委托人提供的资料、数据、样品、材料、场地等工作条件不符合约定，未在合理期限内通知委托人的，视为其对委托人提供的工作条件予以认可。委托人在接到受托人的补正通知后未在合理期限内答复并予以补正的，发生的损失由委托人承担。

第二，接受工作成果。技术服务合同是双务合同，接受工作成果是委托人的合同权利，也是委托人的合同义务。"工作成果"不是物化的成果，通常表现为解决特定技术问题的技术方案，如设计方案、施工图、技术说明书等。技术服务合同通常就技术服务成果约定明确、详尽的技术参数或指标，如设备性能指标、产量指标、排放指标或原料适应性指标等。委托人收到技术成果后，未在约定的异议期内提出否定意见，一般认定其认可该技术成果。委托人收到技术成果后未组织验收或鉴定，也没有提出质量异议，若该成果已经投入使用，委托人不能再以质量问题要求鉴定。

第三，支付报酬。委托人验收了受托人的工作成果后，就应当按照合同约定的支付方式、结算方式向受托人支付报酬。委托人不接受或者逾期接受工作成果的，支付的报酬不得追回，未支付的报酬应当支付。报酬是委托人向受托人所支付的作为其专业技术工作及其成果的对价。一般来说，除技术服务合同另有约定外，报酬包括受托人的技术性收入及受托人完成专业技术工作、解决技术问题需要的经费。《民法典》第八百八十四条还规定，委托人不履行合同义务或者履行合同义务不符合约定，影响工作进度和质量，不接受或者逾期接受工作成果的，支付的报酬不得追回，未支付的报酬应当支付。

2. 受托人的义务。

第一，按照约定完成服务项目，解决技术问题，保证工作质量，并传授解决技术问题的知识。根据《民法典》第八百八十三条的规定，技术服务合同的受托人应当按照约定完成服务项目，解决技术问题，保证工作质量，并传授解决技术问题的知识。技术服务合同的受托人应在约定的时间内，保质保量完成服务任务，并达到解决委托人的技术问题的要求。此外，受托人还要传授与解决特定技术问题有关的必要的知识、信息和经验。受托人既要解决技术问题，还须传授必要的知识、信息和经验，这是技术服务合同区别于承揽合同和其他劳务合同的显著特征。受托人传授的"知识"仅限于解决技术问题有关的技术、信息和经验。《民法典》第八百八十四条还规定，技术服务合同的受托人未按合同约定完成服务工作的，应当承担免收报酬等违约责任。

第二，保管的义务。受托人应该妥善保管委托人提供的技术资料、样品、材料等。在技术服务合同中，委托人未明确其所提出的特定技术问题，会将一些样品、材料和技术资料等交给受托人。受托人接收样品、材料、技术资料后，应当妥善保管和使用，对技术资料应当予以保密。如因受托人保管不善造成委托人交给的样品、材料和技术资料毁损、灭失，受托人应负赔偿责任。

第三，及时通知的义务。根据《技术合同司法解释》第三十五条的规定，技术服务合同受托人发现委托人提供的资料、数据、样品、材料、场地等工作条件不符合约定，未在合理期限内通知委托人的，视为其对委托人提供的工作条件予以认可。委托人在接到受托人的补正通知后未在合理期限内答复并予以补正的，发生的损失由委托人承担。

第四，费用负担的义务。《民法典》第八百八十六条规定："技术咨询合同和技术服务合同对受托人正常开展工作所需费用的负担没有约定或者约定不明确的，由受托人负担。"依据此条规定，因开展正常工作而产生的固有履行费用，在没有约定或者约定不明确的情况下，由受托人承担。

三、技术咨询合同与技术服务合同履行中所产生的新技术成果的归属

《民法典》第八百八十五条规定："技术咨询合同、技术服务合同履行过程中，受托人利用委托人提供的技术资料和工作条件完成的新的技术成果，属于受托人。委托人利用受托人的工作成果完成的新的技术成果，属于委托人。当事人另有约定的，按照其约定。"据此，技术咨询合同、技术服务合同履行过程中产生的新技术成果之归属应遵循如下规则：首先是谁完成谁拥有，即受托人基于委托人所提供的技术材料和工作条件所完成的新的技术成果，归受托人。委托人基于受托人的工作成果所完成的新的技术成果归委托人。其次是法律允许当事人有特殊约定。当事人对履行合同过程中所派生完成和后续发展的新的技术成果归属与分享有特殊约定的，从其约定。

第二十二章课件

第二十三章

Chapter **23**

保管合同

导读案例

近年来，宠物产业迅速发展，随之而来的纠纷也日益增多。日前，江苏省宜兴市人民法院张渚法庭审结一起保管合同纠纷案件，宠物主人因拖欠寄养费，被宠物店店主告上了法庭。

小伙蒋某饲养了一只泰迪犬，取名小灰。2020年1月26日，农历正月初二，蒋某着急外出拜年，将小灰寄养在了家附近的宠物店，双方约定寄养费每日30元，驱虫、疫苗、护理等费用，由宠物店记账，蒋某在领回小灰时一并结算。时间一天天过去，原本说好仅寄养几天，但蒋某却总是以各种理由推脱，这一拖便是两年之久。"小灰驱虫时间到啦、小灰疫苗时间到啦……"两年期间，宠物店店主史某多次通过微信发送记账单，要求蒋某支付寄养、护理费并将小灰接回，但蒋某均以人在外地、手头紧等理由拒绝。

"限你3天时间来店里接狗结账，否则法院见。"2021年10月16日，史某向蒋某发出了最后催告。

2022年3月，史某将蒋某诉至法院，要求蒋某支付截止到2022年2月28日的寄养费，共计28290元。

法院经审理认为，蒋某将饲养的泰迪犬放在宠物店寄养，双方形成了保管合同关系。根据《民法典》第八百八十八条第一款的规定，保管合同是保管人保管寄存人交付的保管物，并返还该物的合同。《民法典》第八百八十九条规定，寄存人应当按照约定向保管人支付保管费。本案中，双方约定寄养费为30元／天，护理、驱虫、疫苗由宠物店记账。宠物店在2021年10月17日之后的记账单，虽未经蒋某确认，但宠物狗洗澡、修毛等费用及时间间隔，与经蒋某确认的记账单载明的费用及时间间隔相吻合，记账具有合理性。最终，法院支持了原告的诉请，依法判决被告蒋某支付寄养费 28290 元。

问题提出

1. 保管合同有何特征？
2. 保管合同的效力如何？
3. 保管合同与消费保管合同有何区别？

第一节　保管合同概述

一、保管合同的概念和特征

《民法典》第八百八十八条第一款规定："保管合同是保管人保管寄存人交付的保管物，并返还该物的合同。"在保管合同中，将物品交付他人保管的一方为寄存人；保管寄存人交付的物品的一方为保管人；保管人保管的物品，为保管合同的标的物，称为保管物。

"保管合同的概念"微课

保管合同具有以下法律特征。

（一）保管合同为实践性合同

《民法典》第八百九十条规定："保管合同自保管物交付时成立，但当事人另有约定的除外。"据此规定，保管合同的成立除了当事人双方意思表示一致外，尚需交付标的物。因此，保管合同属于实践性合同。寄存人将保管物交付给保管人的行为，以及保管人受领保管物的行为，是合同成立的行为，而非履行合同义务的行为。但当事人另有约定的除外。

（二）保管合同有偿与无偿的可选择性

保管合同属于有偿合同还是无偿合同，具有选择性。根据《民法典》第八百八十九条的规定，当事人约定了保管费用的，应遵其约定。当事人对保管费没有约定或者约定不明确，可以事后协商补充；协商不成的，按照合同有关条款或是交易习惯确定；仍不能确定的，保管为无偿。

（三）保管合同为不要式合同

我国合同法只对保管合同的实践性作出了明确规定，对保管合同的形式未作规定。根据"法无明文规定皆自由"之法理，当事人对保管合同的形式有权加以选择，可以是口头形式、书面形式等法律所允许的形式类型。

（四）保管合同的目的是保管物品

保管合同订立的直接目的在于使保管人保管物品，而不是保管人借此获得保管物的使用权或是所有权。因此保管合同的标的是保管人的保管行为。保管人应将保管物置于自己的保护范围内，维持其原状，保管人不能对保管物擅加改良或是利用。

二、保管合同的标的物

保管合同的标的物为保管物，保管物应为物，当无疑问，但是否仅限于动产，却有不同立法例。德国民法、法国民法、瑞士债务法皆认为保管物应以动产为限，日本民法认为不限于动产，也包括不动产。我国《民法典》对保管物的范围未作规定，对保管物的范围未作限制。因此，应对保管物作广义上的理解：保管物理应包括动产与不动产。在实践中，保管人有根据自身能力确定保管物范围的，例如一般的寄存处会拒绝保管现金或是贵重物品等。

第二节　保管合同的效力

一、保管人的义务

根据我国《民法典》的相关规定，保管人应承担如下义务。

（一）给付保管凭证的义务

根据《民法典》第八百九十一条的规定，寄存人向保管人交付保管物的，保管人应当出具保管凭证，但另有交易习惯的除外。保管凭证是保管人向寄存人出具的用以证明寄存人向保管人交付保管物的证明，它主要证明保管人已经收到了保管物，保管人已经对保

"保管合同的效力"微课

管物进行了查验以及证明双方的保管合同已经成立。保管人向寄存人出具保管凭证是保管人的保管义务内容，不管保管合同是否有偿，保管人都应当履行这一义务，除非根据交易习惯无须出具，可以免除保管人的这一义务。

（二）妥善保管保管物的义务

《民法典》第八百九十二条规定："保管人应当妥善保管保管物。当事人可以约定保管场所或者方法。除紧急情况或者为维护寄存人利益外，不得擅自改变保管场所或者方法。"依据此条规定，保管合同的目的是为寄存人保管保管物，也就是维持保管物的现状并予以返还。为了实现合同目的，必须对保管人义务进行要求，妥善保管保管物，这是保管人应负的主要义务之一，也是保管人的核心义务。保管人按照约定方法和场所保管，最终目的

是实现保管物的原样返还。所谓妥善保管，就是指保管人进行保管时，应在其条件许可范围内尽注意义务。保管场所或者保管方法，当事人已经约定的，应当从其约定；当事人无约定的，保管人应当根据保管物的性质、合同目的以及诚实信用原则，妥善保管保管物。当事人约定了保管场所或者保管方法的，除紧急情况或者为了维护寄存人的利益外，不得擅自改变保管场所或者方法。所谓紧急情况，如保管物因第三人的原因或者因自然原因，可能发生毁损、灭失的危险时，保管人除应当及时通知寄存人外，为了维护寄存人的利益，可以改变原来约定的保管场所或者保管方法。

《民法典》第八百九十七条规定："保管期内，因保管人保管不善造成保管物毁损、灭失的，保管人应当承担赔偿责任。但是，无偿保管人证明自己没有故意或者重大过失的，不承担赔偿责任。"依据此条规定，有偿保管合同和无偿保管合同下保管人的注意义务不同。有偿保管合同中，保管人须对保管期间保管物的毁损、灭失承担损害赔偿责任，除非保管人证明自己无过错。无偿保管合同中，保管人仅对其故意或重大过失造成的保管物损毁、灭失承担损害赔偿责任。无论是有偿保管合同还是无偿保管合同，保管人不对因不可归责于保管人的事由，如不可抗力事件造成的保管物毁损、灭失承担损害赔偿责任。

（三）亲自保管保管物的义务

《民法典》第八百九十四条规定："保管人不得将保管物转交第三人保管，但是当事人另有约定的除外。保管人违反前款规定，将保管物转交第三人保管，造成保管物损失的，应当承担赔偿责任。"依据此条规定，保管人应该亲自保管保管物，保管人的保管行为具有专属性。保管人有亲自保管的义务，保管人应当依据合同的约定亲自保管保管物。亲自保管也包括通过履行辅助人进行保管。除和寄存人有约定外，不得将保管物擅自转交第三人保管。保管合同特别是无偿保管具有较强的人身属性，多基于信任关系。因此，要求保管人亲自保管。寄存人寄存保管物于保管人可能是考虑到保管人具有的保管条件、技能等，若保管人擅自将保管物交给不具有保管条件、技能的人，则不利于维持保管物的原有状态，甚至使其产生损害。保管人擅自将保管物转交第三人保管，造成保管物损失的，应当承担损害赔偿责任。此处的"第三人"指的是保管人转保管的次保管人。

（四）不得擅自使用或许可第三人使用保管物的义务

保管合同订立的目的不在于获得保管物的相关权利，而仅仅是对保管物进行保管。因此我国《民法典》第八百九十五条规定："保管人不得使用或者许可第三人使用保管物，但是当事人另有约定的除外。"据此，只有在保管合同有约定的情况下，保管人才能使用保管物或许可第三人使用保管物。但是在保管过程中，为了保管的必要，保管人可以未经寄存人的许可使用保管物，例如为了确保电视机的正常使用，保管人隔段时间使用电视机就属于必要的使用。

（五）危险通知义务

根据《民法典》第八百九十六条的规定，第三人对保管物主张权利的，除依法对保管物采取保全或者执行措施外，保管人应当履行向寄存人返还保管物的义务。第三人对保管人提起诉讼或者对保管物申请扣押的，保管人应当及时通知寄存人。此处便是有关危险通知义务的规定。该义务旨在确保寄存人能及时采取措施，防御和保护自身的权利。

（六）返还保管物的义务

《民法典》第八百九十九条规定："寄存人可以随时领取保管物。当事人对保管期限没有约定或者约定不明确的，保管人可以随时请求寄存人领取保管物；约定保管期限的，保管人无特别事由，不得请求寄存人提前领取保管物。"第九百条规定："保管期限届满或者寄存人提前领取保管物的，保管人应当将原物及其孳息归还寄存人。"据此，保管合同未约定保管期限或者约定不明确的，保管人可随时返还保管物，寄存人可以随时要求返还保管物。保管合同约定了保管期限的，保管人除非有特别事由，不得提前返还保管物，寄存人可在期限届满前随时要求返还，因为寄存人可随时放弃其享有的期限利益。保管人返还的物品应为原物，原物产生孳息的，保管人还应返还孳息。

二、寄存人的义务

根据《民法典》的相关规定，寄存人应承担如下义务。

（一）支付保管费和必要费用的义务

《民法典》第九百零二条规定："有偿的保管合同，寄存人应当按照约定的期限向保管人支付保管费。当事人对支付期限没有约定或者约定不明确，依据本法第五百一十条的规定仍不能确定的，应当在领取保管物的同时支付。"依据此条规定，有偿的保管合同，寄存人应当按照约定的期限向保管人支付保管费。当事人对支付的期限没有约定或是约定不明的，可以补充协商；补充协商不成的，按照合同有关条款或是交易习惯来确定；仍不能确定的，应当在领取保管物的同时支付。如果当事人没有约定保管费的，可以补充协商；补充协商不成的，按照合同有关条款或是交易习惯来确定；仍不能确定的，为无偿保管，寄存人不承担支付保管费的义务。

《民法典》第九百零三条规定："寄存人未按照约定支付保管费或者其他费用的，保管人对保管物享有留置权，但是当事人另有约定的除外。"由此可知，无论保管合同是有偿还是无偿，寄存人均应向保管人支付为保管保管物所支出的必要费用。所谓必要费用，是指以维持保管物原状为准，包括重新包装、防腐、防虫、防火等费用。如果寄存人拒绝支付必要费用，保管人可以留置保管物。

（二）保管物情况的告知义务

根据《民法典》第八百九十三条的规定，寄存人交付的保管物有瑕疵或者根据保管物的性质需要采取特殊保管措施的，寄存人应当将有关情况告知保管人。寄存人未告知，致使保管物受损失的，保管人不承担赔偿责任；保管人因此受损失的，除保管人知道或者应当知道且未采取补救措施外，寄存人应当承担赔偿责任。寄存人将保管物交给保管人保管往往是基于对保管人的信任，保管合同双方当事人应当相互尽告知、协力、照顾、说明等义务。寄存人应当将标的物的真实情况如实告诉保管人，就寄存人告知保管人的内容和详细程度而言，因为保管物各不相同，告知的内容和详细程度也不相同。

寄存人交付保管物于保管人时，寄存人负有保管物瑕疵和性质的告知义务，如果违反此义务而导致保管物毁损、灭失的，寄存人须自担其责。如果给保管人造成人身或者财产损失的，寄存人应该承担损害赔偿责任。

（三）贵重物品的声明义务

寄存人寄存货币、有价证券或其他贵重物品的，应向保管人声明。《民法典》第八百九十八条规定："寄存人寄存货币、有价证券或者其他贵重物品的，应当向保管人声明，由保管人验收或者封存；寄存人未声明的，该物品毁损、灭失后，保管人可以按照一般物品予以赔偿。"依据此条规定，寄存人寄存货币、有价证券或者其他贵重物品的，应当向保管人声明，由保管人验收或者封存。寄存人寄存贵重物品时的声明，通常以明示的方式作出。对于声明的时间，通常要在寄存人寄存保管物的时候声明，也就是在保管合同成立之前声明，不能在保管合同成立之后才声明。声明的内容是保管物的性质、数量等。寄存人履行声明义务之后，保管人应当对贵重的保管物进行验收或者封存。所谓验收，就是指保管人对贵重保管物进行清点，以确定实际收取的保管物数量和品质等信息与寄存人所声明的内容相符，然后对保管物予以接收。所谓封存，就是将贵重保管物特定化。寄存人未声明的，该物品毁损、灭失后，保管人可以按照一般物品予以赔偿。

第二十三章课件

仓储合同

导读案例

2013年8月5日，原告柔然金枣公司与金丰利公司签订协议合同，约定柔然金枣公司从签订合同之日起保证将不少于40吨的红枣存放于金丰利公司库内，金丰利公司对红枣按柔然金枣公司的要求进行干制冷储藏，租金按每千克1元计收，按实际入库数结算，超期按每月1000元收取，周期不超过6个月。柔然金枣公司交租库订金10000元，待出库一次性付清所有费用，金丰利公司提供装卸人员，所产生的装卸费由柔然金枣公司按每吨15元支付。2013年至2014年期间柔然金枣公司在金丰利公司的冷库内储存红枣，其间多次安排工作人员从金丰利公司的冷库内提取红枣。2014年4月18日，案外人签署李某的名字以柔然金枣公司的名义从金丰利公司提走红枣3800件，每件10千克。2014年4月21日，金丰利公司开具仓储费46548元的增值税发票给柔然金枣公司，2014年4月30日，金丰利公司财务部收到上述款项并存入公司账户中。另查明，2019年1月23日，原告柔然金枣公司的法定代表人邵某以个人名义在另一起民事案件中因民间借贷纠纷起诉案外人杨某和蒋某，因该案法庭调查需要，被告金丰利公司于2019年4月9日协助出具了出库单复印件6份、仓储费46548元的现金交款单及新疆增值税普通发票复印件各1份。在该案法庭调查时邵某曾向法庭主张，其曾以原告公司的名义在金丰利公司入库红枣46548千克，所有的红枣都由杨某和蒋某处理了。红枣是2014年4月由杨某和蒋某卖出的。柔然金枣公司自2014年4月18日案外人李某提走38000千克红枣后收到金丰利公司开具的发票，并结清全部仓储费后未及时向金丰利公司主张权利，直至2022年2月18日才诉至法院。

一审法院认为，本案的争议焦点：一是本案仓储合同的相对方；二是金丰利公司关于诉讼时效的抗辩是否成立。关于争议焦点一，本案仓储合同相对方系柔然金枣公司与金丰利公司。理由如下：2013 年 8 月 5 日，签订仓储协议合同的双方是柔然金枣公司与金丰利公司，出库单、增值税发票载明的客户名称均为柔然金枣公司。柔然金枣公司与金丰利公司之间的仓储合同系双方当事人的真实意思表示，且内容未违反法律、行政法规的强制性规定，应认定合法有效。关于争议焦点二，向人民法院请求保护民事权利的诉讼时效期限为三年，诉讼时效期限届满的，义务人可以提出不履行义务的抗辩。当事人超过诉讼时效期限起诉的，人民法院应予受理。受理后对方当事人提出诉讼时效抗辩，人民法院经审理认为抗辩事由成立的，判决驳回原告的诉讼请求。在本案中，根据金丰利公司提供的出库单，案外人李某提取红枣的时间为 2014 年 4 月 18 日，金丰利公司开具仓储费增值税发票给柔然金枣公司的时间是 2014 年 4 月 21 日，金丰利公司入账时间是 2014 年 4 月 30 日，且根据仓储协议合同约定，仓储费应待出库结束前一次性付清所有费用，自 2014 年 4 月李某提走红枣，金丰利公司开具仓储费发票，柔然金枣公司结清仓储费后原告未及时主张权利，直至 2022 年 2 月 18 日才诉至法院，对此被告提出诉讼时效抗辩，原告未能提供证据证明存在诉讼时效中止、中断的事由，被告抗辩事由成立，原告的起诉已经超出法定诉讼时效，应判决驳回其诉讼请求。遂判决：驳回原告柔然金枣公司的诉讼请求。案件受理费减半收取计 9240 元，由柔然金枣公司负担。

问题提出

1. 仓储合同有何特点？
2. 仓单具有怎样的性质与效力？
3. 仓储合同当事人负有哪些义务？

第一节　仓储合同概述

一、仓储合同的概念和特点

根据《民法典》第九百零四条的规定，仓储合同是指保管人储存存货人交付的仓储物，存货人支付仓储费的合同。仓储合同具有保管的性质，《民法典》第九百一十八条规定："本章没有规定的，适用保管合同的有关规定。"仓储合同的标的与保管合同一样是保管行为，合同设立的目的也不是取得标的物的权利，而是通过将存货人的仓储物置放在自己的仓库内进行占有与保管，从而获得相应的报酬与费用。但与保管合同相比，仓储合同有其自身的特点。

（一）合同一方的主体必须是以仓储保管业务为其营业的人

仓储合同中储存存货人货物的一方必须是专门为收取报酬而经营仓库的人。为自己营业的需要而附带储存他人物品的人不是仓库营业人，例如承运人、承揽人等。这是仓储合同与保管合同的最大区别所在。仓储人应该具有自身有权支配的仓储设备。仓储设备指的是用于储存和保管仓储物的设备，具体的要求法律未作限制，只要适合存储即可。仓储设备的权属法律亦未作出限制，只要仓储人有权支配即可。仓储人可以是法人，也可以是个体工商户等民事主体，但是都须经工商行政管理部门核准，才能从事仓储保管业务。

（二）仓储物是动产

在仓储合同中，保管人是利用仓储设备为存货人保管仓储物，存货人须按照合同约定将仓储物交付保管人，由保管人进行仓储和保管。因此，仓储物只能是动产，而不能是不动产。这与对保管物不作限制的保管合同相比，保管对象的范围要狭窄得多。

（三）仓储合同是诺成性合同

我国《民法典》并没有对仓储合同的成立作出要求交付保管物的规定，据此可知，仓储合同只需当事人意思表示一致即可成立。而保管合同却是需要交付保管物的，属于实践性合同。

（四）仓储合同是双务合同、有偿合同、不要式合同

在仓储合同中，当事人双方于合同成立后互负给付义务。保管人须提供仓储服务，存货人须给付仓储费，双方的义务具有对应性和对价性。因此，仓储合同是双务有偿合同。同时，我国合同法并未对仓储合同的订立作任何的特别形式要求，因此仓储合同为不要式合同。

二、仓单的概念和性质

（一）仓单的概念和内容

仓单是指保管人收到仓储物时向存货人签发的表示收到一定数量的仓储物的有价证券。保管人应当在仓单上签字或者盖章。根据《民法典》第九百零九条的规定，仓单包括下列事项：1. 存货人的姓名或者名称和住所；2. 仓储物的品种、数量、质量、包装及其件数和标记；3. 仓储物的损耗标准；4. 储存场所；5. 储存期限；6. 仓储费；7. 仓储物已经办理保险的，其保险金额、期间以及保险人的名称；8. 填发人、填发地和填发日期。

"仓单的概念和性质" 微课

（二）仓单的效力

根据《民法典》的有关规定，仓单具有如下效力：

1. 提取仓储物的效力。

《民法典》第九百一十条规定："仓单是提取仓储物的凭证。存货人或者仓单持有人在仓单上背书并经保管人签名或者盖章的，可以转让提取仓储物的权利。"依据此条规定，仓

单是建立在仓储保管人与存货人签订的仓储保管合同的基础上的。按照行业惯例，对仓单以表面审查、外观查验为一般原则。仓单是保管人对存货人所交付的仓储物进行验收之后出具的权利凭证。仓单是提取仓储物的凭证。仓单是物权证券，保管人签发仓单后，存货人或仓单持有人可凭仓单提取仓储物。

2. 转移仓储物的效力。

根据《民法典》第九百一十条的规定，存货人或者仓单持有人在仓单上背书并经保管人签字或者盖章的，可以转让提取仓储物的权利。存货人在向保管人交付仓储物后，作为仓储物的所有人当然保有对仓储物的处分权。在存货人或仓单持有人出卖仓储物时，为了交易便利和交易经济的考虑，存货人可以直接将代表仓储物所有权的仓单交付给买受人，由买受人以新的仓单持有人身份去行使提取仓储物的权利。仓储期间，存货人或仓单持有人若转让仓储物所有权，因其未直接占有仓储物，所以不能依现实交付履行买卖合同，仅能依指示交付的方式来实现仓储物权利的转移。仓单本为提取仓储物的权利凭证，通过仓单的转让，受让人取得了仓单所指向仓储物的交付请求权，从而实现了指示交付的效果，成为仓储物新的所有权人。仓单的转让必须经存货人或仓单持有人背书并经保管人签名或盖章。仓单可以整体背书转让于第三人，也可以分割仓储物、填发两份以上新的仓单，将其中一部分转移给受让的第三人，分割后，原仓单应当交还保管人。

3. 以仓单出质的效力。

根据《民法典》第四百四十一条的规定，以汇票、本票、支票、债券、存款单、仓单、提单出质的，质权自权利凭证交付质权人时设立；没有权利凭证的，质权自办理出质登记时设立。法律另有规定的，依照其规定。据此，存货人或是仓单的持有人可以仓单设立质权。

第二节　仓储合同的效力

一、保管人的义务

根据《民法典》的有关规定，保管人负有如下义务。

（一）给付仓单

《民法典》第九百零八条规定："存货人交付仓储物的，保管人应当出具仓单、入库单等凭证。"据此，仓单是保管人应存货人的请求而签发的一种有价证券，是存货人主张货物已交存并提取仓储物的凭证，也是证明仓储合同存在的凭证。保管人有出具仓单、入库单等凭证的义务，其中仓单作为代表一定数量、品种的仓储物的有价证券，权利人可以凭借该凭证提取仓单所代表的仓储物，也可以通过背书转让并经保管人签字或盖章的方式转移仓储物所有权。仓单还有证明仓储物的性质等作用，仓储合同主要约定了权利义务的履行，而仓单等权利凭证则进一步明确了仓储物的性质等内容。

（二）验收仓储物

验收是保管人对存货人送交仓储物进行检验与核查以确定仓储物处于适于保管的良好状态的过程。验收仓储物的义务也是保管人按照合同规定履行义务的要求，该义务关系到货物交还存货人义务履行适当与否。《民法典》第九百零七条规定："保管人应当按照约定对入库仓储物进行验收。保管人验收时发现入库仓储物与约定不符合的，应当及时通知存货人。保管人验收后，发生仓储物的品种、数量、质量不符合约定的，保管人应当承担赔偿责任。"依据此条规定，法律要求保管人应当积极完成对存货人所交付的仓储物的验收义务，以确保仓储物交付状态与约定的一致性，但是，若保管人不适当履行或者未履行验收义务也视为其已经完成验收工作。

（三）妥善保管仓储物

保管人应依照合同约定的储存条件和保管要求，妥善保管仓储物。保管人储存易燃、易爆、有毒、有腐蚀性、有放射性等危险物品的，应当具备相应的保管条件。在仓储期间，因保管人保管不善造成仓储物毁损、灭失的，保管人应当承担损害赔偿责任。但是因仓储物的性质、包装不符合约定或者超过有效储存期造成仓储物变质、损坏的，保管人不承担损害赔偿责任。

（四）同意存货人或仓单持有人检查仓储物或提取样品

根据《民法典》第九百一十一条的规定，保管人根据存货人或者仓单持有人的要求，应当同意其检查仓储物或者提取样品。本条规定旨在确保存货人或是仓单持有人及时了解、知悉仓储物的储存保管情况。同时也便于存货人或是仓单的持有人出卖或出质仓储物便利交易的尽快达成。存货人存放货物的目的之一就在于使物品安全存放，不致损坏、短少、灭失，因此有权要求了解、检查仓储物的储存和保管状态，保管人应予以配合。检查仓储物是对仓储物进行检验和查核，包括但不限于数量上的清点、重量上的过磅、质量上的检验等。抽取样品，是从一批同类仓储物中随机地选择一定数量的货物并转归仓单持有人占有和处分，对于仓单持有人取走样品的用途在所不问。

（五）通知和催告

《民法典》第九百一十二条规定："保管人发现入库仓储物有变质或者其他损坏的，应当及时通知存货人或者仓单持有人。"依据此条规定，保管人在保管过程中，应该以足够的谨慎对仓储物的状态进行监督和检查。一旦发现仓储物有变质或其他损坏时，应及时通知存货人或是仓单持有人，以便其及时加以处理。入库仓储物变质或是有其他损坏，不仅仅影响到存货人或是仓单持有人的权益，还可能影响到处于同一库房的其他存货人、仓单持有人的权益，也包括保管人自身的权益。根据《民法典》第九百一十三条的规定，保管人发现入库仓储物有变质或者其他损坏，危及其他仓储物的安全和正常保管的，应当催告存货人或者仓单持有人作出必要的处置。因情况紧急，保管人可以作出必要的处置；但是，事后应当将该情况及时通知存货人或者仓单持有人。

（六）返还仓储物

存货人将仓储物交付保管人保管并不丧失对仓储物的所有权，故仓储合同终止时，保管人应将仓储物返还存货人或仓单持有人。合同约定了储存期限的，储存期限届满保管人应将仓储物予以返还，可以返还给存货人，也可以返还给仓单持有人。合同未约定储存期限或约定不明确的，根据《民法典》第九百一十四条的规定，存货人或仓单持有人可以随时提取仓储物，保管人也可以随时请求存货人或仓单持有人提取仓储物，但是应当给予必要的准备时间。

二、存货人的义务

根据《民法典》有关规定，存货人负有如下义务。

（一）说明义务

存货人应当依合同约定的时间、品名、数量等将仓储物交付给保管人入库。同时存货人还应该提供验收资料，据实告知货物的情况。根据《民法典》第九百零六条的规定，储存易燃、易爆、有毒、有腐蚀性、有放射性等危险物品或者易变质物品的，存货人应当说明该物品的性质，提供有关资料。存货人违反前述规定的，保管人可以拒收仓储物，也可以采取相应措施以避免损失的发生，因此产生的费用由存货人负担。对于危险物品的存放，一般情况下不仅对保管人具有特殊要求，存货人一般也是具有持有、经营、利用危险物品资质的法律实体。通常情况下，存货人对危险物品的管理与存放拥有相当程度的专业知识，应帮助保管人为储存此类危险物品做好充足准备。如因存货人未履行告知义务造成仓储物在储存过程中价值减损或造成其他损害结果的，存货人应当承担相应的责任，保管人有过错的，按照各自的过错大小承担责任。对于易变质的物品，存货人应当说明其特殊的储藏需求，以仓储为业的保管人相比存货人或具有更为丰富的储藏知识，此种情形下，当存货人不能提供具体的仓储方案时，保管人有义务予以协助。

（二）支付仓储费及其他必要费用

仓储合同为有偿合同，存货人应按照合同约定向保管人支付仓储费。仓储费的数额、支付时间及地点等依照仓单的记载而定。如果保管人为堆藏、保管仓储物而支出了其他必要费用的，如运输费、修缮费、转仓费等，存货人应该偿还给保管人。但是，如果双方当事人约定仓储费中已包括这些必要费用，则存货人不必支付。如果存货人没有按照合同约定支付仓储费及其他必要费用，那么保管人可以按照我国担保物权的相关规定对仓储物行使留置权。

（三）按时提取仓储物

在保管期限届满或保管人已通知出库时，存货人应该及时提取仓储物。根据《民法典》第九百一十五条的规定，储存期限届满，存货人或者仓单持有人应当凭仓单、入库单等提取仓储物。存货人或者仓单持有人逾期提取的，应当加收仓储费；提前提取的，不减收仓储费。储存期限届满，如果存货人或者仓单持有人不及时提取仓储物，有可能会造成保管人货物积压以及货物腐烂、变质等情形出现，因此法律规定存货人应该及时提取仓储物。

　　《民法典》第九百一十六条规定："储存期限届满，存货人或者仓单持有人不提取仓储物的，保管人可以催告其在合理期限内提取；逾期不提取的，保管人可以提存仓储物。"依据此条规定，储存期限届满，存货人或者仓单持有人未按照约定提取仓储物的，保管人可以确定一个合理的期限，催告存货人或者仓单持有人在此期限内提取仓储物；若逾期仍不提取的，保管人可以将仓储物提存以消灭其与存货人或仓单持有人之间的债权债务关系。通过设置保管人的催告制度，敦促存货人或仓单持有人尽快提取仓储物，而保管人提存权的设置既为保管人利益的保护提供了一道防线，又能督促存货人或仓单持有人及时履行义务。

第二十四章课件

第二十五章

委托合同

🎯 导读案例

谭某与任某签订有偿代客理财协议，合同约定：谭某将自有资产委托任某进行保值、增值管理，任某将该资产用于投资黄金、白银贵金属业务。谭某以本人名义在某公司开设交易账户，并将该账号及交易密码告知任某，任某拥有独立的下单操作权，无资金调拨权；谭某无下单操作权，有资金调拨权。合作时间为一个月，该期间内谭某不得取出本金，初始资金为 30 万元，谭某每月固定获利 9000 元，资金亏损由任某全部承担，9000 元以上的利润由双方按照谭某四成、任某六成的比例分配。签订协议当日谭某将 30 万元转入本人开设的交易账户。20 天后，任某在平仓止损后不再交易。谭某在合作期满后将账户剩余资金 4 万余元取出，并多次联系任某，任某先后返还谭某 10 万元，后避而不见，谭某无奈之下诉至法院。

谭某认为，双方签订的有偿代客理财协议有效，诉请退还剩余 16 万元资金及按照每月 9000 元的标准支付固定利润。庭审中，任某辩称贵金属投资属高风险投资，亏损风险应由委托人自担。代客理财协议保底条款的约定违反法律规定，系无效约定，合同属无效合同。

法院审理后认为，有偿代客理财协议约定委托人自己开设资金账户，委托受托人进行投资管理，符合委托合同法律关系的特征，系委托理财合同。协议中约定委托人谭某不承担本金亏损风险，只享有固定收益加利润分成，具有保底条款性质，违背公平原则及委托关系中的责任承担规则，属无效条款。该条款属目的条款和核心条款，保底条款无效导致委托理财合同整体无效。谭某以合同有效提起诉讼并主张相关权利，与法院根据案件事实认定的合同无效不一致。在此种情形下，审查合同效力是查明事实的基础，应当甄别当事人诉讼请求的性质及法律依据，以确定是否存在能够适用的实体法规范基础。依据法律规定，合同无效或者被撤销后，因该合同取得的财产，应当予以返还，不能返还或者没有必要返还的，应当折价补偿。谭某诉请返还剩余资金及支付固定利润，其中，退还剩余委托资金系合同无效的后果，法院判决任某返还谭某剩余委托资金 16 万元。

📖 问题提出

1. 委托合同有何特点？
2. 转委托应具备怎样的条件？
3. 委托合同与委托代理是何关系？
4. 委托合同当事人之间负担怎样的义务？
5. 委托合同终止的原因是什么？

第一节　委托合同概述

一、委托合同的概念和特点

根据《民法典》第九百一十九条的规定，委托合同是委托人和受托人约定，由受托人处理委托人事务的合同。委托合同关系中，委托他人为自己处理事务的人称为委托人，接受委托的人为受托人。随着社会经济的发展，社会分工不断细化，民事主体对自己的事务不可能也无须事必躬亲，通过将事务交由他人处理，民事主体可弥补其在时间、精力或知识、能力等方面的局限，扩展其民事活动领域。

委托合同具有以下法律特点。

（一）委托合同的基础是委托人与受托人间的彼此信任

委托合同的产生是因为商品经济高速发展，民事主体由于有限的时间、精力和能力，不可能事必躬亲，因此将自己的部分事务交由他人处理。而委托人之所以愿意将自己的事务委托给受托人处理，是基于对受托人的品格、能力的信任；受托人之所以愿意为委托人服务，出于自己能够完成委托事务的自信。正因为如此，委托合同只能发生在双方相互信任的特定人之间。缺乏此基础的，委托合同关系较难建立。

（二）委托合同的标的是处理委托事务

委托合同建立的目的就是利用受托人的技能为委托人处理事务，因此委托合同的标的是处理委托事务。委托事务的范围《民法典》并没有进行明确规定，一般认为应是与委托人有直接利益关系的事务。传统理论认为，受托人处理的对象还应当包括第三人事务。虽然第三人事务与委托人无直接利益关系，但只要委托人认为依其自身利益有处理必要，便可委托他人处理，如委托他人寻找第三人的遗失物等。因此，委托事务只要是委托人从自身需要出发，认为有必要完成的事务均可。但是委托事务必须由委托人亲自处理的，不得委托，并且委托事务不得违反法律的强制性规定，不得损害社会公共利益或社会公共道德。

（三）委托合同有偿与无偿的可选择性

委托人是否必须向受托人给付报酬，合同法对此没有作硬性规定。因此，委托合同应为有偿或是无偿源于当事人的约定。如果当事人没有约定给付报酬，法律又没有特别规定，委托合同应为无偿合同。

（四）委托合同是诺成合同、不要式合同

委托合同的成立不同于定金合同、保管合同等实践合同，委托合同在双方当事人意思表示一致时即成立，不以给付行为为成立要件。据此委托合同属于诺成合同。我国合同法对于委托合同的形式没有特别规定，所以，委托合同采用何种形式，由双方当事人协商确定。

二、委托合同的类型

（一）特别委托和概括委托

根据受托人的权限范围，委托合同可以分为特别委托和概括委托。《民法典》第九百二十条规定："委托人可以特别委托受托人处理一项或者数项事务，也可以概括委托受托人处理一切事务。"依据此条规定，特别委托是受托人处理一项或数项事务。其中，一项事务是指一项内容具体的委托事务。根据常识和习惯，若委托事务的内容确定且不能或不宜细分，则该委托事务属于一项事务。概括委托是受托人处理一切事务。一切事务是指内容概括抽象的委托事务。根据常识和习惯，如果委托事务包含各种可能发生的事项，且当事人在缔约时并未列举也未确定此类事项，而由当事人在处理事务时自主决定其处理方式，那么该委托事务因内容概括抽象而属于一切事务。在概括委托情形下，委托人仅笼统地将委托事务托付给受托人，而不关注委托事务的具体内容或者可能发生的具体事项，此类具体事项的处理不必再征得委托人的特别委托。

（二）单独委托和共同委托

《民法典》第九百三十二条规定："两个以上的受托人共同处理委托事务的，对委托人承担连带责任。"依据此条规定，根据受托人的人数，委托合同可以分为单独委托和共同委托。单独委托是指委托人将自己的特定事务或全部事务委托给一个受托人处理。共同委托是指委托人委托两个或两个以上的受托人共同处理同一委托事务。在共同委托情形下，委托人与多个受托人之间仅存在同一个委托合同关系。委托人在同一合同中委托两个以上受托人共同处理事务，多个受托人一起作为委托关系的受托方。如果委托人先后通过两个合

同将事务交由两个受托人处理，则不构成共同委托。在共同委托中，各受托人均负有处理事务的义务。在共同委托关系中，不论是一个还是多个受托人不履行债务，其他受托人都不能抗辩其无过错，所有受托人均应对委托人承担连带责任。

第二节　委托合同的效力

一、受托人的义务

根据我国《民法典》的规定，受托人负有如下主要义务。

（一）按照委托人指示处理委托事务

根据《民法典》第九百二十二条的规定，受托人应当按照委托人的指示处理委托事务。需要变更委托人指示的，应当经委托人同意；因情况紧急，难以和委托人取得联系的，受托人应当妥善处理委托事务，但是事后应当将该情况及时报告委托人。在为委托人处理事务过程中，受托人负有遵守委托人指示的义务，而仅在特殊情形下可变更委托人的指示。由于委托事务与委托人利益紧密相关，事务处理的益处或不利之处均由委托人承受，委托人系其利益的最佳判断者，所以受托人应当遵守委托人对委托事务作出的指示。同时，在事务处理过程中因实际情况发生变化，受托人继续遵守指示可能不利于维护委托人利益时，受托人可变更指示。

委托人的指示，是委托人对委托事务的处理方式所作的表示行为，并要求受托人按指示的方式处理事务。委托人指示必须在委托事务的范围之内，否则受托人无须遵守。委托人指示是委托合同的重要组成部分，委托人可以在订立委托合同时作出指示，也可以在处理事务过程中随时作出指示。受托人负有遵守指示的义务，不意味着受托人在任何情形下均应严格遵守指示。在受托人处理事务过程中，可能会发生委托人作出指示时未曾预料的新情况，若受托人仍遵守指示将无法完成委托事务或损害委托人利益。此时受托人在经委托人同意后可变更指示，以顺利完成委托事务并最终维护委托人利益。在有偿的委托合同中，因受托人的过错给委托人造成损失的，委托人可以要求赔偿损失。在无偿的委托合同中，因受托人的故意或者重大过失给委托人造成损失的，委托人可以要求赔偿损失。受托人超越权限给委托人造成损失的，应当赔偿损失。

（二）亲自处理委托事务

委托合同是建立在双方当事人彼此信任的基础上的，委托人之所以将自己的事务交由受托人处理，就是因为对受托人十分信任。这就要求受托人应该亲自处理委托事务。当然，经过委托人同意或者特殊情况下为了维护委托人的利益，受托人可以将委托事务转托第三人办理。《民法典》第九百二十三条规定："受托人应当亲自处理委托事务。经委托人同意，受托人可以转委托。转委托经同意或者追认的，委托人可以就委托事务直接指示转委托的第三人，受托人仅就第三人的选任及其对第三人的指示承担责任。转委托未经同意或者追认的，受托人应当对转委托的第三人的行为承担责任；但是，在紧急情况下受托人为了维护委托人的利益需要转委托第三人的除外。"依据此条规定，通常情况下，受托人应当亲自处理委托事务，而不能将委托事务交由第三人代为处理。为履行亲自处理义务，受托人须独立执行事务，自主决定处理事务的方式和措施。由于受托人应当亲自处理委托事务，受托人的事务处理义务具有人身专属性。受托人利用履行辅助人处理事务，属于受托人亲自处理的范畴。受托人与第三人之间形成的委托关系，也就是转委托依法可以分为如下三种情形：

其一，经委托人同意或追认的转委托。委托是基于委托人对受托人的信任而产生的，委托人在选受托人时充分考虑了对方的情况，这也是实现委托人利益的保证。因此，受托人在将其处理的委托事务转委托他人处理时，必须征得委托人的同意。委托人可事前同意或事后追认转委托。委托人同意或追认，性质上属于单方法律行为，由委托人向受托人作出相应的意思表示。经委托人同意或追认的转委托，委托人可直接指示第三人。委托人对第三人的直接指示，是因为第三人依转委托关系可处理委托事务，委托人若不能约束第三人，将完全丧失对其事务的掌控，所以为了维护委托人的利益，委托人可就事务处理的方式向第三人作出表示。在转委托成立后，受托人对委托人仍负有事务处理义务，但是以转委托第三人处理事务的方式履行该义务。如果此种履行义务的方式造成委托人损害，受托人对第三人的选任和指示有过错时，受托人仅对第三人的选任和指示承担责任。

其二，在紧急情况下，受托人为维护委托人的利益，不经委托人同意的转委托。在发生紧急情况时，为维护委托人利益而进行的转委托，即使未经委托人同意或追认，受托人不对第三人行为承担责任。紧急情况是指客观情况发生变化，无法及时联系委托人，若不转委托将损害委托人利益的情形。

其三，非紧急情况下，未经委托人同意或追认的转委托。转委托未经委托人同意或追认，受托人应承担债务不履行的责任。受托人对第三人处理事务的行为承担责任。此种责任属于受托人的代负责任，即第三人的行为被视作受托人的行为，由受托人代负责任。此种代负责任，无论受托人有无过失，只要第三人对其行为导致的损害负责，受托人就应负同一责任。

（三）及时报告

《民法典》第九百二十四条规定："受托人应当按照委托人的要求，报告委托事务的处理情况。委托合同终止时，受托人应当报告委托事务的结果。"根据此条规定，受托人在委托合同履行过程中，在处理委托事务时，应按照合同的约定和委托人的要求，报告委托事务的处理情况。如果受托人遇见认为需要让委托人知道的情况，无论合同是否约定，委托人是否要求，受托人也应依据诚实信用的原则及时报告委托人。委托合同终止时，受托人应当向委托人报告委托事务办理的全部过程，并提交有关的必要证明文件和材料。

（四）将办理事务中所得利益及时交给委托人

受托人是为委托人的利益处理委托事务，并且处理事务的费用是由委托人支付的，所以受托人因处理委托事务而获得的财产本质上是从委托人的利益中派生而来的，应当转交给委托人。我国《民法典》第九百二十七条规定："受托人处理委托事务取得的财产，应当转交给委托人。"如果受托人为了自己的利益使用应交付委托人的金钱或是使用本应为委托人利益而使用的金钱的，受托人应支付相关的利息，由此给委托人造成损失的，应赔偿损失。

二、委托人的义务

根据我国《民法典》的规定，委托人负有如下主要义务。

（一）支付报酬

《民法典》第九百二十八条第一款规定："受托人完成委托事务，委托人应当按照约定向其支付报酬。"依据此条规定，在受托人完成委托事务后，委托人有义务按照约定支付报酬。按照合同约定和委托人指示，受托人处理完毕委托事务，委托合同订立的目的实现，如果委托合同是有偿的，委托人有向受托人支付报酬的义务。委托人支付报酬的标准和期限，应以合同约定为准；合同没有约定的，但是依照习惯或者委托性质应当由委托人支付报酬的，委托人同样负有支付报酬的义务。根据《民法典》第九百二十八条第二款的规定，因不可归责于受托人的事由，委托合同解除或者委托事务不能完成的，委托人应当向受托人支付相应的报酬。当事人另有约定的，按照其约定。该条款规定的"因不可归责于受托人的事由"，是指因可归责于委托人的事由或其他事由，如委托人未按照约定预付处理委托事务的费用，导致受托人不能完成委托事务；因不可抗力致使合同解除或委托事务不能完成等。因不可归责于受托人的事由，委托合同解除或委托事务不能完成，委托人应向受托人支付相应的报酬。所谓相应的报酬指的是委托人支付的报酬应与受托人完成的委托事务相适应。当然，当事人约定委托事务未完成的受托人不能获得报酬的，或者对受托人的报酬请求权作出限制的，按照其约定。

（二）预付和偿还委托费用

受托人在处理事务的过程中，一般需要花费一定费用，此费用是因委托人的利益而花费的，因此，无论委托合同是有偿合同还是无偿合同，委托人都应向受托人支付处理事务的费用。《民法典》第九百二十一条规定："委托人应当预付处理委托事务的费用。受托人为处理委托事务垫付的必要费用，委托人应当偿还该费用并支付利息。"依据此条规定，委托人有费用预付义务和费用偿还义务。如果当事人在委托合同中已约定预付费用，则委托人按约定的数额预付费用；如果当事人未约定，则委托人按处理事务的具体情况预付费用。但是受托人请求委托人预付费用仅以必要费用为限。在委托事务处理完毕后，预付费用若有剩余，受托人应将之返还给委托人。费用预付在性质上是委托人的义务。如果委托合同中约定预付费用，则费用预付义务依合同而产生，委托人应依约定预付费用。如果委托合同中没有约定预付费用，则费用预付义务依法律规定而产生。由于费用预付义务与事务处理义务不是对价关系，受托人请求预付费用时，委托人不能以受托人未处理事务而主张抗辩权。在委托人拒绝预付费用时，受托人可以不处理委托事务，不因此而构成迟延履行。

在委托人未预付费用时，或者在预付费用不足时，受托人为使事务处理顺利进行可垫付费用，但受托人并无垫付的义务。在一般情形下，受托人垫付的费用仅限于受托人为处理事务所应支出的必要费用，如受托人在处理事务时支出的交通费、住宿费、文件制作费、手续费等费用。垫付的费用是否为必要应以受托人处理事务时的客观状态为准。受托人没有垫付费用的义务，在垫付费用之后，受托人可请求支付垫付费用的利息。如果当事人在委托合同中约定了利率，则依该利率计算利息；如果未约定，则一般应依费用垫付时的法定利率计算。

（三）赔偿损失

《民法典》第九百三十条规定："受托人处理委托事务时，因不可归责于自己的事由受到损失的，可以向委托人请求赔偿损失。"依据此条规定，委托人应当赔偿受托人因处理事务所遭受的损失。根据委托合同的规定，受托人处理事务的所有利益均应归委托人所有，委托人可请求受托人转交因处理事务所取得的财产。同时，受托人处理事务的所有风险由委托人承担，委托人应当赔偿受托人因处理事务所遭受的损失。委托人将事务托付给受托人处理，应承受处理事务带来的所有利益和风险。这符合利益和风险一致性原则。需要注意的是，委托人赔偿受托人处理委托事务所遭受的损失，应以受托人"不可归责于自己的事由"为前提。不可归责于受托人是指受托人对损害的发生没有过错，也就是受托人在处理委托事务时对自己人身财产权益尽到了注意义务。在注意程度上，受托人仅尽到一般人处理自己事务的注意义务即可。

（四）不得擅自重复委托

《民法典》第九百三十一条规定："委托人经受托人同意，可以在受托人之外委托第三人处理委托事务。因此造成受托人损失的，受托人可以向委托人请求赔偿损失。"依据此条规定，委托合同成立后，委托人对委托事务有决定权，有权另行委托第三人处理事务。与此同时，为了保护受托人处理事务可获得的利益，法律赋予受托人请求委托人赔偿因另行委托所造成的损失的权利。学理上将其称为重复委托。经受托人同意，委托人在和受托人存有委托关系之外，委托人与第三人同样也存有委托关系。两个委托关系并存。委托人通过先后两个委托合同，将委托事务分别交由受托人与第三人处理。受托人与第三人之间的关系，或是受托人和第三人分别处理同一委托事务，或是受托人与第三人共同处理同一委托事务。重复委托给受托人带来损害的，委托人负有损害赔偿责任。需要注意的是，重复委托未取得受托人的同意，重复委托的效力问题。对此问题学理上存有无效说[1]和有效

---

[1]　江平：《中华人民共和国合同法精解》，中国政法大学出版社 1999 年版，第 352 页。

说①。本书赞同有效说，也就是未经受托人同意，不影响重复委托的效力。委托人对另行委托其事务具有自主决定权，即使受托人不同意，委托人仍有权另行委托他人处理同一事务，这是意思自治的要求。如果重复委托给受托人造成损失，涉及委托人对受托人的损害赔偿，而不涉及合同效力。

第三节　间接代理中的委托

间接代理是与直接代理相对应的概念。大陆法系国家民法一般将间接代理称之为行纪。英美法系国家承认间接代理方式的委托。我国《民法典》第九百二十五条和第九百二十六条借鉴了英美法系国家的相关经验，确立了间接代理制度。

一、受托人以自己的名义与第三人订立合同

《民法典》第九百二十五条规定："受托人以自己的名义，在委托人的授权范围内与第三人订立的合同，第三人在订立合同时知道受托人与委托人之间的代理关系的，该合同直接约束委托人和第三人；但是，有确切证据证明该合同只约束受托人和第三人的除外。"该条规定就是受托人公开代理关系而订立合同的效力问题，借鉴了英美法中隐名代理制度的相关内容。依据此条规定，受托人在授权范围内以自己的名义与第三人订立合同，如果第三人在缔约时知道受托人与委托人之间的代理关系，该合同直接约束第三人和委托人。该种情形属于第三人知道委托关系的间接代理。第三人知道委托关系的间接代理有三个构成要件：以受托人的名义、在授权范围内订立合同、第三人知道代理关系。

第一，以受托人的名义。法律严格区分了以受托人的名义与以被代理人的名义的代理。以被代理人的名义订立的代理，属于《民法典》第一百六十二条规定的代理，属于直接代理。受托人以自己的名义与第三人订立的代理，属于间接代理。

第二，在授权范围内订立合同。受托人应在委托人的授权范围内订立合同。委托人的授权范围指的是代理权限。在委托人的代理权限范围内，受托人与第三人可以订立任何类型的合同，包括有名合同与无名合同。

第三，第三人知道代理关系。在实务中为表明"第三人在订立合同时知道受托人与委托人之间的代理关系"，受托人在与第三人签订的合同中，可以直接列出委托人的姓名或名称，并由委托人签章，甚至在合同设立特别条款表明：本合同是受委托人委托代理其签署，本合同的权利和义务由委托人直接享有和承受。当然，合同订立前委托人、受托人与第三

---

① 王利明：《合同法分则研究（上卷）》，中国人民大学出版社2012年版，第635页。

人的信函、备忘录、会谈纪录也可以引为证据以证明"第三人在订立合同时知道受托人与委托人之间的代理关系"。但是有时候受托人的个人事务与委托事务容易混淆，如果受托人以自己的名义，在委托人的授权范围内与第三人订立合同是为了自己的利益，该合同自然不能约束委托人。因此，如果有确切证据证明该合同只约束受托人和第三人的除外。在实务中，可在合同中设立专门条款，直接表明："本合同只约束合同签订者。"

在第三人知道委托关系的间接代理中，如果有确切证据证明合同约束受托人和第三人的，委托人不受该合同约束。

二、受托人不公开代理关系订立合同

《民法典》第九百二十六条规定："受托人以自己的名义与第三人订立合同时，第三人不知道受托人与委托人之间的代理关系的，受托人因第三人的原因对委托人不履行义务，受托人应当向委托人披露第三人，委托人因此可以行使受托人对第三人的权利。但是，第三人与受托人订立合同时如果知道该委托人就不会订立合同的除外。受托人因委托人的原因对第三人不履行义务，受托人应当向第

"受托人不公开代理关系
订立合同"微课

三人披露委托人，第三人因此可以选择受托人或者委托人作为相对人主张其权利，但是第三人不得变更选定的相对人。委托人行使受托人对第三人的权利的，第三人可以向委托人主张其对受托人的抗辩。第三人选定委托人作为其相对人的，委托人可以向第三人主张其对受托人的抗辩以及受托人对第三人的抗辩。"该条规定的是受托人不公开代理关系订立合同的效力问题，主要涉及委托人的介入权和第三人的选择权，借鉴了英美法中未披露本人的代理制度的有关内容。

委托人的介入权是指当受托人因第三人的原因对委托人不履行义务时，委托人介入受托人与第三人之间的合同关系，直接向第三人主张权利的权利。委托人的介入权制度旨在简化权利救济程序，维护委托人的利益。根据我国《民法典》第九百二十六条第一款的规定，委托人的介入权应当具备以下要件：

1. 受托人以自己的名义订立合同。如果受托人以委托人的名义与第三人订立合同，则构成《民法典》第一百二十六条所规定的代理，其效果直接归属于委托人，无须委托人行使介入权。

2. 第三人在订立合同时，不知道受托人和委托人之间有代理关系。如果第三人知道受托人和委托人之间的代理关系，属于之前所提到的受托人公开代理关系的情形，根据《民法典》第九百二十五条的规定，该合同直接约束委托人和第三人，也无须委托人行使介入权。

3. 受托人因第三人的原因对委托人未履行义务。例如因为第三人原因，受托人与第三人的合同不成立；因为第三人原因，受托人与第三人的合同无效；因第三人违约等，导致受托人未能履行其与委托人之间委托合同所约定的义务。

4. 受托人应该向委托人披露第三人。受托人在因第三人的原因对委托人不履行义务时，应当向委托人披露第三人，以维护委托人的利益，保障委托人有效地行使介入权。

第三人的选择权是指当受托人因委托人的原因对第三人不履行义务时，第三人可以选择委托人或者受托人作为相对人主张权利的权利。例如，甲委托乙购买一套机器设备，但要求以乙的名义签订合同，乙同意，遂与丙签订了设备购买合同。后由于甲的原因，乙不能按时向丙支付设备款。在乙向丙说明了自己是受甲的委托向丙购买机器设备后，丙可以选择要求甲或是乙支付。（2008 年司考真题）此题涉及的便是受托人不公开代理关系订立合同的效力问题。当受托人乙因委托人甲的原因对丙不能履行义务时，乙应当向丙披露甲，作为第三人的丙可以选择乙或甲作为相对人主张权利。

根据《民法典》第九百二十六条第二款的规定，第三人选择权的成立须具备如下要件：

1. 受托人以自己的名义与第三人订立合同。如果受托人以委托人的名义与第三人订立合同，则构成《民法典》第一百二十六条所规定的代理，其效果直接归属于委托人，无须第三人选择权利主张的对象。

2. 第三人在订立合同时，不知道受托人与委托人之间有代理关系。如果第三人知道受托人和委托人之间的代理关系，属于之前所提到的受托人公开代理关系的情形，根据《民法典》第九百二十五条的规定，该合同直接约束委托人和第三人，也无须第三人行使选择权。

3. 受托人因委托人的原因未对第三人履行义务。例如，A 与 B 签订委托合同，委托 B 出口一批玩具，B 与 C 签订玩具买卖合同，C 交付货款后，A 因技术和材料问题无法完成约定的玩具，导致 B 无法向 A 交付玩具，此即构成“受托人因委托人的原因对第三人不履行义务”的情形。

4. 受托人应该向第三人披露委托人。受托人在因委托人的原因对第三人不履行义务时，应当向第三人披露委托人，以维护第三人的利益，保障第三人有效地行使选择权。

上述条件均具备的，第三人就可以选择受托人或是委托人作为相对人主张权利。第三人的选择具有不可变更性，一旦选定相对人，不得变更。即便在第三人选定相对人后，被选定的委托人或受托人之债务履行能力发生重大变化，第三人也不得变更。

第四节　委托合同的终止

一、委托合同终止的原因

委托合同终止的原因包括一般原因和特殊原因。一般原因也就是《民法典》第五百五十七条所规定的前六种情形，包括：债务已经按照约定履行、合同解除、债务相互抵销、债务人依法将标的物提存、债权人免除债务、债权债务同归于一人等情形。此外，还有导致委托合同终止的特殊原因。该特殊原因主要有以下两种情况。

（一）当事人一方解除委托合同

在委托合同中，合同的当事人双方均享有任意终止权，可以任意终止合同。根据《民法典》第九百三十三条的规定，委托人或者受托人可以随时解除委托合同。因解除合同造成对方损失的，除不可归责于该当事人的事由外，无偿委托合同的解除方应当赔偿因解除时间不当造成的直接损失，有偿委托合同的解除方应当赔偿对方的直接损失和合同履行后可以获得的利益。这是因为委托合同以委托人与受托人之间的彼此信任为基础，如果双方失去信任，委托合同则失去履行的基础，所以法律赋予双方以在丧失信任的情形下解除合同的权利。这种解除权的行使无须征得对方当事人的同意，至于委托合同是有偿或是无偿，有期限或是无期限，都在所不问。但是，在委托事务已经全部处理完毕的情况下，任何一方不享有任意终止权。这是因为委托事务已经处理完毕，受托人已经履行完毕合同的主要义务，委托目的已经实现，此时再主张合同解除已经丧失了解除的意义。

（二）当事人一方死亡、丧失民事行为能力或者破产

《民法典》第九百三十四条规定："委托人死亡、终止或者受托人死亡、丧失民事行为能力、终止的，委托合同终止；但是，当事人另有约定或者根据委托事务的性质不宜终止的除外。"该条规定了委托合同法定终止的条件。

当事人一方死亡指的是委托合同当事人（委托人或受托人）一方死亡，或者是委托人、受托人均死亡。发生死亡，委托合同主体一方或是双方主体不存在，委托合同自然不存在。这是因为委托合同是以信任为基础的，不存在死后的继承问题。

若委托人丧失民事行为能力后，其事务应由其法定代理人处理或由其法定代理人重新或另行委托，原委托合同也就终止；若受托人丧失民事行为能力后，受托人也因此丧失处理委托事务的能力，委托合同也就自然应当终止。

根据我国现行法律的规定，唯企业法人具有破产资格。当作为企业法人的委托人或受托人被宣告破产，其权利能力即受到限制，仅限于清算事务范围，而原委托合同关系显然

在清算事务范围之外，所以，也应当终止。

当然，当事人可以通过约定排除上述法定的合同终止情形的适用。此外，根据委托事务的性质不宜终止的委托合同也不适用上述合同终止的情形。

二、委托合同终止的后果

（一）当事人任意解除委托合同的后果

委托合同的任何一方当事人都有权随时解除委托合同。但是，因解除委托合同而给对方造成损失的，除不可归责于自身的原因外，解除合同的一方应当赔偿损失。例如，受托人在委托人远行之际解除合同，导致委托人既不能及时自行接收处理的委托事务，又不能及时另行选任可靠的受托人，由此遭受的损失应该由受托人赔偿。需要注意的是，委托合同的解除方即便没有说明任何正当理由而解除合同，只要不存在可归责的事由，便无须对另一方的损失承担赔偿责任。同时解除合同的一方须就不可归责于自己的事由之存在承担举证责任。

（二）因当事人一方的原因而终止委托合同的后果

《民法典》第九百三十五条规定："因委托人死亡或者被宣告破产、解散，致使委托合同终止将损害委托人利益的，在委托人的继承人、遗产管理人或者清算人承受委托事务之前，受托人应当继续处理委托事务。"据此可知，委托人死亡或者被宣告破产、解散后，委托人的继承人、遗产管理人或者清算人可能一时无法承受委托事务，如继承人杳无音信、遗产管理人重病卧床、清算组织迟迟未能成立等情形，但委托事务的处理又具有连续性，委托事务若中途停止会影响委托人或利害关系人的权益，在此情形下受托人应当继续处理委托事务。

同时《民法典》第九百三十六条规定："因受托人死亡、丧失民事行为能力或者被宣告破产、解散，致使委托合同终止的，受托人的继承人、遗产管理人、法定代理人或者清算人应当及时通知委托人。因委托合同终止将损害委托人利益的，在委托人作出善后处理之前，受托人的继承人、遗产管理人、法定代理人或者清算人应当采取必要措施。"受托人死亡、丧失民事行为能力或者被宣告破产、解散，致使委托合同终止，但是，基于诚信原则，为维护委托人的利益，受托人的继承人、遗产管理人、法定代理人或者清算人一方面应当及时通知委托人，使委托人可以采取相应措施，避免因委托合同终止而遭受损失；另一方面在委托人作出善后处理之前，要采取必要措施，例如保护委托人委托的财产、保管委托事务的资料等。

第二十五章课件

第二十六章

Chapter **26**

物业服务合同

🎰 导读案例

2020 年 10 月，郭某一家购买了新能源车辆。作为小区业主，郭某每月支付物业公司非固定车位管理费 150 元，并因此要求物业公司配合安装充电桩设备，物业公司表示拒绝。郭某认为，物业公司作为小区的物业管理企业，有提供日常物业服务的义务，物业公司拒不配合安装充电桩设备，侵害了原告和广大业主的合法权益。郭某将物业公司起诉至法院，要求被告物业公司履行物业服务职责，协助原告在"新能源小客车购车充电条件确认书"上盖章确认。物业公司则认为，小区没有固定车位，车位配比是 3∶1，三户一个车位，如果在公共停车位上允许原告安装个人充电桩，对于其他住户来说是不能接受的。因此，无法给予原告盖章确认。

法院审理后认为，涉案小区开发建设单位与物业公司签订的北京市前期物业管理服务合同对业主郭某具有约束力，双方均应依约履行。根据该合同第十一条约定，该小区停车场系由物业公司进行管理，且只有露天车位没有车库车位。《民法典》第二百七十五条第二款规定，占用业主共有的道路或者其他场地用于停放汽车的车位，属于业主共有。据此，郭某欲安装充电桩的车位为小区的公共车位，属于全体业主共有，郭某欲安装充电桩属于改变共有部分的用途，需要由小区全体业主或业主大会委托的业主委员会或其他可以代表全体业主利益的单位及组织同意方可安装。现郭某未提交任何证据证明上述单位或组织同意其在公共车位上安装充电桩，故对郭某要求物业公司配合盖章确认的诉讼请求，法院不予支持。

最终，法院判决驳回原告郭某的诉讼请求。

宣判后，双方均未上诉。

问题提出

1. 前期物业服务合同与普通物业服务合同的区别是什么？
2. 物业服务人的主要权利和义务是什么？
3. 业主的主要权利和义务是什么？

第一节　物业服务合同概述

一、物业服务合同的概念和特征

《民法典》第九百三十七条规定："物业服务合同是物业服务人在物业服务区域内，为业主提供建筑物及其附属设施的维修养护、环境卫生和相关秩序的管理维护等物业服务，业主支付物业费的合同。物业服务人包括物业服务企业和其他管理人。"依据此条规定，物业服务合同是物业服务人在一定期间内持续为业主提供物业服务，业主支付物业费的合同。物业服务合同有广义和狭义之分，广义上的物业服务合同包括前期物业服务合同和一般物业服务合同。前期物业服务合同由建设单位与物业服务人订立。一般物业合同由业主与物业服务人订立。狭义的物业服务合同指的是一般物业服务合同。我国《民法典》第九百三十七条的规定采用的是广义物业服务合同的概念。

物业服务合同的特征：

第一，主体的特殊性。物业服务合同的主体，其特殊性表现为：作为物业服务合同一方当事人的物业服务人，应该是依法成立并且具有必要的提供物业服务的能力。物业服务事关全体业主的人身、财产安全，同时，有的物业管理活动具有较高的技术性要求[①]，如小区公共设施的检修、保养与维护等。物业服务合同另一方当事人是全体业主，具有集合性的特点。由于全体业主人数众多，难以全部直接参与物业服务合同的订立，因此通常是通过业主委员会与物业服务人订立物业服务合同。合同一旦成立，对全体业主都具有约束力，单个业主不能以自身没有直接参与物业服务合同的订立而拒绝承认物业服务合同对其的效力。全体业主与物业服务人订立物业服务合同，需要依据一定的程序。一般由业主大会作出决定，业主大会作出的决定对全体业主发生效力，业主不得以业主大会不是合同当事人为由主张合同的无效。

第二，客体的特殊性。物业服务合同的客体是物业服务人所提供的物业服务。物业服

---

① 最高人民法院民事审判第一庭：《最高人民法院建筑物区分所有权、物业服务司法解释理解与适用》，人民法院出版社2009年版，第258页。

务的内容是提供建筑物及其附属设施的维修养护、环境卫生和相关秩序的管理维护等物业服务。物业服务的范围是对物业服务区域内的建筑物及其附属设施进行管理和服务。据此，物业服务具有持续性和重复性。物业服务不是具体的标的物，而是无形的劳务，具有非物质利益性。物业服务合同具有人身信任性，因此物业服务的履行不具有可替代性，一般无法由第三人代为给付。

第三，内容的复合性。物业服务合同中，物业服务人提供物业服务的内容具有多样性。一般而言，物业服务的内容包括经营、管理物业服务区域内的业主共有部分，维护物业服务区域内的基本秩序，采取合理措施保护业主的人身、财产安全。据此，物业服务合同的内容具有综合性与全面性。物业服务内容的多样性，使物业服务人的义务类型具有委托性服务，如对物业服务区域内环境卫生与安全秩序等的日常维护管理；具有承揽性服务，如对公共设施的维护修理；以及介于委托性服务与承揽性服务之间的中间形态的服务。

二、物业服务合同的主体

（一）物业服务人

根据《民法典》第九百三十七条第二款的规定，物业服务人包括物业服务企业和其他管理人。物业服务企业通常是指符合法律规定，依法向业主提供物业服务的市场主体，包括物业服务公司以及向业主提供服务的其他组织。根据《物业管理条例》第三十二条第一款的规定，从事物业管理活动的企业应当具有独立的法人资格。物业服务人不限于以提供物业服务为营业的经营主体，还可以是物业服务企业以外的其他管理人，如我国一些老旧小区没有聘用专门的物业服务企业，是由社区居委会提供物业服务，并收取一定的物业费，形成了物业服务合同关系。物业服务企业以外根据业主委托提供物业管理和服务的主体，包括单位住宅的房管机构、社区居委会等就属于其他管理人。

（二）业主

物业服务合同的另一方当事人为业主。业主是单一主体还是全体业主，现行法律规定不明确。物业服务合同中聘用物业服务人是对建筑物共有部分进行管理。全体业主对建筑物共有部分享有共有权和共同管理权，对建筑物共有部分的具体管理应当由全体共有权人，即全体业主共同决定。因此，聘用物业服务人是对建筑物共有部分进行管理，属于全体业主对共同管理权的行使。此外，依照我国现行法律的规定，全体业主既不满足法人或非法人组织的登记要件，也不具有属于团体的独立财产，不符合法人或非法人组织的成立条件。因此，全体业主作为物业服务合同的当事人，只能解释为是由该物业管理区域内的业主个体所组成的多数人主体，即全体业主不具有独立的法律人格，其作为合同当事人具有集合性的特点。[1]据此，物业服务合同中的"业主"应当是指全体业主。

---

[1] 王利明：《合同法分则研究（下卷）》，中国人民大学出版社2013年版，第159页。

三、物业服务合同的内容

《民法典》第九百三十八条规定："物业服务合同的内容一般包括服务事项、服务质量、服务费用的标准和收取办法、维修资金的使用、服务用房的管理和使用、服务期限、服务交接等条款。物业服务人公开作出的有利于业主的服务承诺，为物业服务合同的组成部分。物业服务合同应当采用书面形式。"依据此条规定，物业服务合同的主要条款包括：

第一，服务事项。也就是物业服务人为业主提供的对建筑物及其附属设施的维修养护、环境卫生和相关秩序的管理维护等事项。服务事项是物业服务合同所指向的标的，也是物业服务人应当向业主承担的主给付义务。关于服务事项的约定是物业服务合同的必备条款。

第二，服务质量。物业服务质量是对合同标的所约定的具体条件，对业主利益影响重大。服务质量依照当事人约定或者物业服务人公开承诺的标准确定。服务质量一旦约定，物业服务人应当按照约定履行。

第三，服务费用的标准和收取办法。服务费用是业主应当向物业服务人支付的物业费。支付服务费用是业主承担的主给付义务。物业费的收取方式一般包括包干制和酬金制。包干制是指业主向物业服务人支付固定费用，盈余或者亏损由物业服务人自行承担，具体缴费标准由业主与物业服务人根据政府指导价协商确定。酬金制是指业主在预收物业服务资金中按照约定比例或者约定的具体数额提取酬金支付给物业服务人，其余部分全部用于物业服务合同中约定的支出，结余或者不足由业主承担。

第四，维修资金的使用。维修资金是专项用于住宅共用部位、共用设施设备保修期满后的维修和更新、改造的资金。《住宅专项维修资金管理办法》专门针对维修资金予以立法规范。维修资金的使用应当由业主共同决定，但是通常需要物业服务人先提出使用方案并具体组织实施。

第五，服务用房的管理和使用。根据《民法典》第二百七十四条的规定，物业服务用房属于全体业主共有，在物业服务期间由全体业主交给物业服务人管理使用的房屋。没有物业服务用房，物业服务人无法为业主提供必要的物业服务。在物业服务人进驻后，全体业主应当允许物业服务人使用物业服务用房。《物业管理条例》第三十七条规定："物业管理用房的所有权依法属于业主。未经业主大会同意，物业服务企业不得改变物业管理用房的用途。"据此，物业管理用房只能用于物业管理，物业服务人不得擅自改变物业管理用房的用途，除非征得业主大会的同意。

第六，服务期限。物业服务合同属于继续性合同，服务期限就是合同的存续期间。如果合同未约定服务期限，则为不定期合同。合同双方当事人可以随时解除该合同，但是在解除合同之前，应给对方必要的准备时间。

第七，服务交接。《民法典》赋予业主有更换物业服务人或自行接管的权利，因此，在业主解除物业服务合同、另行寻找物业服务人或者准备自行接管时，物业服务人应当在一定期限内退出物业服务区域，将物业服务用房设施以及物业服务相关的资料交还给业主委员会等，并与新的物业服务人做好交接，告知其物业使用和管理状况等。

物业服务人公开作出的有利于业主的服务承诺，属于物业服务合同的有机组成部分，实质上是对物业服务合同内容的扩张。虽然物业服务人的服务承诺是单方意思表示，但是该服务承诺对业主选聘物业服务人、物业服务合同的订立、合同的内容等均会产生实质影响。为保护业主的信赖利益，应当令物业服务人受自身表示行为的约束。此外，物业服务人公开作出的服务承诺，本身包含了作出即受该承诺拘束的意思。将物业服务人公开作出的有利于业主的服务承诺纳入物业服务合同中，既使物业服务人受其服务承诺的拘束符合其主观意愿，也未导致物业服务人义务的加重。

物业服务合同应当采用书面形式，是要式合同。要求物业服务合同须采用书面形式，主要是因为物业服务涉及的事项复杂多元，履行期限较长，并且合同一方当事人人数众多，采用书面形式有利于双方当事人明确各自的权利义务内容和范围，在出现纠纷时容易对相关事项进行证明。如果物业服务合同没有采用书面形式，但是物业服务人已经按照合同约定提供了物业服务，业主也接受了物业服务的，合同成立。只要该物业服务合同不存在效力瑕疵事由，即合法生效。

第二节　前期物业服务合同

一、前期物业服务合同的概念和特征

《民法典》第九百三十九条规定："建设单位依法与物业服务人订立的前期物业服务合同，以及业主委员会与业主大会依法选聘的物业服务人订立的物业服务合同，对业主具有法律约束力。"依据此条规定，前期物业服务合同是指在物业建成初期，物业服务区域内的业主大会成立之前，由建设单位与其选聘的物业服务人订立的物业服务协议。[①]物业项目一旦建成就产生了管理维护等物业服务需求，但是业主从入住到成立并召开业主大会需要挺长一段时间，没有办法立即选聘物业服务人。法律规定由建设单位选聘物业服务企业并与其订立物业服务合同，对业主的共同物业利益作出安排十分必要。[②]前期物业服务合同的特征主要体现为：

第一，缔约主体是建设单位与其选聘的物业服务人。与一般的物业服务合同不同的是，前期物业服务合同不是在全体业主和物业服务人之间签订的，而是在建设单位与由建设单

---

① 关淑芳：《物业管理合同的性质及其法律适用》，《当代法学》2007 年第 4 期，第 61—65 页。
② 王利明：《物业服务合同立法若干问题探讨》，《财经法学》2018 年第 3 期，第 5—14 页。

位选聘的物业服务人之间签订的。前期物业服务合同订立时，大部分业主可能尚未入住房屋，业主大会尚未成立，此时，是由房地产建设单位和物业服务人订立合同。需要注意的是，前期物业服务合同与一般物业服务合同是同一物业服务人的，因合同另一方当事人的不同，属于两个不同的彼此独立的合同。

第二，属于要式合同，须采用书面形式订立。《物业管理条例》第二十一条规定："在业主、业主大会选聘物业服务企业之前，建设单位选聘物业服务企业的，应当签订书面的前期物业服务合同。"依据此条规定，前期物业服务合同属于要式合同。

第三，时间上具有过渡性。根据《民法典》第九百四十条的规定，建设单位依法与物业服务人订立的前期物业服务合同约定的服务期限届满前，业主委员会或者业主与新物业服务人订立的物业服务合同生效的，前期物业服务合同终止。业主大会或者业主委员会一旦成立，业主就能够自己选聘物业服务人，此时应当允许业主对建设单位选定的物业服务人进行更换。将业主或者业主委员会与新物业服务人订立的物业服务合同生效作为前期物业服务合同终止的法定条件，赋予了业主任意解除前期物业服务合同的权利。

二、前期物业服务合同的约束力

（一）对建设单位的约束力

前期物业服务合同是由建设单位和物业服务人签订，建设单位作为合同的一方当事人理应接受合同的约束。在业主入住之前，建设单位应当按照前期物业服务合同的约定，享有合同中约定的权利，履行合同中约定的义务。需要注意的是，建设单位在选聘前期物业服务合同中的物业服务人时，法律有特别的规定。根据《物业管理条例》第二十四条的规定，按照房地产开发与物业管理相分离的原则，建设单位通过招投标方式选聘物业服务企业。住宅物业的建设单位，投标人少于3个或者住宅规模较小的，经物业所在地的区、县人民政府房地产行政主管部门批准，可以采用协议方式选聘物业服务企业。建设单位违反招投标规定选聘物业服务企业的，法律仅规定了责令限期改正，给予警告，可以并处10万元以下的罚款。但是未规定建设单位违反招投标规定选聘物业服务企业而签订的前期物业服务合同的无效。因此，法律对建设单位选聘前期物业服务企业的方式规定属于非强制性规定，建设单位未采用招投标程序选聘物业服务企业的，不影响前期物业服务合同的效力。

（二）对业主的约束力

《物业管理条例》第二十五条规定："建设单位与物业买受人签订的买卖合同应当包含前期物业服务合同约定的内容。"依据此条规定，物业买受人在签订买卖合同时，对前期物业服务合同的内容一并表示了同意。业主对该合同内容同意概括承受导致发生债的转移。由于物业服务面向特定物业服务区域内的全体业主，物业服务人通常并不在意具体的业主是谁，因此，只要物业服务人未明确反对，就应当认定其同意建筑单位对其合同地位的概括转让。房屋买卖合同的订立意味着前期物业服务合同的转让，受领房屋交付的业主都受到前期物业服务合同的约束。业主需按照前期物业服务合同的约定享有权利和履行义务。

（三）对物业服务人的约束力

物业服务人是前期物业服务合同的一方当事人，有权依据前期物业服务合同的约定享有权利和履行义务。但是物业服务人的权利范围，不得超出合同约定的范围。物业服务人履行义务的同时，享有按照约定收取物业费用、获得相关报酬的权利。一旦业主经过合法程序续聘前期物业服务人，物业服务人有权继续留任。

三、前期物业服务合同的终止

前期物业服务合同可以因为以下原因而终止：

其一，因普通物业服务合同的订立而终止。根据《民法典》第九百四十条的规定，建设单位依法与物业服务人订立的前期物业服务合同约定的服务期限届满前，业主委员会或者业主与新物业服务人订立的物业服务合同生效的，前期物业服务合同终止。

其二，因业主解聘物业服务人而终止。根据《民法典》第九百四十六条第一款的规定，业主依照法定程序共同决定解聘物业服务人的，可以解除物业服务合同。该项规则同样适用前期物业服务合同。

其三，前期物业服务合同期限届满。前期物业服务合同期限届满，当事人如果没有订立新的物业服务合同或者约定延长物业服务合同期限的，该合同终止。

其四，因法定解除而终止。在前期物业服务合同中，任何一方出现根本违约，另一方可主张合同的法定解除，此时，前期物业服务合同的效力随之终止。

第三节　物业服务合同的效力

一、物业服务人的义务

（一）妥善维修、养护、清洁、绿化业主共有部分

根据《民法典》第九百四十二条第一款的规定，物业服务人应当按照约定和物业的使用性质，妥善维修、养护、清洁、绿化和经营管理物业服务区域内的业主共有部分。物业服务人对物业服务区域内的业主共有部分，如小区内的公共道路、绿地花坛、建筑物外墙等的管理维护，包括维修、养护、清洁、绿化和经营管理等。物业服务人妥善维修、养护、清洁、绿化业主共有部分义务履行是否有瑕疵，应考虑物业服务人的这一义务基本是以完成工作成果为客体，因此，与承揽人的义务类似，可参照适用物的瑕疵担保认定。只要物业服务合同约定的工作成果未实现，就可认定物业服务人的义务履行存在瑕疵。

（二）维护物业服务区域内的基本秩序

根据《民法典》第九百四十二条的规定，物业服务人应维护物业服务区域内的基本秩序，采取合理措施保护业主的人身、财产安全。对物业服务区域内违反有关治安、环保、消防等法律法规的行为，物业服务人应当及时采取合理措施制止、向有关行政主管部门报告并协助处理。据此，物业服务人对物业服务区域内的建筑及其设施的管理，如及时清理危险物品、定时检查维护公共电梯等小区设施，对可能的安全隐患进行消除或者警示，对公共部分秩序进行维护，以及对可能的侵权行为进行防范制止等。物业服务区域属于具有一定开放性的公共场所，物业服务人作为其管理人，负有对公共部分基本秩序的维护义务。该义务本身包含了对业主人身、财产的安全保障义务。对物业服务区域内的违法行为，物业服务人依据具体的情况和自身的能力而采取措施，可以认定为采取了合理措施。

（三）信息公开和报告的义务

《民法典》第九百四十三条规定："物业服务人应当定期将服务的事项、负责人员、质量要求、收费项目、收费标准、履行情况，以及维修资金使用情况、业主共有部分的经营与收益情况等以合理方式向业主公开并向业主大会、业主委员会报告。"依据此条规定，物业服务人为业主处理共有部分建筑物及其附属设施的管理服务等事务，物业服务的履行以及相关费用的收支等状况与业主的利益密切相关，业主对此享有知情权。让物业服务人承担定期的信息公开与报告义务，一方面有利于业主了解物业服务开展状况，从而参与共有部分的管理维护，便于就物业管理中的重要事项作出决议，并对物业服务人作必要的指示。另一方面也是为了方便业主对物业服务人履行合同义务的行为进行监督，特别是在物业服务人所提供的服务有瑕疵时及时维护自己的利益。物业服务人对全体业主负有信息公开的义务，对业主大会、业主委员会负有报告的义务。信息公开与报告的具体期限可以由物业服务合同约定，或者由物业服务人与业主事后进行协商。物业服务人应当以有利于业主便捷了解信息的方式履行信息公开义务，如在物业服务区域内的布告栏、电梯口等醒目位置张贴公告，在业主服务群中发送相关信息的电子文本等。物业服务人需要公开并报告的信息主要有物业服务情况、物业费收取情况和建筑物及其附属设施的维修资金使用情况、业主共有部分的经营与收益情况。如果物业服务人因不履行信息公开与报告义务给业主造成损失的，业主可以请求物业服务人承担违约责任或者侵权责任。

（四）转委托的限制

《民法典》第九百四十一条规定："物业服务人将物业服务区域内的部分专项服务事项委托给专业性服务组织或者其他第三人的，应当就该部分专项服务事项向业主负责。物业服务人不得将其应当提供的全部物业服务转委托给第三人，或者将全部物业服务支解后分别转委托给第三人。"依据此条规定，物业服务人为业主处理物业服务事项，原则上应当依照合同约定亲自履行物业服务义务。但是物业服务涵盖范围广泛，涉及卫生、环保、安全、消防等多个方面，部分服务内容具有一定的专业性。为了能向业主提供更加专业、高效和优质的物业服务，法律允许物业服务人将部分专项服务事项转委托给专业性服务组织或者其他第三人。根据《物业管理条例》第三十三条的规定，一个物业管理区域由一个物业服务企业实施物业管理。因此，物业服务人不能将物业服务区域内部分区域的物业服务事项转委托第三人。只能是部分服务事项转委托，且仅是服务事项，如保安、保洁、绿化以及电梯的维修养护等专项服务事项，而不包括服务区域。物业服务人将物业服务区域内的部分专项服务事项委托给专业性服务组织或者其他第三人，法律未规定是否需要征得全体业主的同意，而是从法律责任角度对物业服务人转委托行为进行规范，明确物业服务人向业主负责，以此平衡业主利益与物业服务人的经营自主性。

物业服务人不得将物业服务事项整体或者肢解后全部转委托给第三人，是因为业主对物业服务人的选聘通常是经过审慎选择的，如果物业服务人将物业服务事项全部转托给第三人，无疑破坏了这种信任关系，也使业主与物业服务人之间订立的物业服务合同名存实亡。如果物业服务人在物业服务合同订立后通过转委托套利，第三人只能以更低的物业费提供同样的服务，物业服务质量无法保证，会导致业主利益遭受损害。司法实践认为，物业服务人将物业服务事项整体或者肢解后全部转委托给第三人的，业主委员会或者业主有权请求确认合同或者合同相关条款的无效。

二、业主的主要义务

（一）支付物业费

根据《民法典》第九百四十四条第一款的规定，业主应当按照约定向物业服务人支付物业费。物业服务人已经按照约定和有关规定提供服务的，业主不得以未接受或者无须接受相关物业服务为由拒绝支付物业费。据此，业主负有支付物业费的义务。实际生活中，有部分业主会将物业出租或者出借，此种情况下，业主是否仍旧负有支付物业费的义务？《物业管理条例》第四十一条第一款规定：

"业主支付物业费的义务"
微课

"业主应当根据物业服务合同的约定交纳物业服务费用。业主与物业使用人约定由物业使用人交纳物业服务费用的，从其约定，业主负连带交纳责任。"依据此条规定，物业的借用人、承租人或者其他使用人可以负有支付物业费的义务，但是业主在物业费的交纳上对物业服务人负连带责任。

业主应当按照约定支付物业费。业主支付物业费义务的具体内容，如支付的时间、地点、方式、金额等按照物业服务合同的约定。物业服务合同没有约定或约定不明的，可以依照《民法典》第五百一十条、第五百一十一条的规定确定。根据《物业管理条例》第四十一条第二款的规定，房屋已竣工但尚未出售或尚未交付给物业买受人之前，物业服务费由建设单位支付。据此，除另有约定外，业主支付物业费的义务应当从物业专有部分的交付开始。

实际生活中，存有部分业主尚未入住房屋、低楼层业主不需要乘坐电梯等情形，业主常以"未接受或无须接受物业服务"作为拒绝支付物业费的抗辩事由。物业服务合同是双务合同，物业服务与支付物业费之间存在对待给付关系，合同双方都享有履行抗辩权。只要物业服务人已经适当履行了自己的主给付义务，业主就不再享有履行抗辩权，必须履行自己的对待给付义务，不得以未接受或者无须接受相关物业服务为由拒绝支付物业费。

根据《民法典》第九百四十四条第二款、第三款的规定，业主违反约定逾期不支付物业费的，物业服务人可以催告其在合理期限内支付；合理期限届满仍不支付的，物业服务人可以提起诉讼或者申请仲裁。但是物业服务人不得采取停止供电、供水、供热、供燃气等方式催交物业费。

（二）装饰、装修的事先告知义务

《民法典》第九百四十五条第一款规定："业主装饰装修房屋的，应当事先告知物业服务人，遵守物业服务人提示的合理注意事项，并配合其进行必要的现场检查。"依据此条规定，业主在装饰装修房屋时，对物业服务人负有告知、遵守其提示的合理注意事项，以及配合检查等附随义务。业主装饰、装修房屋虽然是对其专有部分的改造，行使的是专有权，但是常常容易构成妨害或侵害其他业主的建筑物区分所有权。因此，业主应事先告知物业服务人，遵守物业服务人提示的合理注意事项，配合物业服务人进行必要的现场检查。业主还应当配合、协助物业服务人的服务或者管理行为。

此外，根据《民法典》第九百四十五条第二款的规定，业主转让、出租物业专有部分、设立居住权或者依法改变共有部分用途的，应当及时将相关情况告知物业服务人。便于物业服务人及时掌握物业服务区域内的新情况，有效履行物业管理的职责，维护全体业主的共同利益。

第四节　物业服务合同的终止

一、物业服务合同终止的原因

物业服务合同的终止原因主要有：

第一，物业服务合同期限的届满。根据《民法典》第九百四十七条的规定，物业服务期限届满前，业主依法共同决定续聘的，应当与原物业服务人在合同期限届满前续订物业服务合同。物业服务期限届满前，物业服务人不同意续聘的，应当在合同期限届满前九十日书面通知业主或者业主委员会，但是合同对通知期限另有约定的除外。据此，物业服务合同期限届满，业主共同决定不续聘的，物业服务合同终止。

第二，不定期物业服务合同的解除。根据《民法典》第九百四十八条的规定，物业服务期限届满后，业主没有依法作出续聘或者另聘物业服务人的决定，物业服务人继续提供物业服务的，原物业服务合同继续有效，但是服务期限为不定期。当事人可以随时解除不定期物业服务合同，但是应当提前六十日书面通知对方。

第三，业主行使任意解聘权解除合同。根据《民法典》第九百四十六条的规定，对业主解聘物业服务人没有作出任何限定，只是在程序上要求依法共同决定。

第四，当事人行使法定解除权解除合同。物业服务合同在订立后，可能会出现当事人没有预料到的情形，合同当事人可以通过协议方式解除合同。此外，在履行合同过程中，一旦出现符合法律规定或者当事人约定的解约事由，当事人可以解除合同。

二、物业服务合同终止的后果

第一，赔偿损失。《民法典》第九百四十六条第二款规定："依据前款规定解除合同造成物业服务人损失的，除不可归责于业主的事由外，业主应当赔偿损失。"依据此条规定，业主行使任意解除权，造成物业服务人损失的，应当赔偿。

第二，合同终止后的后合同义务。《民法典》第九百四十九条规定："物业服务合同终止的，原物业服务人应当在约定期限或者合理期限内退出物业服务区域，将物业服务用房、相关设施、物业服务所必需的相关资料等交还给业主委员会、决定自行管理的业主或者其指定的人，配合新物业服务人做好交接工作，并如实告知物业的使用和管理状况。原物业服务人违反前款规定的，不得请求业主支付物业服务合同终止后的物业费；造成业主损失的，应当赔偿损失。"依据此条规定，在物业服务合同终止时，业主与物业服务人之间由物业服务关系转变为清算关系。双方当事人都负有一定的清算义务，如物业服务用房之返还、共有部分收益之返还、拖欠物业费之支付等。物业服务合同终止，物业服务人就失去了继续占有物业服务区域内共有部分的法律依据，物业服务人应当及时退出物业服务区域，并将其占有的物业服务用房、相关设施、物业服务所必需的相关资料等及时返还给原所有人。物业服务人还应当配合新物业服务人做好交接工作，以实现物业服务的顺利衔接。交接工作包括两个方面：一是实物性交接，主要是指依照业主的指示，将物业服务用房、相关设施物业服务所必需的相关资料等移交给新物业服务人；二是物业服务信息的告知交接，包括设施设备的运行状况、维修保养状况、维修基金的使用状况等与物业服务密切相关的信息。

物业服务合同解除后，在尚未订立新的物业服务合同之前，为了避免这一期间因为不能提供正常的物业服务影响到全体业主的权益，根据《民法典》第九百五十条的规定，物业服务合同终止后，在业主或者业主大会选聘的新物业服务人或者决定自行管理的业主接管之前，原物业服务人应当继续处理物业服务事项，并可以请求业主支付该期间的物业费。

第三，返还物业费。《最高人民法院关于审理物业服务纠纷案件适用法律若干问题的解释》第三条规定："物业服务合同的权利义务终止后，业主请求物业服务人退还已经预收，但尚未提供物业服务期间的物业费的，人民法院应予支持。"据此规定，物业服务合同终止后，物业服务人应将已经收取但尚未提供物业服务期间的物业费返还给全体业主，业主也有权请求返还。物业服务人已经收取但是尚未提供物业服务的物业费，因物业服务合同的终止，构成不当得利，依法负有将所得利益返还给业主的义务。

第二十六章课件

第二十七章

行纪合同

🔖 导读案例

被告宜春市百阅文化传媒有限公司系有限责任公司，其经营范围包括影视节目制作、广告服务、文艺创作与表演、演出经纪代理服务等。2021 年 4 月 20 日起，原告葛某某名下酷狗直播平台账号经被告公司绑定加入酷狗平台 9497 工会，原告开始在酷狗平台开展直播演艺活动。

2021 年 4 月 26 日，以原告为乙方、被告为甲方，双方签订艺人经纪合约 1 份。同日，双方签订主播薪资说明 1 份。

2021 年 4 月 20 日至 30 日期间，原告实际开展直播演艺活动 10 天；2021 年 5 月，原告实际开展直播演艺活动 6 天；2021 年 6 月 1 日至 17 日，原告实际开展直播演艺活动 16 天。2021 年 6 月 17 日，原告向被告提交离职申请书，其中离职原因写明"公司辞退"。此后，原告未再在酷狗平台开展直播演艺活动。

2021 年 7 月，原告向袁州区人事劳动争议仲裁委员会提出仲裁申请，袁州区人事劳动争议仲裁委员会以原告的仲裁请求不属于劳动人事争议处理范围为由，出具不予受理通知书，原告遂诉至法院。

另，被告共向原告支付款项 1402 元。

法院审理后认为，原告和被告签订的艺人经纪合约及主播薪资说明合法有效。从双方签订的合约内容看，系双方就被告为原告提供演艺经纪服务，代理原告与第三方平台签署演艺合同等合作事项进行约定，不具有劳动合同的主要特征；双方在实际履行合同过程中，无明显的劳动关系人格从属性和经济从属性特征。故此，涉案艺人经纪合约应属于行纪合同范畴。原告诉称原告、被告间系劳动合同关系，并诉请确认双方存在劳动关系、要求被告向原告支付违法解除劳动合同的双倍赔偿金，于法无据，法院不予支持。

原告诉请要求被告向其支付未结清工资 2400 元，因双方间并非劳动合同关系，不存在未结清工资一说，但被告仍应按照涉案合约约定向原告支付相应的报酬。经庭审查明事实，被告应向原告另行支付报酬 2398 元。

原告诉请要求判令被告立即解除对原告名下酷狗直播平台账户与酷狗平台 9497 工会的绑定，符合法律规定，法院予以支持。被告在庭审中主张原告在合约解除一年后不得使用该账号，否则构成违约，但并不当然表示被告有权继续将原告名下账户绑定至平台工会。

据此，袁州区法院依照《民法典》第四百六十五条、第五百零二条、第五百零九条，《中华人民共和国民事诉讼法》第一百四十二条之规定作出判决，限被告宜春市百阅文化传媒有限公司于判决生效之日起 5 日内向原告葛某某支付 2398 元；将原告葛某某名下酷狗直播平台账户解除与酷狗平台 9497 工会的绑定；驳回原告葛某某的其他诉讼请求。

原告、被告双方对一审判决均未提出上诉。该判决现已发生法律效力。

🔲 问题提出

1. 行纪合同有何特点？
2. 行纪合同与信托合同有何区别？
3. 行纪合同与委托合同有何区别？
4. 行纪合同有何效力？

第一节　行纪合同概述

一、行纪合同的概念和特征

《民法典》第九百五十一条规定："行纪合同是行纪人以自己的名义为委托人从事贸易活动，委托人支付报酬的合同。"在行纪合同关系中，委托对方为自己从事贸易活动，并向对方给付报酬的当事人为委托人；接受委托为对方从事贸易活动，并获得对方报酬的当事人为行纪人。行纪合同具有以下法律特征。

"行纪合同的概念和特征"
微课

（一）行纪人应该是经营行纪业务的人

行纪指的是以自己的名义，为他人利益从事交易活动而得到报酬的营业。从事行纪营业的人就是行纪人。虽然我国《民法典》未对行纪人的资格加以明确限制，但是在我国现有的一些单行法律和法规中却对此有明确的限制，例如根据《中华人民共和国证券法》的规定，只有证券公司可以从事证券行纪业务；根据《中华人民共和国保险法》和《保险经纪人监管规定》的规定，保险经纪人是指基于投保人的利益，为投保人与保险人订立保险合同提供中介服务，并依法收取佣金的机构，包括保险经纪公司及其分支机构。

（二）行纪合同的标的是处理委托事务

行纪合同是由行纪人为委托人提供劳务的合同，但是能够成为合同标的的劳务必须是向第三人实施的法律行为，事实行为不能成为行纪合同的标的。其中法律行为根据《民法典》第九百五十一条的规定应该是贸易活动，这一活动包括了动产交易、有价证券买卖及其他商业上具有交易性质的行为。身份行为、赠与、少量的生活消费品的买卖等不属于贸易活动。

（三）行纪人以自己的名义处理委托事务

行纪人在为委托人从事贸易活动的过程中，须以自己的名义与第三人订立合同，并且对该合同直接享有权利、承担义务。《民法典》第九百五十八条规定："行纪人与第三人订立合同的，行纪人对该合同直接享有权利、承担义务。第三人不履行义务致使委托人受到损害的，行纪人应当承担损害赔偿责任，但行纪人与委托人另有约定的除外。"

（四）行纪合同是双务合同、有偿合同、诺成合同、不要式合同

行纪合同是双务合同，当事人双方互负义务，互为给付，委托人向行纪人支付报酬，行纪人为委托人从事贸易活动。行纪合同为有偿合同，委托人应当向行纪人支付报酬。当然，如果当事人约定委托人不支付报酬的，应当从其约定。行纪合同是诺成合同，行纪合同依双方当事人意思表示一致而成立，不以给付行为为成立要件。行纪合同是不要式合同，合同法对行纪合同的形式没有特别的规定，所以，行纪合同可采用书面形式或口头形式。当然，法律法规对特定行业的行纪合同有特别规定的，应从之。

《民法典》第九百六十六条规定："本章没有规定的，适用委托合同的有关规定。"行纪合同本质上属于委托合同，以当事人之间的信任为基础，因此在法律对行纪合同没有作出规定的情况下，适用法律关于委托合同的相关规定。

二、行纪合同与其他类似合同的区别

（一）行纪合同与委托合同

行纪合同和委托合同都是以提供劳务为合同的标的，都以当事人双方的信任为基础，都是以处理一定事务为目的。两者的区别在于：

1. 适用范围不同。行纪合同仅适用于贸易活动；而委托合同不仅可适用于贸易活动，也可适用于非贸易活动。

2. 行纪合同的受托人只能以自己的名义处理委托事务，行纪人与第三人签订的合同不能直接对委托人发生效力；而委托合同中的受托人处理事务既可以以委托人的名义，也可以以自己的名义，因此存在委托人介入权、第三人选择权等制度。

3. 行纪合同是有偿合同，而委托合同或为有偿，或为无偿。

（二）行纪合同与信托合同

在我国的经济生活中，行纪与信托常被混用。但是在严格意义上，行纪与信托是两种不同的法律制度，两者的主要差异是：

1. 法律关系的主体不同。在信托中，存在信托人、受托人和受益人三方主体，受托人为受益人的利益服务；而在行纪合同中，只有委托人和行纪人，而无受益人，行纪人为委托人的利益服务。

2. 受托人处理的事务范围不同。行纪人仅能从事贸易活动；而信托中的受托人可从事财产处分和管理的一切行为，而不限于贸易活动。

3. 财产所有权不同。在信托中，信托财产的所有权在受托人名下，因此，信托合同产生的是一种财产权法律关系；而行纪合同产生的只是一种债权债务法律关系。

第二节　行纪合同的效力

一、委托人的义务

根据《民法典》的有关规定，委托人负有如下主要义务。

（一）支付报酬

《民法典》第九百五十九条规定："行纪人完成或者部分完成委托事务的，委托人应当向其支付相应的报酬。委托人逾期不支付报酬的，行纪人对委托物享有留置权，但是当事人另有约定的除外。"据此，行纪合同的报酬是行纪人为行纪行为的对价。报酬的支付时间、地点、数额由合同当事人约定。合同没有约定的，按照习惯确定。委托人支付报酬通常以行纪人完成委托事务为条件。委托人逾期不支付报酬的，行纪人可以对委托物行使留置权，除非当事人有特别约定。

（二）及时受领委托物

委托人在接到行纪人完成行纪事务的通知后，应当及时接收行纪人依照合同约定所完成的一切后果。对此，我国《民法典》第九百五十七条规定："行纪人按照约定买入委托物，委托人应当及时受领。经行纪人催告，委托人无正当理由拒绝受领的，行纪人依法可以提存委托物。委托物不能卖出或者委托人撤回出卖，经行纪人催告，委托人不取回或者不处分该物的，行纪人依法可以提存委托物。"依据此条规定，在行纪合同履行过程当中，行纪人按照行纪合同的约定和委托人的指示买入委托物之后，应当及时将委托物交付给委托人，委托人应及时受领委托物。如果委托人不能及时受领行纪人买入的委托物，委托物可能存有毁损或灭失的风险，加大了行纪人的保管负担，并且委托物的交付是行纪人完成委托事务的重要标志。在委托物交付之后,行纪人买卖委托物的行为才能对委托人发生法律效力,因此委托人应当及时受领委托物。

经过行纪人催告,委托人没有正当理由拒绝受领的,或者不取回、不处分委托物的,行纪人可以将委托物交给提存部门提存,使行纪合同关系消灭。委托人和提存机构之间形成了法律关系,委托人可以随时领取提存物。委托物提存之后,毁损、灭失的风险由委托人承担。提存期间委托物的孳息归委托人所有。

二、行纪人的义务

根据我国《民法典》的有关规定,行纪人负有如下主要义务。

"行纪人的义务"微课

(一)按委托人的指示从事贸易活动

行纪人为委托人的利益服务,理当遵从委托人的意愿,履行委托人的指示。委托人的指示包括种类指示、数量指示、价格指示、时间指示等。但是在实践中,会发生行纪人低于指定的价格卖出或者高于指定的价格买进,也可能会发生行纪人高于委托人指定的价格卖出或者低于委托人指定的价格买入,遇此情况,根据《民法典》第九百五十五条的规定,行纪人低于委托人指定的价格卖出或者高于委托人指定的价格买入的,应当经委托人同意;未经委托人同意,行纪人补偿其差额的,该买卖对委托人发生效力。行纪人高于委托人指定的价格卖出或者低于委托人指定的价格买入的,可以按照约定增加报酬;没有约定或者约定不明确,依照《民法典》第五百一十条的规定仍不能确定的,该利益属于委托人。委托人对价格有特别指示的,行纪人不得违背该指示卖出或者买入。

(二)负担行纪费用

《民法典》第九百五十二条规定:"行纪人处理委托事务支出的费用,由行纪人负担,但是当事人另有约定的除外。"依据此条规定,在当事人没有约定的情况下行纪费用原则上由行纪人负担。行纪人一般以行纪为营业,既可以获得利润,也可能承担风险。在无约定的情况下负担费用,属于其中的一种风险。但是行纪合同当事人另有约定的,从其约定。如果特别法有特别规定,按规定。例如《中华人民共和国拍卖法》第五十六条第三款规定:"拍卖未成交的,拍卖人可以向委托人收取约定的费用;未作约定的,可以向委托人收取为拍卖支出的合理费用。"

(三)妥善保管委托物

《民法典》第九百五十三条规定:"行纪人占有委托物的,应当妥善保管委托物。"据此行纪人对委托物负有妥善保管的义务。委托物既可以是行纪人从委托人处收取的用于交易的物,也可以是为实现委托人利益从第三人处交易的物。行纪人对该物应以善良管理人的注意进行保管,要妥善选择报关的方式、场所等。如果行纪人妥善保管的义务已经尽到,行纪人对委托物的毁损和灭失则不负任何责任。但是,若委托人对委托物的保管有特别指示的,如为保管的物品办理保险,行纪人却未予投保时,应对保管物的意外灭失负损害赔偿责任。

（四）合理处分委托物

《民法典》第九百五十四条规定："委托物交付给行纪人时有瑕疵或者容易腐烂、变质的，经委托人同意，行纪人可以处分该物；不能与委托人及时取得联系的，行纪人可以合理处分。"此条规定了行纪人合理处分委托物的义务。在一般情况下，行纪人处分委托物应经委托人同意，但是，在特殊情况下，行纪人可以不经过委托人同意处分委托物。此特殊情况应符合下列条件：一是委托物交付行纪人时就存在瑕疵或容易腐烂、变质，如果不及时处分，则会使委托物的价值降低甚至消灭，最终损害委托人的利益。二是行纪人和委托人不能及时取得联系，行纪人无法得到委托人的指示。三是行纪人的处分应采取合理的方式和价格。行纪人合理处分委托物，不构成行纪人的违约，无须承担赔偿责任。

三、行纪人的权利

（一）报酬请求权

委托人负有按照合同约定或法律规定或习惯，向行纪人支付报酬的义务。因此，行纪人就享有向委托人请求支付报酬的权利。

（二）介入权

《民法典》第九百五十六条规定："行纪人卖出或者买入具有市场定价的商品，除委托人有相反的意思表示外，行纪人自己可以作为买受人或者出卖人。行纪人有前款规定情形的，仍然可以请求委托人支付报酬。"此条规定的是行纪人的介入权。行纪人的介入权与委托合同中委托人的介入权完全不同，行纪人的介入权须具备以下构成要件：

1. 卖出或买入的商品应有市场定价。具有市场定价指的是交易的商品在市场上有公示的统一的价格，单个交易者之间不能通过个别协商另行确定商品的交易价格。正因为有市场定价，所以行纪人无法左右商品价格，也就无法从贸易活动中获取不正当的利益，从而确保对委托人利益的维护与保障。

2. 委托人无相反的意思表示。当事人可以在行纪合同中约定禁止行纪人介入。如果当事人在订立行纪合同时没有这样的约定，委托人在其后也没有作出排除行纪人介入权的意思表示，就视为委托人同意行纪人介入权的享有。

3. 行纪人须尚未对第三人卖出或买进。如果行纪人已经对第三人卖出或是买进，则交易的相对人已经确定，行纪人就没有了介入的可能，只能为委托人的利益妥善行使对第三人的权利，履行对第三人的义务。

行纪人行使介入权后，获得双重身份和关系：既是委托人的行纪人，也是委托人的交易相对人（买受人或者出卖人）；与委托人之间，既存在行纪关系，也存在买卖关系。两者都是独立的有效的关系和身份，互不影响各自的效力。行纪人介入权并不影响其报酬请求权的行使。当符合报酬请求权的条件时，行纪人仍然可请求委托人支付报酬。

第二十七章课件

第二十八章

Chapter **28**

中介合同

🎫 导读案例

　　小丽经朋友介绍找到一家中介公司，租下某小区一套三居室单元房内的一间小卧室。合租房才住了没一个月，就被中介公司安排进一名男性租客。小丽向中介公司提出退租，并要求中介公司退还自己的租金、押金、物业费等。双方协商未果，小丽将中介公司告上法庭。

　　一审法院审理后认为，小丽租赁涉案房屋是出于居住的目的，且其租住的房屋为单元房中的一间小卧室，卫生间、厨房、客厅等公共部分需要与他人共用，作为女性，要求与其他女性合租一套单元房，无论是从居住生活的方便还是从居住安全考虑，都更有利于实现合同目的，且从中介公司员工给小丽的微信回复中可以证实，小丽也确实向中介公司提出了与女性合租的履行要求，中介公司应当本着诚实信用原则，按照有利于实现合同目的的方式履行合同。但中介公司却在未向小丽告知也未征得小丽同意的情况下，就将涉案房屋其他房间租赁给了与小丽互不相识的男性，造成小丽无法在其租赁的房间内继续方便、安全地居住，小丽租赁房屋的合同目的无法实现，中介公司的行为应构成根本违约，小丽可以要求解除合同。

　　一审法院判决，小丽与中介公司签订的房屋租赁合同解除；中介公司需返还小丽租金、押金、物业费等1000余元；此外还需支付小丽违约金1000余元。

　　中介公司不服判决，上诉至山东省济南市中级人民法院。

　　山东省济南市中级人民法院审理后认为，本案的争议焦点是中介公司是否构成根本违约，是否应承担违约责任。中介公司是否应承担违约责任，要看当事人在合同里有没有明确的约定。

因为合租房存在合租人的不确定性，共用卫生间及水、电、暖气、物业费等的分担问题，需要承租人之间相互的信任及必要的容忍，因此，对合租人的选择及费用的分担，应在租赁合同中明确约定。本案中，涉案单元房有三个独立的房间，中介公司以间为单位分别租给三人，小丽租住其中一间，小丽应该知道另外两间的承租人是不确定的。首先，小丽作为成年人，应该认识到合租房不同于女性公寓，虽口头提出了与女性同住的请求，但并未作为合同的明确约定，也未明确约定中介公司安排男女混住属于违约情形之一；其次，中介公司未以书面承诺的方式承诺涉案单元房仅出租给女性，小丽提交的证据也不足以证明中介公司已经口头承诺过仅出租给女性；最后，租赁合同未约定中介公司安排其他人入住前，需征得小丽的同意。因此，中介公司安排男性入住该合租房并不违反合同约定，不存在违约情形。依据合同约定，小丽如对房间不满意，可以通过调房的方式，另行承租其他房间，因此，中介公司安排男生入住其他房间，并不足以导致小丽合同目的不能实现，一审认定中介公司构成根本违约，无事实及法律依据。小丽提出退房后，双方自行办理了房间的交接，租赁合同以协商的方式解除。

综上，双方租赁合同的解除是因小丽认为自身居住不方便，而非因中介公司违反合同约定所致，一审判决中介公司承担违约责任不当，法院应予以纠正。对小丽要求中介公司支付违约金的诉讼请求，法院不予支持。中介公司对其应返还小丽租金、押金、物业费等无异议，法院予以确认。

问题提出

1. 中介合同有何特点？
2. 中介合同与委托合同、行纪合同有何区别？
3. 中介合同的效力如何？

第一节　中介合同概述

一、中介合同的概念

中介合同根据《民法典》第九百六十一条的规定，是指中介人向委托人报告订立合同的机会或者提供订立合同的媒介服务，委托人支付报酬的合同。在中介合同关系中，报告订立合同机会或提供订立合同媒介服务，并接受对方报酬的一方为中介人。接受对方所提供的报告订立合同机会或订立合同媒介服务，并向对方支付报酬的一方为委托人。

在市场经济中，各种生产要素如商品、资本甚至人才的流动，都需要媒介，所以，中介活动必然产生。中介合同根据中介人所受委托内容的不同，可分为报告中介合同和媒介中介合同。报告中介合同是指中介人仅向委托人报告订约机会的中介合同；媒介中介合同是指中介人仅为委托人提供订约媒介服务的中介合同。这二者的区别在于：一般而言，报告中介人的报酬由委托人支付，而媒介中介人的报酬由订立合同的当事人分担。

二、中介合同的法律特征

（一）中介合同的标的是中介人所提供的中介劳务

中介合同与委托合同、行纪合同一样，都属于提供劳务类合同。中介合同的中介人所提供的劳务是中介劳务，也就是向委托人报告订立合同的机会或者提供订立合同的媒介服务。报告订立合同的机会是接受委托，为委托人寻觅订约的相对人，从而提供订立合同的机会。提供订立合同的媒介服务是斡旋于双方当事人之间，介绍、撮合双方订立合同。中介人的中介活动内容就是使委托人能够与另一方订立合同。

（二）中介人须按委托人的指示和要求从事中介活动

中介人为促成委托人与第三人订立合同而提供服务，中介行为的内容是报告订立合同机会，或提供订立合同媒介服务，但中介人不以自己的名义或以委托人的名义与第三人订立合同。中介人不是委托人与第三人之间的合同关系的当事人，不参与其中的法律关系，不享有其中约定的权利和义务。因此，中介人只能按照委托人的指示和要求从事中介活动。

（三）中介合同一般是有偿合同

根据《民法典》第九百六十三条的规定，委托人应当按照约定向中介人支付报酬。所以，中介合同一般为有偿合同。但是，如委托人与中介人在合同中明确约定，中介人不收取报酬，则从其约定，中介合同为无偿合同。

（四）中介合同是诺成合同、不要式合同

中介合同是诺成合同，中介合同经当事人意思表示一致即成立，不以给付行为为成立要件。中介合同是不要式合同，中介合同可以采书面形式或口头形式，法律对中介合同的形式无特别规定。

三、中介合同与委托合同、行纪合同的区别

中介合同与委托合同、行纪合同都是一方受另一方委托办理一定事务的合同，都属于提供服务的合同，但是三者之间有明显不同，主要为：

第一，中介人为委托人办理的事务是为委托人报告订立合同的机会，或提供订立合同的媒介服务，其目的是促成委托人与第三人订立合同；而在委托合同中，受托人为委托人办理的事务则十分广泛，可以是事实行为，也可以是法律行为；在行纪合同中，行纪人为委托人办理的事务是贸易活动。

第二，在中介合同中，中介人不以委托人的名义，也不以自己的名义与第三人订立合

同，中介人不参与委托人与第三人的关系。在委托合同中，受托人可以委托人的名义或自己的名义与第三人订立合同，并参与该合同关系。在行纪合同中，行纪人以自己的名义与第三人订立合同，与第三人直接产生权利义务关系。

此外，中介人可以同时为双方的中介人，可以就同一事项同时接受双方的委托。而在委托合同和行纪合同中，受托人或是行纪人就同一事项只能接受一方的委托。

第二节　中介合同的效力

一、中介人的义务

根据《民法典》的相关规定，中介人负有如下主要义务。

"中介合同的效力"微课

（一）如实报告义务

《民法典》第九百六十二条规定："中介人应当就有关订立合同的事项向委托人如实报告。中介人故意隐瞒与订立合同有关的重要事实或者提供虚假情况，损害委托人利益的，不得要求支付报酬并应当承担损害赔偿责任。"本条规定的就是中介人的如实报告义务。中介人应当将自己所知道的有关订立合同的信息报告给委托人，不隐瞒，不弄虚作假，不欺诈当事人。中介人的报告应当是真实、及时、全面的，从而确保委托人据此作出正确决断。中介人违背如实报告义务的，不得请求报酬；造成委托人损害的，委托人可请求中介人承担违约损害赔偿责任。

（二）尽力提供中介服务

依据诚实信用原则，中介人应负有尽力的义务。中介人接受委托后，应从维护委托人利益出发，尽力提供有关机会和商业信息，促使合同订立，而不是随意地、消极地对待所接受的中介事务。

（三）保密的义务

在中介合同中，中介人在对委托人完成中介活动中获悉的委托人的有关商业秘密以及委托人提供的其他各种信息，例如名称或姓名、商号等，负有保密的义务，不得向第三人告知或泄露。中介人违反该义务给委托人造成损失的，应承担赔偿责任。

二、委托人的义务

根据《民法典》的相关规定，委托人负有如下主要义务。

（一）按约定支付报酬

《民法典》第九百六十三条规定："中介人促成合同成立的，委托人应当按照约定支付报酬。对中介人的报酬没有约定或者约定不明确，依照本法第五百一十条的规定仍不能确定的，根据中介人的劳务合理确定。因中介人提供订立合同的媒介服务而促成合同成立的，由该合同的当事人平均负担中介人的报酬。中介人促成合同成立的，中介活动的费用，由中介人负担。"据此可知委托人的报酬支付义务以中介人促成合同成立为前提条件。促成合同成立就是委托人与第三人订立了合同，至于订立的合同是否有效或者嗣后被撤销均不影响中介人的报酬请求权。

报酬的支付由当事人进行约定，如果当事人没有约定，则按《民法典》第九百六十三条第一款的规定，委托人在中介人促成合同成立后支付报酬。实务中报酬的支付一般有两种方式：一是委托人在中介活动开始前向中介人预付报酬，二是委托人在中介活动完成后向中介人支付报酬。

当事人可以在中介合同中约定报酬的数额。如果当事人对中介人的报酬没有约定或者约定不明确，可由当事人协议补充；不能达成补充协议的，按照合同有关条款或者交易习惯确定。按照合同有关条款或者交易习惯仍不能确定的，根据中介人的劳务合理确定。其中需要考虑的因素应当包括：中介服务的性质与难度、委托人的收益、类似中介服务的报酬水平等。

在报告中介中，因中介人仅向委托人报告订约机会，而不与第三人发生关系，因此，中介人的报酬应当由委托人给付，而与第三人无关。但在媒介中介中，中介人不仅向委托人报告订约机会，还要与第三人联络与交流，虽然第三人不是中介人的委托人，但是，委托人和第三人都是中介人中介活动的受益人。所以，除当事人另有约定或另有交易习惯外，中介报酬应当由委托人和第三人平均负担。

（二）偿付必要的费用

《民法典》第九百六十四条规定："中介人未促成合同成立的，不得请求支付报酬；但是，可以按照约定请求委托人支付从事中介活动支出的必要费用。"据此，中介费用与中介报酬是不同的概念。中介报酬是中介人服务成果的对价，除当事人另有约定外，中介人没有促成合同成立，则不得请求报酬。而中介费用是中介人在从事中介活动过程中的花费，不是中介人的收益，不适用中介报酬的规则。由于中介人是为委托人的利益而从事中介服务的，在中介失败时，中介人也不具有报酬请求权。基于当事人利益平衡的原则，委托人应当支付中介活动的必要费用，但是，当事人另有约定的除外。

（三）"跳单"的禁止

《民法典》第九百六十五条规定："委托人在接受中介人的服务后，利用中介人提供的交易机会或者媒介服务，绕开中介人直接订立合同的，应当向中介人支付报酬。"依据此条规定，委托人在"跳单"的情况下仍负有支付报酬的义务。认定委托人是否"绕开"中介人直接与第三人订立合同的关键在于：委托人是否利用了中介人提供的交易机会或媒介服务。如果委托人利用了中介人所提供的机会或服务，恶意逃避支付中介报酬，则应承担相应报酬支付义务。如果委托人并未利用中介人所提供的交易机会或服务，则不应承担相应的报酬支付义务。"跳单"的禁止是因为委托人与第三人成功缔约与中介人的中介活动有着一定的因果关系，并且"跳单"行为违背诚实信用原则和公平原则，损害了中介人的利益，扰乱了市场秩序，阻碍了中介行业的健康发展。

第二十八章课件

合伙合同

🏛 导读案例

2018 年 5 月，老孙、小毛与小文共同签署了入股协议，协议约定小文一次性入股 60 万元，老孙让出化工厂项目 7% 的股份。与此同时，小毛也会让出 2% 的股份给小文，计算标准与老孙出让标准相同，股金另付。可小文没有想到，没等到他支付另外 2% 股份的股金，这个合伙项目就因没有通过安全评估而"流产"。此时，除去小文支付的 60 万元外，化工厂项目前期已经花费了 110 余万元，合计 170 余万元。明明只有 7% 的股份，却承担了 60 万元的亏损，小文很是不平，要求老孙、小毛结算也毫无回音。无奈之下，小文提起诉讼。

诉讼过程中，老孙承认合伙开厂确有其事，但称小毛只是技术入股。小毛却称自己是入股协议的证明人，受老孙雇佣负责化工厂技术与销售运营。

法院经审理查明，在关联案件中，小毛曾出示一份无人签字的会议记录，该会议记录显示小毛占有 20% 的股份；老孙也在庭审中改口称，小毛有 12% 的股份。

依据比例原则，法院依法认定小文应承担化工厂项目早期费用 11 万余元。因庭审中小毛与老孙拒绝承认二人在涉案合伙中各自股份份额，法院遂判决两人共同返还小文投资款 48 万余元。

❓ 问题提出

1. 什么是合伙合同？

2. 合伙合同与决议行为的区别是什么？

3. 合伙事务具体如何执行？

4. 合伙利益分配与亏损分担如何进行？

第一节 合伙合同概述

一、合伙合同的概念和特征

合伙合同，也称为合伙协议，根据《民法典》第九百六十七条的规定，是指两个以上合伙人为了共同的事业目的，订立的共享利益、共担风险的协议。合伙合同是合伙的基础，规范合伙人间的权利和义务。合伙合同是合伙人之间共同意志的意思表示。任何人加入合伙，都需要毫无保留地接受合伙合同的全部条款。合伙合同是合伙组织最重要的内部法律文件，也是确定合伙人之间权利义务关系的基本依据。

依据《民法典》的规定，合伙合同的特征主要在于：

一是合同目的的共同性。合伙人订立合伙合同的目的是经营共同事业，这个事业是全体合伙人共同利益所在，共同事业的成败，关乎到每个合伙人的切身利益。合伙人的共同事业可以是商业性的，也可以是非商业性的；可以是长期性的，也可以是临时性的。合伙合同必须是为了共同事业而订立的，否则只属于共同出资合同。作为共同事业而订立的合伙合同，各个合伙人的权利义务指向是一致的、共同的，不存在义务的互负，各个合伙人之间不是对立关系。

二是多方意思表示一致的合同。合伙合同中的当事人，也就是合伙人必须得是两人以上。与其他合同相比，合伙合同是基于多方的意思表示一致而订立的。合伙人订立合伙合同的目的在于经营合伙共同事业。为了实现这一共同目的，部分合伙人履行出资义务不是为了换取另一部分合伙人的对待给付。合伙人履行出资义务，旨在形成合伙财产，为合伙共同事业的开展提供物质基础。合伙合同是意思表示一致的产物，多个合伙人的意思表示不是对立的，而是为了共同目的的一致。

三是合伙人共享利益、共担风险的合同。合伙合同的设立是为了合伙的共同事业，共同事业意味着合伙人在共同事业中须共进退，也就是利益共享，风险共担。共享利益、共担风险是合伙合同的本质所在。如果合同约定某合伙人仅享有收益而不负担损失，则该约定不认为具有合伙意义。共享利益、共担风险中的利益与风险一般是指经济上的。合伙人共享利益、共担风险是以共同出资为基础的。

二、合伙合同的类型

（一）民事合伙合同和商事合伙合同

根据合伙共同事业是否具有商业性，可将合伙合同分为民事合伙合同和商事合伙合同。民事合伙合同是指合伙人为了追求一定的共同目的而达成的共同出资、共担风险的协议。民事合伙合同不以设立合伙企业为目的。商事合伙合同是指合伙人为了设立合伙企业从事营利性共同事业而达成的共同出资、共同经营、共享收益、共担风险的协议。《中华人民共和国合伙企业法》（以下简称《合伙企业法》）所规定的合伙企业就是典型的商事合伙。《民法典》规定的合伙既包括了商事合伙也包括了民事合伙。民事合伙合同与商事合伙合同的主要区别有：

其一，设立的依据不同。民事合伙合同依据《民法典》有关合伙的规定；商事合伙合同依据《合伙企业法》的相关规定。商事合伙合同关涉合伙企业，法律对其进行了较多规制，既有必要的管制，也有必要的倡导式规范。商事合伙合同中的内容，法律对其有强制性规范的，合伙人均应遵守。民事合伙合同法律允许合伙人根据合伙事务实际需要，在不违背强制性规定或违反社会公共利益的前提下自主确定协议内容。

其二，目的不同。民事合伙合同的主要目的在于确立一般的合伙关系以实现特定的共同目的，该共同目的不具有营利性。商事合伙合同的目的在于设立合伙企业，设立的目的具有明显的营利性。一旦营利不在，合伙企业的存续便成问题。

其三，是否具有要式性。民事合伙合同根据《民法典》的规定，对民事合伙合同的形式未作规定。商事合伙合同根据《合伙企业法》第四条的规定，合伙协议应当依法由全体合伙人协商一致，以书面形式订立。法律对商事合伙合同形式有规定要求。

（二）定期合伙与不定期合伙

定期合伙是指合伙合同存有明确的期限约定。定期合伙或者由合伙人约定合伙期限，或者根据《民法典》第五百一十条的规定确定合伙期限。定期合伙的期限可以是固定的，也可以是不固定的。如合伙人约定以合伙事业的完成作为合伙关系终止的唯一原因，此时的合伙就属于定期合伙。

不定期合伙是指合伙合同中没有明确约定合伙期限。根据《民法典》第九百七十六条第一款和第二款的规定，合伙人对合伙期限没有约定或者约定不明确，依据《民法典》第五百一十条的规定仍不能确定的，视为不定期合伙。合伙期限届满，合伙人继续执行合伙事务，其他合伙人没有提出异议的，原合伙合同继续有效，但是合伙期限为不定期。因此，不定期合伙包括三种情况：一是合伙合同明确约定为不定期的合伙；二是合伙合同对合伙期限没有约定或约定不明，且通过《民法典》第五百一十条无法确定是否有存续期限的合伙；三是合伙期限届满后，合伙人无异议下的合伙合同。

定期合伙与不定期合伙的区别主要是：第一，是否明确约定有合伙期限。定期合伙均有明确的合伙期限的约定；不定期合伙没有合伙期限的约定。第二，是否享有任意解除权。

定期合伙中，在合伙期限届满前，合伙人不得随时提出解除或者退伙的请求。不定期合伙，根据《民法典》第九百七十六条第三款的规定，合伙人可以随时解除不定期合伙合同，但是应当在合理期限之前通知其他合伙人。

第二节　合伙合同的效力

一、合伙的内部关系

（一）合伙人负有出资的义务

《民法典》第九百六十八条规定："合伙人应当按照约定的出资方式、数额和缴付期限，履行出资义务。"依据此条规定，出资是合伙人主要的义务。合伙合同是合伙人为了合伙共同事业而订立的协议，依据此协议合伙人共享利益、共担风险。因此，合伙人的出资是合伙关系成立的必要条件。合伙人当中存有不需要出资的当事人，该人不是合伙人，因其与其他合伙人不存有共同事业上的关联性。共同出资构成所有合伙人的主要义务，但具体如何出资及出资多少、出资期限如何，均由合伙合同或通过全体合伙人决议予以明确。各合伙人仅按照合伙合同的约定出资，超出明确约定，不构成合伙人的义务，当事人可以拒绝。此规定被称为禁止增加负担原则，以保护合伙人免于承受无法预见的风险。但是禁止增加负担原则仅限于合伙关系存续期间。在合伙合同解除或终止清算的情形中，合伙人负有连带无限责任，禁止负担原则不适用于合伙债权人的外部关系。合伙人应该按照合伙合同约定履行其出资义务，否则合伙不成立或未出资者不成为合伙人。合伙人依约履行出资的义务，其履行对象是合伙。如果未委派执行合伙人，则其他合伙人可以共同要求履行出资义务。如果合伙委派了合伙执行人，则任一合伙执行人均有权代表合伙行使履行出资请求权；合伙人向任一合伙执行人履行了出资义务，则视为向所有合伙人履行了出资义务。如果是两人合伙的情形，则另一合伙人有权行使出资请求权。

合伙人应当按照约定的出资方式、数额和缴付期限，履行出资义务。合伙人的出资方式可以是现金、能予以评估的实物、土地使用权、农村土地承包经营权、债权、股权、知识产权等，劳务、信用等不能评估，但是全体合伙人认为对于合伙而言十分需要的，也可以作为出资方式。合伙人出资可以是一次性的，也可以是分期或定期的。合伙人的出资方式，除了现金以外，其他的出资应该在合伙合同中估定其价额，以确定合伙人之间具体的权利义务关系。如果合伙合同未就出资作出明确规定，应推定为均等出资。实际出资的期限，并不限于合伙合同成立之时的，可推定为合伙人可依合伙事业发展而随时出资。

（二）依照法律规定和合伙合同约定确定合伙财产的归属

《民法典》第九百六十九条规定："合伙人的出资、因合伙事务依法取得的收益和其他财产，属于合伙财产。合伙合同终止前，合伙人不得请求分割合伙财产。"依据此条规定，合伙财产由合伙人的出资和因合伙事务依法取得的收益及其他财产两部分构成，并且为了维持合伙财产的共同共有，禁止合伙人随意要求分割合伙财产。

"合伙财产的归属"微课

除现金和实物外，合伙人还可以土地使用权、土地承包经营权、债权、股权、知识产权、劳务、信用等形式出资，从而构成合伙财产。由合伙的性质决定，除了现金外，合伙人提供的出资并不要求其权利的转移，只要能够提供给合伙支配使用即可，在合伙存续期间，其相应的支配使用权归属于合伙。因合伙事务依法取得的收益是指合伙成立后，通过实施合伙事务而依法取得的各种收益，如因经营获得的利润等。其他财产是指因合伙事务依法取得收益之外的所得财产，如合伙人出资产生的孳息、获得的赠与、政府的奖励、因第三人侵害得到的损害赔偿等。合伙财产仅为积极财产，不包括合伙债务等消极财产。

合伙财产是一个集合概念，是不同财产的集合体。我国《民法典》并没有明确合伙财产的性质，仅强调其"属于合伙财产"。对此，我国学界主流观点认为合伙财产是共同共有。合伙合同的目的是合伙共同事业，具有一定团体性。将合伙财产视为合伙人共同共有，既符合合伙合同的契约性质，也符合合伙合同一定的团体性特征。合伙财产的共同共有性质决定了合伙合同的团体性价值，由此才使作为联合的合伙能够实现共同事业。如果将合伙财产视为按份共有，不符合合伙合同的团体性，合伙合同的共同事业目的将难以实现。合伙财产的共同共有意味着共同共有人对合伙财产中的具体财物和权利不享有处分权，而只对合伙财产享有股份性质的权利。换言之，只有所有的共有人才可以作为权利人共同处分合伙财产中的具体财物和其他权利，从而使合伙财产至少在实质的管理处分上，具有有别于各合伙人财产的相当独立性价值。

合伙财产作为一个整体构成的标的的财产，是一种物和权利的集合，合伙人在此基础上仅拥有类似于公司股东的概括性的份额，而权利是不可分割的。因此，从共同目的角度出发，合伙财产不能被随意分割。否则，合伙的团体性将被随时打破而使其失去"合伙"的意义。在合伙合同终止前，合伙人均不得请求分割合伙财产。

（三）依照法律规定和合同约定执行合伙事务

根据《民法典》第九百七十条的规定，合伙人就合伙事务作出决定的，除合伙合同另有约定外，应当经全体合伙人一致同意。合伙事务由全体合伙人共同执行。按照合伙合同的约定或者全体合伙人的决定，可以委托一个或者数个合伙人执行合伙事务；其他合伙人不再执行合伙事务，但是有权监督执行情况。合伙人分别执行合伙事务的，执行事务合伙人可以对其他合伙人执行的事务提出异议；提出异议后，其他合伙人应当暂停该项事务的执行。

合伙事务可以共同执行，也可以委托执行。合伙事务可由全体合伙人共同执行，是由合伙的团体性所决定的。合伙事务共同执行是在全体合伙人就有关事务作出决定后，由全体合伙人共同执行，大家一起执行有关合伙事务。合伙合同委托执行的，可以事先约定合伙事务的委托，即合伙人在签订合同时即将相关内容加以明确规定。如果合伙合同没有事先约定或者约定不明确，全体合伙人可以决议的方式委托。但是全体合伙人的决议必须是一致决议。委托执行中，受托人只能是合伙人。合伙事务的执行权与合伙人的身份相捆绑，受托合伙人的合伙事务执行权源自合伙合同，并非法律的规定。受托的合伙人可以是一人，也可以是数人。委托一个合伙人的情形，受托合伙人单独执行合伙事务。委托数个合伙人的情形，既可以是数个受托合伙人共同执行合伙事务，也可以是数个受托合伙人分别执行合伙事务。委托后，其他合伙人就不再具有相应的事务执行权，但对受托合伙人的执行情况有监督权。作为受托人，执行合伙人应当在授权范围内执行合伙事务，不得超越该授权，否则应对合伙承担损害赔偿责任。如果授权不明，则解释为全部委托执行，即委托事项及于所有合伙事务。

在合伙人分别执行合伙事务时，受托合伙人可以单独执行合伙事务，无须征得其他合伙人同意，但为维护合伙共同事业之利益，执行事务合伙人有权对其他合伙人执行的事务提出异议。但该异议权仅适用于合伙人分别执行合伙事务的情形，且异议权的享有人是其他执行合伙事务的合伙人。不具有执行合伙事务权的合伙人，没有异议权，但可以通过行使监督权的方式对其他合伙人执行的合伙事务提出异议。在其他执行合伙事务合伙人提出异议后，该执行事务合伙人应当暂停该项事务的执行，否则因此所导致的损害，应由该执行合伙事务者承担责任。如果提出异议不当，应由提出异议的合伙人承担损害赔偿责任。如果提出异议的是数个执行合伙人，则在异议不当而致合伙损害时，由该数个合伙人承担连带责任。

需要注意的是，根据《民法典》第九百七十一条的规定，合伙人不得因执行合伙事务而请求支付报酬，但是合伙合同另有约定的除外。

（四）不得擅自向合伙人之外的第三人转让合伙份额

根据《民法典》第九百七十四条的规定，除合伙合同另有约定外，合伙人向合伙人以外的人转让其全部或者部分财产份额的，须经其他合伙人一致同意。合伙份额是各个合伙人在合伙财产中的应有部分，类似于公司法上股东在公司所占的股份份额。除合伙合同另有约定外，合伙人的合伙份额是按照各合伙人的出资比例而定的；对于以劳务和信用出资的份额，有约定依约定，无约定依合伙人平均出资额而定。合伙人在经其他全体合伙人一致同意的情形下，是可以向第三人转让其财产份额的。其法理在于合伙是典型的人合性组合，合伙人之间具有强烈的人身信任关系，第三人成为合伙人应不以打破合伙人之间的人身信任关系为原则。同时，合伙份额体现的是合伙人对合伙财产的应有份额，依其性质原本不应该被处分。但是为了鼓励投资，法律规定可以在其他合伙人全体一致同意时转让和受让合伙份额。合伙人向第三人转让其财产份额的，须经其他合伙人一致同意的前提是合伙合同没有规定。如果合伙合同对此另有规定的，从其规定。

（五）亏损分担

《民法典》第九百七十二条规定："合伙的利润分配和亏损分担，按照合伙合同的约定办理；合伙合同没有约定或者约定不明确的，由合伙人协商决定；协商不成的，由合伙人按照实缴出资比例分配、分担；无法确定出资比例的，由合伙人平均分配、分担。"依据此条规定，当合伙财产少于合伙债务和出资总额的部分出现损失时，合伙人应分担该损失。在合伙合同有明确约定情形下，如何分配合伙损益，完全依合伙合同约定处理。确定合伙损益分配，以合同约定为准，至于合伙人各自出资多少、以什么方式出资，在所不问。合伙人的出资比例并非损益分配比例的基础，合伙利益分配比例与合伙损失分配比例也可以不一致，可以分别规定。

合伙的亏损分担合伙合同没有约定或合伙人协商不成的，按照合伙人的实缴出资比例予以亏损的分担。合伙人应当出资而未出资或未完全出资，应按合伙人实际缴纳部分来确定合伙人的损益分配。如果合伙合同约定部分合伙人先出资，部分合伙人后出资，不能因为部分合伙人后出资而认为其没有实际缴纳出资。此种情形下，应认定为不存在合伙损益分配的条件。因为条件不具备，所以不应进行合伙损益分配。可量化的出资，不论是否转移所有权的出资，只要该出资按照合伙合同的约定为合伙所用，就应认定合伙人已经实际缴纳出资。不可量化的出资，如合伙人的劳务，只要合伙人按照合伙合同约定为合伙提供了劳务，就应该认定提供劳务的合伙人已经实际缴纳出资。无法确定合伙人出资比例的，由合伙人平均分担亏损。

二、合伙的对外关系

（一）合伙债务的无限连带责任

在合伙事业开展过程中所产生的债务，为合伙债务。合伙债务的承担，根据《民法典》第九百七十三条的规定，由合伙人承担连带责任。清偿合伙债务超过自己应当承担份额的合伙人，有权向其他合伙人追偿。合伙人对合伙债务的连带责任是并存的连带责任，这个责任不能被合伙合同内部约定排除，但是全体合伙人或合伙与合伙的债权人之间通过合同事先约定采用按份主义或者分割主义的除外。基于并存的连带责任，合伙债权人既可以向合伙提出请求，也可以向任何一个或几个合伙人提出请求，也可以同时向所有合伙人提出请求。被请求者负有及时偿还合伙债务的义务，不论合伙自身是否尚有财产，还是某个合伙人享有更多合伙份额。被请求者均须先以自身财产偿还合伙债务，如果偿还的债务数额超过自己应当承担份额的，该合伙人有权向其他合伙人追偿。这样一来，对合伙债务的承担从对外关系转变为对内关系。合伙人的内部追偿权是法定的，应依法行使。

（二）合伙人的债权人的代位禁止

《民法典》第九百七十五条规定："合伙人的债权人不得代位行使合伙人依照本章规定和合伙合同享有的权利，但是合伙人享有的利益分配请求权除外。"依据此条规定，合伙人对合伙享有的权利具有专有性，合伙人的债权人不得因合伙人个人债务代位行使这些权利。合伙人因其合伙人身份而享有的合伙权利具有专属性，合伙人行使合伙权利不能与合伙人身份相分离。但是合伙人享有的利益分配请求权不具有专属性，属于财产性利益，与人身属性无关。合伙决定分配合伙利润时，合伙人此时享有的利益分配请求权是一项独立的财产权利，与合伙人身份可以相脱离，与合伙人之间的信任基础也不具有直接关系。因此，合伙人享有的利益分配请求权，合伙人的债权人可以代位行使。

第三节　合伙合同的终止

一、合伙合同终止的原因

（一）合伙期限届满，合伙人决定不再经营

合伙的存续期限通常是由合伙人通过合伙合同予以约定的。合伙的人合性，要求合伙人在合伙期限内不得随意退出合伙。当合伙经营状况恶化时，如果合伙合同约定了较长的存续期限，合伙人将会承受较大的风险。因此，合伙合同应当明确合伙存续的时间。一旦合伙期限届满，合伙人不愿意继续合伙共同事业的，合伙合同终止。

（二）不定期合伙的任意解除权

根据《民法典》第九百七十六条的规定，不定期合伙的合伙人有权随时解除合伙合同。不定期合伙合同最大的特点是合伙没有合伙期限。合伙缺乏合伙期限时，为了避免合伙人无期限地受到约束，法律赋予合伙人任意解除权，以实现对合伙人权益的保障。但是不定期合伙人行使任意解除权时应在合理期限内通知其他合伙人。合伙人一旦依法行使了任意解除权，合伙合同终止。

（三）合伙人约定的解散事由出现

如果合伙人事先在合伙合同中约定了合伙的解散事由，当约定的解散事由出现时，合伙应按照约定解散，合伙合同终止。如合伙人在合伙合同中约定合伙人自身资产变动达到某种程度时合伙解散等。

（四）合伙目的已经实现或者无法实现

合伙合同中约定特定目的实现或无法实现导致合伙解散的，合伙合同随之终止。此时，合伙目的分为两种情况：一是合伙目的已经实现。合伙目的的实现，合伙共同事业已经完成，合伙继续存在下去没有意义，合伙关系结束，合伙合同终止。二是合伙目的无法实现。合伙目的无法实现，合伙共同事业无必要开展，合伙关系结束对合伙人而言有益无害，此种状况下，合伙合同终止。

（五）全体合伙人决定解散

在合伙关系存续期间，全体合伙人经协商一致决定终止合伙事务，合伙被解散。全体合伙人解散合伙，属于合伙人意思自治。少数合伙人不同意解散合伙，在不存在约定或者法定退伙事由时，按照合伙人决议规则，合伙依旧被解散，合伙合同终止。

（六）合伙人死亡、丧失民事行为能力或者终止

《民法典》第九百七十七条规定："合伙人死亡、丧失民事行为能力或者终止的，合伙合同终止；但是，合伙合同另有约定或者根据合伙事务的性质不宜终止的除外。"依据此条规定，合伙人死亡，包括自然死亡和宣告死亡，合伙合同会因合伙人人数达不到法定标准而终止。合伙人丧失民事行为能力使合伙合同失去了合伙基础，合伙合同因此而终止。但在合伙合同另有约定或者合伙事务的性质不宜终止时，合伙人死亡、丧失民事行为能力或者终止的，合伙继续，合伙合同不因此而终止。

二、合伙的清算

合伙的清算是指合伙宣告解散后，为了终结合伙现存的各种法律关系，依法清理合伙的债权债务的法律程序。引发合伙清算的原因很多，根据《民法典》第九百七十八条的规定，合伙合同终止后，合伙财产在支付因终止而产生的费用以及清偿合伙债务后有剩余的，依据《民法典》第九百七十二条的规定进行分配。据此，合伙清算中合伙财产应先支付因终止而产生的费用及清偿合伙债务。因终止而产生的费用是指因清算合伙债权债务产生的必要费用，包括因此产生的差旅费用、聘请人员的报酬等。合伙债务是指因合伙事务产生的债务。合伙人的债权人可以是第三人，也可以是合伙人。合伙人成为合伙人的债权人的情形如为合伙事务垫付经营费用、合伙人上一年度已决议分配而未分配的利益等。合伙财产支付或清偿合伙债务后有剩余的，可依照《民法典》第九百七十二条的规定进行分配。《民法典》第九百七十二条规定的是合伙财产的内部分配规则。合伙财产的内部分配规则：如果合伙合同有约定依约定，该合伙合同包括事后全体合伙人的补充协议；如果合伙合同没有约定或约定不明，由全体合伙人协商，协商的实质是一致决议；如果协商不成，则依照合伙人实际缴纳的出资比例分配。不能确定实际缴纳的出资比例的，则由全体合伙人平均分配。

《民法典》第九百七十八条规定了合伙合同终止后合伙财产的分配顺序。关于合伙清算，首先，清算人应当按照先就必要的清算费用和合伙债务分配合伙财产，后就合伙人的顺序分配合伙财产。其次，在清算费用与合伙债务之间，应先行支付清算费用，然后偿还合伙债务。再次，合伙人依《民法典》第九百七十二条规定行使分配请求权的前提是，合伙财产优先支付清算费用与清偿合伙债务后有剩余财产。最后，合伙合同终止后，合伙人仍然对尚未清偿的合伙债务负有无限连带责任。

第二十九章课件